天

Borderless

下

博稽古今 融汇天下

天
Borderless
下

博
观

The Strategic Constitution

宪法设计与理性选择

公法经济分析基础

[美]罗伯特·D. 库特 著

张小平 译

法律出版社 LAW PRESS · CHINA
北京

问题和练习,用以检验和深化读者的理解。

在伯克利,我向学生们讲授书中的某些内容已有数年。他们的意见令我受益,尤其是来自我的助教诺亚·鲍姆(Noah Baum)和尼尔·西格尔(Neil Siegel)的意见。后来的几年中,维南德·埃蒙斯(Winand Emons)和奥马里·亚德林(Omri Yadlin)在伯克利访学,在此期间他们用此书授课。他们向我提出了很有价值的意见,并校正了我的一些错误。

1995 年,在萨尔布吕肯召开了一次关于比较宪法的会议。我参加了此次会议的深入讨论。1996 年和 1998 年,我在瑞士国家银行基金会盖尔岑西(Gerzensee)学习中心向欧洲的博士生和教师们讲过本书的部分早期手稿。我也从欧洲法经济学协会年会、拉丁美洲和加勒比法经济学年会和比较法经济学论坛年会的讨论中受益匪浅。

在 1998 年 7 月访问澳大利亚国立大学期间,与杰弗里·布伦南(Geoffrey Brennan)和菲利普·佩蒂特(Phillip Pettit)的讨论促使我评估我的分析的普适性。布鲁诺·弗雷(Bruno Frey)促使我重新思考关于直接民主的观点。我要感谢伯克利法学院图书馆馆员黛比·卡尼(Debby Kearney),她堪称侦探大师,仅凭我提供的些微线索就能找到许多参考资料。感谢克里斯·斯温(Chris Swain)、达米卡·达马帕拉(Dhammika Dhamapala)、埃里克·拉斯姆森(Eric Rasmussen)、桑迪·霍夫曼(Sandy Hoffman)和格奥里格·冯·旺根海姆(Gerog von Wangenheim)的诸多意见和帮助,一路相偕,伴我前行。最后,我想感谢杰弗里·加勒特(Geoffery Garrett)和布鲁斯·查普曼(Bruce Chapman),他们对于本书手稿第一稿的评论发人深省,令我对这个项目有了一个全新的视角。此外,我也要感谢普林斯顿大学出版社的彼得·多尔蒂(Peter Dougherty)。

简目

第四篇　最佳权利

详目

第二篇 政府的最佳数量

第三篇 最佳分权

插图目录

(页码为原书页码,查询请见本书边码)

表格目录

（页码为原书页码，查询请见本书边码）

第一章　导论：认真对待结果

除了森林，四周一片模糊。

——唐·科斯特洛（俄勒冈州部落法院法官）

如同主教是教堂中的最高权威一样，宪法也是一国法律之最高者。在宪法之下有成文法（statute），成文法之下有规章、政策、命令和决定（见图1－1）。

宪法是一国的最高法律，体现在以下几个方面。首先，宪法比其他法律更为**根本**。宪法把基本权力分配给官员，确认公民的基本权利，而大部分法律则是规范行为或执行政策。其次，在宪法与国家其他法律发生冲突的时候，需适用宪法。在这个意义上，宪法**效力高于**其他法律。[1] 最后，宪法比其他法律更难以修改。

〔1〕 有些学者认为国际法效力高于国内宪法。国际法可能高于国内宪法，就像教皇位居主教之上一样。

在这个意义上，它通常比其他法律更为**稳固**。

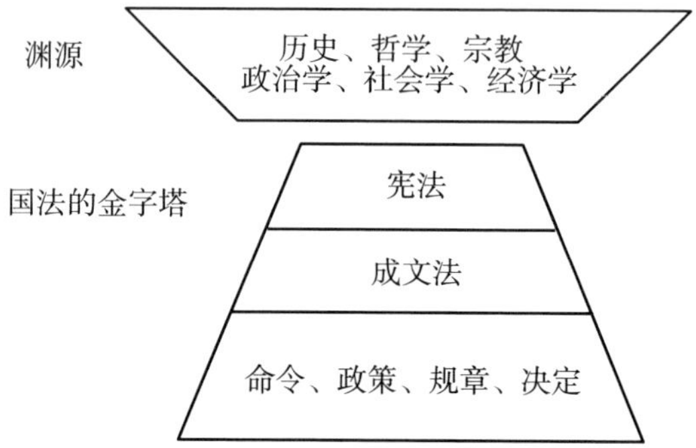

图 1－1　国法的金字塔及其渊源

宪法的前两个特点与第三个特点有关。当一部法律更为根本、具有更高效力时，对其进行修改会造成更大的扰动。为避免这样的扰动，修改一般法应比修改特别法更为缓慢一些。[2] 因此，修改宪法的程序通常比颁布法律和制定规章更为烦琐。图 1－2描述了法律普遍性和修改法律的交易成本之间的特有关系。

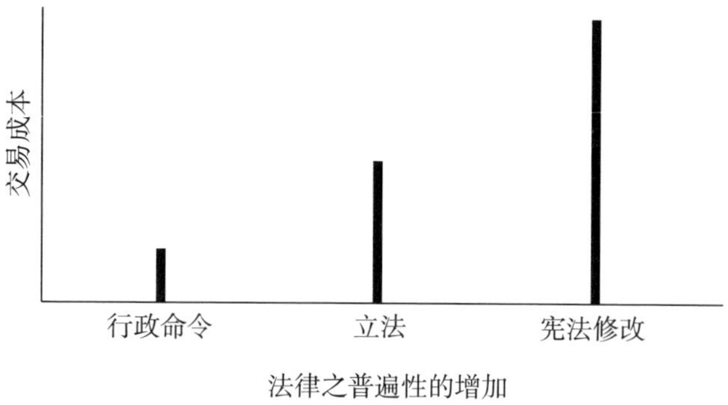

图 1－2　交易成本与法律变革

〔2〕 俄罗斯宪法缺乏稳定性，于是人们编出一个笑话："1992 年，一位顾客走进一家书店，要买一本俄罗斯宪法。店主答道：'对不起，我们不卖期刊。'"

最近出版了一本综览宪法理论的书，开头写道："宪法的问题在于没有人知道什么算是宪法的理由。"[3] 作为最高位阶的法，宪法是一国法律权威（legal power）的逻辑起点。对于知识丰富的旅行者而言，法律提供了足够的路标让他不致迷路。但在宪法之上，就再没有法律，而旅行者则进入了"一个人类眼光从未驻足的地方"。[4] 宪法作为最高的法，学者和政治评论者对其投入了巨大努力。作为诸法所出之源，宪法的论点往往隐晦而难以捉摸。如图 1－1 所示，历史、哲学、宗教、政治学、社会学和经济学翔集于宪法之上。如何利用这些渊源制定和解释宪法，学者和官员们莫衷一是。 2

尽管存在这些歧见，但是有些论点为人们普遍信服。宪法可能会带来大规模的灾难，也可能为一国的自由与繁荣奠定基础。因此，制定、修改和解释宪法是一项利害攸关的政治博弈。我们的理论应当能够解释自由与繁荣的宪法原因，以帮助人们在这场博弈中胜出。通过预测宪法带来的结果，宪政理论可以晓谕公众、指引官员，并改进法院的判决。预测对宪法的不同理解给人类福祉所带来的不同结果，应当被视为为了所有人利益而进行的论证。

按照目前的做法，宪法理论主要与宪法文本的历史和哲学有关。有些法律学者从历史中寻找宪法的渊源，通过检视宪法制定者的原初理解来解释宪法。另一些学者则坚持按照文字的普通含义解释所有的法律。[5] 还有一些学者考察哲学、道德或宗 3
教对宪法的启示。这些方法澄清了宪法的规范承诺（normative

---

[3] Gerhardt 和 Rowe 1993，第 1 页。

[4] 披头士（Beatles，甲壳虫乐队）"Magical Mystery Tour"（奇幻之旅）。

[5] 法律经济学学者就法律应该是按照其字面的普通含义解释（Macey 1986）还是按照其背后的政治交易来解释（Easterbrook 1994）有过争论。

commitment),如对个人自治的向往引发了宪法权利。

维特根斯坦写道:“哲学问题可以比作保险柜的锁,我们可以拨弄某些数字或文字来打开保险柜。所以只要没有对准这些数字和文字,什么力量都无法打开它;而一旦对准了,那么就连孩子都可以打开它。”〔6〕道德哲学和政治哲学中很大一部分内容的展开方式,是为理念寻求适切的语汇。宪法理论如同哲学一样,投入了很大精力界定概念的含义。正确的语汇能够打开原本合并在一起的东西,把思想解放出来。

但是,法律语汇的含义和法律制定者的哲学无法预测人们对于法律的反应。从一个认真对待结果的人的角度来看,宪法理论家们在寻找准确的语汇方面用力过甚,而在寻找真正的原因方面用力不足。〔7〕宪法理论需要更多的模型,而不是更多的语义。19世纪中叶,在波士顿,一位自由派的牧师在做完他的主日讲道之后,偶然听到一位保守派参会者的评论:“言之无味。饥饿之灵魂今日未能得飧。”同样,结果论者(consequentialist)在离开宪法的学术盛宴时,对于预测仍然如饥似渴。

由于对理性的共同关注,哲学家和经济学家常常感到彼此有亲缘关系。但是,更为常见的是,他们由于对理性定义不同而彼此反感。哲学家们把经济学和功利主义混为一谈,因此有时会臆想可以不必费力去学经济学就能指出经济推理中的关键错误。〔8〕相反,经济学家把道义承诺和偏好混为一谈,有时臆想可以不必费力去学习赞成和反对相对主义的理由就能消解远比经济学久

〔6〕 Wittgenstein 1993,第175页。转引自Summers 1998的结论部分。

〔7〕 罗尔斯(Rawls 1971)断称功利主义没有认真对待个人之间的差异,而这个论断很显然又启发了德沃金把他的书定名为《认真对待权利》。

〔8〕 注意经济学中的序数效用论传统明确反对边沁的基数效用论传统。

远的哲学传统。[9] 尽管我对道德和政治理论深怀景仰，但我还是认为哲学的论证和方法过多地占据了宪法理论。

本书没有审视历史，也没有去澄清规范承诺的内容，而是另辟蹊径。在社会生活中，一个人有时会因为作出一项承诺而获利。个人通过安排有关事项作出承诺，使自己无法从违反承诺中获利。比方说，某人通过签署一项法律契约，使违约成本高于履约成本，从而恪守自己的承诺。同样，当国家对宪法做出承诺时，
公民可以从中获益。国家对宪法做出承诺的方式是通过安排其 4
相关制度，使每个官员或每个政治派别都意识到若违反宪法会蒙受损失。如图 1－2 所示，宪法通常代表了一个社会最强的法律承诺。宪法一经确立，就给官员或公民提供了有所为和有所不为的诱因。尽管政治动荡和历史的独特性遮蔽了这些诱因的效果，但我将努力运用经济学和政治学来揭示这些诱因。

现代国家拥有许多垄断性权力，包括制定法律和征收赋税的权力。[10] 在民主政体中，公共选举指挥着国家权力：要么是通过全民公决直接指挥，要么是通过选举出来的官员间接指挥。因此，民主制是一种为指挥国家的垄断性权力而产生的公众竞争体系。政治竞争的广度和深度使民主政体同其他形式的政府区别开来。

如同竞争性的市场使经济对于消费者做出回应一样，竞争性的选举使政府对公民做出回应。就国家为公民提供他们所喜好的法律和公共产品而言，我相信选举竞争是最好的保障。这

---

〔9〕 有个学生有一次对我说："我每一门课学得都不错，除了哲学。我的教授有他的哲学，我有我的哲学。"

〔10〕 诺斯非常简洁地指出："国家可视为在暴力方面具有比较优势的组织，在扩大地理范围时，国家的界限要受其对选民征税权力的限制。"（1981，第 21 页，转引自 Vogit 1997a。）

一信念,加上民主制是为指挥国家垄断性权力的公共竞争体系的概念,意味着民主制是满足公民政治偏好的最佳政府形式。

与民主制不同的是,统治家族(君主制)、大权在握的个人(独裁制)、僧侣种姓制(神权制)、居于支配地位的社会阶级(贵族制)以及能够永久自我存续的官僚体系都与公众竞争绝缘。用经济学的语言来讲,这些非竞争性的政府形式可以被描述为不同程度的垄断。民主政体是竞争性的政府,而民主之外的其他政府形式是垄断性的政府。垄断通常会以牺牲其他人为代价,给垄断权力的拥有者提供超额利润。国家作为在其疆域范围内最无所不包的权力,从潜在意义上讲,它对任何控制国家的人而言可能是利润最高的垄断权力;而对其他人而言,它是最危险的垄断权力。无论采取何种形式,政治性的垄断权力均是民主之敌。

总体而言,组织竞争、控制垄断可以使公众获益(Demsetz 1968)。如直接民主与间接民主、联邦制国家和单一制国家、一院制和两院制立法机关、总统制和总理制等之间的对比所展示的那样,宪法可以以不同的方式组织政治竞争。根据民意测验,公民可以对各国不同政治体系的不同表现做出评判。本书所讨论的是民主的不同形式,而非不同于民主的政体形式。尽管我认定民主政体是满足公民偏好的最佳政府形式,我将会证明在特定情况下有些组织形式会优于其他形式。我使用"优于"这个词是指"为公民提供更多的满足"。

要在政治中竞争,人们就要通过预测其他人会怎样行动来决定自己该采取什么样的行动。鉴于此,政治竞争是策略性的
5 (strategic)。经济学提供了预测策略行为的最佳模型。本书用经由市场所发展起来的、并为用于政治活动进行了调整的策略行为

模型分析民主宪法。我会运用策略理论和能够获得的数据分析诸如以下的问题：

例 1：宪法可以规定一个或多个民选政府。例如，日本是单一制国家，澳大利亚是联邦制。民选政府的数量对公共产品的供给有怎样的影响？多少个民选政府是最佳的？

例 2：英国首相可以命令议会中他所在政党的成员通过立法，而美国总统就法案问题必须与参众两院进行交易。这个区别是否能解释为何英国的法院和行政机构不及美国的法院和行政机构那么大胆？司法部门和行政部门有多大胆量对公民来说是最好的？

例 3：假设某一土地的所有者申请建筑许可。作为获得许可的一项条件，规划当局要求土地所有者捐出一部分土地用做公共道路。土地所有者提起诉讼，声称这是违宪征收私有财产。法庭的判决将会对开发者与城市规划者之间未来的交易产生怎样的影响？从供给私人物品和公共物品的角度来说，对私有财产给予多大程度的保护是最佳的？

在回答这些问题的过程中，社会科学渴望能以证据代替直觉判断。与解释文本的含义、历史及哲学不同的是，科学证据需要数据。[11] 尽管在宪法领域，仅有为数不多的社会科学家进行着实证研究，但是法律问题正发生着快速变化。当理论和实践的发展快于数据的时候，相关的论证就不符合社会科学所要求的证明标准了。

当社会科学家们从有限的数据中得出法律结论的时候，许多法律人感到不适。但是，同样也是这些法律人，对传统的法律学

---

〔11〕 两则关于数据的笑话：
“对于法律人，一则轶闻算是经验证据，两则轶闻就算是数据了。”
“在法律经济分析中，什么是经验方法？对数据严刑伺候，直到它招供为止。”

者全然不依赖数据而得出结论却未有丝毫不适。[12] 较之使用完美的非经验分析,立法者即使是用并非完美的经验分析,也会做得更好。哪怕是用一把钝刀,也比用最好的勺子切面包要来得好。我运用可以得到的数据对宪法做出预测,即使无法给出确凿的证据,也能够提高论证的质量。

策略行为以个人的理性为前提。与经济学家不同的是,心理学家经常否认个人是理性的,社会学家则经常否认群体乃是个人行为之加总。在一些心理学家和社会学家那里,对本书所使用的理性的、个人主义的方法仍存有争议。我也用满足公民偏好的能
6 力来对国家进行评价。与经济学家和功利主义者不同,许多政治理论家拒绝用偏好的满足来评估国家的绩效。无论读者最终是接受还是拒绝个人理性的实证方法和偏好满足的规范标准,我都希望读者能理解我把这些理念运用于立宪民主的努力。

在海上航行的漫长旅程中,船员中有一位木匠。在船仍在海上航行的时候,他有时会修理船壳。大多数的甲板都可以被逐次替换掉,而如果一次全部替换的话,那整艘船就会沉。就像船上的木匠一样,经济学家可以一次分析一个法律领域并提出改进建议。这个方法可以适用于包括宪法这样的基本法在内的所有法律领域。最终,经济方法可以构建出一个全新的法律结构。本书会渐次分析宪法的每一项规定,最终也会完成一个新的法律结构。

在导论这一章里,我会讨论策略理论的起源,描述一些分析技术,解释这些技术背后的政策价值,并最终说明本书的结构和贡献。

---

〔12〕 笑话:法律人如何做纵向研究?明天问自己同样的问题。[纵向研究(longitudinal study),又称"追踪研究""纵贯研究""历时研究",系指通过对同一变量长时间重复观察所做的相关性研究。——译者注]

第一节　起源

宪法的策略方法受到多个学术传统的启发。第一个是契约论。在契约论传统下进行写作的政治理论家们通常把宪法看作政治利益的交易,与进行经济利益交易的商业契约十分相似。按照图 1-1,契约性的选择发生在宪法之上("前宪法性选择")。契约论者一般先假定没有宪法存在,然后解释我们如何选择一部宪法。这种论证方式盛行于美国和法国革命改变了其政治面貌的 18 世纪,至 20 世纪早期方濒于衰竭。詹姆斯·布坎南和戈登·塔洛克在他们的经典著作《同意的计算:立宪民主的逻辑基础》(*The Calculus of Consent: Logical Foundation of Constitutional Democracy*, 1962)[13] 复兴了契约论,然后又被约翰·罗尔斯的大作《正义论》(*A Theory of Justice*, 1971)和罗伯特·诺齐克的《无政府、国家与乌托邦》(*Anarchy, State, and Utopia*, 1974)所传承。

第二个启发本书的传统是法律的经济分析。约瑟夫·熊彼特区分了基于正式理论的经济分析和基于非正式推理的经济思想。[14] 就适用于法律而言,经济思想是古老的,但是经济分析是新的。罗纳德·科斯 1960 年关于妨扰法(nuisance law)的论文《社会成本问题》("The Problem of Social Cost")标志着传统法律经济分析的开始。吉多·卡拉布雷西的《事故的成本:法律与经济的分析》(*The Costs of Accidents: A Legal and Economic*

---

〔13〕 詹姆斯·布坎南关于宪法逻辑的后续著作见于他 1975 年、1990 年和 1991 年的书与文章。

〔14〕 Schumpeter 1986,第 38 ~ 39 页。

Analysis,1970)把法律的经济分析扩展到侵权法领域,而理查德·波斯纳的《法律的经济分析》(*Economic Analysis of Law*,1972)则
7 勾勒出了整个学科的全貌。后来,在契约、财产、侵权、行政规制、公司和犯罪等领域使用经济分析方法的出版物激增。[15] 尽管有两本专门的期刊并出版了一些书籍,[16]但宪法的经济分析仍然瘠薄。

本书的写作还基于第三个传统,即所谓的“公共选择”或“集体选择”理论。“公共选择”系指这样的事实:从理论上讲,私人市场把资源分配给私人产品,而政府则把资源分配给公共产品。“集体选择”指个人可以自己决定是买牙刷还是买大豆期货,而民主则要求一群人通过投票来做出决定。(关于公共选择或集体选择用于宪法的比较好的概览,参见 Voigt 1996。)

集体选择理论运用理性行为的经济模型来解释包括多数决定规则和代议制政府在内的政治制度的运作。肯尼斯·阿罗的著作《社会选择与个人价值》(*Social Choice and Individual Values*,1951)睿智但晦涩难懂,是现代将经济分析用于投票问题的先驱。阿马蒂亚·森在《集体选择与社会福利》(*Collective Choice and Social Welfare*,1970)中详细解释了阿罗的这本书。邓肯·布莱克是另外一位先驱者。他的洞察力集中体现在《委员会与选举理论》(*The Theory of Committees and Elections*,1958)一书中,并由安东尼·唐斯在《民主的经济学理论》(*An Economic Theory of Democracy*,1957)中进一步发展。威廉·赖克的《政治联合理论》(*The Theory of Political Coalition*,1962)通过强调政党之间的联

---

〔15〕 关于法律经济分析的总体情况,可参阅两本有代表性的教材:Cooter & Ulen 1996 和 Posner 1992。关于其影响与成功的统计分析,参见 Landes 1993。

〔16〕 这两本期刊是 *Constitutional Political Economy* 和 *Supreme Court Economic Review*。书籍包括 Seigan 1980,J. Buchanan 1991 和 Mueller 1996。

合，采用了一种有些不同的研究选举的方法。曼可·奥尔森的《集体行动的逻辑：公共物品与集团理论》（*The Logic of Collective Action: Public Goods and the Theory of Groups*，1965）从“免费搭车者”问题的角度分析了金钱对政治的影响。丹尼斯·米勒在《公共选择》（*Public Choice*，1979，修订于1989）一书中总结了各种不同的传统并在《透视公共选择》（*Perspective on Public Choice*，1997）中将这些传统与宪法联系起来，如同丹尼尔·法伯和菲利普·弗里凯在《法律与公共选择：批判性导论》（*Law and Public Choice: A Critical Introduction*，1991）中所做的那样。杰里·马肖的《贪婪、混沌和治理：用公共选择改善公法》（*Greed, Chaos, and Governance: Using Public Choice to Improve Public Law*，1997）是富有思想性的近作。

美国的政治学者们给他们将经济模型用于政治的做法贴了另一个标签。约翰·费利约翰、马修·麦卡宾斯、肯·谢泼斯和巴里·魏因加斯特（仅提及少数几人）称他们自己为“实证政治学者”。这个标签强调了解释政治实际怎样运作的实证研究与对政治应当怎样运作的哲学思考的规范研究之间的区别。由此实证政治学者把他们与传统上支配着美国大学政治学的哲学家们区别开来。实证政治学者用博弈论解释只有少数经济学家才能理解的具体政治制度。谢泼斯和马克·邦切克的《分析政治：理性、行为与制度》（*Analyzing Politics: Rationality, Behavior and Institutions*，1997）提供了关于实证政治理论的一份易读的概览。 8

在这些方法之外，对本书有影响的第四个传统是比较法律经济学。在伯克利、柏林和孟买，微观经济学都是一样的，而法律却是不一样的。经济理论可以用中立的语言分析不同的法律体系。如同海因·科茨所言，“即便超出国界，经济学的理性也不丧失其说服力”。[17] 欧洲的许多法律经济学学者在他们的研究中不可避免地使用了比较方法,[18]而且在法律经济学的几个领域已经有大量的比较研究,[19]其中包括一些关于比较宪法经济学的著述(Schmidtchen 和 Cooter 1997)。

由于关于宪法的统计研究是如此之少,所以我通常使用观察结果作为证据。观察不同国家的不同宪法比只观察一个国家的宪法能够提供更多的证据。鉴于此,我同布鲁斯·阿克曼一道呼吁学者们努力改变比较宪法不发达的现状(Ackerman 1997)。(如前言中所述,我通过在各种国际会议上用本书的早期手稿做演讲来收集比较观察材料。)

第二节 技术

按照传统的定义,法律由以处罚为后盾的义务所组成。立法者经常会问的是,如果对义务或处罚进行修改,人们将会作何反应? 例如,立法者可能会问:“如果宪法规定国家对其土地因公共项目而被征收的所有者补偿的话,在不动产领域的私人投资是否会增加?”20 世纪 60 年代之前,律师们回答这个问题的方式和在公元前 60 年回答这个问题的方式并无不同——诉诸直觉以及可以获得的事实。20 世纪 60 年代以后,在数学上精确并且为计量

---

[17] Koetz 1997.

[18] 例如,可参见欧洲法律经济学会年会上选出的论文,刊登在《国际法律经济学评论》(*International Review of Law and Economics*)每年的 12 月号上。

[19] 公司和金融,参见 Buxbaum 1991;行政法,参见 Rose-Ackerman 1994;财产,参见 Hansmann 和 Mattei 1994;契约,参见 Koetz 1997;总体情况,参见 Mattei 1996;发展中国家,参见 Bruno 和 Pleskovic 1997 以及 Buscaglia,Rotliff 和 Cooter 1997。

经济学所确认的价格理论给出了更为精准和可靠的回答。价格理论运用于法律的方式，是通过把法律处罚重新解释为价格。早期的法律经济分析在很大程度上就是把价格理论适用于法律。

但是宪法上的很多权力以及权利，在滥用或造成侵害时，并没有清晰的处罚。例如，宪法中可能规定怎样颁布法律，但是没有明确对绕过立法程序的处罚；或者宪法可能规定保障个人的宗教信仰自由，却没有明确怎么保护这种自由的行使。缺乏处罚对运用价格理论进行分析造成了障碍。 9

但是，即使没有明确的处罚，宪法仍然为经济分析创设了适合的诱因。为说明原因，可以用著名的桌面游戏“大富翁”（Monopoly）进行类比。游戏规则明确了价格（如“马文花园”的起始买价）和怎么走（如掷骰子来决定玩家必须走多远），但是没有规定对违反规则的处罚（如骰子掷出了“六”但是却走了“七”步怎样处罚）。虽然没有明确的处罚，但是基本规则规定了在“大富翁”游戏中进行竞赛的框架。同样，民主宪法规定了在政治博弈中进行竞争的规则框架。有效的宪法会制约和引导政治竞争。

在互动性游戏中，玩家通过预测其他玩家的招数来制定自己的策略。例如，在美式足球中，通常有一名球员围着右侧奔跑充作掩护迷惑对方，而运球的球员则是绕着左侧跑。与此相反，一名登山运动员从不会从南坡开始登山以迷惑山脉，而让大队从北坡攀爬。足球是策略性的而登山是非策略性的。完全竞争市场的交易活动太多，单个人无法影响价格，所以价格理论通常假定行为者以非策略性的方式进行活动。与此相反，博弈论分析策略行为,通常是与少量的竞争者有关。[20]

正如完全竞争市场上有太多的交易,单个人无法影响价格;大选中有太多的选民,单个选民无法影响选举。在竞争市场和大选中,大量的行为者通常会阻止个体的策略性行为。在这些情况下,价格理论能提供足够的分析工具。本书将采用价格理论分析一些与非策略性行为有关的宪法问题,如大选中的投票。

但是,法律和政治经常会涉及以策略性方式进行活动的一小部分行为者。例如,法庭上的诉讼当事人和选举中的候选人会通过预测对手的举动来制定策略。本书用博弈论分析与策略行为有关的宪法问题。从价格理论进到博弈论,体现了经济分析晚近的发展历史。

在法律经济分析发展的早期,学者们把策略作为与他人互动中的一种"交易成本"来对待,由此简化了博弈。[21] 从这个角度来看,对策略的需要只是提高了参与某项活动的价格。把策略作为价格处理大幅度简化了分析,这在问题开始的时候是非常有用的。

10 的。[科斯定理是推迟策略分析的破格之举。熟悉科斯定理的读者将会回忆起它是怎样简化了早期关于财产法和侵权法的经济分析(Coase 1960)。]但是,策略行为终究不同于牙刷、大豆期货或其他任何在竞争市场上销售的产品的价格(Cooter 1982)。买家经常把商品的价格视为是他们所不能控制的,而政治家们则会预测对手的反应。要对像诉讼当事人或政治家这样的少量竞争

---

〔20〕 一般性内容可以参见 Baird,Gertner 和 Picker 1994 以及 Rasmusen 1994。要注意的是,通过等级制度把为数众多的人组织起来由一小部分人加以领导也会导致策略行为,如战争中敌对双方的将军各自统帅大军作战。

〔21〕 "科斯定理"是法律经济分析中最有名的定理。在这个定理中,把策略行为作为交易成本处理的技术得到了发展。这个定理有数个版本,其中之一断称**只要交易成本足够低,交易就会成功**。参见 Coase 1960 和 Cooter 1982。

者的互动关系给出完全解释,必须把他们的策略选择模型化。更为令人满意的分析需要运用博弈论,而不是运用把策略当作成本处理的价格理论。

第三节 价值

本书中的许多预测在政治价值方面是中立的。比如迪维尔热定律(Duverger's Law)*预言在“胜者全得”(winner-take-all)的选举中,当立法机关的议席由多数投票制(plurality voting)**选出的时候,将产生两党竞争。这个预言没有说两党竞争比多党竞争是好还是坏。政治家、行政官员、法官和选民经常想超越中立性,预测法律对政策价值的影响。我用“政策价值”这个词指在公共政策辩论中明显体现出来的价值。我用“政策科学”这个词指对政策价值做出的可靠预测。通过对政策价值做出可靠预测,政策科学改善了公共辩论的质量。

经济学家是效率和分配这两种政策价值的专家。经济学家远比其他社会科学家更理解法律是怎样影响收入和财富在不同人群间的生产和分配的。例如,19 世纪英国的经济学家预测了废除(对进口小麦征收关税的)《谷物法》的影响,对政策辩论做出了巨大贡献。这些预测集中于国民财富与社会各阶级之间的收

---

* 法国巴黎大学政治学教授莫若斯·迪维尔热教授于 20 世纪 50 年代在《政党:在现代国家中的组织与行为》一书中讨论了影响政党制度的各种因素,特别是选举制度对政党制度的影响,提出了著名的迪维尔热定律——多数投票制易导致两党制,比例代表制易导致多党制,两轮多数制易形成政党联盟。——译者注

** 亦称“得票最多者当选制”。——译者注

入分配。[22] 如果说政策科学预测了政策结果的公共价值的话,经济学就是专注于效率和分配的政策科学。(在本书第二章,我会区分关于“效率”和“分配”的数个定义。)

这两种价值有着不同的政治基础。所有人都承认以有效率的方式追求好的目标胜过以缺乏效率的方式去追求。没有人会公开提倡浪费钱。但是相反,持有不同政治信念的人在分配问题上歧见甚大。有些人支持通过国家再分配收入来增加公平,而其他人则反对强制性的收入再分配。在这场争论中,有些经济学家偏向某一方,要么提倡公平,要么反对再分配。另一些经济学家预测不同的政策对分配的后果但不提倡任何特定的目标(“参数
11 设定”),力图保持中立。此外还有一些经济学家坚持如果经济学是一门科学的话,效率是经济学的唯一价值,由此使讨论变得更加混乱。[23] 之所以说这些纯粹的实证主义者把问题搞乱了是因为对再分配的预测是经济学的中心所在,而再分配又是一项有争议的价值。

在本书中,当某项宪法规定对经济公平和贫困有明显影响时,我会对分配做出评论。在 20 世纪前半叶之前所起草的那些宪法通常没有清晰地对再分配问题有所表述。这些宪法经常通过明确保护财产权来限制再分配的渠道。相反,如本书第十一章所讨论的,在建立福利国家以后起草的一些民主宪法中包含了福利权。例如,南非和一些“后共产主义”(post-communist)国家的宪法规定了诸如住房、养老金、教育这样一些“积极权利”。目前福利性的宪法权利类似于某种希望,还不能由法庭强制执行。这

〔22〕 关于关税与税收的经典论文见 Musgrave 和 Peacock 1967。

〔23〕 把效率之外的政策价值从科学中驱逐出去的经济学实证主义的最强版本可以参见 Robbins 1932 和 Friedman 1953。

些权利规定了目标，但是没有规定如何执行。无论宪法怎样规定，现代民主政体通常遵循经济学中一个古老传统，对每个人征收累进税并把收入转移给最贫困的公民。[24] 由于福利国家大部分是通过一般法律而不是通过宪法来实现再分配目标，所以本书只用较小的篇幅讨论再分配问题。

自由给个人以选择的自主，这是与经济理论有关的另一项重要的宪法价值。每个人都比其他人更了解自己想要什么。因此，有选择自由的时候，个人偏好能够得到最好的满足。由于上述原因，旨在满足个人偏好的宪法必须给他们以自由。（自由与效率之间的关系在第十一章和第十二章有讨论。）公民自由需要限制政府的权力。许多政客对于权力的追求没有界限。当法律与野心相撞时，野心有时会毁了法律。例如，从 1814 年到 1923 年，西班牙总共发生了 43 次政变。[25] 最坏的一种政治可能是官员抛弃法律，变成暴君。另一种最坏的可能是派别之间的对抗沦为暴力，如独立时期的印度或 20 世纪 90 年代的卢旺达。

宪法的首要目标是施行法治、保护公民自由。博弈论为这一目标提供了一个有用的重述。在一场将最大损害最小化的博弈中，博弈者遵循的是“最小最大”策略。[26] 这里所创造出的“最小最大宪法”这个词，[27] 是指在最坏的政治可能性变成现实的时候，能将其损害最小化。“最小最大宪法”追求安全、法治、自由等传 12
统的政治目标。

---

〔24〕 Pigou 1950 是国家应当对源自市场的收入进行再分配调节并减轻贫困、增进公平的经典文献。Dreze 和 Sen 1989 对这个传统给出了例证。

〔25〕 “A Survey of Spain”，*The Economist*，1992 年 4 月 25 日，第 3 页。

〔26〕 在零和博弈中，将最大损害最小化等同于将最小收益最大化。因此最小最大宪法也可以被描述为最大最小宪法。

〔27〕 我在 Cooter 1992 中引入了这个词。

在提供了安全、法治与自由之后,宪法会考虑公民的繁荣幸福。要造就繁荣,宪法必须规定为公共产品和私人产品有效分配资源的法律框架。这一法律框架包括针对私人产品的竞争性市场和针对公共产品的竞争性政治。

在政治理论中,正义可能是被讨论最多的价值。民主政体为获得公民的拥戴,为不同的正义概念提供了一个竞争的框架。学者们说明为什么某一正义的概念优于或劣于其他的正义概念,试图以此影响政治。我本人非常欣赏这样的学术,[28]这种学术是规范性和批判性的。但是,我在本书中的目标与此不同。我想解释宪法怎样组织政治竞争,以便给公民提供他们想要的法律和公共产品。

现在我从政策价值转向个人价值。政治吸引了许多颇为自负并且很有才干的人,他们的野心给政府带来活力,也带来危险。大卫·休谟写道:“在限制任何政府、规定宪法的监督控制措施时,应该把每个成员都设想成是无耻之徒,并设想他的一切作为都是为了谋取私利,别无其他目标。”[29]与此类似,经济学家通常假定个人是追求个人利益的,并把个人利益狭义界定为财富与权力。

本书中有些模型假定狭义界定的个人利益是人们的行为动机。政治竞争会起到一种过滤作用,剩下的候选人只是一心追求权力,这一事实为这个假设提供了正当理由。换言之,因道德而限制或偏离了对权力追求的政治候选人会在选举中失利。与此相反,政治竞争也会留下一些有德性的候选人,如美国的一些立

〔28〕 我尤其欣赏罗尔斯试图从康德伦理学中引申某种正义理论以及他后来用这种正义论为政治奠定基础的努力。参见 Rawls 1971 和 Rawls 1993。

〔29〕 Hume 1987,第 42 页。

国者设想选民可以选出“自然贵族”(natural aristocracy) *，这个事实证明了这个假设又不完全可信。此外，政治圈外没有选举压力的人们，也会对民主政府产生影响，例如，一名秘密投票的公民，或一名按照自己的良知而不是根据竞选需要来判案的独立法官。因此，关于公民投票和法官审判的精确模型必须考虑到包括自我表达在内的、财富与权力之外的各种个人价值观。

许多关于选举竞争的模型都是由争论驱动的。争论的根源可能是私利或者对公共利益的不同概念，这对于模型来说都没有区别。我通常假定人们对公共选择有不同意见，而不具体讨论争论的根源。这种方法承认不同的个人价值观，但不去解释其原因。例如，在一定的条件下，多数决定规则(majority rule)会向人 13
们政治偏好分布的中心移动。多数决定规则的集中趋势独立发挥作用，与公民之间发生争论的原因无关。

第四节　本书的结构与贡献

我把民主政体定义为竞争性的政府，我认为竞争是使政府满足公民偏好的最佳保障。本书的大部分章节都会运用策略理论预测不同民主组织形式所产生的结果。当国家对宪法做出承诺时，国家就提供了正常政治博弈的规则。我会解释在不同规则之下如何进行博弈。

简单说一下本书的各篇。在第一篇中，第二、三、四章会分别

---

* 指那些在成长过程中受到良好教育，学识宏雅，品行笃实，能有责任感、大局观和担当精神、宜于担任公共职务的人，类似于中国传统政治文化中的所谓“君子”。——译者注

阐释关于投票、交易和行政管理的理论。这三章合在一起,会阐述我用于本书其他部分的一般原则。尽管资深学者对这里的大部分内容浏览即可,但学生们应当仔细研读这些章节。第二章解释了多数投票的集中趋势(中间投票者定理)和多数决定规则的轮转趋势(非传递性)。第三章解释了议会体系中的“最小获胜联盟”(minimum winning coalition)和关于游说的原则。第四章用委托代理关系分析行政部门的官僚体系,特别是授权、规则和挪用资源之间的权衡。

来看第二篇。第五章和第六章是关于政府间关系。怎样组织政府间的关系影响到他们相互合作的能力。第五章分析了政府间关系一致同意规则和多数决定规则之间的区别。第六章分析了导致成功政府扩张和不成功的政府萎缩的竞争机制。第七章是关于政府与行政之间的关系。我解释了在行政官员追求个人目的的过程中,政府的组织方式怎样决定着行政官员的自由裁量权。

同一片地理区域内可以有许多政府,也可以仅有少数几个政府。在民主政体中,非集权化增加了民选政府的数量,而减少了行政机构的数量。第五、六、七章讨论了选举的最佳数量问题,或者说国家行政机关的最佳深度。太多的选举会耗竭鼓舞选民的公民精神;反之,管理层次过深的行政机构会冲淡民主的目的,给行政官僚过多的自由裁量权。

第二篇从外部讨论了政府,第三篇转入讨论政府内部的权力分配。第八章分析了立法机关、行政首脑和法院的具体权能问题。立法机关代表国家的政治派别和利益,通过达成交易来制定法律。法院通过执行体现了政治交易的法律来促进政治合作。第九章按照政府不同分支分立的程度解释了它们之间的相互作

用。分权导致政府不同分支之间进行交易，而不是按照行政命令 14
来运作。分权还提高了能控制国家的垄断集团的最低规模。

第四篇从官员的权力转到公民的权利。第十章说明怎样运用经济理论评估权利。我比较了把权利作为商品和把权利作为具有特殊社会意义的优效品（merit goods）这两种做法。第十一章与不同政治哲学传统中对权利的评价有关。比之本书的其他部分，第十章和第十一章更具有规范性和哲学性。第十二章至第十四章又回到预测模型上来。第十二章至第十四章与三种具体的宪法权利有关，分别是财产权、言论自由和民权。我分析了财产自由与规制之间的边界、言论自由与责任、竞争中的歧视与平等。最后，第十五章讨论了关于民主的策略理论的前景，结束了全书的讨论。

第一篇　政府过程：投票、交易、行政管理

在民主政体中，候选人为担任公职展开竞选，公民投票决定谁获胜。为赢得选举并组建政府，政治家们必须彼此交易并同意 15
合作。一旦政府组建完毕，便开始通过国家官僚体系施行政策。因此，投票、交易和行政管理是三个基本的政府过程。我会分别在第二、三、四章分析这些过程，并将分析结果运用于全书。

我会在第二、三、四章简要讨论一些主要的题目。当宪法把投票选择限制到一个维度上时，大多数票会投到投票者偏好分布的中点上。如同稳健股票一样，一维选择会有一个适中的、可预测的结果。另外，宪法也可以允许投票在多维度选择中自由进行。多维度选择降低了政治交易的交易成本，并可能产生两个结果。首先，政治家们可能会成功达成交易并会“互投赞成票”。正如人们从广泛的市场交易中获益一样，各政治派别也从广泛的政治交易中获益。其次，政治家之间的交易失败，结果导致多数投票形成“轮转”。没有人会从“轮转”中获益。如同高风险股票一样，多维度选择可能产出甚丰，也可能什么也得不到，具体取决于政治制度和文化。

政治对公民有着巨大的影响，但每个公民只对政治有极小的影响。由于普通公民自身从参与民主政治中所获甚少，所以很少

有公民会投入时间和精力去获取候选人和候选问题的详细信息。当公民理性地保持无知状态时,政治家需要花费很大力气去竞选,以便影响选民,赢得投票。为了给竞选筹集资金,政治家需要用自己的政治影响从游说者那里募款。当投资一项活动(包括游说)的利润等于或超过其他形式的投资的回报时,理性的行为人才会做出投资。由于法律的普遍性,游说活动会影响到许多人和许多利益。离散效益(displaced benefits)促使人们充当由他人进行的游说活动的"免费搭车者"。游说者需要组织起来克服免费搭车行为,解决集体行动的问题。

从理想的角度来说,选举把公民的偏好传导给领导各部门、各行政机构的政治家。但是,在执行政府项目的过程中,行政机关的各个层次会逐渐淡化由选民所传达的政治目的。为防止这种目的淡化,必须有规则来约束行政部门。但是,受规则制约又
16 会减少行政部门对变化做出回应的灵活性。因此,快速的变化有利于管理层次较浅的行政部门和较多的民选政府,而缓慢的变化有利于管理层次相对较深的行政部门和较少的民选政府。后面三章会详细讨论这些关于投票、交易和行政管理的原则。

第二章　投　票

国王(对亲王们说):“我将同时做你们的父亲和长兄;让我享有你们的爱,我愿意为你们任劳任苦。” 17

——莎士比亚:《亨利四世》[1]

如果人都是天使,就不需要政府了。如果是天使统治人,就不需要对政府有任何外来的或内在的控制了。在组织一个人统治人的政府时,最大困难在于必须首先使政府能管理被统治者,然后再使政府管理自身。

——詹姆斯·麦迪逊:《联邦党人文集》[2]

莎士比亚经常把国民描绘为国王的家眷,

---

〔1〕《亨利四世》(下篇),第5幕,第2景,Ⅱ. 57－58。本条引注要感谢罗伯特·佩尔曼(Robert Pearlman)。

〔2〕 Madison,1981b,第160页。本条引注要感谢大卫·利伯曼。

并把国家描绘为国王的家庭。只要国王的亲朋好友确实感受到了他们对彼此所宣称的那种爱乐与感情，而不是让争斗与不和占据整个国家，那么一切安好。在关于政府的这一温暖亲密的描述中，政治就像家庭一样。但是，已然被证明的是，就政治而言，爱乐与感情并非可靠的基础。现在，大部分公民并不认为他们是政府的子民，并且他们希望用比道德更为有力的东西来制约政治权力。

包括美国立国者在内的18世纪的政治理论家们，把政府看作一部机器，而非一个家庭。他们不接受政治家们会自动按公共利益行事的信念。他们不希望设计某种家庭式的政府，他们希望设计某种像市场一样的东西，政治家们在其中为获得选票而竞争，这种竞争像看不见的手一样引导政治家们行善。[3] 正如效率需要经济竞争一样，有效的政治需要政治竞争。

作为投票市场的民主愿景被证明是有效且持久的。但直到晚近以来，当经济理论被运用于政治学的时候，分析投票市场的
18 技术才略有改观。本章所阐发的这种分析投票的基本技术，会对下述问题产生新的理解：

例1：有些投票者希望政府富有，这样与其作为伟大人民的象征相称；另有一些投票者希望政府羸弱，这样它就不能伤害到任何人。大多数选民倾向于这两种极端之间的中间立场。但是，大多数政治家只想赢得选举而已。关于政府开支问题，何种政治纲领最有可能赢得大多数公民的选票？

例2：少数派常感觉在政治权力中被排斥，而多数派有时又觉得有些关键少数派过度行使了政治权力。是什么决定着民主政

〔3〕 关于公共选择理论和麦迪逊政治思想的关系的讨论见 Eskridge 和 Frickey 1988，第37～38页、第40～56页。

治对少数派的响应程度？

例3：在竞选的时候，有些政治家在一些政策问题上立场暧昧，结果恶名昭彰。什么时候模糊处理有助于赢得选举？

为回答这些问题，本章阐述了选举的经济理论并将其运用于立法和执法。民主制度的具体细节所体现出的多样性恰如百鸟争鸣。比方说，选举可以按不同的规则进行：多数决定规则（胜者必须至少赢得半数选票）、简单多数规则（得票最多的人为胜者）、二轮决选制（在初选中得票最多的两个候选人在终选中对垒）、绝对多数规则（和宪法修改一样，胜者要赢得三分之二以上的选票）、亚多数规则（得票达到或超过一定比例——如10%——的党派可以获得州的财政资助）、纯比例代表制（各党派按其在普选中得票的比例获得在立法机构的议席）、最小比例代表制（得票至少达到一定比例——如10%——的党派按在普选中的得票比例在立法机构中获得议席）。公民可以直接选出他们的行政首脑，如总统；或者由立法机构选出行政首脑，如总理。选举可以在预先确定的间隔期内进行，也可以由行政当局依其自由裁量权临时召集。立法机关可以是一个（一院制）或两个（两院制）。立法机关可以修改提交上来的法案（“开放规则”）或者不得进行修改（“封闭规则”）。宪法可以是明确成文的，给法院留下广阔的解释空间，如美国；宪法也可以是不成文的，法院的解释空间很小，如英国。

尽管有这些差异，所有的选举都有一些共同的特征。本章抽象掉这些差异，分析选举的共同特征。分析的过程按照已成功适用于市场的方法进行。厂商之间为满足消费者而进行的竞争决定了市场上的价格。同样，候选人之间为满足选民进行的竞争决定着民主政体中的公共政策。为阐释这一方法，我会首先解释经济学如何对选民在不同候选人之间的选择(需求)进行模型化处理,然后解释候选人如何选择策略以赢得选举(供给)。

第一节 个人投票

19 在选举中,公民面临数个相关决定。第一,我假定是一个理性的人决定参与选举,我将分析这个人会怎样投票。第二,我会分析理性的公民怎样决定是否要参与某项投票,是否在关于某一特定问题的投票上弃权。第三,我会解释怎样用效用函数来表示投票者的偏好。

一、怎样投票:自利还是公共利益

因为味道,我更喜欢冰淇淋而非圆白菜;因为天气,他更喜欢圣迭戈而非西雅图;因为她是保守的,她更喜欢共和党人而非民主党人。在人们据以持有偏好的诸多原因中,我将概括比较两种基本类型。一方面,公民可以基于现实的自利投票。一个彻底自利的投票者会问:"哪位候选人在增加我的财富和权力方面会做得更多?"另一方面,一个基于公共利益考虑的投票者会问:"根据我的政治哲学,哪一位候选人会更多地惠及这个国家?"

为提供足够数量的公共产品,官员们需要公民关于政策偏好的信息。通过提供这种信息,自利的投票有时会提高公共产品供给的效率。但是,公民时常会利用政治手段,以他人为代价而为自己谋好处。其目标不是效率,而是再分配。因此,银行想要贷款担保,农民想要价格支持,工会想要关税,艺术家想要补贴,出租车司机想让发给出租车的执照少些,老年人想要免掉财产税,诸如此类。这种利己主义会浪费资源，压迫弱者。尽管人们很少会批评杂货店里出于自利往自己的购货推车里放东西的消费者，人们却会批评为了自利而投票的公民。

大多数公民是出于自利还是出于公共利益投票？对投票行为的决定因素的研究进行了许多年。调查研究表明选民对有关问题或候选人所知甚少，所以他们通常是依靠政党、意识形态的指引以及朋友同事的消息来投票。尽管无知，但是公民倾向于投票给最能增进他们所属群体之利益的候选人。例如，农民倾向于投票给补贴农业的候选人，种族群体倾向于投票给为少数族裔谋利益的候选人，投资银行家倾向于投票给搞金融自由化的候选人（Campbell 等 1960）。

支持能够增进群体利益的候选人可以通过显示成员之间的团结，从而增进个人的利益。[4] 例如，某一农村社区的奶农可能更愿意与其他支持牛奶补贴的奶农合作。与此相反，某种族群体 20
可能会逐出那些反对给少数族裔优惠待遇的成员。[5] 一般而言，各个群体会发展出能促进“自私的”公共利益概念的意识形态，如同汽车工人相信“对通用汽车公司好就是对美国好”一样。

假设一位政治方面的民意测验专家让我对三种政治纲领打分：让我给最喜欢的政纲打 A，给中间的政纲打 B，给最不喜欢的政纲打 C。民意测验专家很少会问我打分的动机是自利还是公共利益。效用函数可以代表一个人对诸选项的打分。社会科学家用效用函数来表示偏好的能力，与这种偏好究竟是因为自利的想法还是因为公共利益的观念无关。后面我会概述用效用函数表示偏好的方法，这种效用函数可以适用于许多类型的投票者。

---

〔4〕 即将出版的《波斯纳》一书强调了这一创造社会规范的机制。

〔5〕 关于“种族特性分隔”（ethnification）的机制，参见 Kuran 1997。

问题:马基雅维利的《君主论》一书中描述君主用不道德的手段扩大权力,令16世纪的欧洲人颇感愤慨。同样,集体选择理论解释了民主政治中自利的逻辑,令许多今人震惊。在你看来,为什么在政治中自利的假设会令人如此困扰?试讨论使用这个关于动机的假设解释政治行为的优点和缺点。

二、为何投票?

新闻记者经常对美国大选中只有大约一半的适格公民投票,并且参与率自19世纪以来一直下降的事实深感遗憾。[6] 其实,除非是在澳大利亚和阿根廷这样民主尚属新鲜的国家,法律强制公民投票,或者像在一些意大利城镇,不投票的公民的名字会被当众张贴出来,否则的话,其他国家的公民投票率也是差不多的。但是,与新闻记者不同的是,经济学家认为选民的投票率**高**得有些令人难以理解。自利模型所预测的投票率比实际的投票率要低很多,原因在于自利的公民会通过比较投票的成本与预期收益来决定是否投票。在目前的投票率下,一场大规模的选举中单单一张选票影响结果的概率几乎可以忽略不计。所以在大型选举中,投票所花费的力气超过了预期收益。

可以用一些符号来说明这一点。投票所需要的时间通常用来衡量投票的机会成本,我用 C_i 表示公民 i 的成本。为简化起见,假定公民关注的是谁赢得选举,而不是胜出幅度(margin of victory)。令 p_i 表示公民 i 的投票决定选举结果的概率。令 B_i 表示公民 i 通过得到他所喜好的选举结果所引起的其财富或权力的

[6] 伯克利小型卡车上的车尾贴:"倘若上帝真想要我们投票,他应当就已经给我们派好了候选人。"

增加。[7] 因此，投票的预期收益等于 p_iB_i。根据**投票者参与的自利理论**，$p_iB_i \geqslant C_i$ 时，公民会投票；$p_iB_i < C_i$ 时，公民不会投票。投票的自利理论预测选民投票率会一直下降，直到 p_iB_i 大约等于 C_i 时。**投票悖论**指目前选民投票率的水平远远超过了 p_iB_i 等于 C_i 时的投票率。如果投票的自利理论准确描述了大部分公民的行为的话，选民投票率要比现在的水平低得多。 21

比如，假定让你所喜欢的候选人赢得选举对你来说值 1000 美元。假定投票需要花费你一小时时间，对你而言值 10 美元。当 $p_i\$1000 \geqslant \$10$ 时，自利会促使你去投票。这意味着 $p_i \geqslant 1/100$。在大型选举中，任何一张选票对选举结果具有决定性的概率**远远**小于 1/100。计算投票对选举结果具有决定作用的主观概率——我们称为**投票力**（power of a vote）——取决于投票者认为其他投票者会怎样做（Palfrey 和 Rosenthal 1985）。根据计算，在美国大选中，一张选票的投票力大约是 10^{-8}。[8] 无论是在何种理性的假设条件下，在大型选举中一张选票的投票力都是如此之小，以至于自利的公民不会以目前的投票率去投票。

如果狭义的自利不能够解释为什么人们会以目前的投票率去投票，那用什么能解释？政治理论中有一种可以追溯到亚里士多德的重要传统，认为政治参与是人的社会本性。根据这个传统，人们通过履行公民义务来表达自己。自我表达是一种内在的满足。[9] 民主的商谈理论强调人民在像投票这样履行公民职责的过程中所获得的满足。

---

〔7〕 比如，在共和党和民主党候选人之间的一场竞选中，一个共和党选民 i 的收益 B_i 等于 $u^i(x_r) - u^i(x_d)$，其中“u”代表支付意愿。

〔8〕 参见 Hasen 1996 的讨论。Romer 1996 使用不同的计算方法得出结论，认为在一场由 5000 万人参加的美国总统选举中，出现平局的概率大约是 10^{-4}（第 200 页）。

〔9〕 Brennan 和 Lomasky 1993 探讨了表达性投票理论（expressive voting theory）。

通过投票而不是不投票,我提高了赞同我政治观点的人所喜欢的选举结果的概率。所以赞同我政治观点的人会说我应该去投票。公民们经常赞扬投票者,而批评不投票者,这说明存在一种社会规范。除了自我表达之外,人们可能会为了获得他人赞扬、避免他人批评而投票。

为描述公民义务的影响,令 v_i 表示公民 i 履行其公民义务的价值。v_i 的值对一些人来说大,对另一些人来说小。根据公民道德理论,那些 v_i 值超过净成本 $C_i - p_i B_i$ 的人会去投票。因此,
22 当 $v_i \geqslant C_i - p_i B_i$ 时公民会投票。[10] 这个公式包含了一种**混合动机投票理论**,把自利和公民义务结合起来。混合动机理论具有可以检验的含义。[11]

问题:

1. 运用"投票力"的概念解释为什么自利的人不会让投票参与率趋近于零。

2. 预测在何种情况下,要求选民参与投票的社会规范会有效。

3. "我不投票的话,会增加其他人投票的力量。因此,不投票是一种应被鼓励的对他人的友好行为。没有投票的公民义务这回事。"这个观点有错吗?

---

〔10〕 令 f(v,b) 表示公民之中社会价值 v 和物质利益 b 的分布的密度函数。根据这个理论,在选举中的投票总人数等于 v 超过 C - pB 值的选民总数,或者说选民投票率 = $\int_{C-pB} f$。

〔11〕 同自利理论一样,混合动机理论预言,当每一张选票的投票力 p 增加时,投票参与率会增加,个人从选举获胜中得到的物质利益 B_i 会增加,投票的机会成本 C_i 会降低。此外,混合动机理论还预言,当遵守社会规范的价值 v_i 增加时,投票率会增加。v_i 的值可能因为更多的人把公民道德内化、政治参与增加所带来的社会进步或不投票的社会成本降低等而增加。

三、无知与弃权

有时即使参与投票不用花费什么成本，理性人也会在投票中弃权。理性弃权取决于当事人知道什么。为了理解理性弃权，假设你是法学院的一名教师，你必须对是否聘用某位申请者担任教职进行投票。你们这些教师遵守的是多数决定规则的程序，出现平局的时候由主席来做最后决定。你自问是该投票还是该弃权。如果投票，你的票要么是非决定性的，要么是决定性的。如果你的票是非决定性的，那么无论投票还是弃权都不会影响到结果。例如，如果你的六名同事投“赞成票”，四名同事投“反对票”，那么你的投票就是非决定性的。

如果你的投票是决定性的，那么你投票就会决定选举结果，或者你弃权的话，就会由主席来决定选举结果。例如，如果你有五名同事投“赞成票”，五名同事投“反对票”，那么你的投票就会打破平局，或者你的弃权会让主席来打破平局。所以你要问自己，是想自己决定结果，还是想让主席来决定结果，然后决定是投票还是弃权。

这个决定要根据两个考虑因素来做出：信息和价值观。如果对于待决问题，你知道的比主席知道的多，那么你应该投票。如果对于该问题，主席知道的比你多，而且主席的价值观和你一致，那么你应该弃权。当主席对问题知道得比你多、而价值观和你相左的时候，你就面临一个艰难的选择。在此，你必须在信息和价值观之间做出权衡，确定是由你自己还是主席来决定选举结果。

举一个艰难抉择的例子。假设主席能够比你更好地评估候选人在宪法领域的学术造诣。如果问题仅仅是宪法学术造诣的话，那你就应该弃权。但是，另外有一个问题是法学院教职工的 23

种族多样性。每位教职工都同样了解该职位候选人的种族情况,但同事们对其重要性意见不一。与主席相比,你更多看重种族多样性,较少看重宪法学术造诣。如果问题仅仅是种族多样性,那么你会投票;但是这里你必须要平衡主席对你的信息优势和你与主席之间价值观的分歧。

这一分析表明为什么对候选人或待决问题的无知会导致理性的选民不参与选举。不参与选举的逻辑和弃权的逻辑是一致的。如果公民的投票不是决定性的,那么投票或弃权都不会影响到结果。如果公民的投票是决定性的,那么公民投票就会决定选举的结果。此外,公民如果弃权,会使另外一个投票者在确定选举结果上具有决定性。我们把这个人称为**下一决定性投票者**(next decisive voter)。一个理性公民会自问是愿意自己确定投票结果,还是愿意让下一决定性投票者来确定投票结果,以此来决定是否投票。

"下一决定性投票者"理论解释了为什么理性的、富有公民道德的公民可能会不参加选举。公民的理性不参与最可能发生在下一决定性投票者拥有更多的信息和相同价值观时。"下一决定性投票者"理论预言了当价值观变得更具有同质性(价值观的分布更为紧凑)时,投票参与率会下降。"下一决定性投票者"理论还预言了弃权者的平均政治信息水平低于投票者。

过去,由于早期的民主政体通过性别、种族、阶级、财产权等限制投票,所以许多公民无法选择投票。但是,在现代民主制国家,通常每一个成年公民都享有投票权。在国家之外,投票限制在一些组织中仍然非常重要。例如,公司通常按照股份比例给股东分配投票权,合作社通常给每个成员分配一票的投票权,业主协会或经济开发区经常会限制不动产所有者的投票权(Ellickson

1998)。我将论述一种选举理论，无论选举权的范围怎样，都可以通过选民的偏好预测选举结果。

问题：野猫泛滥，你所在的城镇要选一位捕猫人出来。你前来准备在大选中投票时，扫了一眼捕猫人的候选人名单，发现自己对他们所知甚少。描述一下你怎样理性地决定是投票还是弃权？为什么一名理性的公民更愿意在选举中投一张**空白**票而不是不参选？

四、表示选民的偏好

设想一场简单的竞选，有两名候选人——比方说民主党和共
和党的被提名人——选举角逐。在竞选中，每名候选人都宣布了 24
其纲领，阐述其在重大问题上的立场。该纲领包含候选人的总体意识形态和在补贴、税收减免、规制等具体问题上的政策。作为回应，每个选民投票给其纲领最符合自己偏好的候选人。候选人都知晓这些事实。结果，每个候选人都会寻找能针对竞选对手政治纲领的、并可以赢得大多数选票的政治纲领。

有些符号可以帮助我们讨论这个模型。具体来说，令 x_r 表示第一个候选人（共和党人）宣布的纲领，x_d 表示第二个候选人（民主党人）宣布的纲领。令 n 表示选举中投票的公民的数量。每个公民对可能的政治纲领从最好到最坏依次打分。任何个人——比方说第 i 个人——的打分，都用一个效用函数来表示。效用函数较高的值表明对政治纲领较高的打分。因此，政治纲领 x_1 对公民 i 的效用值是 $u^i(x_1)$，政治纲领 x_2 对公民 i 的效用值是 $u^i(x_2)$。如果公民 i 偏好 x_1 甚于 x_2，那么前者的效用值就会超过后者的效用值：$u^i(x_1) > u^i(x_2)$。

假定每个公民都投票给有自己所偏好的纲领的候选人。例如,许多美国的选举提供了在民主党和共和党候选人之间进行选择的机会。$u^i(x_r)$是第 i 个公民期望选共和党人所能获得的效用,$u^i(x_d)$是第 i 个公民期望选民主党人所能获得的效用。公民 i 的投票规律是:

$u^i(x_r) > u^i(x_d)$ ⇒公民 i 投票给共和党人

$u^i(x_r) < u^i(x_d)$ ⇒公民 i 投票给民主党人

$u^i(x_r) = u^i(x_d)$ ⇒公民 i 靠弹硬币来投票

在决定怎样投票时,除了不同的人有不同的效用函数以外,所有 n 个公民都按照和公民 i 一样的程序来进行。

在这个模型中,每一方都向公众宣布自己的计划,选举的获胜者会把自己的政治纲领加诸每个人。相反,在杂货店给自己的购物车里放东西的消费者,只是为了自己使用。政治纲领尤其会与公园和军事开支这类公共物品有关,而不是与类似冰淇淋或胡萝卜的开支这样的私人物品有关。就公共物品而言,国家对每个人的供给量是一样的。关于公共物品的这一事实的后果,我会在本书中多次讨论,特别是在第五章。

在数学上,我们用同一变量进入不同人的效用函数来表示公共物品。例如,假设有两个人,用 i 和 j 来表示。他们有效用函数u^i和u^j。如果变量 x 以相同的数值进入他们的效用函数,即$u^i(x)$和$u^j(x)$,那么 x 就具有了公共产品的数学属性。例如,x 可以表示国家在军事国防上的开支。但是,如果每个人享受到的变量 x 的数量是不一样的,用$u^i(x_i)$和$u^j(x_j)$表示,那么 x 就具有私人物品的数学属性。例如,$u^i(x_i)$可以表示第 i 个人从消费 x_i 品
25 脱冰淇淋中得到的效用。

在这个关于投票模型的简述中,政治立场决定投票。除了政

治立场，候选人的外貌、个性和其他社会属性经常也会影响选民。此外，候选人必须和选民沟通，这会涉及花费不菲的广告活动，并引发言行的可信性问题。[12] 除了在相关问题上的立场以外，怎样表述问题也会影响投票。比如，把“平权行动”（affirmative action）* 称为种族特权，还是称其为“非歧视”，这会影响到加州人对“平权行动”的看法。同样，把社会保障称为福利，还是称为权益，影响到公民对社会保障的看法。在阐述选举理论的初期，这些复杂之处最好省去，放在后面讨论。

第二节 集体投票

在分析了公民是怎样决定是否投票以及怎样投票以后，下一步就是解释候选人怎样选择纲领以赢得选举。首先，我将用一个简单直观的模型说明民主选举的集中趋势。

一、中间投票者定理

在一定条件下，选举竞争会导致政党的纲领向选民政治观点分布的中间地带收敛。更准确地说，在一定条件下，获胜的纲领是政治观点统计分布的中位点上的选民所喜好的政治纲领（Black 1958）。该结论与美国总统大选中候选人常常在政治光谱中采取中间立场的这一我们熟悉的事实相吻合（Downs 1957）。

民主政体的中值趋势可以用一个例子来说明。有三个选民，

〔12〕 通过广告传递政治信息的一个有趣模型，参见 Dharmapala 1998。

* 指为了消除历史上存在的歧视的后果，对少数族裔在各方面特别是教育、就业等领域做出的一系列优惠安排。这一制度是美国处理族群关系的基本制度，但是引起了广泛的争议。反对这一安排的人称其为“逆向歧视”。——译者注

用 A、B 和 C 来表示。图 2－1 描述了他们的偏好,或许和民意测验的结果一样。考察 A 的效用在图 2－1 上从左向右移动时的变化,用 $u^a(x)$ 表示。当从右向 x_a^* 方向移动时,A 的效用增加。在经过 x_a^* 点以后,继续向右移动,A 的效用减少。A 最喜好 x_a^*,因为当纲领为 x_a^* 时,A 的效用曲线 $u^a(x)$ 达到其最高点。与此类似,选民 A、B 和 C 最喜好的纲领分别用 x_a^*、x_b^* 和 x_c^* 表示。

假定两个候选人为三个公民的选票展开竞争。为简化分析,我假设没有人弃权,并且三个选民都有完全的信息。每个候选人必须选择一项政治纲领,然后每个公民把票投给其政治纲领能产生更大效用的候选人。不难看出在这个三人投票的例子中,纲领 x_b^* 会击败其他纲领。

为说明原因,我们假定民主党人选择了纲领 x_b^*,共和党人选
26 择了 x_b^* 略偏右任意处的纲领。选民 A 和 B 将从民主党人的纲领中得到比共和党人的纲领更多的效用,而 C 则将从共和党人的纲领中得到更多效用。所以民主党人以 2∶1 的多数赢得选举。

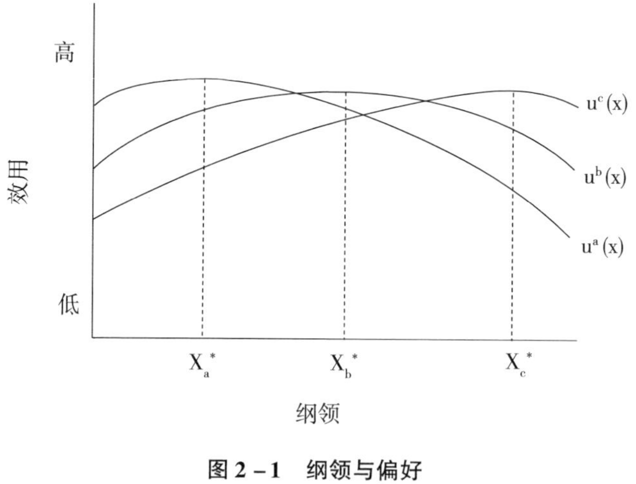

图 2－1　纲领与偏好

把这个例子倒过来。假设共和党人选择纲领x_b^*,民主党人在x_b^*略偏左的任意处选择纲领。B和C将从共和党人的纲领中获得更多效用,而A将从民主党纲领中获得更多效用。所以共和党将会以2∶1的多数赢得选举。因此,发现和宣布纲领x_b^*的政党在选举中是无人能敌的。

在这个三人例子中,获胜的纲领x_b^*是B最喜好的纲领。要注意的是,一个选民最喜好的点在左边,另一个选民最喜好的点在右边,在这个意义上,B处在偏好分布的中位点上。一般而论,当有许多人,而不仅仅是三个人的时候,中间投票者被定义为在其上和其下都有相等数量选民的人。对任何奇数的n个人,中间投票者有(n-1)/2个投票者在左边,有(n-1)/2个投票者在右边。当选民有像图2-1中那样偏好的时候,获胜的纲领将是中间投票者最喜好的政治纲领。由于这一纲领会击败其他任一纲领,这就是选举竞争中的政治均衡点。选举中谁是实际胜利者取决于哪个候选人能有信息和机会选择均衡纲领。[13]

中间投票者定理揭示了一些政治体系中的中值趋势。例如,许多美国人把自己放在一个简单的“左—右”连续统一体中,一端是“自由民主党人”,另一端是“保守共和党人”。在美国总统大 27
选中一个常见的套路是对于共和党候选人而言,在初选中采取右翼立场以获得提名;一旦获得提名,在政治光谱中就向更靠中间的方向移动。最初的右翼立场迎合党内的中间选民,这是确保党内提名的要求;后来的中间立场迎合所有公民中的中间选民,这

〔13〕 如果候选人必须在不完全信息的情况下宣布一个政治纲领,每个候选人都会对占优势的纲领做出猜测。如果候选人知道占优势的纲领,并且有一个候选人可以先于其他候选人选择纲领(如现任先选),那么先选的候选人会获胜。如果两个候选人都知道占优势的纲领并且同时做出选择,两个人都会选同样的纲领,在这种情况下谁获胜都没有区别。

是赢得大选的要求。同样,民主党候选人在初选中是左翼立场,获得提名后朝中间立场移动。

要注意,中间投票者定理假定选民意见不一,但是对于意见不一的原因没有做假设。有些选民想增进自我利益,另外有些选民可能是想增进公共利益。他们对不同的政治解决方案加以评分的理由不影响中间投票者定理的适用范围。

中间投票者定理略去了在真实选举中的许多重要因素,如党派忠诚、选民的无知、竞选的开销、候选人的个人吸引力等。尽管有这些省略,中间投票者定理仍然是选举竞争理论中一个非常有用的起点。

问题:

1. 假定左翼选民有理由对他们的候选人的纲领感到非常愤怒,于是在大选中采取联合抵制行动,拒绝投票。他们的行为将使能获胜的纲领朝哪个方向移动?

2. 请解释为什么中间投票者定理要假定选民之间意见不一,却不必然假定其是因为自利进行投票?

3. 有三个选民(A、B、C)和三个备选政纲(x_1、x_2、x_3)。选民用从 1 到 3 的数字给纲领打分。“3”表示最喜欢,“1”表示最不喜欢:

选民 A:$3 = u^a(x_1), 2 = u^a(x_2), 1 = u^a(x_3)$

选民 B:$3 = u^b(x_2), 2 = u^b(x_1), 1 = u^b(x_3)$

选民 C:$3 = u^c(x_3), 2 = u^c(x_2), 1 = u^c(x_1)$

哪一个备选政纲将在成对投票胜出?谁是中间投票者?

4. 三个选民的效用函数如下:

选民 A:$u^a = 2 + x$

选民 B:$u^b = 2 + 2x - x^2$

选民 C：$u^c = 3 - 0.5x$

运用中间投票者定理确定能体现投票均衡的 x 值。

5. 据说多数决定规则会增加政府的合法性，并且通过公开展示支持政府政策的公民多于反对政府政策的公民来威慑难以控制的反对派。运用中间投票者定理支持或批判这个命题。 28

二、立法机关与委员会

前面关于政治纲领的分析涉及大选。在大选中，候选人力图选择能获胜的纲领。这一分析也同样能很好地适用于遵从多数决定规则的立法机关和委员会。在任何这样的政府机构中，都会有一些政策代表现状。某个成员会不时提出新的建议。经过辩论之后，机构会对新提议进行投票。如果新的提议没能获得多数票，现状就会持续。如果新的提议获得了多数票，立法机关或委员会就会放弃原有的现状，获胜的提议成为新的现状。未来的提议又可能会挑战新的现状。

为进行正式的分析，要把大选中的纲领准确转换成立法机关或委员会中的提议。每个提议都在挑战现状。如果立法者的偏好符合中间投票者定理所描述的条件，则中间立法者最喜好的提议将会获胜。

三、迪维尔热定律

在许多国家，像在英国和美国一样，两个大的政党掌握着重要的民选职位。在其他国家，会有多个政党赢得重要的职位。除了文化与历史之外，选举程序决定着政党的数量。按照“简单多数获胜且胜者全得”（winner-take-all-plurality）的程序，在单一选举中获得最多选票的候选人赢得职位。比如，如果选票在三个候选人之间按照40%、29%和31%的比例分配,那么获得40%选票的候选人赢得该职位。按照简单多数原则,不需要在两个领先的竞争者之间进行决胜选举,不需要计点投票制(point voting)*,不需要比例代表制。

采用"简单多数获胜且胜者全得"规则的国家常常有两个支配性的政党。这个命题足够真实,因此可以被称为"定律",但还不是铁律。[14] "迪维尔热定律"称"简单多数获胜且胜者全得"规则有消灭小党派、产生两党体系的倾向。集体选择理论解释了为什么理性的投票程序会产生这个结果(Riker 1982b)。在有数个候选人的时候,选民们以策略性的方式进行投票。比如,如果选民最喜欢的候选人获胜机会很小,该选民可能会转向次优的选择。在"简单多数获胜且胜者全得"规则之下,选民倾向于投票给那些他们认为其他人也会为之投票的候选人,[15]这种行为会把能存活下来的政党的数量缩减到两个。在有许多选民的选举中,第三党获得的均衡份额一定会很小(Palfrey 1989)。

29 联盟理论(coalition theory)也得出了同样的结论。为说明原因,假定选民可以分成三个规模相同的组,分别称为左组、中组、右组。如果每个组都支持自己的候选人,在"简单多数获胜且胜者全得"规则之下,每一个候选人赢得选举的概率是三分之一。但是,如果有些中组的选民能被劝诱变为左翼,那么他们联合起来的力量会让左—中组赢得所有选举。右组在获知这一点以后,会劝诱一些中组的选民成为右—中。在这个过程结束的时候,就

* 指投票者给每个方案或每个候选人打分以显示偏好强度,得分最多的方案或候选人胜出。——译者注

〔14〕 加拿大和印度是例外。

〔15〕 这种选举像凯恩斯所说的选美比赛,能选出最终会赢的选手的评委会因此获奖。

会有两个大党争夺中间选民。因此“简单多数获胜且胜者全得”规则会在紧贴政治光谱中间地带的地方产生两个处于支配地位的并且势均力敌的政党。[16] 一经建立，这种情况就会非常稳定，因为对第三党的投票没有机会影响选举结果，而对其中一个大党的投票可能是决定性的。在单维投票中，两党会占尽政策选择空间，于是排除了第三党的成功进入（Palfrey 1984）。

为了使这一论证更为精确，回想一下每一票的“投票力”等于其能够成为决定票的概率。如果在某场选举中，共和党和民主党成了平局，那么一票无论改投给哪一方都会使整个选举发生翻天覆地的变化。反之，投给第三党（比方说自由党或绿党）的票没有改变选举结果的可能。因此投给两大党之一的票有投票力，给第三党的票没有投票力。

我已经解释过了“胜者全得”的选举中的竞争怎样消灭第三党。是什么使两个相互竞争的党派结成一个大的联盟？如果两党保持独立的话，获胜的党会独享权力的战利品（职位、合同、拨款等）。如果两党联合，它们必须彼此分享权力的战利品。因此独占权力战利品的欲望通常会阻止有支配地位的党派之间的联合。在下一章中关于政治联盟的分析会详细讨论这个观点。

但是，在日本，独占权力战利品的欲望并没有产生有效的多党竞争。相反，一党（自由民主党或自民党）在 20 世纪下半叶的大部分时间里握有政权。但是，这个独霸政坛的党内部有几个大的派别争权夺利。尚不确定是什么原因导致一个党派支配日本的民主政体，或许选民们意识到一党统治可以对异常强大的行政

---

〔16〕 我对迪维尔热定律非正式的“证明”是假定在两党竞争中存在单一静态均衡。在 Palfrey 1989 中有对迪维尔热定律更为细致的辩护。在 Gardner 1980 中有对美国选举中第三党前景的讨论。

官僚体系更好地施加政治控制,也可能是一个全国性联盟可以减轻冷战期间对共产主义的持久恐惧。原因还可能在于日本特有的选举规则。[17]

30 **问题:**

1. 在美国,两个主要政党通过在各州的初选来选定总统候选人,然后召开两党全国大会。民主党基本上是在每个州都遵循“简单多数获胜且胜者全得”规则,意味着在州初选中得票最多的候选人在全国大会上会拿到该州的全部选票。相反,共和党遵循一种近似比例代表制的规则,意味着在全国大会上的选票按照各候选人在初选得票的比例进行分割。如果你是一名候选人,有着一小帮选民是你的忠实追随者,他们想要影响你所在的党的提名,但你自己实际胜出的可能性很小,那么你是愿意成为共和党人还是民主党人?

2. 在美国,迪维尔热定律似乎在国家层面上发挥作用,但在地方层面上没有发挥作用。对迪维尔热定律在地方层面上的无效性,可能的解释是什么?

四、其他投票规则

“胜者全得”是民主国家所使用的投票规则中的一大类。另一大类的投票规则是比例代表制。在比例代表制下,每个政党按照其在选举中所获票数的比例得到立法机构的议席。稍后我会详细讨论比例代表制。现在,需要注意的是胜者全得会使政党团

---

[17] 直到1994年选举规则发生变化以前,日本的每一个选区都会向众议院选出数名代表,但是选民只能对代表中的一人投票。例如,如果一个选区有三个议席,三个得票最多的候选人获胜,而住在选区内的每个公民只能给一个候选人投票。但是,这些规则似乎是有利于小党而不是一个独霸政坛的大党。参见 Christensen 1994 和 Cox 1994。就这些事实和引注,我要感谢 Tom Ginsburg。

结,而比例代表制会使政党分裂。团结会迫使选民在两党之间选择自己更喜欢的一个,即使两党都没有较好地反映选民的偏好。相反,分裂允许每个选民选择最符合自己偏好的政党。反过来,团结的政党会建立稳定的政府,分裂的政党建立的政府是不稳定的。第四章会更详细地讨论代表性和稳定性之间的这种权衡关系。

除了这两大类投票规则以外,还有一些政府和许多私人组织使用全然不同的投票规则。[18] 乔纳森·莱文和巴里·纳尔巴夫做的一项调查区分了十六种投票规则,每种都有自己的程序、结果以及拥护者(Levin 和 Nalebuff 1995)。这方面的例子有单一可转移投票制、[19]由波达所发明的计点投票制[20]以及连记投票制 31
(approval voting)。[21] 投票规则不同,结果有何不同?莱文和纳尔巴夫认为在投票者之间存在共识的情况下,不同投票规则产生的结果是一样的;但是没有这样的共识的时候,不同投票规则的结果就不一样。

在势均力敌的选举中,修改投票规则会改变结果。在投票规

---

〔18〕 关于这方面的经验探究,参见 A. Wombet 和 I. Wallaby,"The Boomerang Effect in National Election",*Central Australian Review of Law and Economics* 79 (1994):114 - 647。就这个引注,我要感谢 Geoff Brennan。

〔19〕 爱尔兰国会下议院和澳大利亚的参议院就是用单一可转移投票制选出来的。每个选民投一票,得票超过一定限额的候选人当选。获胜候选人超过这个限额的选票会转移给选民指定的另一个候选人。参见 Tideman 1995。

〔20〕 在 Young 1995 中比较了波达的计点投票制和孔多赛的简单多数投票制。Young 基于两个原因更赞同简单多数投票制,特别是其中一种叫作最大似然法的复杂形式。首先,假定有一个对的选项和几个错的选项,简单多数规则能使做出对的选项的可能性最大化。其次,(与波达的计点投票制不同)简单多数规则以及其他几个规则,能满足各选项之间独立和无关的要求。

〔21〕 在连记投票中,每个选民在选票上标注他对每个候选人是"同意"还是"不同意"。获得最多同意票的候选人为获胜者。当选民对于其他人将怎样投票有着充分信息时,连记投票的结果会汇集关于选民偏好的所有信息。参见 Weber 1995。

则能改变结果的情况下,哪一种投票规则是最佳的?在决定最佳投票规则的标准上,学者们意见不一。[22] 第四章会简要讨论几种方案。在学者们确定不同投票规则的特征的同时,有一些党派可能会利用新的知识修改它们的投票规则,以获得想要的结果。

问题:

1. 如果把美国的选举规则从简单多数规则改为比例代表制,为什么非洲裔美国人有可能获益?

2. 与比例代表制相比,胜者全得的投票会导致在选区划分上产生更多的腐败(为政党一己之私重新划分选区)。为什么?

第三节 求均衡值

前面一节解释了在一定条件下,多数决定规则有利于为中间投票者所喜好的政纲。获胜的纲领位于靠近政治光谱中间的地方,这会阻止极端主义的影响,稳定民主政体。多数决定规则还有其他令人满意的属性吗?经济学家用效率标准来评价公共政策。如同经济模型中定义的那样,"效率"要求满足个人的偏好。为满足个人偏好,政府提供公共产品和法律框架,以便让市场提供私人产品。在中间投票者定理下,政府是有效率的吗?

答案取决于效率的**类型**。我将区分在政策分析中扮演重要角色的几种效率的类型。

---

〔22〕 有一种标准能使集体选择在判断中犯事实错误的概率最小。另一种标准能使在立法机构中反映公民偏好的错误最小。还有一种标准能确保在成对投票中某一种方案能击败其他方案赢得选举。此外有一种标准试图减少策略投票行为,以便把对选民偏好的错误表达降至最低。

一、帕累托效率 32

当任何变化都不能在不让其他人受损的情况下让某人受益,就达到了帕累托效率。对任何帕累托无效率的政治纲领,至少会存在一个替代性纲领,让一部分选民更喜欢且没有其他人会更讨厌。鉴于此,帕累托无效率的纲领所得到的投票少于替代性纲领。由于替代性纲领在投票中击败了帕累托无效率的纲领,所以帕累托无效率的纲领不是投票均衡。[23] 相反,投票均衡(如果存在的话)通常是有帕累托效率的。

如图 2-1 所示,这些结论也适用于中间投票者定理。要在图 2-1 中发现帕累托效率点,从该图开头的地方开始,这个地方代表一种极左的纲领,然后沿着横轴向右移动。起初,三个选民都愿意向右移动。但是,一旦到达x_a^*点,即大多数左翼选民最喜欢的点,任何右移都会给选民 A 带来损失。同样,从横轴的最右端开始向左移动。起先,三个选民都愿意向左移动。但是,在达到x_c^*点以后,任何左移都会给选民 C 带来损失。因此帕累托效率集合包含了x_a^*与x_c^*之间的所有纲领。中间路线的纲领必然落在这个区间,所以中间投票者定理是帕累托效率的。

二、成本—收益效率

大多数法律使一些人受益,而让另一些人蒙受损失。帕累托效率没有给选择这类法律提供理由。指导政治选择需要更为明确也更具争议性的标准。与帕累托效率不同,成本—收益分

---

〔23〕 在有策略行为的复杂模型中,可以存在帕累托无效率的投票均衡。

析支持那些胜者所得超过败者所失的变革。[24] 例如,在图 2 – 1 中,从x_a^*向x_b^*点移动会让 A 受损而让 B 和 C 获益,所以按照帕累托效率标准这个变化不能算是一个改进。但是,如果 A 的损失小于 B 和 C 的收益之和,那么按照成本—收益标准,这个变化是一个改进。

按照成本—收益标准,中间投票者定理一般不是有效率的。为说明原因,假定一个三人委员会必须就一个棘手的问题用多数投票做出决策。委员会同意每个人在一张纸上写下他或她的投票。这些纸收起来后,委员会主席报告说:“两张纸上写着‘是’,另外一张
33 纸上写着‘否,否,哦,拜托,拜托,否!’”显然,两人赞成提议,一人坚决反对。总体来说,投票没有反映投票者对问题的感情强度。但是,感情强度会影响到替代方案的效率。多数决定规则没有对选民对有关问题的感情强度做出回应,导致了其无效率。

为了用图形的方式说明无效率,假定图 2 – 1 中 C 的偏好如图2 – 2所示在x_a^*与x_b^*点之间向下移动。由于这一变化,结果如图 2 – 2所示,C 对左翼和中间政策有强烈反感。与 C 不同的是,A 和 B 的偏好没有变化。有效率的纲领要对感情的变化做出回应,所以效率要求投票均衡向右移动。[25] 但是,比其他纲领赢得更多

〔24〕 由于胜者所得超过败者所失,所以原则上前者可以补偿后者。因此基于成本—收益标准的改进也是“一种潜在的帕累托改进”。但除非实际支付赔偿,否则这种变革就不是实际的帕累托改进。潜在帕累托改进的标准也称为“卡尔多 – 希克斯”标准,系以阐释这一观念的两名经济学家的名字命名。关于这些概念在法律经济分析方面的应用的讨论参见 Coleman 1980。

〔25〕 这个观点基于经济学中常见的边际推理。对于一个有效率的政纲而言,胜者从任何纲领的微小变动中所得的收益应当等于败者的损失(边际收益 = 边际成本)。比较图 2 – 1 和图 2 – 2,C 的偏好发生变化,A 和 B 的感情没有变化,表明政治纲领向x_b^*点右侧做少量移动的边际收益在增加,而边际成本没有变化。因此,由于 C 的偏好的变化,结果有效的纲领必须是向右移。你可以画一条等于图 2 – 2 中三个人的效用总和的曲线来验证这个事实。

选票的中间纲领，在从图 2－1 过渡到图 2－2 时仍然停留在x_b^*点。中间纲领不像那些有效率的纲领，通常不会在分布的两翼地带对感情强度的变化做出回应。

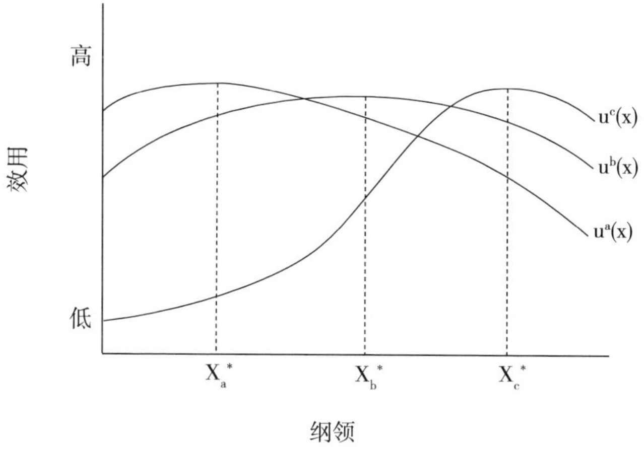

图 2－2 感情强度与中间投票者定理

我已经解释了中间投票者定理并不总是有成本—收益效率的。但是，在一种特殊的假定条件下，中间投票者定理是具有成本—收益效率的。多数决定规则计算选民数量，而成本—收益分析是把个人价值加总。在“强对称”的假设条件下，计算选民数量
和把个人价值加总会得到一样的结果。按照强对称假设，每一个 34
从偏离中间纲领中获益的选民都匹配至少一个受损的选民，败者所失不少于胜者所得。[26]

为说明强对称，考虑从中点向右移动。对于每一个有所得的

〔26〕 用符号表示，令x_m^*表示中间选民最喜欢的点。考虑任何其他替代方案x^*。令 J 代表比之x^*更强烈喜欢x_m^*的那些人，令 K 代表那些较之x_m^*只是略喜欢x^*的那些人。按照“强对称”假设，对于 K 中的每一个 k，在 J 中都存在一个 j 从而使 $u_j(x_m^*) - u_j(x^*) \geq u_k(x^*) - u_k(x_m^*)$。这个事实意味着：$\sum_{i\in J\cup K} u_i(x_m^*) \geq \sum_{i\in J\cup K} u_i(x^*)$。

右翼选民,必然有一个有同等程度所失的左翼选民。在图2-1中,从x_b^*向x_c^*点的移动令C获益,令A受损。强对称意味着A所失与C所得一样大。

对称效应的要求可以用偏好强度来表示。无论选民对某一问题的感觉是多么强烈,民主政体给所有投票以同等的分量。但是从效率的角度来看,对更强的偏好应该给以更重的分量。当政治感情的分布是强对称时,右翼感情的强度抵消了左翼感情的强度,反之亦然。

实际上,强对称是很罕见的,但是大致对称并非罕见。为说明原因,来看一下总收益和平均收益之间的关系。从定义上说,总收益等于平均收益乘以选民数量。因此,就一定数量的选民来说,所有选民总收益的最大化等于平均收益的最大化。[27] 在非对称分布中,平均值和中位值是不一样的。在对称分布中,比方说在正态分布中,平均值和中位值是一样的。当选民最喜好的点的分布越来越对称的时候,中位值就趋近于平均值。而当中位值趋近于平均值时,投票均衡通常是有成本—收益效率的。(要确保这个结果,需要附加其他条件。[28])

由于许多分布都是对称的,或者是近似对称的,所以平均值和中位值经常十分接近。因此,在选举竞争中获胜的纲领通常接近有效率的纲领,至少在本章所讨论的程式化世界中是如此。这个事实为多数决定规则提供了比其他替代程序更多的正当性。**超级多数**

---

〔27〕 这里我们用了这样一个命题:如果连续可微凹函数f(x)在x^*点达到最大值,那么k为常数时的函数k·f(x)也会在x^*点达到极大值。(如果你懂微积分,可以用求导并设导数值为0来证明这个命题。)

〔28〕 本段中“分布”指选民最喜好的点。“强对称”涉及每个人的效用函数。“附加条件”涉及效用和最喜好的点之间的关系。具体来说,对效用的表达必须简化为对最喜好的点的表达。

规则要求比多数更多的票数——比方说三分之二——才能通过一项法案。**亚多数规则**要求的票数比多数少,比方说三分之一。假设 35
有对称效应的话,那么按照成本—收益标准,多数决定规则比超级多数规则和亚多数规则更有效率。

此处关于效率的讨论衡量了与投票者有关的成本与收益。有些公民不去投票。选举参与率对这个结论会有怎样的影响?有些人不去投票的时候结果会有怎样的变化?如果投票者是所有公民的一个代表性样本,那么选举结果是一样的。例如,说佛兰芒语的比利时人和说法语的比利时人经常就政治问题意见不一。如果两个语言群体的选民参与率都是一样的,那么60%的选民投票和100%的选民投票的结果是一样的。

相反,如果参加投票的人是所有公民的一个有偏样本,则选民参与率会导致结果的变化。例如,如果佛兰芒语群体的投票参与率是65%,法语群体为60%,那么比之100%公民投票的结果,部分公民投票的结果会更有利于佛兰芒语群体。按照中间投票者定理,有偏的投票参与会导致无效率。用一个极端的例子来说明:北卡罗来纳人不能投票选弗吉尼亚州州长,所以弗吉尼亚州州长可能以让北卡罗来纳人付出巨大代价的方式来造福弗吉尼亚人。更为一般地讲,在代议制民主中,立法者对法案进行投票,但是法案给立法者带来的好处并不必然与其给公民带来的好处相一致。

问题:

1. 比较一下公民对军费开支和流产的态度。在哪一种情况下公民的偏好更可能是强对称的?

2. 根据现在的一项调查,美国一个右翼的少数群体想废除流产,而一个左翼的少数群体想废除死刑。假定两个少数群体都有着非常强烈的感情。基于成本—收益的原因，在这两个问题上，是让少数人的想法得到满足更好，还是让多数人的想法得到满足更好？

3. 在哲学家看来，“不完全义务”意味着有些时候有、却不总是有的义务。比如，一个有钱人可能有义务给一些乞丐施舍，但并非对所有乞丐都是如此。比之100%的投票参与率，如果参加投票的选民构成代表性样本，投票结果不变，但是投票的负担却落在了少数人身上。从这个事实出发，论证投票是一种不完全的公民义务。

4. 假设在一个温暖的周日下午，海滩上满是日光浴者。日光浴者平均占据空间，使海滩上人的密度在各处大致是相同的。来了两个开着冰淇淋车的小贩。海滩的长度为一个单位，每个小贩都想选择能让她的冰淇淋车销量最大的地方。公园委员会已经给冰淇淋定了价。烈日使人们都想吃冰淇淋，同时也使人们不愿
36 意多走几步去买。如果两个小贩之间完全竞争而不合作，她们会站在什么地方？为什么这个地点从成本—收益角度来看是无效率的？

5. 回想一下前面这个问题：

“三个选民的效用函数如下：

选民A：$u^a = 2 + x$

选民B：$u^b = 2 + 2x - x^2$

选民C：$u^c = 3 - 0.5x$

运用中间投票者定理确定能体现投票均衡的x值。”

现在假设C对x取大值有强烈的厌恶，以致C的效用函数变为$u^c = 3 - x$。那么投票均衡点是什么？

三、福利分析

成本—收益分析对每个人的净收益都赋予同样的权重,不考虑收入或财富的差别。现在我转向另一个效率概念,这个概念对不同的人的净收益赋予不同的权重。在评估投资项目的时候,世界银行有时会给极度贫穷的人的净收益以额外的权重。以与接受者的收入或财富相反的顺序对其净收益赋予权重有时被称为"福利分析"。福利分析的合理性在于富人在戏票上多花一美元带来的很少数量的福利增长,小于穷人多花在面包上的一美元带来的福利增长。(那为什么许多国家给戏剧补贴而不是给面包补贴?我将在第十章讨论答案。)

民主国家的公民就是否要在穷人和富人之间进行财富再分配展开了激烈讨论。自由主义者通常反对再分配,社会主义者通常支持再分配。因此,自由主义者通常会赞同帕累托效率或成本—收益分析所支持的政策,而社会主义者通常会赞同福利分析所支持的政策。

我已经刻画了能让多数决定规则使选民的净收益最大化的条件的特征。什么时候多数决定规则会让选民的**福利**最大化?对这个问题我没有准确的答案。当中间投票者相信他们可以从中获益的时候,民主政体大体上能创造出福利国家来。当中间投票者试图最大化他们的福利的时候,多数决定规则可能会使福利最大化。

我区分了三种效率——帕累托、成本—收益和福利。运用每种标准需要不同数量的信息。运用帕累托效率标准需要关于个人的偏好排序的信息。政治民意调查可以提供可靠的这类信息。成本—收益分析需要关于每个人为公共物品付费意愿的信息。成本—收益技术通常可以从不同种类的数据中提取出必要的信

息,但是提取过程常常十分艰难。福利分析需要一套人群中的不
37 同阶层的权重。除了信息问题外,选择一套权重常常会引起关于社会价值的争论。我在本章的附录中会讨论三种效用函数,并澄清这三者的区别。

问题:

1. 经济效率可以指帕累托效率、最大净收益或者最大福利。其中之一是否比其他概念更科学,或者三个概念同样科学?

2. 有三个选民(A、B、C)和三个备选纲领(x_1、x_2、x_3)。选民对这些纲领从1到3打分,"3"表示最喜欢,"1"表示最不喜欢:

选民A:$3 = u^a(x_1)$,$2 = u^a(x_2)$,$1 = u^a(x_3)$

选民B:$3 = u^b(x_2)$,$2 = u^b(x_1)$,$1 = u^b(x_3)$

选民C:$3 = u^c(x_3)$,$2 = u^c(x_1)$,$1 = u^c(x_2)$

a. 在成对投票(paired voting)中哪个纲领会是选民的均衡点?

b. 哪些纲领是有帕累托效率的?

c. 哪个纲领产生的总效用最大?

3. 假定在处理问题的过程中,B对x_1和x_3产生了极度厌恶。为描述这一事实,将他的效用函数做如下调整:

选民B:$3 = u^b(x_2)$,$0.2 = u^b(x_1)$,$0.1 = u^b(x_3)$

a. 哪个纲领会是选民的均衡点?

b. 哪些纲领是有帕累托效率的?

c. 哪个纲领会使总效用最大化?

第四节　无均衡

笔者关于中间投票者定理的讨论描述了在选举竞争中单一、

稳定的均衡。但是,可能存在一种情形,即没有政治均衡的情形。为理解这种非传递性循环(intransitive cycles),读者可以回想一下小时候的“石头、剪刀、布”的游戏。在这个游戏中,两名玩家以石头(拳头)、布(手掌)或剪刀(伸出两个手指)的方式同时向前伸出手。游戏规则是“石头打断剪刀”、“剪刀剪开布”和“布包住石头”。每个选项都会打败其他一个选项,但会输给另一个选项。对于每个玩家来说,假定他的对手是完全理性的,那么最好的策略是在三种选项中随机选择。运气决定游戏的结果。

如同这个小时候的游戏一样,在选举竞争中,有时候也没有均衡。在无均衡的时候,政治就会不停轮转。每次选出新的官员,都会废止前任的政策。

一、轮转 38

为说明没有均衡的情况,调整图 2－1 中 C 的偏好,得到图 2－3。A 和 B 的偏好保持不变。图 2－3 中三个选民的偏好可以做如下总结,其中“ > ”表示“喜好”:

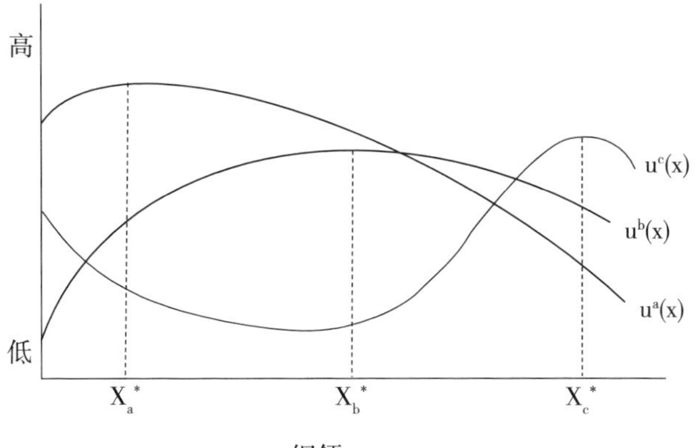

图 2－3 非传递性偏好

A：$x_a > x_b > x_c$

B：$x_b > x_c > x_a$

C：$x_c > x_a > x_b$

就这些方案投票产生如下结果：

x_a击败 x_b；

x_b击败 x_c；

x_c击败 x_a。

于是多数决定规则以转圈的方式运行。

非传递性政治偏好的例子非常容易构造。比如，考虑公立学校开支的不同水平：

$x_a^* =$ 低

$x_b^* =$ 中

$x_c^* =$ 高

有三组同样规模的选民。保守组希望公立学校开支低而不
39 是开支高。中间组希望中等水平的开支。最后是第三组，称为“一心想富”者（在美国被称为雅皮士，或者年轻的城市专业人士），偏好要更复杂一些。他们最希望的是公立学校的开支高，这样的话他们会送自己的孩子上公立学校；但是如果开支水平不够高，他们宁愿开支水平低一些，这样的话他们就会送自己的孩子上私立学校。对于他们来说，公立学校中等程度的开支水平是最坏的选择。令“ > ”表示“喜好”，这三个群体的偏好打分是：

保守者：$x_a^* > x_b^* > x_c^*$

中间组：$x_b^* > x_c^* > x_a^*$

雅皮士：$x_c^* > x_a^* > x_b^*$

在多数决定规则的投票中，x_a^* 击败 x_b^*，x_b^* 击败 x_c^*，x_c^* 又击败

x_a^*。所以结果是非传递性的。[29]

我们可以用一些专门术语帮助说明非传递性的原因。在图2－3中,保守者对应A,中间者对应B,雅皮士对应C。对于保守者和中间者来说,曲线的图形是一个有单峰的山形。但是,对雅皮士来说,其偏好曲线像一座山谷,X_c^*处是顶峰,在X_b^*处是谷底。除X_c^*点之外,再无一点能使他的偏好程度超过其他任何点。因此,不存在能使所有人都获得其最偏好值的选择程序或多数决定规则。

有单峰值的时候,中间投票者定理一定适用;而有双峰值的时候,中间投票者定理未必适用。严格地讲,在对成对的选项(paired alternatives)进行多数决定投票的过程中,中间投票者最喜好的点成为单一均衡点的充分条件是每一个人的偏好仅有一个峰值,而非传递性的必要条件是偏好中出现多个峰值。

考虑把这些结果运用到立法机关的选举中去。假定同一个议席的两个候选人都必须选一个纲领,并且假设在多数决定规则之下选民对纲领的偏好形成一个非传递性循环。那么两个候选人实际就是在玩石头、剪刀、布的游戏。如果他们同时选定了纲领,决定选举结果的是运气。如果一个先选一个后选,后选的人总是会胜出。这个事实对现任者是不利的。[30] 40

问题:

1.现任者和挑战者在选举中展开竞争。假定根据多数决定

---

〔29〕 在这个例子中,多数决定规则是“非传递性”的。按照定义,对于任意三个变量x、y和z,如果满足下列条件,则关系R是传递性的:

$$xRy \ \&\ yRz \Rightarrow xRz$$

非传递性关系是无法传递的,也就是说,存在三个变量并且:

$$xRy \ \&\ yRz \ \&\ zRx$$

〔30〕 现任者的纲领可以通过他过去的行为推知。如果偏好是非传递性的,就会存在比现任者的纲领更加令选民喜好的纲领。挑战者在能够获胜的纲领中任意选择一个即可。

规则,选民的偏好构成一个非传递性的循环。在竞选开始的时候两位候选人都没有就纲领做出承诺。你是建议你的候选人在这些问题上发表老生常谈的看法,还是会建议你的候选人采取坚定的立场?

2. 回想海滩那个例子:在一个温暖的周日下午,海滩上充满了日光浴者。日光浴者们平均地占据空间,所以海滩上每一处的人员密度大致都是相等的。烈日使人们想吃冰淇淋,但也使人们不愿意走远路去买。现在假设三个推着冰淇淋车的小贩出现在海滩上。海滩的长度是一个单位,每个小贩都希望选一个地点,能使自己的销售最大化。如果小贩们之间彼此严格竞争,没有合作关系,他们会选择什么地方?(提示:非传递性会给出答案。)

3. 有三个选民(A、B、C)和三个纲领选项(x_1、x_2、x_3)。选民对这三个选项从 1 到 3 打分,“3”代表最喜欢的纲领选项,“1”代表最不喜欢的纲领选项:

选民 A:$3 = u^a(x_1), 2 = u^a(x_2), 1 = u^a(x_3)$

选民 B:$3 = u^b(x_2), 2 = u^b(x_3), 1 = u^b(x_1)$

选民 C:$3 = u^c(x_3), 2 = u^c(x_1), 1 = u^c(x_2)$

a. 会有投票均衡点吗?

b. 画一份柱状图,把 x_1、x_2、x_3 依次放在横轴上,把每个选民的偏好评分放在纵轴上。哪个选民的偏好会有双峰值?

二、优超与核

在继续讨论之前,我希望用合作博弈理论的语言重述一下投票循环,引入在本书后面讨论中将会使用的概念。对于既定的集体选择规则,在成员达成一致的时候,就会形成一个**决定性**的联盟(coalition)。准确地说,在两个纲领选项中,当联盟中的每个成员喜好某一纲领选项甚于另一个选项时,联盟总能令偏好得到满足,那么这个联盟就是**决定性**的。因此,当一国面临 x 与 y 之间的选择的时候,如果联盟 C 中的每个成员喜好 x 甚于 y,该国就选 x 而不选 y,那么这个联盟 C 就是决定性的。

如同上面解释过的,只要成员一致同意,决定性联盟的偏好就能得到满足。如果决定性联盟的成员同意他们喜好某一纲领选项超过其他纲领选项,那么更受喜好的纲领就优超其他受喜好程度较低的纲领。准确地说,如果存在每个成员都喜好纲领选项 x 甚于纲领选项 y 的决定性联盟,则纲领选项 x 优超纲领选项 y。

优超对于稳定很重要。无论何时,如果集体选择选出了一 41
个被优超的(dominated)纲领选项,那么就会形成一个联盟,用优超的纲领选项取代被优超的纲领选项。因此,被优超的纲领选项是不稳定的。非传递性表明**每个**纲领选项都被其他选项优超。因此,非传递性循环中的每个选项都是不稳定的。

“孔多赛胜者”(Condorcet winner)这个词组指在成对投票中能击败其他所有纲领选项的纲领。[31] “孔多赛胜者”是**不被**优超的,这意味着无法形成其成员偏好的纲领比“孔多赛胜者”占优势的决定性联盟。因此,一个不被优超的选项是稳定的。

博弈理论家把**不被**优超的集合称为博弈的**核**。当一个博弈在数学上用公式表达时,博弈理论家要确定核是不是空集。非传递性集合有一个空的核(没有不被优超的选项),而“孔多赛胜者”属于核(不被优超选项),因此在存在“孔多赛胜者”的情况下,核不是空集。

---

〔31〕 这个词组是为纪念 18 世纪法国的一位数学家和政治家,他定义了这个概念,并将其用于投票规则的早期研究中(Condorcet 1976)。

问题:

1. 解释为什么某一博弈的核之外的任何点都是不稳定的?

2. 如果我们说在厂商和消费者之间的博弈中完全竞争的均衡价格属于"核",这意味着什么?

三、非传递性不好吗?

投票中的非传递性经常发生,这不好吗?非传递性的偏好对于个人而言是非理性的,这点很容易理解。设想有个学生拿了他的台灯——称作 A 灯——到跳蚤市场去换另一个灯。这个学生看见了 B 灯,比起 A 灯,他更喜欢 B 灯,他愿意出 A 灯再加 5 美元来换 B 灯。小贩接受了他的出价。这个学生拿着 B 灯的时候又看见了 C 灯。比起 B 灯,他更喜欢 C 灯,于是他提出用 B 灯加上 5 美元来换 C 灯。小贩接受了。这时他转身离开跳蚤市场,在路上他经过货摊,A 灯放在那里等待出售。由于他的偏好是非传递性的,所以比起 C 灯,他更喜欢 A 灯。所以他提出用 C 灯外加 5 美元来换 A 灯。小贩接受出价,这个学生拿着 A 灯(就是他带到跳蚤市场的那盏灯)回家了,外带兜里少了 15 美元。对卖家来说,非传递性的买家就是一个"钱多烧得难受的主"。

有一个历史久远的哲学传统,认为理性的人能够把世界的状态从坏到好进行排序。[32] 如果没有这样的排序,人们就没有为更好的世界而奋斗的概念。非传递性的偏好无法产生这样的排序,因为非传递性的偏好形成一个循环。具有非传递性偏好的那个学生没有什么样的灯是好灯的看法。对于非传递性偏好的反对意见就在于对行为者而言,它无法揭示关于一个更好世界的看法。

---

〔32〕 这种暗含在功利主义传统中的理性伦理学的要求是在 Sidgwick 1966 中以具有说服力的、可信的方式表达出来的。

个人的这一特质亦适用于国家。在非传递性的投票中,国家缺乏清晰的目标。非传递性投票以循环的方式进行,既没有拒绝这个世界较坏的状态,也没有赞同这个世界较好的状态。这种循环的政治没有揭示要通过集体选择所要达到的一个更好世界的目标。 42

政治哲学通常基于代表了“大多数人的意志”或“人民代表的意图”的原因为在民主政体中颁布的法律提供正当理由。但是,在非传递性投票的情况下,这些语汇都没有意义。非传递性的选民没有集体“意志”,因为这些意志本身相互冲突。因此非传递性投票在为民主政体提供正当性方面产生了问题。下一章讨论交易,将会解释这个问题的解决方案。

问题:

1. 如果某人有非传递性偏好,你是愿意和他做交易还是愿意雇他到你的公司里来?

2. 比较在中间投票者定理和非传递性下的“大多数人意志”或“立法机关的意图”。

四、不可能之事

初次遇到选民非传递性问题的学生都倾向于淡化其重要性。比方说,你可能设想选民的偏好通常是像图 2－1 中的有投票者均衡的单峰曲线,很少像图 2－3 中没有均衡的双峰曲线。这个假定是错误的。我已经用图形描述了类似政府开支总规模这样的单维选择问题。在单维选择中,单峰偏好显然比双峰偏好更为普遍。但是,集体选择经常涉及多维选择问题,比如学校、警察和道路的开支。当政治选择在多个维度上发生的时候,选民的偏好经常形成非传递性循环。

选民的偏好在一个维度的选择（x 轴）上可以是单峰值的，在另一个维度上的选择（y 轴）上也可以是单峰值的。但是，同样是这些选民，在二维空间的曲线中却可能是双峰值的。有着一般经济偏好（“无差异凸集”）的选民在涉及多个维度的选择中经常会产生循环性多数。[33]

43 为更准确地表述这些事实，我们把为数不多的选项在逻辑上所有可能的排序都列出来。现在考察用逻辑上可能的方法把这些排序分配给为数不多的选民。有些分配结果导致投票的非传递性，而另一些分配结果则导致“孔多赛胜者”。当纲领选项和选民的数量增加时，在所有逻辑上可能的分配中产生投票非传递性的比例会增加。[34] 这个所谓的“混沌定理”认为在多维选择中非

---

〔33〕 例如，假设要为学校、道路和警察分配公共资金。令x_a^*表示为学校分配大量开支、为道路分配中度开支、为警察分配少量开支。令x_b^*表示为道路分配大量开支、为警察分配中度开支、为学校分配少量开支。令x_c^*表示为警察分配大量开支、为学校分配中度开支、为道路分配少量开支。三个有着一般凸偏好的选民可能会为三种分配资源的可能方案做出如下排序：

选民 A（有孩子的通勤者）：$x_a^* > x_b^* > x_c^*$

选民 B（没有孩子的通勤者）：$x_b^* > x_c^* > x_a^*$

选民 C（感到恐惧的祖母）：$x_c^* > x_a^* > x_b^*$

根据多数决定规则，这三个选民形成一个非传递性循环。

〔34〕 例如，对选项（x_1, x_2, x_3）所有逻辑上可能的排序是：

R1：$x_1 > x_2 > x_3$

R2：$x_2 > x_3 > x_1$

R3：$x_3 > x_1 > x_2$

R4：$x_1 > x_3 > x_2$

R5：$x_2 > x_1 > x_3$

R6：$x_3 > x_2 > x_1$

令P_{123}代表由 R1、R2、R3 赋予三个选民的偏好曲线。有些曲线会产生投票循环，有些曲线会产生孔多赛胜者。例如，P_{123}产生投票循环，而P_{124}产生孔多赛胜者x_1。当纲领选项和选民的数量都增加时，逻辑上可能的曲线的总数在增加，同时产生投票循环的逻辑上可能的曲线的比例也在增加（Riker 1982a）。Riker 认为政党可以减少曲线的多样性，但是希望操纵结果的政治家会故意增加多样性（第 122 页）。

传递性是如此频繁以至于一个适当的投票序列会产生几乎任何投票结果(McKelvey 1979)。[35]

学生们经常会认为非传递性循环源自一些特定的投票程序,如针对成对选项的投票。在投票规则中存在许多变量(决胜选举、计点投票、绝对多数规则等)。肯尼斯·阿罗以一种非常有力的概括方式证明了在选择公共产品方面没有哪一种民主政体能够解决非传递性的问题。[36] 在民主政体中,修补投票规则无法解决非传递性的问题。

五、议程设置

为了防止出现非传递性循环,民主体系必须采用所费不赀的特定规则和方法。例如,假设要设定立法的议程。在立法机关中 44
进行投票要遵守一定的程序规则,通常包含禁止再度引入未获通过提案的规定。如果不能再度引入未获通过的提案,那么无休止的投票循环就不可能。在这些条件下,能获胜的纲领选项是在最后投票中胜出的那一个。在最后投票中能获胜的纲领选项通常可以通过在倒数第二次投票中获胜的纲领选项来预测。在倒数第二次投票和前一次投票之间也存在同样的关系。议程决定了审议纲领选项的顺序。不难看出,在一个非传递性集合中最终的

---

〔35〕 Miller 1983 就多样性和非传递性的关系总结如下:

关于投票悖论的概率论文献主要与以下问题有关:(1)计算在公平的环境中,也就是在逻辑上各自有别的单个排序的统一分布中产生循环多数的可能性,以及(2)确定在环境变得不公平的情况下,这种可能性会发生怎样的变化。基本的结论是在公平的环境中,当选项或选民的数量增加或两者均增加的时候,发生循环性多数的概率会增加。另外,当选项的数量增加时,如果多数决定规则无法产生传递性的结果,更有可能是其完全失效,一个循环就会囊括所有选项。当环境变得不公平时,结论的整体变化是偏好方面更大的社会同质性(对什么是社会同质性存在不同定义)会减少循环性多数的可能性。(第126页)

〔36〕 这只是对由经济学家所证明的最重要定理之一的一种解读。参见 Arrow 1963 或 Sen 1970a 的第3章和第3*章。

胜者可以由设置议程的人来决定。因此通过赋予议程设置者在非传递性的选项中进行选择的权利,对立法议程的控制可以避免非传递性的结果。

为具体说明这一点,假设立法机关在考虑三个纲领选项(x_a、x_b、x_c)。控制议程的人必须要填写图 2－4 中描述投票顺序的“树”:

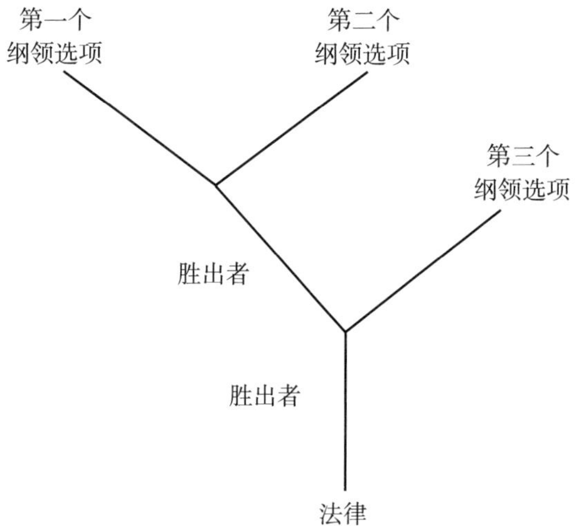

图 2－4　议程

假定三个纲领选项形成一个非传递性循环:

x_a击败 x_b;

x_b击败 x_c;

x_c击败 x_a。

假设设置议程的人希望 x_a胜出。要确保 x_a获得最终胜利,把议程设置为第一轮投票让 x_c和 x_b竞争,而最终投票是第一轮的胜出者和 x_a竞争。在这样的议程之下,x_b在第一轮投票中击败 x_c,x_a在最终投票中击败 x_b。因此,设置议程的人得到了他最偏爱的结果，如图 2－5 所示。

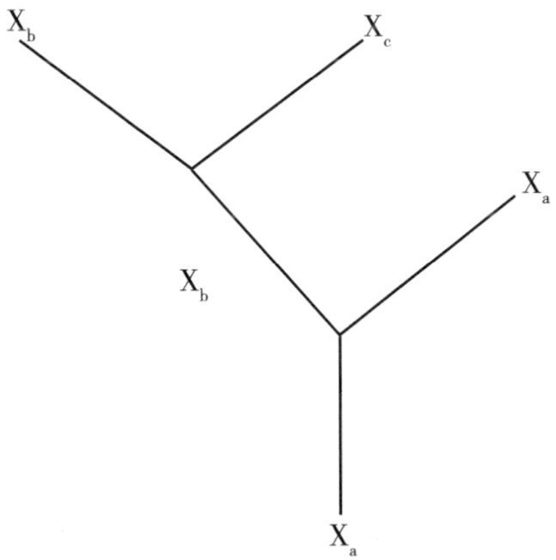

图 2－5　让 x_a 胜出的议程设置

或者，假定控制议程的人想让 x_b 胜出。要达到这个目的，把议程设置为在首轮投票中让 x_c 和 x_a 竞争，在最终投票中让首轮投票的胜出者和 x_b 竞争。结果，x_c 在首轮投票中击败 x_a，x_b 在最终投票中击败了 x_c，如图 2－6 所示。

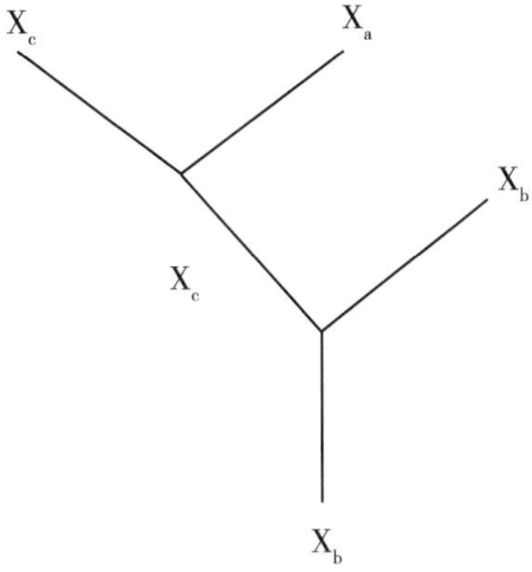

图 2－6　让 x_b 胜出的议程设置

45 设置议程者为了决定非传递循环的投票结果,必须进行递归性的思考。具体地说,他必须找出哪个纲领选项能被他最偏爱的选项所击败,让它们在最后投票中竞争。然后再把同样的推理过程用于倒数第二轮投票,如此回溯到第一轮投票。

为避免循环投票,立法机关通常采取一些规则,让某些官员——如委员会的主席或主持立法机关的人——控制议程。经验研究表明这些控制议程的人经常决定着投票的结果。[37] 通过
46 选择议程,主席实际上控制着哪一个多数会胜出。前面的例子说明,设定议程的主席决定了哪一个多数胜出:是偏爱 x_a 甚于 x_b 的,还是偏爱 x_b 甚于 x_c 的,抑或是偏爱 x_c 甚于 x_a 的。

如果把结论更一般化的话,民主政体可以通过授权某人指定哪个多数胜出来避免非传递性循环。允许主席通过设定议程来实现这个目的是一种方法。此外还存在其他方法。可以不让主席控制议程,而由政党领袖来扮演这样的角色。例如,英国首相所属的政党通常控制着议会的多数议席。在重要的投票中,首相会对本党成员课以严格的纪律。因此,首相在议会中会赢得每一次重要的投票。英国首相通过给多数党下命令消除了立法机关中的非传递性投票。与英国不同的是,没有多数党的议会体系可以通过结盟来循环运作,意大利近年来的情况即是如此。

美国的政治评论家们有时说总统可以使用传媒来"设置政治议程"。例如,假定政府必须在 x_a^*、x_b^* 和 x_c^* 之间进行选择,而总统希望 x_b^* 胜出。反对派为了诱使大多数选民反对总统,试图把问题说成是在 x_a^* 和 x_b^* 之间进行选择。而总统可以运用他对媒体的控制把问题说成是在 x_b^* 和 x_c^* 之间进行选择,于是大多数公众会赞同

---

[37] Levine 和 Plott 1977。

总统的选择。

问题：

1. 下列政治行为体在何种程度上能够设置议程？（如果你不是美国人，用你所在国家的政府中的类似官员替代之。）

众议院议长

最高法院首席大法官

总统

国会中的委员会主席

行政机构的首长（如联邦贸易委员会主席）

2. 讨论选定某人设置议程而不让政治以循环方式运作的优点和弊端。

3. 某一立法机关中有三个投票者（A、B、C）要在三个纲领选项中（x_1、x_2、x_3）做出选择。投票者从 1 到 3 对纲领选项进行打分，“3”表示最喜欢的纲领选项，“1”表示最不喜欢的纲领选项。

投票者 A：$3 = u^a(x_1), 2 = u^a(x_2), 1 = u^a(x_3)$

投票者 B：$3 = u^b(x_2), 2 = u^b(x_3), 1 = u^b(x_1)$

投票者 C：$3 = u^c(x_3), 2 = u^c(x_1), 1 = u^c(x_2)$

在多数决定投票中，这些纲领选项彼此竞争。未获通过的选 47
项不能再被引入。假定由 C 来决定审议选项的顺序（议程设置者）。如果在成对投票中每个人都会投给自己最喜好的选项，请描述能让 C 得到他最喜好的结果的议程设置方案。

4. 重复前一个问题，但是我们不假设每个人在成对投票中都会投给自己最喜好的选项，而是假设每个人都会在第一轮投票中进行策略性的投票。例如，如果在第一轮投票中是 x_1 和 x_2 竞争，A 预见到如果他在第一轮投票中投给 x_1 的话会导致 x_3 在第二轮投票中胜出。由于对 A 来说，x_3 是最坏的结果，于是决定在第一

轮投票中投给 x_2 而不是 x_1。当各方进行策略性投票时,C 可以通过议程设置把他最喜好的选项引入第一轮投票从而使得这个选项能成为最终的胜出者。请解释为什么会这样。

结论

本章分析了作为在集体行动中满足选民偏好的方法的多数决定规则。对于单峰值偏好,多数决定规则对于成对选项可以达到中间投票者最喜好的均衡。均衡一般是具有帕累托效率的,而且在偏好趋近强对称的情况下均衡也会趋近成本—收益效率。但是,对于多峰值偏好而言,投票可能没有均衡。当投票产生循环的时候,其结果是非理性的或任意的,而“大多数人的意志”也缺乏清晰的含义。

“为什么狗不叫了?”夏洛克·福尔摩斯或马普尔小姐有时候是通过追问为什么应该发生的事情没有发生来解决疑难的。我已经解释了为什么会发生非传递性循环。如同夏洛克·福尔摩斯或马普尔小姐一样,现在你应该问为什么这种循环在特定的政治制度里没有发生。你将会看到,民主政体借以避免非传递性循环的方法常常标志着这一政体的属性。

我描述了议程设置这种制度。通过赋予议程设置者在非传递集合中选择结果的权力,设置议程可以阻止非传递性循环。有权势的议程设置者支配着某些政治体系。

在一维选择中很有可能(但不必然)出现单峰值偏好,而在多维选择中很有可能(但不必然)出现循环。如第五章所解释的,有些政治体系通过将政治选择限缩为一维选择来避免非传递性。

下一章将解释就像市场为有效率的私人物品交易提供了框架一样,民主政体是怎样为有效率的公共物品交易提供了框架。政治交易是避免投票非传递性的最基本方法。多数决的投票可能导致无效率或非理性的结果,而交易理论能更强地支持自由主 48
义信念,相信民主政体能够比其他形式的政府更好地满足公民的政治偏好。

附录:三种效用函数

这个附录简要解释序数效用函数、冯·诺依曼-摩根斯坦基数效用函数和人际基数效用函数之间的区别。

民意测验专家可以让投票者用字母A、B和C给三个选项打分。这个打分不会提供该投票者喜好一个选项甚于另一个选项的程度的信息。由于评分的间距没有意义,因此“B-C”这样的运算也没有意义。

民意测验专家还可以让投票者把数字3、2和1分配给三个选项,数值较高代表偏好程度较高。[38] 如前面一样,评分没有提供投票者喜好一个选项甚于另一个选项的程度的信息。由于评分之间的间距没有意义,所以“2-1”这样的运算也没有意义,尽管在用数字代替了字母以后减法本身是有意义的。

现在假设民意调查专家想获得更多的信息。他可以让投票者把0到5的数字分配给每个候选人,数值较高表示较高程度的偏好,评分之间的间距表示偏好程度的差异。(大多数投票者要打出这个分数还是有难度的,所以用间接的方法能够以更可靠的

---

〔38〕 只要“较大”对应“偏好”,具体选择什么样的数字无关紧要。比如,民意调查者不用1、2、3,而用-4、8和10。尽管数字不同,但是只要较高的数值分配给更为偏好的选项,其所传达的信息是一样的。

方式得到同样的信息。但我在这里关心的是理论问题,不是实际操作问题。[39])完成这项任务的投票者提供了他偏好某一选项甚于另一选项的程度的信息。假定投票者把“1”指配给最差的选项,“2”指配给中间的选项,“4”指配给最好的选项。由于评分之间的差距有意义,因此“2 - 1”的运算也就有了意义。具体而言,从 4 到 2 时投票者满足程度的下跌程度超过从 2 变到 1 时的下跌程度,如“4 - 2 > 2 - 1”所示。

在前面的例子中,第一个投票者把(4、2、1)指配给三个选项。现在假定民意调查专家向第二个投票者提同样的问题,第二个投票者把(5、3、0)指配给三个选项。这项民意调查没有提供任何怎样比较两个不同投票者的满足程度的信息。也许第一个投票者用来衡量满足程度的是类似米这样的大单位,而第二个投票者用
49 来衡量满足程度的是类似厘米这样的小单位。我们无法比较两个投票者的最好选项和最坏选项之间的差距。也许以第一个投票者的满意单位计算的 4 - 2 超过以第二个投票者的满意单位计算的 5 - 0,就如 2 米超过 5 厘米一样。

长期以来,学者们就是否存在通过把不同人的满足结合起来进行公共选择的方法展开了争论。[40] 经济学家有时假定存在这样一种方法,然后考虑在正式模型中这样的方法所产生的结果。[41] 如果存在这样的方法,那么人们之间满足的单位就可以标准化。如果两个投票者的答案是用标准化单位给出的,那么第一

〔39〕 分值之间的差异可以用在赌博中的选择来衡量。例如,民意调查专家这样问:“假设你现在面临一场赌博,其中你的第三选择有 0.6 的概率获胜,你的第一选择有 0.4 的概率获胜。你是愿意直面这场赌博,还是另一场你的第三选择有 0.5 的概率获胜、而你的第二选择也有 0.5 的概率获胜的赌博?”关于如何运用人们对于赌博的偏好来制定公共政策的讨论,参见 Raiffa 1968。

〔40〕 在经济学中讨论最多的这种方法参见 Harsanyi 1953 和 Harsanyi 1955。

〔41〕 最著名的例子是在 Mirrlees 1971 中用公式表达的优化所得税问题。

个投票者4 –2 个单位的满足增加少于第二个投票者5 –0 单位的满足增加，正如2 米少于5 米一样。

在漫长的历史中，经济学家对几种效用函数进行了区分。[42]第一种函数被称为**序数**效用函数，在这种函数中效用值的差没有数学意义。帕累托效率使用的就是序数效用函数。第二种效用函数称作**基数**效用函数，或者更准确地说，是**冯·诺依曼 – 摩根斯坦基数效用**函数，在这种函数中效用值的差对单个人是有意义的。这种效用用于在不确定条件下个人选择的模型。第三种效用称为**人际基数**效用，这种效用把计算不同人的满足程度的单位标准化了。这种效用用于福利最大化。

帕累托效率显然需要用序数效用，福利最大化显然需要用人际基数效用。那成本—收益效率呢？在人际比较效用的具体假设之下，成本—收益效率可以被看作福利最大化。这项具体假设就是不管给谁钱，只要我们额外给某人一块钱，其效用也有同样数量的增加。根据这项假设，富人和穷人在多得一块钱的时候得到的效用数量是一样的。这就是成本—收益分析法。

此外，可以通过不诉诸基数效用最大化的方式为成本—收益 50
效率辩护。比如，如果理性人准备就组织一个国家的相关条款进行交易，他们或许会同意为国家财富的最大化来组织其政治生活。这个论证是成本—收益分析的一个契约论辩护。[43]

---

〔42〕 除了序数效用函数以外，其他两种主要的类型是用于在不确定情况下进行选择的冯·诺依曼 – 摩根斯坦函数（von Neumann 和 Morgenstern 1944）和用于再分配的人际比较函数（Sen 1970a）。

〔43〕 关于这个问题的观点交流，参见 Posner 1981 和 Coleman 1980。

第三章　交　易

交易是说服你的对手拿走亮闪闪的铜币却把皱巴巴的纸币留给你的艺术。

对着电视摄像机的时候，美国议会是一个高尚的辩论团体。关上电视摄像机，美国议会就像一个集市。同样，英国议会公开辩论，但是内阁中的秘密会议可能会涉及大臣们之间的深度交易。一般而言，立法者们公开演说，私下交易。在公开的外表之下，交易才是立法活动的主题。

在立法机关中，如同在市场里一样，每个人都从一桩好的交易中获益。市场上的商品交换和立法机关的选票交换给人们提供了他们想要的东西，对社会有益。但是，政治交易经常会不着痕迹地从妥协变为腐败，两者之间并无明确界限。许多认可政治交易必要性的选民仍然对政治家们就投票进行交易感到不安。当代表们进行交易或按照自己的良知投票时,国家会变得更好吗?

本章通过对政治交易进行分析,澄清关于政治交易的争论。如本章所述,民主政体下的交易理论涵盖投票交易、政治投资、缔结联盟等。这一理论能为下述问题提供新的理解:

例1:是什么因素使在美国参议院中的投票交易比在众议院中容易?

例2:冷轧钢材产业股份有限公司生产钢材,游说针对进口钢材实行保护性关税,并已为此投资5000万美元。为使公司利润最大化,应怎样分配用于生产的投资和用于游说的投资?

例3:假定议会中最大的政党没有占到多数,于是与其他小党组成联合政府。如果最大的政党想让自己的权力最大化,它会邀请哪个小党参加联合政府?

第一章的导论区分了价格理论与博弈论。第二章对于投票的分析大多数使用价格理论,假定投票者是以非策略的方式行为。本章中政治交易的分析主要使用博弈论,假定政治家的行为是策略性的。本章把博弈论用于民主政体。

第一节　投票交易 52

根据经济学家们非常钟爱的完全竞争模型,在完全竞争市场上私人物品的交换可以有效配置资源。但是,立法机关中投票的交换从来不会近似于完全竞争。在选票的市场上,哪怕是大体上的完全竞争都永远无法建立起来。为说明原因,我们考察一下立法者就投票进行交换时是怎样做交易的。就每个法案,每名立法者都有相同数量的选票(准确地说是一票)。如果来自密歇根州的众议员特别关注汽车产业,而来自纽约州的众议员特别在意银行业,他们就可以交换投票。密歇根州的众议员可以在汽车业法案上得到两票(他自己的票和纽约州众议员的票),在银行业法案上一票也没有得到;而来自纽约州的众议员可以在银行业法案上得到两票(他自己的票和密歇根州众议员的票),在汽车业法案上一票也没有得到。

当纲领选项之间出现均势的时候,一票之变就可以令平衡发生倾覆,每一票都是决定性的。反之,如果一方以大量票数胜出,则一票之变不会改变结果。由于投票者只关注结果,所以决定性票的投票权价值很高,而非决定性票的投票权几无价值。第二章已经解释过,投票力等于这一票具有决定性的概率。在投票市场上,每个参与者都根据投票力来确定每一票的价值。因此,每个人都希望通过交换在某个问题上非决定性的票来获得在另外问题上决定性的票。但是,某个人投票的决定性取决于其他人怎样投票。这种价值上的相互依赖使投票交易陷入混乱。

举一个具体的例子。假定 A 和 B 都强烈关注某一议案的通过。每个人的关注程度都非常高,以至于他们都愿意在其他问题上交换选票以换取在本议案上包括决定性选票在内的一批选票。但是 A 可能会退缩,冀望 B 承担起交换需要的这批选票的任务,而 B 也可能这样做。于是永远没有人去拉这批决定性的选票,因为每个参与者都“免费搭车”。总体而言,即使没有参与交易的投票者也有利益关涉其中,因为交易会影响到他们选票的投票力。外部效应阻止了选票市场趋近于完全竞争。

问题:

1. 立法机关通常没有强制执行选票交易的正式机制。假设立法机关的主席有权“拍卖”选票,“卖家”转让给“买家”的未来立法的投票的"价格"会是多少？解释"免费搭车者"问题怎样让拍卖陷入混乱。

2. 运用"投票力"的概念解释为什么美国劳工组织向有着保守派支持者的民主党立法者大量捐钱(Stratmann 1994)。

一、科斯定理 53

尽管外部效应阻止选票市场趋近完全竞争，但是交易仍然能够有效率。为说明原因，我得从完全竞争的理念转向完全交易的理念。卖二手车、收购一家公司、制定国际条约或者起草立法都需要谈判。交易理论可以完美地预测谈判的成败。但是，人类在设计策略方面的创造才能使预测变得困难。

在第一章，我提到过一种推迟分析策略的非常聪明的简化之道。* 交易有各种各样的成本，比如租用会议室、花时间谈判和起草协议。科斯把"交易成本"的概念扩展到包含所有达成交易的障碍，得出结论认为当交易成本趋近于零时交易趋近成功(Coase 1960；Regan 1972)。科斯把这个想法运用到法律领域，评论者把他的结论表述为科斯定理(Cooter 1982)。科斯定理断称，如果交易成本不影响交易过程的话，私人主体之间的交易会导致法律权利的有效配置。

同样的命题也适用于交换选票的立法者们。当交易成本下降的时候，科斯定理意味着立法者会彼此合作，实现从政治交易中获得的剩余。**假定政治家之间的交易成本为零，相对于立法者的偏好，国家对私法和公共物品的供给是有效率的**。我把这个命题称为**政治科斯定理**。在民主政体中，从理想状态来说立法者代表公民。

---

* 指在科斯定理中把策略行为作为交易成本的一部分来处理。——译者注

如果这个理想状态能够实现,满足立法者的偏好也就是满足公民的偏好。所以我们可以说:“**假定在民主政体中政治交易的交易成本为零,相对于公民的偏好,国家对私法和公共物品的供给是有效率的**。”我把这个命题称为**民主科斯定理**。

不同形式的科斯定理与伽利略认为在无摩擦的平地上物体会按照直线匀速永恒运动的命题有些相似。尽管摩擦力永远不可能为零,但是伽利略的命题有助于我们设计船壳或机翼。同样,尽管交易成本永远不可能为零,科斯定理有助于我们设计宪法。通过降低交易活动的交易成本,宪法能够提高各政治派别合作的可能性。因此可以通过降低政治交易的交易成本的能力来评判各种宪法。

由于缺乏可执行的契约,政治家和黑猩猩一样都遵循互惠原则:“你给我挠背,我也给你挠背。”互惠需要长期关系。当人们建立起长期关系的时候,交易活动的交易成本就会降低。同样,交易人数减少,交易成本也会降低。因此宪法通过促进政治派别之间建立长期关系和保持代表数量的稀少来促进交易。

54 按照科斯定理的观点,政治组织像是一种降低政治交易成本的机制。例如,大多数立法机关的规模都太大,以至于所有成员彼此之间难以直接交易。建立政党、创设立法委员会和控制立法议程都会降低交易活动的交易成本。本书的一个主题就是代议制民主是使公民派别之间政治交易的交易成本最小化的宪政形式,这一点为代议制民主提供了正当性。反之,独裁政体排除公民进入政府,从而阻碍了公民之间的交易。

问题:

1. 交易在美国众议院更成功还是在参议院更成功?

2. 票数相近的投票是在众议院更常发生还是在参议院更常

发生?

3. 国会是更愿意和刚上任的总统合作还是和在任上最后一年的总统合作?

二、合作的范围

在第二次世界大战之前,欧洲国家对彼此进口的货物征收关税。每种关税都对征税国的某些产业有利,但是从整体上看,关税对欧洲经济有害。第二次世界大战以后,关税逐渐被废除,建立起了共同市场。更广泛的贸易裨益于所有欧洲国家。这个事实背后是这样一条定理:相对于大规模的贸易集团,小规模的贸易集团在竞争经济中是(帕累托)无效率的。[1]

大规模交易在市场中的优势大体上也可以适用于政治领域。在第二次世界大战前,欧洲国家颁布国内法。许多这样的法律都有利于颁布国而损害其他国家。在两次大战中,冲突升级失控。第二次世界大战之后,欧洲建立囊括全欧洲的政治联盟促进政治交易,恰如欧洲建立了囊括全欧洲的共同市场促进经济交易。如同共同市场能带来经济利益一样,欧洲联盟也给欧洲带来许多政治利益,特别是和平。

在经济学和政治学中,大范围的合作为满足人们对私人物品和公共物品的偏好提供了最大的机会。这个事实为世界贸易和世界政府提供了支持。但是,当联合程度增加时,政府的交易成本会上升。因此,世界政府比国家政府的交易成本高。本书常会把更广合作的收益同与更多人进行政治交易的成本进行比较。我会在本书 55
第二篇中说明交易成本解释了政治学中政府的范围,正如交易成

〔1〕 这一定理称当经济规模增大时,核收缩至竞争性配置集合。关于核的定理参见 Arrow 和 Hahn 1971。

本解释了经济学中企业的范围。

三、一致投票与对抗投票

复杂的立法把不同立法者给予不同估值的不同问题结合在一起。立法者或者他们的政党可以彼此协商、交易选票,使每个群体能够在自己最关注的问题上得遂其愿,而在自己最不关注的问题上做出让步。立法者之间的完全交易可以导致制定一大批与立法者偏好有关的、具有帕累托效率的法律,这意味着不可能再通过变革法律来增加某一立法者的满意程度而不减少另一立法者的满意程度。

如果立法者们的偏好具有足够的多样性,并且如果他们是针对足够大的一个纲领选项集合来满足自己的偏好,那么每个人都会通过与其他人进行交易来投票。对于立法者们的偏好而言,最有效率的交易将会把他们所有人都包括在内。包含所有人的交易会导致无异议通过的一致投票。与多数决定规则不同,一致同意不会产生非传递性或无效率。

民主政体在创设政治一致方面具有优势。心理学研究表明,当有某个关键点能表明剩余的分配是公平的时候,人们合作得最好。[2] 例如,"五五分"(各得一半)就是两个人之间分割剩余的一个关键点。给每个人投票权和允许多数人统治都要求公平。因此,多数决定规则提供了公平分配政治合作剩余的关键点。[3]

有些立法机构在许多法案上都能达成一致。例如,美国国会通过的许多法案是所谓的"普通议员提案",只对少数选民产生影

---

〔2〕 Hoffman 和 Spitzer 1985a。

〔3〕 民主政体在解决分配问题方面的力量在 OberholzerGee, Bohnet 和 Frey 1997 中有详细阐述。

响,国会通过法案的时候很少或是没有反对意见。但是,最重要的法案通常会使国会分裂。当缺乏共识、交易停止时,就要按多数决定的结果来。对抗投票考验的是立法机关的力量,而不是确认共识。

问题:

1. 有些组织,比如陪审团、联合国安理会和(贵格教派)公谊会,都需要一致同意才采取行动。这些组织的规模都很小。如果这些组织规模很大,会发生什么?

2. 多元主义民主涉及在**所有**政治派别的代表之间达成交易(Dahl 1982)。运用科斯定理讨论什么条件下你希望民主是多元主义而不是多数主义的。*

3. 从政治一致的角度来解释"公共物品"或"人民意志"这些 56
词汇。

4. 在日本,大部分法律纠纷都在法庭外和解。自第二次世界大战以来,日本几乎是由努力谋求共识的一个政党排他性执政。推想一下这些事实之间可能有怎样的联系?

四、交易通论:二手车

迄今为止,我已经讨论了交易成本问题。但是,交易也涉及策略问题,而策略问题不像牙刷或大豆期货的成本。为了清楚地分析策略,我会舍弃把策略作为交易成本的简化处理方式,并阐

---

* 多数民主(majoritarian democracy)理论认为民主即是由人民的多数来制定政治的决策。多数民主模式主张在代议制政府的范围内尽可能地实行局部的直接民主,从而提高人民政治参与的程度。多元民主(pluralist democracy)理论认为在现代社会中,人们由于经济、宗教、种族等种种利益的不同而形成各种不同的群体或集团。当这些有组织的群体或集团试图花费时间和金钱来影响政府的政策时,他们被称为利益集团。多元民主理论认为民主意味着由众多不同的利益集团在相互竞争的过程中产生政治的决策。——译者注

述交易理论的要素。

交易会通过分配剩余的协议创造出交易剩余。考察以下关于二手车交易的例子：

亚当生活在一个小镇上，有一辆1957年产的雪佛兰敞篷车，保养良好。对亚当来说，拥有和驾驶这辆小汽车的快乐值3000美元。布莱尔多年以来一直想把这辆车买下。她继承了5000美元，决定从亚当那里把这辆车买下来。在检查了车况以后，布莱尔认为拥有和驾驶这辆车的快乐对于她而言值4000美元。

根据这些事实，潜在卖家对汽车的估值低于潜在买家，所以有交易的空间。亚当不会接受低于3000美元的价格，布莱尔不会支付超过4000美元的价格，所以售价会在两者中间的某处。一个合理的价格是平分两者之间差距的3500美元。

用交易理论的语言把这些事实再说一遍会澄清这里的逻辑。在亚当和布莱尔不能就价格达成一致的时候，会产生博弈的**非合作**解。如果他们达不成一致，亚当还会把车留着，继续使用。这辆车对他来说值3000美元，因此对于亚当来说博弈的非合作值为3000美元。布莱尔会留着她的钱——5000美元——或者把钱花在汽车之外的其他东西上。为简化起见，假定她的钱按其表面价值值5000美元。因此，对于布莱尔，博弈的非合作解的值为5000美元。

在交易的过程中，交易方会评估事实（“这辆汽车机器状况非常好”）、诉诸规范（“3700美元不是一个公平的价格”）、进行威胁（“低于3500美元我不卖”）。在分析交易艺术的过程中，经济理论关注威胁的可信度。可信威胁所要求的份额，不超过行为者没有对方合作的情况下所能得到的部分。没有布莱尔的合作，亚当可以把车留着，他认为车的使用值为3000美元。亚当的博弈非合作值，或者他的**威胁值**，等于 3000 美元。所以亚当可以令人信服地发出威胁，除非价格至少等于 3000 美元，否则不会合作。同样，拥有这辆车对布莱尔来说值 4000 美元。所以布莱尔可以令 57
人信服地威胁除非车的价格不超过 4000 美元，否则她不会合作。[4]

在交易博弈中，各方都可以从彼此合作中获益。具体来说，他们可以把资源（汽车）从对其赋值较低的人（亚当）转移给对其赋值较高的人（布莱尔）。把资源从赋值为 3000 美元的亚当那里转移到赋值为 4000 美元的布莱尔那里，将会创造 1000 美元价值。博弈的非合作值是亚当 3000 美元的使用价值和 5000 美元的现金，总共 8000 美元。博弈的合作值是布莱尔 4000 美元的使用价值和 5000 美元的现金，因此总共是 9000 美元。**合作剩余**等于博弈的合作值超出非合作值的部分，在本案例中具体地说就是 1000 美元。

合作剩余的分配取决于汽车的销售价格。例如，如果亚当和布莱尔同意的价格为 3500 美元，那么亚当得到 500 美元的剩余，布莱尔也得到 500 美元的剩余。或者，如果价格定在 3800 美元，则亚当得到 800 美元的剩余，布莱尔得到 200 美元。总体而言，价格影响剩余的分配，但不影响剩余的总量。

交易理论预测，价格必须是落在 3000 美元和 4000 美元，但是交易理论没有预测**确切的**价格。经济学家长期以来与这样一个事实作斗争：自利理性无法单独决定合作剩余的分配。社会规范

---

[4] 没有亚当的合作，布莱尔可以按她的想法使用她的 5000 美元。布莱尔的博弈非合作解，或者她的**威胁值**等于如果不买车的情况下她留着的 5000 美元。如果她用 4000 美元买了车，她得到 4000 美元的使用价值，还留着从最初 5000 美元中剩下的 1000 美元现金。因此她的总价值等于她的威胁值 5000 美元。为了使布莱尔从购买中获益，亚当必须以低于 4000 美元的价格把车卖给布莱尔。

有助于缩小这一差距。交易问题的合理解决方案通常是给每个参与方的威胁值再加上均分合作剩余。就这个个案而言,布莱尔应当为汽车向亚当支付3500美元。J.纳什是第一个把合理解决方案予以形式化的理论家,博弈论理论家将其称为**纳什谈判解**(Nash 1950)。实验经济学通过漫长的研究得出结论,认为人们通常会达成合理的解决方案,平分源自合作的剩余。[5]

我已经解释过,经济学理论把交易分成三步:确立威胁值,决定合作剩余,就合作剩余的分配条款达成一致。这些步骤将会用于分析政治交易。

问题:

1.在亚当和布莱尔这个例子中,如果价格是3700美元的话,剩余是怎样分配的?

2.解释一下在亚当和布莱尔这个例子中,为什么价格不会低到2500美元?

58 3.假设有一个叫克莱尔的第三方向亚当出价3200美元。克莱尔的出价如何影响威胁值、合作剩余以及亚当与布莱尔之间的合理解决方案?

五、民主的空核

当政治交易成功时,立法者们进行合作,而不是按威胁行事。但是,他们进行威胁的能力决定着合作剩余的分配。因此立法机关内的交易反映了各党派之间的相对力量。但是,有的时候,政治交易失败。失败的政治交易会在再分配的斗争中浪费资源。博弈论中有些其他概念有助于解释在民主政体中再分配的斗争。

---

〔5〕 例如,参见Bohnet 1998。

在**纯冲突**博弈中,一方所得是另一方所失。例如,有些扑克玩家输掉的是其他玩家赢到的,所以输赢的总和是零(**零和博弈**)。玩扑克分配财富,但不创造财富。纯冲突博弈是分配的博弈,不是创造的博弈。在冲突博弈中利益的不一致使玩家成为敌手,而不是同盟或竞争者。

设想用多数决定规则进行分配。按照这个假设,任何多数都有权把少数那里的东西再分配给自己。如果玩家是势均力敌的,那么再分配的斗争会使得任何可能的联盟都变得不稳定。为说明原因,假设有三个投票者 A、B 和 C,他们之间必须用多数决定规则来分配 100 美元。起初,有人提议把钱平分:(A,B,C) = (33 美元,33 美元,33 美元)。A 的反建议是把剩余与 B 平分,不给 C 任何钱:(A,B,C) = (50 美元,50 美元,0 美元)。根据多数决定规则,A 和 B 可以强制执行 A 的反建议,而且 A 的反建议使 A 和 B 的状况好过原初的建议。如果有另外的联盟可以对其成员执行更有帕累托效率的分配,则原来的联盟会被**阻遏**(blocked)。[6] 所以 A 的反建议阻遏了原初的建议。

不难看出,**任何**建议都会被其他建议所阻遏。因此 A 的建议会被 B 的将剩余按(A,B,C) = (0 美元,75 美元,25 美元)的反建议所阻遏,而 B 的反建议又会被 C 的将剩余按(A,B,C) = (50 美元,0 美元,50 美元)的反建议所阻遏。按照定义,博弈的**核**是指不能被阻遏的分布的集合。由于每个建议都能被其他建议所阻遏,所以这个博弈有一个空核。总体而言,**对称玩家参与的按多数决定规则进行的分配博弈具有空核**。在这个博弈中,多数联盟得到 100 美元,但是如果任何一方成员退出,联盟的收益就降为 0 美元。因此联盟

---

〔6〕 参见第二章关于博弈的核的解释。

的每一个成员都可以说他对联盟的边际贡献就是联盟的总值。这
59 一要求是可信的。但是,联盟无法对每一个成员都支付其边际贡献的全部值。[7] 虽然满足所有的要求是不可行的,但每一个要求都是可信的。[8]

在第二章中我解释了有空核的博弈通常是不稳定的。按照多数决定规则进行再分配可能导致非传递性的投票循环。亚里士多德和麦迪逊都认为,如果在民主政体中穷人的数量足够多的话,他们会运用多数决定原则对财富进行再分配,使国家变得不稳定。[9] 除了这些明显的缺点之外,不稳定性也有一个优点:没有群体或党派可以建立起一个稳定的多数来剥削他人。任何想通过运用国家权力剥削他人以自肥的联盟都知道其他联盟也可以欺压它。知道了这一点以后,执政联盟在剥削其他联盟时就会有所收敛,以防受害者成为下一个执政者。

---

〔7〕 某一成员对联盟的边际贡献可以用该成员退出导致联盟总值的下降来计算。[我用的是联盟成员的**夏普利值**(Shapely value)。参见 Luce 和 Raiffa 1967,第 249 页。]但是,随着**规模收益的增加**(超可加性),合作却不能创造足够的价值让每个成员收到成员资格的边际产出,所以为每个人支付成员资格的边际产出是**不可行的**。具体地说,假设 A 和 B 形成的一个联盟在他们之间平分剩余:(A,B,C) = (50 美元,50 美元,0 美元)。如果联盟中任何一个成员准备退出,那么联盟的收益将从 100 美元降到 0 美元。按照这个逻辑,联盟的两个成员每个人的边际产出都等于 100 美元,但是联盟的总产出也等于 100 美元。结果,向联盟的每个成员支付 100 美元就是不可行的。

〔8〕 根据定义,如果另一联盟可以在不损害自身地位的情况下满足多数联盟中某一成员的需要,则多数联盟之中该成员的威胁是可信的。用前面的例子来说明,假设 A 和 B 组成的联盟在他们之间平分剩余:(A,B,C) = (50 美元,50 美元,0 美元)。如果 B 想退出联盟,联盟的收益就从 100 美元降为 0 美元。注意到这一事实,假定 B 要求 75 美元的收益以继续留在联盟内。这个威胁是可信的,因为 B 可以离开联盟,和 C 组成一个新联盟,然后按照(A,B,C) = (0 美元,75 美元,25 美元)分配剩余,这样 B 和 C 都获得了更好的利益。但是,A 也可以向 B 提出同样的要求;A 和 B 都可以提出 75 美元的可信要求。两个要求都无法得到满足,因为只有 100 美元可供分配。因此,每个要求都是可信的,但是每个要求都是不可行的。

〔9〕 亚里士多德写道:"当民主政体没有中间阶级,极贫者在数量上占据大的优势,麻烦丛生,毁灭加速。"参见亚里士多德 1962,第四篇,第九章,第 14 节。在《联邦党人文集》第十篇中讨论了麦迪逊的关注(Madison 1981a)。

例如,在两党竞争中,今天的反对党就是明天的政府。知道了这一点以后,当权的政党就有理由让法院保持独立。反之,如果一党当权的话,就有理由运用权力把法院政治化。例如,在日本,历史数据显示,只要选举会定期更换政府,政府就会尊重法院的独立。当政府不担心在选举中失败时,它们就对法院施加政治影响(Ramseyer 1994)。与之形成对照的是,在美国,持续的两党竞争保全了司法独立。

印度提供了另一个例证。西方的评论者们经常强调稳定的民主政体需要受过教育的、富足的公民。但是,印度作为世界上最大的民主政体,尽管文盲率高且贫穷,但是相对稳定。理论家们认为,印度的民主政体之所以持久,是因为印度人在种族、语言 60
和宗教上区分成很多种,没有一个群体能统治其他群体。当出现控制国家的垄断集团时,就会形成新的反对它的联盟。(詹姆斯·麦迪逊在《联邦党人文集》第十篇对美国的代议制民主表达了类似的观点。)

我已经解释了无效率和非传递性是人们在不能共同交易和合作时在民主政体中所付出的代价。除非是与其他政治制度相比较,否则空核使民主政体看上去很糟糕。民主政体不是消除威胁,而是限制威胁。在民主政体中,敌对的政党威胁彼此投票反对对方。敌对投票总好过总罢工、汽车炸弹、枪战或者是政变。温斯顿·丘吉尔断称:"建立联合国不是为了让我们上天堂,而是避免我们下地狱。"[10]世界民主好过世界大战。我把民主称为**最小最大政体**(minimax constitution),因为它使在最坏的可能性变为现实的时

〔10〕 黛比·卡尼(Debby Kearney)是一位能力杰出的侦察者,她发现这段引语多次被归于丘吉尔,但是找不到确定性的参考文献。她还发现这段引语也被归到 Henry Cabot Lodge 和 Dag Hammerskjöld 名下。

候,政治不合作的损失降到最低。[11]

六、纯协调

与纯冲突相对的另一极是**纯协调博弈**。在纯协调博弈中,不同参与者的利益完全汇集在一起(Lewis 1969;Schelling 1980)。对任何人来说最好的方案也是对其他人最好的方案。纯协调博弈是创造的博弈,不是分配的博弈。协调博弈可以在不产生分配冲突的情况下创造财富。由于利益的汇集,任何一个完全知晓博弈信息的人都会同意最佳的行动方案。

在纯协调博弈中,不完全信息会阻碍合作。同盟者必须交换信息,寻求最佳方案。对于有单一稳定均衡的纯协调博弈来说,发现最佳方案比较容易;但是对于有多个均衡的纯协调博弈而言,发现最佳方案较难。

比方说,A 给 B 打电话,在通话过程中,电话线意外断掉了。双方都想重新建立通讯联系。但是如果双方都立刻往回打,每一方都会听到忙音。所以有两个均衡:A 打给 B 和 B 打给 A。问题在于缺乏选择哪一个解决方案的信息。

当局部的前进导致整体的倒退时,有着多个均衡的协调博弈尤其难以求解。用类比的方式来举例:在雾中行进的登山者可能遵循“一直往上走”的规则。如果山脉的上坡路最终通向一个单独的山峰,遵循这项规则将会使登山者攀上顶峰。但是,如果这条山脉有两座顶峰,遵循这项规则的登山者可能登上错误的顶峰,这会使他们远离真正的顶峰。登上错误的顶峰就是局部前进

---

〔11〕 使不合作的损失最小化,或者使博弈的不合作值最大化,被称为“规范的霍布斯定理”。比之科斯定理,霍布斯定理对于人类的合作采取了一种十分悲观的态度。参见 Cooter 和 Ulen 1999 第四章。

而整体倒退。

单峰山脉的表面是一个凸集，双峰山脉的表面是非凸集。单 61
峰山脉对应的是有单一稳定均衡的博弈，双峰山脉对应的是有多个均衡的博弈。总体而言，**求解纯合作的凸博弈比求解非凸博弈更为容易**。

例如，在英国，每个人都沿着马路的**同一边**驾驶，司机从中获益。但是，如果放弃沿着路左边开车的做法而采用欧洲大陆沿着路**右边**开车的做法，英国的司机会获益**更多**。沿着左边开车是一种局部最大化，沿着右边开车是一种整体最大化。到目前为止英国不愿意承担从局部最大化转向整体最大化的转型成本。

七、通过分配进行创造

我已经讨论过纯分配的博弈和纯合作的博弈。大多数交易博弈都不是纯粹的，既涉及合作也涉及分配。在进行交易的时候，每一方都力图确保其他方的合作，这是创造性的。交易创造性的一面使利益汇集，并促进合作。在进行交易的时候，每一方都力图确保最佳的交易条款，这是分配性的。交易分配性的一面使利益发生分化，激化了冲突。总体而言，**合作创造价值，交易条款分配价值**。在交易博弈中，为了创造合作剩余，各方必须同意合作剩余的分配条款。当创造胜过分配时，交易博弈的各方容易达成协议。反之，当分配胜过创造时，协议难以达成。

在零和博弈中，每个人都是敌人，因为一个人所得只能来源于其他人所失。但是，在现实中，政治是一种有着生产、创造维度的交易博弈。人们在对分配同意之后为共同利益进行合作。仅关注分配会误导旁观者，认为政治是一种零和博弈。卡尔·施密特发展为一种政治哲学[12]的、认为政治对手是敌人的信仰扭曲了政治的性质。

政治交易的属性意味着在多数决定规则和一致同意规则之间进行权衡。一致同意规则要求每个人的同意。普遍同意的要求增加了协调成本,阻遏了非自愿的分配。与此形成对照的是,多数决定规则压制了少数反对意见。压制少数派的权力降低了协调成本,允许非自愿的分配。再分配的可能性导致了循环和策略性行为。在一致同意规则和多数决定规则之间的抉择意味着在合作成本与策略成本之间的权衡。[13]

62 在现实中,一致同意规则通常对小规模的组织来说是成功的,在大规模的组织中就不行了。认识到这个事实,一个不断成长中的组织可能一开始采用一致同意规则,后来转向多数决定规则。例如,随着越来越多的国家加入欧盟,部长理事会越来越多地在决策中用多数决定规则取代一致同意规则(参见第五章)。总体而言,**一致同意规则使大组织陷入瘫痪,而多数决定规则使它们焕发生机**。但是,焕发生机是有代价的。总体而言,**多数决定规则引起了对再分配的反对意见,而一致决定规则消除了对再分配的反对意见**。多数决定规则产生了对抑制再分配斗争的宪法制度(如宪法上的所有权)的需要。如第十二章所讨论的,宪法

〔12〕 参见 Dyzenhaus 1998。

〔13〕 举例而言,比较一下一致同意规则的博弈和多数决定规则的博弈。根据一致同意规则,在有 N 个参与者的博弈中,如果他们就怎样分配达成一致的话,可以得到 100 美元的奖金,如果他们不能达成一致,什么也得不到。按照一致同意规则,N 个人的联盟属于核。但是,当 N 的值很大的时候,协调 N 个人的成本也在增加。假设把博弈的规则换成多数决定规则。根据多数决定规则,假设没有人变节投向其他联盟,任何 $1+N/2$ 个人的联盟就分配达成一致,就能得到 100 美元的奖金。联盟的规模从 N 缩减至 $1+N/2$ 降低了参与者之间的协调成本。但是,按照多数决定规则,核是空的。为了减少这个问题,需要有附加的博弈规则限制多数人进行再分配的范围。例如,博弈的规则可以规定每个联盟在成员之间平均分配收益。

所有权避免采取最具破坏性的方式进行再分配斗争,例如没收政敌的财产,又将其转换为更为温和的形式,例如税收优惠。

八、可执行性与任期

当人们能够约束他们将来的行为的时候,他们达成一致的能力就会增长。在市场上,合同约束了将来的行为。但是,在政治中,现任官员约束未来官员的能力很有限,这制约了他们所能达成的交易。[14] 比方说,当国会通过一项法案的时候,将来的国会仍然能够自由废除之。现任国会无法合法地使立法难以被更改,比方说在法案中加入一项条款,规定未来的国会需要绝对多数才能废除本法案。这一事实可能会阻止与国会的交易。举一个具体的例子:里根总统筹划"新联邦主义",号召重新安排州政府和联邦政府之间的开支。现任国会担心当开支转到各州以后,总统和将来的国会守不住联邦政府在交易中的立场。总统和国会无法约束其未来的决策,这显然是交易失败的原因。[15]

宪法修正案难以被废止,因此约束了政治家。通过修改宪法,政治联盟做出了可信的承诺,而其可信度取决于修正案的难度。如果修正太过容易,承诺就不可信。如果修正太过艰难,承诺就不易做出。宪法吁求的最优过程应在承诺的可信度和频率之间进行平衡。为说明这个推理的方式,唐纳德·布德罗和 A. C. 普里查德认为美国宪法第五条所规定的烦琐过程阻止了美国 63

---

〔14〕 Levmore 1996 探讨了候选人怎样能预先做出承诺以及为什么他们通常不这样做。

〔15〕 里根总统想让各州承担起特定福利项目(食品券、贫困儿童补助计划)以及 61 个具体的财政补助项目的开支责任。作为交换,联邦政府将承担特定医疗项目(医疗补助计划)的全部费用。此外,各州可以动用源自消费税和石油产业暴利税的联邦基金。参见 Rochelle L. Stanfield,"A Neatly Wrapped Package with Explosives",*National Journal*,1982 年 1 月 27 日,第 356~362 页。

的政治联盟做出有益承诺。在他们看来,一个更为简易的修改过程能更好地防止政治派系。

没有可信的承诺,信任对于合作来说就至关重要了。信任来自过往的合作,也来自保持持续关系的未来利益。因此,在职位上任职时间长的政治家(多次玩家)可以进行短期任职者(单次玩家)不能进行的交易。例如,美国参议院的任期是六年,众议院的任期是两年,所以在进行交易方面,参议员比众议员有优势。

问题:比较新当选的总统和接近任期结束的总统("跛鸭")各自进行交易的能力。

第二节 代表问题

在间接民主政体中,公民选出立法者,立法者制定法律。宪法应力图使立法者的自利和公民的利益协调一致。就宪法的成功而言,立法者充分地代表了公民。如果公民被充分地代表,那么立法者之间的交易就会满足公民的偏好。如果公民没有被充分地代表,那么立法者之间的交易只满足立法者的偏好,而没有满足公民的偏好。

被称为"多元主义"的理论认为社会的不同部分成功组织起来彼此进行交易,影响政治(Dahl 1982)。多元主义预设每个公民群体都会选出代表,为他们进行交易。理论上说,代表的政治影响力约等于他们所代表的选民所占的比例。在现实中,有些公民比其他公民更为充分地被代表,而有些代表也享有不成比例的权力。民主的交易理论必须解释在代表质量和代表的权力上的这些差异。

不均等的信息可能导致不均等的代表。为说明政治信息有多么稀缺,假设美国国会正在考虑四个关于教育开支的提案。全国妇女组织(NOW)提出了第一个提案,全国有色人种协进会(NAACP)提出了第二个提案,全国教师工会(NUT)提出了第三个提案,全国制造商协会(NAM)提出了最后一个提案。假设委 64
员会遵循"后来居上"(king-of-the-hill)程序。按照这个程序,委员会的成员们在一系列选项中投"赞成"或者"反对"。在议程上得到多数"赞成"的最后一个选项胜出。根据这个程序,委员会成员们可以在所有四个提案上都投"赞成",全国制造商协会(NAM)的提案胜出。投票结束后,向四个组织做报告的委员会的某个成员可以说他投票支持他们的每个提案。这个报告是真实的,但是也绝对是误导性的。

总体而言,交易会危及对立法者的问责。为说明原因,假设有两个法案A和B摆在立法机构面前。再假设某一选区的选民对于两个法案都赞成,但是对他们而言,让法案A通过比让法案B通过更重要。如果该选区的代表投票支持两个法案,她的选民将会对她的投票记录感到满意。但是,假设除非她用在法案B上的选票来交换在法案A上的选票,否则两个法案都无法通过。现在,这位代表就面临一个难题。比起B来,她的选民更在意A,所以他们大体上会希望她做投票交易以确保通过法案A。但是,如果她的确进行了这样的交易,她会留下反对法案B的投票记录。由于她的选民也喜欢B,所以在下一次选举的时候,她的对手会对选民说她投票反对法案B。她是应该给她的选民他们想要的立法,还是他们想要的虚名?

总体而言,在每一项法案上进行由衷的投票使立法者相对容易解释自己的投票记录,但是也排除了从投票交易中获得的效率。反之,投票交易会使立法者的投票记录所提供的信息晦涩不明,但却增加立法的满足程度。

杂货店里货架上坛子里的泡菜质量怎么样?大部分人是通过牌子来猜的。同样,当选民对候选人所知甚少的时候,政党的标签就会成为重要的信号。只要候选人坚持政党的政纲,政党的标签就会提供有用的信息。因此,大的政党都会通过训导党员和确保意识形态的相似性来保持它们的“品牌”价值。

详细政治信息来自那些身着丝绸西装、在走廊里等着政治家从会议室里走出来时对他们进行游说的人。职业的“游说者”仔细审视大部分选民不会注意的政治家的表现细节,因此在向选民提供专业性法律和规章的信息方面发挥着非常重要的作用。[16]但是,从游说者那里得到信息的选民大多是出钱给游说者的人,不同群体的人向游说者付不同数额的钱。因此游说者增加了选民所知的政治信息的均值和方差。下一部分将解释在游说方面的不同投资。

问题:

1. 一名赞同法案A和法案B的立法者可能仍旧投票反对法案B以确保法案A通过。你怎样测度立法机关中策略性投票的程度?

65 2. 一位著名的经济学家认为碎片化的权力阻止了美国追究那些政策失败的官员的责任,从而使政治软弱无力。他建议放弃总统制,采用英国式的议会制(Thurow 1980)。解释一下为什么碎片化的权力会削弱问责制。

---

〔16〕 就利益集团的捐款提供了有关候选人的真实特点的信息的纯粹信号模型,参见 Dharmapala 1998。

一、政治投资

理性的投资者会把钱放到能产生最高回报率的投资上。当某一投资比另一投资有更高的预期回报率,但是风险却相同时,资金会从低产出的投资流向高产出的投资。这个原则适用于对微处理器、油井和游说的投资。例如,一家计算机公司在键盘生产上获得12%的利润,在游说军事合同上获得16%的利润,这家公司会把钱从前者转向后者。(我假定两项投资的风险都是一样的。)

在重新分配资金达到均衡以后,每项有着相同风险的投资都会获得相同的利润。例如,在均衡状态中,在键盘生产上获得10%利润的计算机公司在游说军事合同上也获得10%的利润。这个命题也适用于在获得税收漏洞、进口保护、垄断限制、限制竞争的规制以及研发拨款方面的投资。

由于一种形式的投资很容易取代另一种投资,因此长期而言对游说资金的供给是富有弹性的。为了理解这个事实的后果,不妨把游说者视为供给立法,投资者视为需求立法。游说者对立法所收的费用的增加会导致投资者对立法的需求大幅度减少。此外,游说者对立法的收费的增加会导致在游说方面总支出的减少。

这些预测都可以进行检验。游说者就立法所收的费用随政治组织不同而有所变化。民主政体中的权力分立要求在立法过程中有更多的官员进行合作。例如,两院制立法机关要求在颁布立法时两院之间进行合作,而一院制立法机关只需要一个议会就能颁布立法。同样,各政党中职位的过度分散使得官员之间的合作更为困难。立法机关中更为烦琐的程序规则也增加了“购买”

立法的成本。最后,对竞选的公共资助或者能够降低立法者对竞选资金的需求的信息技术变化都会增加“购买”立法的成本。总结而言,我认为权力的分立、政党的碎片化、更烦琐的立法程序和对竞选的公共资助会增加游说者对新立法的收费,由此在长期将大幅度降低企业在游说方面的总支出。

与企业不同的是,选民们很少会认为他们对政治事业的捐款
66 是一定有可观回报率的投资。因此,当立法的价格增加时,公民不太可能降低他们在游说方面的投资。比起企业对游说者的捐助,公民对像绿色和平组织或美国退休人员协会这样的组织的捐款大体上弹性更低一些。如果公民的需求是无弹性的,权力的分立、政党的碎片化、更为烦琐的立法程序以及对竞选的公共资助等这些增加游说者对新立法收费的因素只会适度地降低公民群体在游说方面的总支出。

获利能力可以解释企业“购买”立法的形式。比如,假设某个产业要在游说获得补贴和游说通过配额和价格控制来限制竞争之间做出决策。补贴会吸引新的企业进入该产业,从而分散利润。此外,公众也比较容易发现在补贴方面的开支。与此相对照,配额和价格控制能够排斥其他企业的进入,创造垄断利润,而且公众很难发现配额和价格控制的成本。所以配额和价格控制通常是受规制产业的首选。[17] 例如,在许多国家,航空法规都对航线设置了配额和价格控制。

问题:

1. 假设政党标签是一种信号而不是商品上的商标。解释一下为什么这个假设意味着政党在全国选举中比在地方选举中更

〔17〕 就产业对于规制偏好的详细论述,包括来自美国的历史数据,参见 Stigler 1971。

为重要？

2. 解释一下为什么对政治竞选的公共资助可能会增加通过游说“购买”立法的成本。再解释一下当这一成本增加的时候，为什么美国退休人员协会的回应方式是在游说上花更多的钱？

二、免费搭车与昂贵的游说

新法律的效果及于许多人，但是游说的成本却是集中的。比如，在加利福尼亚州大约有 7 万名律师，所以一项给每位律师带来 100 美元好处的规章会为这个职业创造 700 万美元的利益。假定游说者能以 14 万美元的价格供给这项规章。如果从本州的每位律师身上收 2 美元用于游说，他们每个人都能获得 100 美元的报酬。这个投资回报率超过了微软在最好年份里的回报率。但是单个律师的自利会促使他们每个人都对他人的捐款进行免费搭车。一个群体的游说支出取决于其克服免费搭车者问题的能力。

在成员人数较少的群体里，免费搭车者问题比成员人数较多的群体更容易解决。垄断或寡头垄断会使生产集中，而竞争会使生产分散。在许多市场上，少量的生产者向大量的、分散的消费者群体出售商品。免费搭车者原则预言，集中度较高的产业的公司游说力度会强，而竞争产业的公司和所有市场上的消费者的游说力度较弱。鉴于这种不对称的游说，生产者比消费者更有可能“俘获”(capture)该产业规制者。[18] 67

组织可以发现向成员征税的方法，以此来克服免费搭车者的问题。[19] 比如，为了在大多数美国医院里行医，医生必须加入美

---

〔18〕 Kolko 1967, Stigler 1975, Spitzer 1988 以及 Elhauge 1991。

〔19〕 参见 Olson 1965。

国医学协会。医生向美国医学协会支付的会费更像是一种强制的税收而不是自愿的捐献。协会运用这些会费,以全体医生的名义资助游说。相反,像塞拉俱乐部这样的生态组织对其成员没有强制约束,其会费更像是自愿捐献而不是一种强制的税收。塞拉俱乐部必须依靠理想主义而非自利动机才能获得游说所需的资金。免费搭车者原则预言,专业组织和产业联盟的游说力度相对较强,"公益"群体的游说力度相对较弱。

免费搭车者原则的一个缺陷在于它只关注游说资金的供给而不关注资金的使用。民主政体中的政治家们关注游说者能带来的选票。集中程度高的产业的游说者可能已经花费了大量的金钱,而只带来有限的选票;而来自公共组织的游说者可能以有限的成本带来大量的选票。在把金钱变成选票方面,公共组织比产业组织更有效率。这一观察结果预言,塞拉俱乐部和美国退休人员协会所花的每一美元能获得比全国制造商协会更大的政治影响力。

最强有力的游说者能解决免费搭车者问题,有效地把金钱转化成选票。例如,少数几家枪支生产商向全国步枪协会捐了一大笔钱,许多属于全国步枪协会的枪支持有者用自己的选票忠实回应了步枪协会的吁求。这个事实解释了为什么美国有些州的民意调查一直显示大部分选民赞同比现行立法更严的枪支管控。

自利理论不能解释选民对理想主义事业的留恋。例如,许多人为关于环境、穷人或弱势群体的游说者捐资时没有期望过直接回报。能操控人们利他主义的组织可以享受到与免费搭车者原则相矛盾的巨大资金支持。迄今为止,经济学理论对游说的利他主义动机所言甚少。

问题：

1. 下面是常见的美国组织的名单。首先，根据你的猜测为它们克服免费搭车者问题的能力打分。其次，根据你的猜测对他们 68
吸引理想主义捐赠的能力打分。

卡车司机工会

塞拉俱乐部

美国银行家协会

美国医学协会

美国退休人员协会

全国步枪协会

2. 举一个监管者看上去被“俘获”（被其所监管的产业控制）的例子，描述各种使“俘获”成为可能的政治力量。

三、寻租

投资于生产设备完全是生产性的，而投资于游说只能说部分是生产性的，部分是再分配性的。在游说可以产生更有效率的法律这个意义上，投资于游说是生产性的。但是，许多法律对政府的资金进行再分配或者对竞争进行限制，而不是提高效率。比如，联邦税收法典中的许多扣减和免除降低了税法的效率，并且将税收负担进行了再分配。同样，许多法规为了增加被规制企业的利润而限制竞争。

经济学家们发明出了非常有用的语汇来描述浪费性的政治活动。在技术意义上，“租”指由消极的所有权带来的利润，与积极的生产活动带来的利润相对。稀缺的法律权利为其所有者产生“租”。例如，在公共公园内有排他性权利开一家餐馆的老板会享受到垄断利润。特许权的获得者享有任何竞争企业都会享有的“普通利润”，此外还有作为垄断者的“超额利润”。超额利润就是拥有特许权所带来的“租”。

向游说投资以获得稀缺的法律权利被称为“寻租”。尽管这个词听上去有些令人反感，经济学家却不加区分地把它用于普通人讨厌或喜欢的行为。比如，试图禁止进口的国内钢厂，试图禁止机票打折的航空公司，试图阻止律师助手提供廉价法律服务的律师，试图阻止非会员工人的工会，试图阻止属于其他种族群体的工人竞争的某个种族群体，试图获得给小镇提供有线电视的排他性权利的媒体公司等。类似地，艺术家为绘画寻求补贴，大学为研究寻求补贴，运动队为建体育场寻求补贴。

图 3－1 说明了寻租的逻辑。假定政府考虑对某一群人征税，
69 并把收入用于向另一群人提供利益。具体地说，假设一个小镇上有许多餐馆，顾客来自小镇之外的地区。小镇居民想把他们自己的税收负担转移给餐馆的顾客。当地政府提议降低对居民的人头税[20]并且用对在餐馆中销售的饮料征收新的消费税来替代减少的收入。

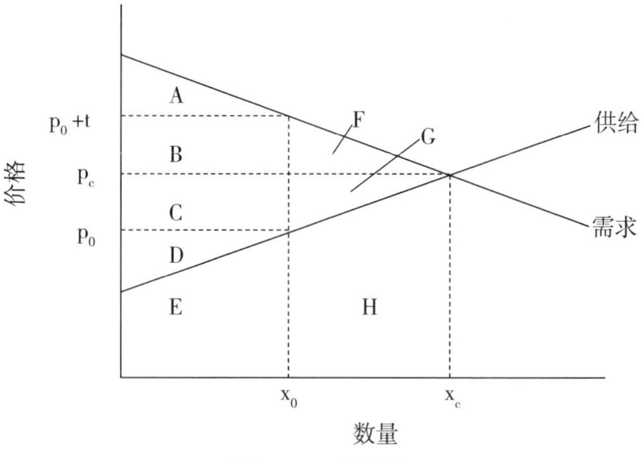

图 3－1　饮料税

---

〔20〕 人头税对每个人都征收。由于人头税没有或者只有很小的激励效应，所以可以使例子简化。

图3－1的横轴表示从小镇上的餐馆所购买的饮料的数量，纵轴表示饮料的平均价格。在不征税的情况下，数量是 x_c，价格是 p_c。

考虑收税 t 的效果，这项税对餐馆销售的每瓶饮料征收，非常像对每包香烟或每升汽油征收的税。供给曲线表明生产者向消费者提供商品的成本。消费者支付的价格等于供给商品的成本再加上税。因此税收是生产者的供给曲线和消费者的需求曲线之间的一个楔形。这个楔形的高度就是税 t 的值。要把这个楔子插入图3－1，需要找到需求曲线和供给曲线的垂直距离等于 t 的点，在图3－1上标为 x_o。这是一个新的均衡，发生在供给成本加上税等于需求者愿意为商品支付的价款的水平上。

如果征收税 t，消费者支付的价款会上升至 $p_o + t$，其中 p_o 给了餐馆，t 给了州。饮料税的结果是饮料的购买量降到了 x_o。通过收税所筹得的全部收入是 $t \times x_o$，或者是图3－1中 B＋C 的区域。由于所有的税收收入都是为了降低人头税，如果居民们最高向游说投资 B＋C 以确保颁行税法的话，居民们将从中获益。

税收给餐馆和消费者带来损失。我会顺次解释每种损失。70
需求曲线表明价格变化时消费者消费的数量。等价的说法是，需求曲线表明当商品数量变化时消费者愿意支付的价格。[21] 消费者剩余等于消费者愿意支付的价格和消费者实际支付的价格之间的差异。对餐馆消费者征税所带来的损失等于消费者剩余的下降。

要计算这个损失，需要留意在最初条件下，即在征税以前的

---

〔21〕这些等价说法在数学上是通过求反函数得到的。如果需求曲线可以写成 $x = f(p)$，则其反函数可以写成 $p = f^{-1}(x)$。一一映射的函数可以求反函数。

消费者剩余等于需求曲线和穿过 p_c 的价格横线之间的区域。所以在图 3-1 中,初始的消费者剩余等于 A+B+F。在收税之后,消费者剩余等于需求曲线与穿过 p_o+t 的价格横线之间的区域,对应着的是区域 A。因此消费者剩余的下降等于 A+B+F-A=B+F。

现在从消费者转向餐馆。供给曲线表明在竞争市场上当价格发生变化的时候卖家会供给的数量。等价的说法是,供给曲线表明在数量变化时卖家供给商品的成本。卖家所接受的价格与供给成本之间的差异等于卖家的利润。(利润也被称为"生产者剩余"。[22])因此征税对餐馆造成的损失等于餐馆利润的下降。要计算这一损失,需要留意初始条件下,即没有收税前的利润等于穿过 p_c 的价格横线和供给曲线之间的区域。因此在图 3-1 中,初始利润等于 C+D+G。在收税以后,利润等于穿过 p_o 的价格横线和供给曲线之间的区域,对应的是 D 区域。因此生产者剩余的下降等于 C+D+G-D=C+G。

我已经解释了在图 3-1 中征税给消费者和餐馆带来的损失等于 B+F+C+G。但是,这项税收为该州筹集收入,用于抵销居民人头税的减少,从而给居民带来利益。对 x_o 数量的饮料按税率 t 征税得到的总收入为 $t \times x_o$,对应的是 B+C。"额外负担"这个词指加在纳税人身上的负担(B+F+C+G)和从税收中获得的收入(B+C)这两者之间的差异。在图 3-1 中,"额外负担"等于F+G的小三角形。("额外负担"也被称为税收的"无谓损失",因为它是因税收造成的损失中无法由收入抵偿的

---

〔22〕 在这里我忽略了利润在短期和长期的细微差别。价格线和短期供给曲线之间的区域表示卖家扣除生产的固定要素成本以后的利润。价格线和长期供给曲线之间的区域表示在长期中没有弹性的那些要素的所有者的利润,如拥有土地的租金。

部分。)

由于餐馆和消费者的损失超过了以税收收入形式给税收的受益者带来的收获,输家所失超过了赢家所得。确切地说,输家 71
所失超过赢家所得的部分为 F + G。一般而言,如果税收或管制给完全竞争市场中输家造成的损失超过赢家所得,这种政策的合理性(如果有合理性的话)一定是经济效率之外的,如再分配。在这个例子中,政策的合理性肯定是想把餐馆所有者和消费者的财富再分配给小镇的居民。

在用游说反对这项税收的过程中,输家为否决这项税收愿意支付的最大数额是加在他们身上的损失的全部,等于 B + C + F + G。与此类似,在游说支持这项法案的过程中,赢家愿意支付的最大数额等于这项税收给他们创造的收获的全部价值,等于 B + C。按照定义,一项无效率的政策给输家造成的损失超过其为赢家创造的收益。所以输家为了击败税收法案愿意支付的数额超过赢家为通过税收法案愿意支付的数额。

立法者们有时候想吸引相互竞争的利益群体的注意力,测试他们情感的强度。例如,某一立法者提出关于乳牛场的新法案,这可能会把为农场服务的游说者"吸引"到他办公室里进行私下交谈。在伊利诺伊州,这类提案被称为"招徕性法案"(fetcher bill)。假定某一政治家"吸引"了受他所提议的饮料税影响的各方,然后把立法"销售"给出价最高的人。换言之,想象一下某政治家对居民、餐馆所有者和消费者说,他要么会征税,要么不会征税,取决于哪个群体愿意付更多的钱。

前文已经解释过,比起潜在的赢家愿意出的让税收通过的钱,潜在的输家愿意出更多的钱不让收税。如果潜在的赢家知道这个事实,那么可能会相信他们会输掉这场"游说战争"。税收的潜在赢家可能不会向政治家付任何钱,而不是付钱然后又输掉这场游说战争。但是如果潜在的赢家拒绝向政治家付钱,潜在的输家也不必付什么钱。所以没有花钱来影响政治进程,却得到了有效率的结果。这个偶然的结果非常像是交尾季节的两头公驼鹿通过炫耀和威胁衡量了彼此的实力之后,输掉战斗的一头落荒逃走。

不幸的是,在游说或是繁殖中,结果并非总是如此幸运。公驼鹿有时候彼此杀戮,民主政体中的政治派系有时会耗费大量金钱试图胜过对方。为获取某项法律权利的争斗可能会耗尽一方从享有这项权利中所得到的“租”。在我们的例子中,当地居民可能会花费 $B + C$ 游说支持税收,消费者和餐馆的所有者可能花费 $B + C + F + G$ 游说反对税收。图 3 – 1 中,$2B + 2C + F + G$ 代表了这个浪费钱财的寻租过程的最大潜在损失,而福利三角形 $F + G$ 代表了无效率分配的损失。总体而言,浪费钱财的寻租过程比无效率的分配带来更大的社会损失。

如已经解释过的,$2B + 2C + F + G$ 代表了各方可能花在游说
72 上的最大值,但是他们并不一定会花费这个最大额。这项税收所影响的是各个阶层的人——餐馆老板、消费者和当地居民。游说可能符合某一阶层的利益,但是实际进行游说可能不符合这个阶层中每一个成员的个人利益。要预测某个个人会投资多少,就有必要预测他的投资回报。利益在很多人中传递的时候会被稀释,由此会刺激免费搭车。

现在我总结一下关于金钱在政治中的复杂作用的观点。为政治影响而投资给选民提供了表达他们偏好强度的渠道,这提高了政治的效率。此外,政治广告和游说增加了选民获知的信息量,可能也会改变他们的偏好。但是,金钱也通过几种方式扭曲

了对政治偏好的表达。第一,不能克服免费搭车者问题的群体只能有很小的影响力。第二,不平等的财富导致不平等的政治影响。有些公民有比其他人更大的威胁值(不捐款的能力),而非每个公民都有同样的威胁值(不投票的能力)。第三,许多对政治影响进行的投资旨在把财富从政治上受优待的群体转移到政治上不受优待的群体。这些转移成本高昂,而且是非生产性的。所以为获取政治影响而进行投资是改善还是损害了民主政体的运作是一个复杂的问题。第十三章会回到这个问题上来,讨论一种全新的限制金钱对政治影响的改革提议。

问题:

1. 在图3-1中,你认为供给曲线和需求曲线弹性的增加会使寻租变得更多还是更少?解释一下你的答案。

2. 鞋子制造商游说限制鞋子进口,救世军游说支持无家可归的酗酒者的资金。这两者都是寻租吗?

3. 为确定你理解了图3-1,回答下面关于类似的图3-2的问题。图3-2描述了对餐馆的饮料征收0.2美元的税对需求和供给产生的影响。

a. 假定餐馆的所有者和消费者没有从税收收入的使用中获得任何益处。阻止这项税收对于餐馆的所有者和消费者来说值多少钱?

b. 假定来自饮料税的收入用于削减居民的人头税,还假设居民们既不是餐馆的所有者,也不是餐馆的消费者。对于居民来说,通过这项税收值多少钱?

c. 比较你对问题a和b的回答。运用效率来解释为什么其中一个的值超过另一个。

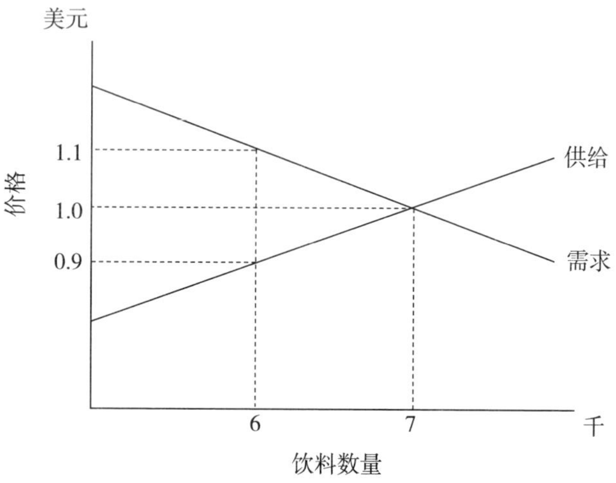

图 3－2　饮料税

73 ## 第三节　联合政府

在英国和美国只有两个大党,但是在其他民主政体中有许多政党。要通过多党来治理一个国家,必须在立法机关中有联盟来控制多数投票。在一个高度碎片化的政治体系中,可以有许多不同的党派联盟组成政府。寻租理论预测了会实际形成什么样的联盟。执政联盟必须在其成员之间分配官职这样的战利品。假定在立法机关中拥有最多议席的政党邀请其他政党加入,组成政府,执政联盟的成员必须分配权力的战利品(官职、合同、拨款等)。组成联盟的最大的党想把权力的战利品集中到自己的成员身上。为了尽可能少地分享权力的战利品,最大的政党想要的是一个大到足以执政的最小联盟。[23] 大到足以执政的最小联盟被称为**最小获胜联盟**。

比如,假定有五个政党,分别用 A、B、C、D 和 E 来标记。如图 3-3 所示,这五个政党分割了议会的议席。要组成最小获胜联盟,A 会邀请 C 加入组建政府。A 和 C 的联盟会控制 52% 的选票。

要注意的是,最小获胜联盟理论预测了立法机关内的政党数目与执政联盟的规模之间的关系。当政党数目增加时,在小党中可以做出广泛选择,这使执政联盟可以获得接近最低的 51% 的议席。所以,更多的政党意味着执政联盟的总议席会更少。

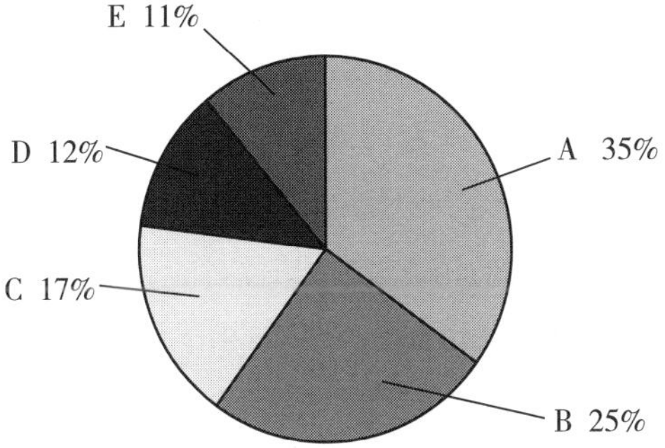

图 3-3 结成联盟

在实践中,一个较小的多数很难施政。例如,如果几个立法者在关键投票中没有出现的话,那么有 52% 议席的联盟就可能会失败。鉴于这一事实,A 党可能会选择与 D 和 E 结成联盟,这使政府拥有 58% 的议席。与更多人分享职位战利品是为多出来的安全富余而支付的代价。政府可能组成**最小工作联盟**而不是最 74

[23] 这个概念最先是由 Riker 所阐发。参见 Riker 1962。

小获胜联盟。[24]

在预测最小获胜联盟或最小工作联盟组成政府的时候，忽略了意识形态在政治中的作用。为说明意识形态问题对这些理论的影响，假定政党可以按图 3－4 所示按照在政治量表中的左－右进行排序。如果政党在左－右量表上占据毗邻位置，那么它们就是**贯续联接**的。因此 A 与 B 贯续联接，B 与 C 贯续联接，但是 A 与 C 不贯续联接。意识形态联系会增加各政党进行合作的能力。反之，意识形态的距离会降低各政党进行合作的能力。A 与 C 之间结成联盟可能会有困难，而 A 与 D 或 E 结成联盟会更困难。如果结成联盟必须有意识形态上的连通，那么一个政府可能产生于**最小贯续联接联盟**。在图 3－4 中最小贯续联接联盟是 B、C 和 D，总共控制了 54% 的议席。

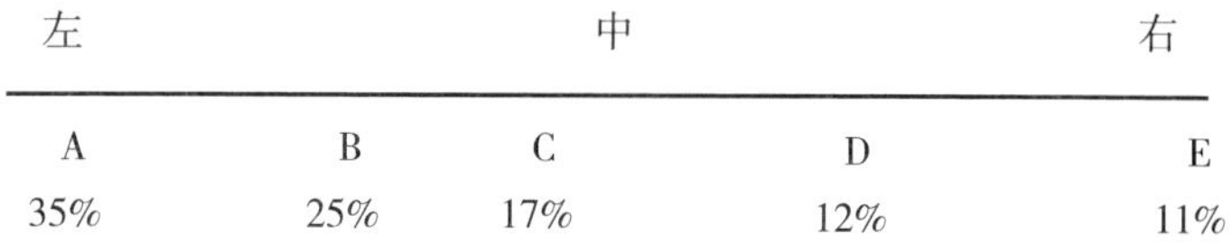

图 3－4　贯续联接联盟

同中间投票者定理一样，最小贯续联接联盟理论涉及对政党的单一维度评价。另外，我们可以假设每个政党都在政治选择的多属性空间中占据一个点。在政治中，如同在市场上一样，互补的品位提供了交易与合作的基础。当某一政党最看重的问题是另一政党最不看重的问题时，第一个政党和第二个政党在偏好上
75 就形成互补。这一事实表明最大的政党应当寻找有互补偏好的结盟伙伴。比如，假设最大的以色列政党想得到国防部长这样的

[24] 关于对最小获胜联盟和最小工作联盟之比较的讨论，参见 Laver 和 Schofield 1990b，第 94 页。

内阁职位，而一些小的宗教党派希望国家执行宗教戒律，如禁止在安息日做生意。这些党组成执政联盟，政府能够让每个党各取所需。这一推论提出了另一个结盟的原则，可以被称为**最互补联盟**。最互补联盟使选票交易的收益最大化。

经验研究比较了各国特别是欧洲的联盟政府，表明最小获胜联盟和最小贯续联接联盟具有预测价值。[25] 尽管这些理论并不必然总是正确，但在预测什么样的联盟会组成政府方面比碰运气要好得多。除了博弈论的逻辑以外，历史和文化也决定着联盟政府中的政党构成。

问题：

1. 在下面的图 3－5 的政党排列中，最小获胜联盟是什么？最小贯续联接联盟是什么？

左		中	右
A	B	C	D
14%	20%	35%	31%

图 3－5　获胜联盟与贯续联接联盟

2. 美国政府在共和党和民主党之间二选一。是什么阻止了一党大过另一党且控制大部分选举？

一、不稳定联盟

有些国家联盟政府的不稳定已达到众所周知的程度。例如，1945 年至 1985 年，意大利有过 43 个不同的联盟政府。交易理论 76
有助于解释这种不稳定性。在本章前面部分，我解释了按照多数决定规则，有对称投票者参加的再分配博弈有空核。同样，有

〔25〕 Laver 和 Schofield 1990b。

对称党派参与的联合政府博弈具有空核。空核导致了不稳定性。

为说明按多数决定规则的再分配和有对称参与者的联合政府之间的相似性,假设有三个在立法机构中有相等数量议席的政党 A、B 和 C。任何两个政党可以组成联合政府。为使这个例子简单一些,假定执政联盟可以分配 100 个单位的政治收益(职位、合同、荣誉等),而且被排除在执政联盟之外的政党得到的政治报酬为 0。开始交易的时候,有人提议组成三党联盟,并且平均分配收益:(A,B,C) = (33,33,33)。[26] A 提出反建议,与 B 结成联盟,什么都不分给 C,于是产生了收益分配(A,B,C) = (50,50,0)。A 的提议使 A 和 B 获得改善,并且他们可以按照多数决定规则强制执行这个提议,所以 A 的提议阻遏了最初的提议。现在 C 提出反建议,与 B 结成联盟并且进行收益分配(A,B,C) = (0,75,25)。C 的提议阻遏了 A 的提议。如同在多数决定规则的再分配博弈中一样,在联盟博弈中,**任何**提议都会被其他提议阻遏,所以博弈有空核。因此,同样的不稳定性既困扰着联盟政府,也困扰着在立法机关中的选票交易。

问题:

1. 解释在图 3 - 3 中的最小获胜联盟中可能存在的不稳定性。

2. 1994 年,意大利修改了选举法,以增加联盟的稳定性。如果目标是增加稳定性,你会同意什么样的宪法规则?

---

[26] 在试验中,人们通常用平均分配奖品的方法来求解这个博弈,尽管这种解并不属于核。

二、两党制中的联盟

尼基塔·赫鲁晓夫是20世纪50年代晚期和20世纪60年代早期苏联的独裁者。他曾经问德国外长:“告诉我,什么是‘反对派’?”外长答道:“反对派就是明天的政府。”[27]后续政府的轮替创造了一种使政治富于活力的对话。有些部落民众也意识到这一事实,出于治理的目的把他们分成两半或者两个部分。例如,美国西南的一个印第安人村庄传统上把部落分为“冬季民”和“夏季民”。“冬季民”主要从事狩猎,并在冬季月份执政;“夏季民”主要从事农耕,并在夏季月份执政。

两党政治消除了立法交易,或者改变了其性质。在英国,大 77
部分人支持工党或保守党。从20世纪30年代以来,选举处于摇摆状态,在一段时间一党拥有多数,然后另一党获得多数。在英国,在议会中占多数的政党执政。多数党可以通过自己想要的任何法案,无须与任何小党结成联盟。执政党在分享执政战利品方面排除其他政党,而不是结成联盟。

在英国,交易发生在执政党内部,或者发生在议会之外的党员和选民之间,而不是发生在政党之间。英国首相是立法机关的成员,对其所在的政党严格管束。事实上,首相要求在议会内其所在党的党员在每个重要问题上都以和其相同的方式投票。最重要的交易发生在议案提交到议会前,发生在执政党内部。英国的立法不应该被看做是由地区代表达成的交易,而应被看作执政党执行其计划的方式。赢得选举的需要指引着政党的计划。大体上,竞争迫使英国的两党寻求在大选中能够成为孔多赛胜者的

〔27〕 转引自 Fikentscher 1993,第10页。

项目。

美国也有着两党政治,民主党和共和党争夺公职。但是,很少有一党既占据总统职位又占据国会两院多数的情况。因此,一党很少有能力单独依靠自己的党员通过立法。此外,美国的政党纪律没有英国那么严格。结果,组成政府的总统所在的政党无法通过所有该党希望的法案。美国的立法经常需要总统与国会之间的交易,或两党领袖之间的交易。

三、国家博弈

迄今为止,我的分析都假定有一个稳固的民主政府框架。但是在许多国家,宪法未受尊敬、不被遵守。这些国家的政治官员为了自己的利益违反或中止宪法。我将简要讨论没有有效宪法的情况下的政治交易。

国家博弈指从小的政府单位的竞争中创造一个大国家的问题。现代化的武器和官僚结构使大国能够以比小国更低的成本、更高的质量提供法律和秩序。一旦人们停止了彼此争斗,统一国家的创设会产生巨大的和平红利,如欧洲在 1945 年之前和之后的对比所显示的那样。

当一个大企业能够以比数个小企业低的成本进行生产时,就
78 存在**自然**垄断。大国对于武力拥有自然垄断。在国家博弈中,和平的潜在收益产生了要求终结派系暴力、创设统一国家的巨大压力。每个派别都放弃武力的整体联盟胜过任何小的联盟。没有小的联盟能阻遏整体联盟,所以整体联盟属于国家博弈的核。自然垄断理论的预言认为存在终结派系暴力和创造大的、和平国家的持续压力。在本书中,我专注于稳定宪法所产生的结果,而非其前提条件,所以我不分析持续的派系暴力的原因。

创设国家的博弈和治理国家的博弈不同。统一的国家必须有具体的宪法。在民主政体中,对公职的公开竞争决定谁治理国家。民主政体的力量来源于对国家垄断力量的制度化竞争控制。但是,选择某一执政联盟而不是另一联盟会导致公职战利品的再分配。再分配博弈有空核,使政治变得不稳定。民主宪法不能确保消除这种不确定性。〔28〕

结论

第二章和第三章涉及政府的两个基本过程,具体地说是投票和交易。当宪法把投票限缩到单维选择的时候,多数决定规则倾向于产生位于投票者偏好分布中间的结果(中间投票者定理)。在这些情况下,交易成本通常会阻遏跨问题领域的交易。或者,宪法可以允许投票在多维选择中进行浮动。多维选择降低了政治交易的交易成本,因此增加了政治合作的潜在剩余。但是,多维选择也增加了交易失败的风险。当交易失败时,多维度中的多数决定规则可能引起再分配的不稳定博弈。在第二篇,我将详细讨论民主政治借以在中间投票者定理和交易之间进行选择的替代性组织形式。

---

〔28〕 经济学和政治学之间的一个类比能够澄清这一点。当市场参与者的数目增加时,他们会失去就价格进行交易的能力。当达到其逻辑顶点时,市场的扩展会导致完全竞争。在完全竞争市场上,所有人都按照市场价格进行交易。这些事实为这个证据提供了基础:当经济规模成倍增长的时候,经济的核收敛为完全竞争分配(Arrow 和 Hahn 1971)。但是,在存在自然垄断的情况下,这个结果无法得到。当某一经济体扩展之时,自然垄断不会消失。与此类似,当国家通过把小的辖区统一起来进行扩展时,自然垄断还会存在,由此又产生出和平红利的分配问题。

第四章　行政管理

在科学领域，最重的元素是最近发现的……暂命名为“官僚”（administratium）……由于它没有电子，所以 administratium 是惰性的。但是，由于它能阻碍它所接触到的所有反应，所以它能被探测到。根据发现者的说法，通常不到一秒钟能完成的反应在加入少量的 administratium 后会被延长到四天以上。

——网上笑话[1]

---

〔1〕 这是 Geoffrey Miller 发给我的笑话全文：

新闻速递：发现新化学元素

科学已知的最重元素最近被美国一所重要的研究大学发现。这种元素暂被命名为“官僚”（administratium）。它没有质子或电子，因此原子序数是 0，但它有 1 个中子、125 个辅助中子、75 个副中子和 111 个辅助副中子，这使其原子量达到 312 个。这 312 个粒子被一种称作白痴子（morons）的连续交换的介子式粒子结合在一起。由于它没有电子，所以 adiminstratium 是惰性的。但是，由于它能阻碍它所接触到的所有化学反应，所以它能够以化学方法被探测到。根据发现者的说法，通常不到一秒就能完成的化学反应在加入少量 administratium 后会需要四天以上完成。Administratium 正常的半衰期是三年，但不会衰变为其他元素，而是辅助中子、副中子和辅助副中子之间的身份互换与重组。有些研究表明，重组后，它的原子量实际增加了。科学家们试图研究怎样控制 administradium，防止其产生不可逆转的破坏，但是迄今的结果仍不乐观。

如前面这个网上笑话所示,政府官僚制度通常是好的笑料,可与此有关的利害关系却不可谈笑视之。在发达国家,税收占了一般公民新增收入的一半或更多,而政府开支(不包括转移支付)占到经济总量的三分之一以上。考虑到这些利害关系,玩笑应当让位于分析。

在前面两章分析了投票与交易后,我转向分析行政管理。行政管理是政府的第三个基本过程。理想状态下,选举能够把公民的偏好传递给政治家,他们通过交易把公民的偏好转化为项目。在现代国家,执行项目取决于一系列部、局、署。民主国家应当力图以有效率的方式组织其官僚体系并追求清晰的目标。

行政管理沿着命令从等级制链条顶端的大政治家传到底部 80
的小公务员。行政管理主要通过从上位者发布给下位者的命令进行。每个命令环节都试图把其意志加给下一个环节。但是,上级行政管理者和下级行政管理者之间的利益没有很好地结合起来。结果,链条上的每个环节都淡化了从前一个环节传过来的目的。目的的淡化使各个部门和机构有独立的生命和意志。

在本章中,我阐释了一种关于行政管理的一般理论,并用它来预测国家机构对法律的反应。我尤其关注的是权力的代理和规则的强制接受。我们考察权力代理的宪法障碍的结果("禁止授权原则")和遵循规则的宪法要求("合法性")。在本章分析了行政管理过程之后,我会在第七章考察部门和机构的整体行为。

下面是我将在本章讨论的问题的一些例子:

例 1:在典型的国家官僚体系中,部长和助理部长是最高的政治任命官员,他们之下的工作者是那些非政治的公务员。如果某位部长用政治任命的官员取代一些高级公务员,该部门的行为会有什么变化?政治应当在什么地方终止?行政管理应当在什么地方开始?

例2:某部门运用其自由裁量权伤害了某人,该人起诉要求获得救济。在法院的判决中,法院要求该部门颁布规则并认真遵行。用规则代替自由裁量权会对该部门的目标产生怎样的影响?

例3:有些行政管理者有自由裁量权,而另一些行政管理者则必须遵循清晰的规则。如果在受规制的产业中创新的步伐加快,是应该增加自由裁量权还是增加合法性?

第一节　行政管理导言

执行政府政策需要一个上司授权给下属的链条。因此首相选择一位外长负责外交部,外长选择一位助理负责行政事务,助理遴选一名公务员负责日常运作。经济学模型把授权代理作为**委托人**和**代理人**之间的博弈来处理。委托人是制定政策的上级,代理人是执行政策的下级。我会把所有执行政策的国家组织都看作"代理",无论它们从技术角度看是机构、部门、局、委员会或者其他形式的组织。

在把自己的职责转交出去的时候,官僚体系内的官员面临两
81 种基本的选择,我用两种不同的博弈模型来描述。首先,某个官员可以直接行使权力或者授权给下属。[2] **授权博弈**表明理性的委托人怎样做出这个决策。宪法和其他基本法有时要求或禁止授权。授权博弈预测了要求或禁止授权的结果。

〔2〕 Mashaw 1985.

其次,进行授权的官员可以允许下属在行使权力的过程中有完全的自由裁量权或者通过施加规则限制自由裁量权的行使。**规则博弈**表明理性的委托人怎样做出这个决策。施加规则降低了灵活性,提高了合法性。像宪法这样的基本法有的时候要求官员颁布规则并遵行规则。规则博弈预测了在行政管理中自由裁量与合法性的后果。

一、授权博弈

现在我来阐述授权博弈。当委托人授权时,忠实的代理人会运用权力来执行委托人的政策。但是,在现实中,很多代理人达不到这个理想状态,尤其是当他们的利益与委托人的利益不一致的时候。影响代理人忠实的因素包括他们的性格、他们承担风险的意愿、委托人监督代理人的能力和委托人与代理人未来对彼此的需要。我把授权问题缩减至最简单的要素,分析基本的权衡过程,而不是把许多因素一并讨论。

当被委托人发现的概率很低的时候,理性的、无道德是非感的代理人会挪用资源用于他自己的利益。当项目运气不错的时候,高的产出水平会掩盖代理人的挪用资源的行为。因此,当项目运气好、有足够高的概率掩盖挪用行为的时候,代理人会挪用。在知道这一事实的情况下,负责这个项目的委托人会直接行使权力。反之,当项目运气不好,有足够高的概率发现挪用行为的时候,委托人会授权给代理人。知晓这一事实后,负责这个项目的委托人会授权给代理人。

图 4 - 1 具体反映了博弈树中的这些事实。在博弈树的第一个分叉上,委托人决定是直接行使权力还是进行授权。如果委托人进行授权,代理人要么执行委托人的政策(**忠实的代理人**),要

么挪用资源为自己谋利益(**不忠实的代理人**)。在代理人做出行为选择后,偶发事件会导致世界处于好的状态或坏的状态。例如,大部分国家行政管理者无法预测或控制选举或者股票市场。为方便起见,我把这类偶发事件称为在好的状态或坏的状态之间的**自然选择**。最后,在图 4-1 的右边,博弈树的末端是委托人和代理人的收益,稍后我会解释。

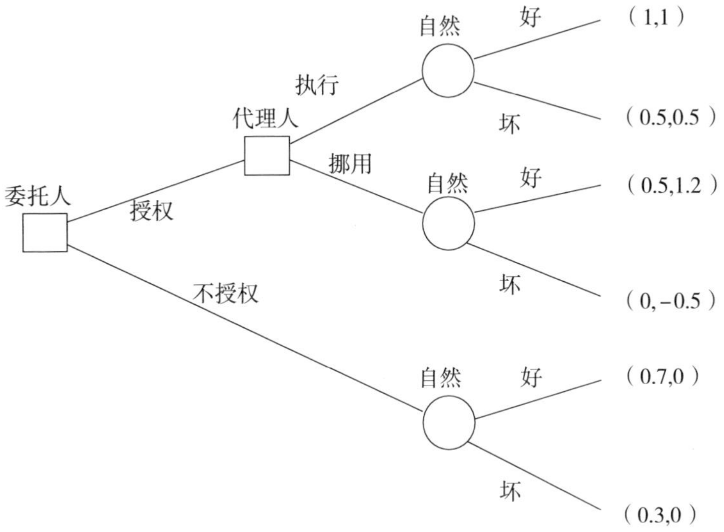

图 4-1　授权博弈

在描述了委托人和代理人做什么以后,现在我描述他们知道什么。参与方知道图 4-1 中所描述的博弈的结构,但是每个参
82 与方可能知道也可能不知道细节。授权的委托方比直接行使权力的委托方知道得要少。为使这一差别程式化,我假定直接行使权力的委托方能够观察到自然选择的状态,而授权的委托人不能观察到自然选择的状态。

现在我把这些假设与图 4-1 右边博弈树末端的回报联系起

来。在图 4 – 1 右边的每一个终端点上，括号中的第一个数字是委托人的收益，第二个数字是代理人的收益。收益的绝对值没有意义，但是相对值描述了很重要的事实。首先看来自授权的收益。在授权以后，委托人不去观察代理人的行为选择或事物状态的自然选择。如果委托人的收益**非常高**，如图4 – 1中数字 1 所显示的那样，则委托人可以推知代理人很忠实，而且运气很好。如果收益**非常低**，如数字 0 所显示，委托人可以推知代理人不忠实，而且运气不好。但是，如果收益是中度的，比方用 0.5 来表示，则委托人就无法推知代理人是忠实但运气不好，还是不忠实但运气好。

图 4 – 2 对收益的总结表明委托人从其观察结果中能推知什么。数值 1 和 0 是在图 4 – 2 中仅出现一次的单一收益，委托人可以从中推测代理人的行为和自然的状态。好运气披露了忠实，坏运气揭露了不忠。与此形成对照的是，0.5 在图 4 – 2 的两个方格中出现。这个非单一收益不支持对代理人行为和运气的推测。坏运气遮蔽了忠实，好运气隐藏了不忠实。

		代理人行为	
		执行（忠实）	挪用（不忠实）
自然状态	好（运气）	1（揭露）	0.5（隐藏）
	坏（运气）	0.5（隐藏）	0（揭露）

图 4 – 2　委托人源自授权的收益

委托人也可以直接行使权力而不进行授权。在直接行使权 83
力时，在图 4 – 1 中，委托人在好的状态下获得 0.7，在坏的状态下获得 0.3。在图 4 – 1 中，如果自然状态已经确定，直接行使权力的委托人的收益少于授权给**忠实的**代理人的收益。委托人通过节约时间和精力从授权给忠实的代理人中获得收益。反之,直接行使权力的委托人的收益高于授权给**不忠实的**代理人的收益。直接行使权力所花费的时间和精力少于被不忠实的代理人所挪用的资源。

当委托人直接行使权力的时候,代理人只得到其基本收益,我把它定为0。授权给代理人增加了他的责任和机会。在授权之后,忠实且幸运的代理人所得到的超过其基本收益。具体地说,忠实且幸运的代理人得到1,忠实且不幸的代理人得到0.5,不忠实但幸运的代理人得到0.5。与此形成对照的是,运气不好的代理人的不忠行为被揭露出来,其所得低于基本回报,具体地说是-0.5。

(一)求解

在其他参与者的策略确定的情况下,授权博弈的解是能使每一个参与者的期望收益都最大的一对策略。为求得博弈的解,从最后一个决策向第一个决策递归进行(从时间上回溯)。假定委托人进行了授权,最后的决策是代理人在执行和挪用之间进行抉择。在好的自然状态下,代理人挪用的收益高于他执行的收益,在坏的自然状态下则相反。[3] 所以代理人的最佳策略取决于好的自然状态和坏的自然状态的相对概率。简单地说,当好的自然状态的概率超过5/6的时候,理性的代理人会挪用,反

---

〔3〕 下图总结了代理人的收益。

代理人行为

		执行(忠实)	挪用(不忠实)
自然状态	好	1	1.2
	坏	0.5	-0.5

之则会执行。[4]

现在来考察委托人的最佳策略。当代理人挪用时，委托人的 84
最佳策略是“不要授权”。[5] 反之，当代理人执行时，委托人的最佳策略是“授权”。[6] 所以理性的委托人是直接行使权力还是进行授权取决于自然状态掩盖或揭露代理人行为的概率。在本例中，当好的状态的概率超过 5/6 时，理性的委托人会直接行使权力，否则则进行授权。博弈的解可以做如下总结：

$$p \geqslant \frac{5}{6} \Rightarrow \text{委托人直接行使权力}$$

$$p < \frac{5}{6} \Rightarrow \text{委托人授权，代理人执行}$$

要注意这个“解”假定在委托人和代理人之间有一个条款不

---

〔4〕 令 p 表示自然状态为好的概率，令 1－p 表示自然状态为坏的概率。执行产生的代理人期望收益为 1p＋0.5(1－p)。贪污产生的代理人期望收益为 1.2p－0.5(1－p)。当 p 为下列方程解的时候，执行和挪用产生相等的期望收益：

$$\underbrace{1p+0.5(1-p)}_{\text{执行（忠实）}} = \underbrace{1.2p-0.5(1-p)}_{\text{挪用（不忠实）}}$$

求解方程，得到 p＝5/6，这就是文中讨论的临界点。

〔5〕 从下图所描述的代理人收益中马上就能得出这个结论。

		委托人行为	
		授权	不授权
自然状态	好	0.5	0.7
	坏	0	0.3

〔6〕 从下图所描述的代理人收益中马上就能得出这个结论。

		委托人行为	
		授权	不授权
自然状态	好	1	0.7
	坏	0.5	0.3

变的合同。公务员的规则和工会的规则严格地制约着政府内部的合同。如果要计算没有条款约束的最佳合同,这将提出一个和我已经解决的问题不同的、更为复杂的问题。[7]

(二)图解

图4-3描述了授权博弈的权衡特点。横轴代表委托人直接行使的权力的比例。在横轴上从左向右移动,委托人直接行使权力的比例从0增加到100%,相反,委托人授权行使权力的比例从100%
85 降到0。图4-3中的纵轴代表两类边际成本。从左向右移动的时候,委托人会投入更多的时间来监督项目,所以总行政成本和边际行政成本一般会增长,而总贪污成本和边际贪污成本通常会下降。[8]

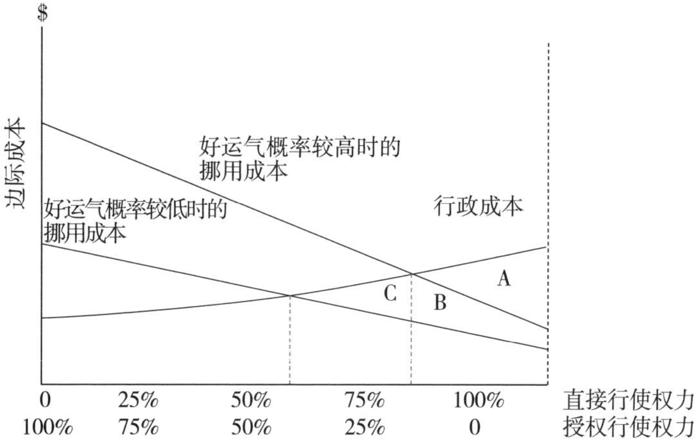

图4-3 行政成本——挪用之间的权衡

[7] 在一般的合同博弈中,各方可以通过单方支付(side payments)来调整收益,这会增进他们的诱因。用图4-1来说明:委托人和代理人都赞成委托人承诺在委托人收到的收益为1的情况下给代理人0.3的奖励。这个合同是最优的,因为它总是诱使代理人根据效率的需要来执行,而不是挪用。但是,国家官僚机构太过刻板,而且有许多利益不能转移,由此排斥最优的合同。总体而言,对最优合同的典型障碍包括委托人的有限信息和代理人的风险规避或借不到钱。(Shavell 1979)

[8] **边际**挪用成本一般会下降,**边际**行政成本一般会上升,这是因为委托人通常首先监督那些挪用最严重而行政成本最低的项目。这些事实为凸面假设提供了正当性基础。

希望总成本最小的委托人要让边际行政成本和边际贪污成本相等。这样的委托人喜欢图 4－3 中行政成本曲线和贪污成本曲线的交点所代表的授权水平。

随着好的自然状态的概率 p 的增长，好运气掩盖了不忠实，代理人挪用更多的资源。图 4－3 用把好运气概率较低的 p_{low} 时的挪用成本曲线移动到好运气概率较高的 p_{high} 时的挪用成本曲线来代表这一事实。要注意好状态的概率从 p_{low} 提高到 p_{high} 会导致委托人的最佳授权水平从50%降低到25%。总体而言，**掩盖代理人行为的运气因素使授权对于委托人而言变得不那么具有吸引力了**。

（三）例证

这里有一个授权博弈的具体例子。假设卫生部长（委托人）制订了一项使花费一定数量金钱能够获得的肾移植数量最大化的计划。计划的成功取决于护士的合作。如果护士合作（好的状态），计划会成功。如果护士拒绝合作（坏的状态），计划将会失败。部长无法控制或者预测护士们的反应（自然状态）。

部长可以直接执行这个计划，或者授权给她的行政主管（代理人）。如果部长直接执行这个计划，她可以在幸运的情况下获得高的收益（0.7），在不幸的情况下获得低的收益（0.3）。或者，她可以授权给行政人员，这将节约她宝贵的时间。但是行政人员 86
倾向于把肾移植的一部分资金转到他自己的急诊救护领域。在授权以后，部长与日常运作距离太远，无法观察行政人员和护士的行为。如果项目亏得很惨（0），部长将会准确推知运气不好的行政人员挪用了资金，因此部长会惩罚不忠实的行政人员（－5）。如果项目非常成功（1），部长将会准确推知幸运的行政人员忠实执行了项目,并会奖励忠实的行政人员(1)。如果项目只是泛泛成功(0.5),部长将无法知道是行政人员挪用了资金但却运气好(1.2),或是行政人员忠实执行了项目但却运气不好(0.5)。

如果好运气掩盖挪用行为的概率足够高,自利的行政人员倾向于挪用资金。所以在预见到这一事实后,部长会直接执行这个项目。反之,如果坏运气揭露贪污行为的概率足够高,自利的行政人员会执行部长的计划。所以在预见到这一事实后,部长会授权给行政人员。

另一个例子与法院监督国家机构的行为有关。如果坏运气揭露国家机构的不法行为的概率足够高,法院可能倾向于给该机构以广泛的自由裁量权。为给予该机构以广泛的自由裁量权,法院会听从该机构意见,并驳回大部分声称该机构有不法行为的诉讼。但是,如果坏运气揭露国家机构的不法行为的概率很低,则法院会倾向于认真审查国家机构的行为。要审查该机构,法院会允许所有声称该机构有不法行为的诉讼进入审判。

(四)授权博弈的意义

在阐述了分析授权的模型后,接下来我会考察其法律意义。宪法和其他基本法通常会允许官员授权,但有时候要求官员直接行使权力。一项**禁止授权**的权力有着授权博弈所预测的结果。就无限制的授权而言,如图4-3所示,委托人要在挪用成本和他花费在管理的时间方面的机会成本之间进行权衡。如果禁止授权,委托人就无法进行权衡。有法律效力的禁止性规定会迫使他用自己的时间进行管理,而这个时间的成本超过了消除挪用行为的成本。当对坏运气的恐惧阻止了代理人挪用资源的时候,委托人就想进行更多的授权。而当委托人想进行更多的授权时,禁止授权给委托人造成了很大的损失。

图 4－3 说明了这些事实。具体来说,假设好运气的概率等于 p_{high},于是委托人倾向于授权的概率等于 25%。现在假设法律禁止官员授权,于是授权从 25% 降到 0。在图 4－3 中,禁止授权给委托人造成的总损失用区域 A 来表示。如果好运气的概率从 87
p_{high} 降到 p_{low},禁止授权给委托人带来附加损失。在 p_{low} 情况下,委托人愿意把他的 50% 的权力进行授权。因此在图 4－3 中,有效的禁止授权给委托人造成的损失等于区域 A＋B＋C。

我用图 4－3 来描述禁止授权规则给委托人造成的损失。前面已经解释过,当委托人的时间价值增加以及坏运气揭露挪用资源行为的概率增加时,损失也会增加。比如,宪法可能会要求某一高等法院审理上诉案件或某一类型的案件,而不是把这些案件交给基层法院。例如,在美国联邦体系中,巡回法院必须受理所有关于法律问题的上诉,而不是把这类案件交给最低层级的法院。[9] 这一要求给联邦巡回法院造成的损失随着受案数量的增加而增加,这也增加了巡回法院的时间机会成本。与此类似,欧洲国家的民事法院通常会把宪法问题交给宪法法院,而宪法法院不能把宪法问题授权给下级法院。这一要求对宪法法院造成的损失随着受案数量的增加而增加。

---

〔9〕 美国联邦法院有三个层级:审判(地区法院)、上诉(巡回法院)和最高法院。上诉法院(巡回法院)必须受理所有来自审判法院具有可诉性问题的上诉。大体上,审判法院决定事实问题,上诉法院决定法律问题。但是实际上,联邦上诉法院通过宣布上诉到它们这里的问题有些是“事实问题”而不是“法律问题”,把问题又指派给了审判法院,由此可以部分控制待审案件的数量。与上诉法院不同的是,最高法院可以完全掌控其待审案件数量。最高法院受理大约 1.5% 上诉到该处的案件,由此把其他判决工作授权给上诉法院。(每年《哈佛法律评论》的 11 月号会提供上诉到美国最高法院并被受理的案件的数据。)

行政首脑的职责提供了另外一个禁止授权的例子。按照美国《宪法》第 2 条的规定,如果宪法赋予行政首脑执行法律的职责,行政首脑不能以可能削弱其职责的方式进行授权。[10] 当授权的程度增加时,宪法可能会增加更多的限制。[11] 随着行政首脑时间机会成本的增加和其监督较低层级行政机关的能力的提高,这些限制会增加行政首脑的损失。一般而言,当代理人不大可能挪用的时候,禁止授权规则会给委托人造成更大的损失。

许多宪法给予立法机关排他性的征税权,所以行政管理者无法开征新税。法院可以裁定立法机关不能将其征税权授予行政管理者。但是有时会有这样的情形出现:行政管理者决定收费,与税收非常类似。法院可以判决新费其实是一种新税,所以禁止行政管理者征收这种新费。新费必须由立法机关设立,而不是由行政机关设立。如前面所说的那样,当立法机关的时间机会成本增加以及当立法机关监督行政机关开征新费的能力增加的时候,这一禁止性规定给立法机关带来的损失增加了。

88 在来自德国的另一个例子中,“禁止对青少年有害的作品的法律”(主要是针对色情和正面描写暴力的免费广告)必然包含怎样选定审查委员会的成员的详尽规定。立法机关无法将制定详细规定的任务进行授权。[12] 另外,立法机关可以把选择在学校里

---

〔10〕 在劳联—产联产业联合部诉美国石油协会(Industrial Union Dept. v. American Petroleum Institute),448 US 607,100 SCt 2844,65 LEd2d 1010 (1980)案中探讨了这个问题。

〔11〕 在商品期货交易委员会诉朔尔案(Commodity Futures Trading Commission v. Schor),478 US 833,106 SCt 3245,92 Led2d 675 (1986)案中探讨了法律规定的过度授权问题。

〔12〕 *Entscheidungen des Bundesverfassungsgerichts*(宪法法院判决),Vol. 83,130。

讲授德语正字法的问题进行授权。[13]

（五）禁止授权的好处

我已经解释了禁止授权规则给官员带来的损失。但是，有时社会会从这一限制中获益。现在我从官员因禁止授权原则所蒙受的损失转而讨论可能的公共利益。[14]

迄今为止，我把"授权博弈"中的"挪用"解释为代理人遵从自己的偏好而不是执行委托人的政策。一个更加恶意的解释是政府官员为自己的利益挪用资源。在国家行政管理中，腐败有悠久的传统。过去在欧洲和美国，许多官员为他们的工作接受贿赂而不是薪酬。例如，在17世纪的英国，佩皮斯对海军的改革据说是创造了英国第一个现代公务员系统。但佩皮斯被告知他的第一份海军工作的报酬是他能从工作中捞取的好处。[15]

腐败官员在所有国家都占据一部分公职，在某些国家占据大部分公职。他们为捞取贿赂，违反法律，扭曲政策。授权可以通过分散和模糊职责的方法增加腐败的机会。代理人收受贿赂对公共利益造成的损害可能比给委托人造成的损害更大。因此，比之委托人自主选择，公众可能从委托人直接进行行政管理中获益更多。（在本章稍后的部分我会分析一个减少腐败的更重要的机

〔13〕 宪法法院文件 1 BvR 1640/97。就这一注释及前一注释，向 Georg von Wagenheim 表示感谢。

〔14〕 感谢 Dan Rodriguez 在这一节上的帮助。

〔15〕 "今天早晨（桑威治）大人用马车带我去见克鲁斯先生，在路上他告诉我他希望我的职位能给我带来一些好处，而且大略提到了不是我的职位的薪水让我成为一个富人，而是在这个职位上谋取好处的机会让我致富。"（Latham 和 Matthews;1970，第 222 页）关于这一注释，向 Peter Hacker 表示感谢。

还有一个在墨西哥广为流传的笑话：

男童甲："你长大了想成为什么样的人？"

男童乙："墨西哥总统。"

男童甲："那我想成为你的兄弟。"

制,即用规则替代个人决策。)

现在我转而讨论公众从禁止授权中获得的另一项好处。授权可以发生在政府部门内,也可能发生在政府部门之间。部门内的授权遵守了宪法的分权规定,而部门间的授权违反了宪法分
89 权。[16] 比如,如果宪法在法院和立法机关之间分权,高等法院可以把案件发给低层级的法院审理,但是高等法院不能把一个法律问题发给立法机关,立法机关也不能把政治决策交给法院。

关于部门间授权的争议经常涉及宪法中权力定义的模糊性。比如,美国《宪法》第 1 条赋予立法机关制定法律的排他性权力,并且立法机关不能把这项权力委托给行政机关。那么行政机关对经济活动中的工资和价格进行管制,或对雇主课以繁重的监管,是不是在为宪法之目的“制定法律”?[17] 总审计官为缩减财政赤字限制政府开支是不是“制定法律”?[18]

与此类似,德国政府或议会必须裁决“政治性的”争议,而德国宪法法院必须裁决“宪法性的”争议。因此由谁来决定是否在德国部署中程核导弹的问题转变成了这是一个政治问题还是一个法律问题的争议。[19]

---

〔16〕 注意宪法有时在同一部门内也分权,在这种情况下部门内分权也会削弱宪法分权。例如,如果宪法建立了两院式立法,那么其中一院或许不能将其部门权力让渡给另一院。参见移民归化局诉查达(Immigration and Naturalizaion v. Chadha),462 US 919,103 SCt 2764。

〔17〕 劳联—产联产业联合部诉美国石油协会(Industrial Union Dept. v. American Petroleum Institute)、米斯特雷塔诉合众国(*Mistretta v. US*),488 US 361,109 SCt 647,102 Led2d 714 (1989)。

〔18〕 鲍舍诉西纳尔(Bowsher v. Synar),478 US 714,106 SCt 3181,92 LEd2d 583 (1986)。

〔19〕 *Entscheidungen des Bundesverfassungsgerichts*(宪法法院判决),Vol. 68,p. 1:“除非外交和防务政策明显武断,否则宪法法院不可以审查外交和防务政策。此外,除非是缔结有约束力的条约,否则法院判决政府可以自行决定外交和防务政策。”感谢 Georg von Wagenheim 提供这一信息。

实际上,部门间的授权在没有遵循规定的宪法修正程序的情况下修改了宪法。垄断联盟理论解释了由此造成的危害。如同产业中的纵向兼并一样,部门内的授权一般不会影响国家权力的集中。如同产业中的横向兼并一样,**部门间**的授权会使国家权力集中。[20] 权力的集中消除了政治垄断联盟的障碍。比如,法院把解决法律争议的权力委托给行政部门会破坏法治。禁止部门间授权有助于维持竞争性的政府,而这恰是民主政体的特征所在。

如同经济垄断联盟的成员赞成限制贸易一样,希望结成政治垄断联盟的官员也会赞同部门间授权。例如,如果总统所在的党在议会中拥有多数议席,那么立法机关会急切地投票支持把立法机关的一部分权力给总统。部门间授权因限制了竞争而给执政 90
党的政治家们带来好处;也因为同样的原因,部门间授权损害了公众。尽管存在这样的事实,即立法机关中的官员和行政首脑都希望不经正式修改宪法便集中权力,但这绝不是宪法法院允许这样做的理由。法院不需要以行政首脑和立法机关的意见不一作为捍卫权力分立的理由。[21]

"分权"意味着分立的机构分享权力(Neustadt 1986)。当分立的机构分享权力时,需要机构之间的合作方能采取行动。合作通常通过交易进行。通过权力分立,宪法使政府通过交易而不是通过命令运作。通过监督权力分立,法院维持了每个部门针对其他部门的交易力量。根据民主的交易理论,法院应当努力维持交易力量,但不要阻碍合作。

---

〔20〕 要注意部门间的授权也能分散权力而不是集中权力。例如,一个相对强势的行政部门可以授权给相对弱势的立法部门。但是,一般情况是向相反方向发展的。

〔21〕 相反,Choper 1980 认为部门间意见不一致恰恰给法院的介入提供了正当理由。

问题：

1. 解释在项目中好运气是怎样掩盖挪用行为的。

2. 解释在好运气的概率降低时，禁止授权为什么会使委托人损失更多？

3. 图4－1假定对于被发现的挪用行为有固定的惩罚。假定提高惩罚，“临界值”p是会增加还是会降低？

4. 图4－1假定进行授权的委托人无法观察代理人或自然状态。请讨论监督代理人的其他方法，比如定期观察自然状态或随机观察代理人的决策。

5. 脚注4计算了一名理性的代理人在执行与挪用之间动摇的好运气的概率。假定代理人未被发现的挪用资源行为的最高可能回报从1.2上升到1.4，请计算p的新临界值。

6. 经济垄断联盟为增加利润而减少了私人物品的供给，而政治垄断联盟为了扩张国家经常会增加公共物品的供给。长期以来，经济学家一直在估算私人物品垄断所带来的成本，而关于估算政治联盟所带来的经济成本，尚无普遍接受的方法。讨论一些用于估算由跨部门授权减少政治竞争带来的经济成本的方法。

二、规则博弈

在授权执行某项政策之后，委托人是应该给代理人自由裁量
91 权还是要求代理人遵守某项规则？委托人给代理人设定规则的
理由多种多样，如降低交易成本、改进协调、增加可预测性、减少差异、增进透明度等。我不会讨论这诸多原因，而是把设定规则这件事归结到其最简单的要素，而后分析基本的权衡过程。给代理人设定规则减少了他们挪用资源的机会，而给代理人自由裁量权则允许他们在情况变化时灵活行事。在组织中，挪用资源是灵

活性的代价。

我将阐述规则博弈,用以分析在挪用和灵活性之间的权衡。在授权博弈中,代理人做出行为,而造物主决定世界的状态。规则博弈把顺序倒了过来:造物主决定世界的状态,然后代理人做出行为。在知道了自然状态之后,享有自由裁量权的代理人可以随着事态的发展灵活行事。在无法预期的事态发生时,委托人希望代理人能够重新分配资源,但委托人不希望代理人在事态如期发生时挪用资源。自由裁量权使代理人可以控制决策,而规则要求代理人在所有情况下都执行委托人的计划。委托人必须决定是给代理人自由裁量权,还是给代理人立下规则。

图 4－4 以树状方式具体描述了规则博弈。首先,委托人决定是给代理人自由裁量权还是给代理人立下规则。其次,造物主决定世界的状态的好坏。最后,如果代理人有自由裁量权,代理人会决定是遵从委托人的计划还是挪用资源。或者,如果委托人立下规则,无论自然状态怎样,代理人都必须遵从委托人的计划。

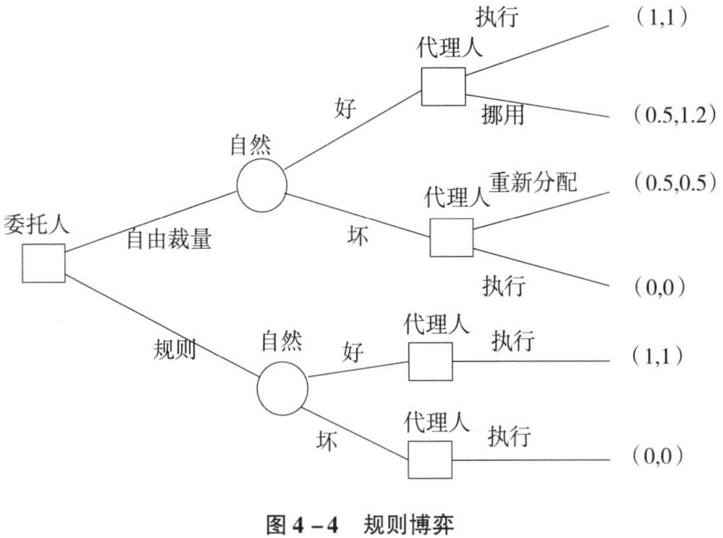

图 4－4　规则博弈

92 博弈树上每条线路中的收益显示在图 4－4 右侧的括号里。委托人的收益在前面,代理人的收益在后面。如同授权博弈一样,相对收益有重要含义,绝对收益说明不了什么。委托人的计划是依据好运气的状态设计的。如果好的状态实现了,当代理人挪用资源用于另外一个项目时,委托人的收益是(0.5),当代理人执行委托人的计划时委托人的收益会更高(1)。但是,如果坏的状态变为现实,代理人执行计划时委托人的收益为(0),而代理人重新把资源分配到另一个项目的时候,委托人的收益会更高(0.5)。因此,一个忠实且拥有裁量权的代理人会在好状态的时候执行委托人的计划,在坏状态的时候重新分配资源给另一个计划。

代理人的利益并不与委托人的利益完全一致。在好的状态下,代理人如果不执行委托人的(收益为 1 的)计划而把资源转移到他赞同的项目上,收益会更高(1.2)。在坏的状态下,代理人不执行委托人的(回报为 0 的)计划而把资源转到他赞同的项目上,收益也会更高(0.5)。代理人的优势策略是挪用资源,此举在好的状态下有利于委托人的利益,在坏的状态下会损害委托人的利益。

现在我从各参与方的做法转向讨论他们所知晓的信息。如同授权博弈一样,规则博弈假定把任务授权给代理人的委托人知晓收益矩阵并且能看到他自己的收益,但它无法观测到自然状态或代理人的行为。图 4－5 总结了委托人可以从观测结果中推断出的东西。当委托人的收益为 1 的时候,他可以推断出自然状态(好)和代理人的行为(执行)。与此类似,当委托人的收益为 0 的时候,他可以推断出自然状态(坏)和代理人的行为(执行)。但是,当委托人的收益为 0.5 时,他无法推断出代理人重新分配资源的行为是忠实的(坏的状态下)还是不忠实的(好的状态下)。

		代理人	
		执行(忠实)	重新分配(不忠实)
自然	好(运气)	1.0(揭露)	0.5(隐藏)
	坏(运气)	0(揭露)	0.5(隐藏)

图 4-5 委托人从给予代理人自由裁量权中所获得的收益

(一)求解

规则博弈的解是在另一方策略既定的情况下、使每一参与方的期望收益最大化的一对策略。如前面一样,我用递归的方法来求解此种博弈。假定委托人给代理人自由裁量权,从时间上来说,最后一个决策是代理人在执行委托人的政策与重新分配资源之间的抉择。如图 4-4 所描述的那样,无论自然状态如何,代理人重新分配资源的回报超过了他执行委托人计划的回报,所以代理人有优势策略。[22] 在知晓这一事实的情况下,委托人通过假定代理人会运用自由裁量权重新分配资源来计算自己的最佳策略。 93
如图 4-4 所示,在好的自然状态下,给代理人立下规则对于委托人而言收益更高,而在坏的自然状态下,给代理人自由裁量权对委托人而言收益更高。在本例中,当出现好的自然状态的概率超过 1/2 时,理性的委托人会立下规则;否则的话,理性的委托人会

〔22〕 下图总结了代理人的收益。

		代理人的行为	
		执行	重新分配
自然状态	好	1	1.2
	坏	0	0.5

给代理人自由裁量权。[23] 博弈的解可以做如下总结:

$p > 0.5 \Rightarrow$委托人立下规则,代理人执行计划

$p < 0.5 \Rightarrow$委托人给代理人自由裁量权,代理人挪用资源

在阐述规则博弈的过程中我顺便提及几个更为具体的假设。第一,我的"解"解决了在委托人和代理人之间存在既有合同的情况下的授权问题,而计算委托人和代理人之间的最佳合同是另外一个问题。[24] 第二,我计算了理性、自利的参与者进行一次博弈的解。在现实中,参与方可能会反复多次进行博弈,这使代理人有更多的理由进行合作。第三,我隐含假设委托人无法就监督代理人进行投资。在现实中,监督增加了惩罚的风险,阻遏了代理人的挪用行为。第四,我假定代理人是自利的,但是有些代理人会因为道义承诺而保持忠诚。

(二)图解

图4-6描述了在规则博弈所特有的挪用与灵活性之间的权衡。横轴代表规则对代理人的约束,向右移动的时候这种约束会增加。法治意味着官员遵守规则,而不是行使自由裁量权。因此,横轴代表了更多的规则约束,代表着"合法性"的增加。反过来,横轴也代表代理人的自由裁量权,向左移动时自由裁量权增加。

---

〔23〕 如果p代表自然状态为好的概率,当p为下列方程的解的时候,给代理人立下规矩和给代理人自由裁量权能产生同样的期望收益:

$$\underbrace{1p + 0(1-p)}_{\text{规则}} = \underbrace{0.5p + 0.5(1-p)}_{\text{自由裁量}}$$

解方程得到$p = 0.5$,这就是临界值。

〔24〕 在一般的缔约博弈中,当事方可以通过能改进各方诱因的单方支付来调节收益。例如,如果$p < 0.5$,委托人和代理人都会赞同一份委托人在代理人得到的收益为1的情况下再给代理人增加0.3的额外奖励的合同,而不是保留产生图4-4中的收益的原合同。如同任何最佳合同一样,这份新合同诱使代理人将共同收益最大化。

图4－6中纵轴描述了委托人的边际成本。在从左向右移动时，委托人给代理人立下更多的规则，允许更少的自由裁量权，所以在边际意义上，挪用的成本在下降，而缺乏灵活性导致的成本会上升。[25] 边际成本曲线的交点代表委托人总成本最低的时候 94
的合法性水平。

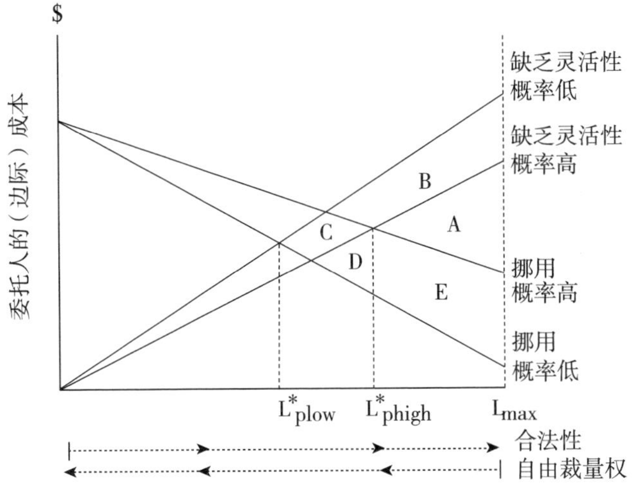

图4－6　灵活性——挪用之间的权衡

缺乏灵活性的成本和挪用的成本取决于环境的可预测性。好运气会降低缺乏灵活性的成本，所以好运气概率 p 的增加会导致图4－6中“缺乏灵活性曲线”向下移动。反过来，好运气增加了被代理人挪用的资源量，所以 p 增加会导致“挪用”曲线向上移动。把这些效应结合在一起，好运气的概率从 p_{low} 增加到 p_{high} 会导致委托人所偏好的合法性水平从L^*_{plow}增加到L^*_{phigh}。

---

〔25〕 **边际**挪用成本通常会下降，缺乏灵活性带来的边际成本通常会增加，因为委托人通常会首先针对挪用成本最高而缺乏灵活性带来的成本最低的活动立下规矩。

总之,**可预测性使得规则对委托人而言更具吸引力,而不可预测性使自由裁量权更为必要**。

(三)例证

为详细说明规则博弈,我将修改卫生部长使肾移植数量最大化计划的例子。执行计划需要行政人员的工作和护士的配合。如果护士合作,卫生部长最高的收益(1)来自行政人员执行计划。但是,如果护士拒绝合作,当行政人员重新分配资源到其他项目时,卫生部长的收益(0.5)高于行政人员执行计划的收益(0)。部长必须决定是立下规则要求执行计划,还是给行政人员以自由裁量权。

95 部长无法观测到护士或行政人员的行为。高的收益(1)使部长推断出行政人员执行了计划并且护士予以合作,而低的收益(0)使部长推断出行政人员执行了计划但是护士拒绝合作。反之,对于中间水平的收益(0.5),部长无法推知行政人员是否由于护士拒绝合作而重新分配了资金,还是护士虽然合作但行政人员挪用了资金。如果护士更有可能合作而不是拒绝,则部长若立下规则,收益会更高。反之,如果护士更有可能拒绝而不是合作,则部长给行政人员自由裁量权会获得更高的收益。

第二个例子与国家采购有关。在许多国家的大学里,想购买电脑的大学教授必须遵循限制选择供货商与合同条款的既定程序。采购规则通常限制了购买者的自由裁量权,以避免回扣或贿赂。

第三个例子与对国家机构行为合法性的质疑有关。假定法院解释一条成文法,并且据此给某一国家机构设定了一项规则。因机构背离这项规则而受到损害的个人有权起诉该机构,由此提醒法院要注意该机构的不当行为。更具体地说,联邦法院解释美国宪法，要求警察在起诉某人犯罪时必须背诵一系列程序性权利（"米兰达警告"）。如果警方在没有背诵这些程序性权利的情况下获得证据，法院将把非法获得的证据从审判中排除出去。如同所有规则一样，程序也不是在每个案件里都显得适当。但即便如此，法院显然更偏好给所有案件都制定规则而不是给警察自由裁量权。

（四）规则博弈的意义

在阐述了规则模型之后，接下来我来考察规则模型的意义。宪法或其他基本法有时要求官员制定并遵守规则。规则博弈预测了**合法性约束**的某些后果。如果要求的合法性程度超过委托人所偏好的合法性程度，则会给委托人增加成本。具体来说，在代理人缺乏灵活性所产生的成本的增加超过了挪用成本减少的幅度内，委托人蒙受了损失。委托人损失的幅度取决于环境的可预测性。当环境预测性降低时，强制执行合法性要求造成的损失会更大。

图 4－6 说明了这些事实。具体来说，假定好运气的概率等于 p_{low}，那么委托人偏好 L^*_{plow}。现在假设委托人被迫要把合法性提高到 L_{max}。由此给委托人造成的损失等于在 $[L^*_{plow}, L_{max}]$ 区间内缺乏灵活性增加的成本超过挪用的边际成本的部分，即 A＋B＋C＋D＋E 区域所显示的部分。如果好状态的概率从 p_{low} 提高到 p_{high}，要求最大合法性 L_{max} 给委托人带来的损失从区域 ABCDE 缩减为区域 A。

第二节　政治、公务员体系与法院

在许多国家的官僚体系中，政治家占据高级职位，公务员占 96

据次要的职位。例如,美国总统任命大多数机构的首长,每个首长选任一名私人幕僚,然后公务员占据首长私人幕僚以下的大部分岗位。此外,政治任命可以深入行政机构。在政治分赃制中,政治博弈的胜者把国家公职作为政治战利品分配给忠实的追随者。例如,在芝加哥,以及在许多发展中国家,政治分赃制的运作深入行政机构之中。

由公务员所进行的行政管理深受缺乏灵活性之苦,而由政治委任官员进行的行政管理则深受腐败之苦。最好的制度显然是让政治委任官员占据官僚体系的顶层,让公务员控制顶层之下的部分。规则博弈可以解释为什么分赃制能在行政管理的高层产生更高的效率,而公务员治理能够在行政管理的较低层级产生更高的效率。

我们把国家想象成一个关系的链条,在这个链条上每名官员都是相对于他更高级别的官员的代理人。在典型的国家官僚制中,相对于领导各个组织的政治委任官员来说,公务员是代理人;相对于选举产生的官员来说,政治委任官员是代理人;相对于投票的选民来说,选举产生的官员是代理人。在链条上的每个环节中,自由裁量权与合法性的结合决定着与代理人的关系。现在我来解释为什么在链条顶端效率要求自由裁量权优于合法性,而在链条底部合法性优于自由裁量权。

越靠近链条顶端,选民对官员的了解就越多。我们用美国外交事务来举例。传媒严密关注总统,审视着国务卿,只偶尔关注某位大使,而多半会忽略国务院的公务员。当委托人有更多信息的时候,代理人想挪用资源而不被发现的范围就较小。用图 4 – 6 的话来说,委托人有更多信息使代理人在获得更多自由裁量权的情况下挪用成本的增加更为缓慢。

尽管选民对于高级官员非常了解,高级政治活动的环境却难以预料。用图 4－6 的话来说,较低的可预测性增加了缺乏灵活性所产生的成本。例如,无法预见的外交危机需要国务院的灵活回应。

广泛的监督和无法预测的环境使平衡倾向于有利于给予机构顶层的高级官员以广泛自由裁量权的一边。广泛的自由裁量权要求的是政治,而不是行政。选民们和高级官员讨论的是目标,而不是规则。因此在民主政体中,有效的行政管理要求对国家机构中的高级官员进行政治控制。

与此相反,公众无法密切关注行政管理的较低层级。结果,在行政管理中任何较低层级上发现挪用资源的行为,公众都会要求高级官员负责。为免除这样的责任,高级官员立下规则,减少低级官员的挪用行为。用图 4－6 的话来说,委托人的信息较少 97
使代理人有更多的自由裁量权时挪用成本的增加更快了。规则能制约这类权力滥用。所以在民主政体中,效率要求给公务员制定规则,以控制不那么显眼的层级上的行政管理工作。(高级官员还有其他理由给复杂的官僚体系制定规则[26]。)

监督的问题也出现在司法审级中。在面对纠纷的时候,法院有的时候会在按每个案件本身的是非曲直判案和发展适用于所有案件的规则之间做出选择。具体案件具体分析的逐案审理给较低层级的法院保留了灵活性,允许它们偏离上级法院的偏好。

---

〔26〕 当国家官僚体系逐渐扩大时,规制机构会给选民设置各种障碍,选民于是去找民选官员寻求帮助。要提供帮助,需要有通过经年累月与国家官僚机构互动而不断增长的知识。在给选民做这类“社会工作”的过程中(Fiorina 1977),立法机关的现任议员要比挑战者更有经验优势。按照“迷宫最好的向导是其建造者”的原则,立法者有动机创建官僚体系的迷宫,让选民拒绝那些挑战者做向导,而依赖现任者担任向导。因此,现任的政治家有时会通过增加选民所面对的行政管理的复杂程度并保留对行政管理的控制权来寻求选举优势。

与此相反，规则会减少较低层级法院的灵活性，迫使它们顺从上级法院的偏好。[27]

我对于政治、公务员体系和法院的讨论说明了在区分自由裁量权的重大变化时的三条模糊的边界。第一，当法律让官员自由追求政治目标时，官员们享有**很强的**自由裁量权。例如，立法者在提出立法时有很强的自由裁量权，行政首脑在选择内阁的时候有很强的自由裁量权。第二，当法律规定了目标而只让官员选择实现方法的时候，官员享有**较弱的**自由裁量权。例如，在交通部的一名土木工程师可以决定怎样修建行政命令要求建设的一条道路，教育部可以设计一个立法所规定的提高识字率的项目。第三，**纯合法性**没有留给官员任何自由裁量权，会导致机械决策。例如，规定了每种犯罪的具体惩罚或离婚中每项资产具体划分的表格几乎没有给法官留下自由裁量权。

立法者和行政首脑通常有政治裁量权，公务员通常有技术性问题的裁量权。法官的情况更为复杂。普通法系给法官制定某些规则的裁量权，而大陆法系有时希望消除法官的自由裁量权。关于在审判中政治、技术与合法性的理想混合状态的法哲学观点存在歧见。[28] 无论如何，纯粹的合法性，或者机械地适用法律，
98 对大多数判决来说都是行不通的。英国工会定期用一种“按章怠工”（work-to-rule）的策略，也就是工人严格按照文字含义执行所有规则的方法使英国铁路定期瘫痪。如同铁路一样，机械适用法

〔27〕 在普通法系，审判法院决定事实，上诉法院决定法律。在普通法系，逐案审理方法使较低层级的法院通过让案件更多地取决于事实来控制判决结果。反之，一般规则使高级法院通过更多让案件更多地取决于法律来控制判决结果。

〔28〕 罗纳德·德沃金是英美法系最著名的法哲学家之一。在他学术生涯的早期，他认为每个法律纠纷都有唯一正解，这意味着法官的自由裁量权很小（Doworkin 1977）。后来他修改了他的观点，允许法官的政治立场影响判决（Doworkin 1986）。要注意实证研究经常表明高等法院的法官会施行他们自己的政治哲学（Brenner 1982）。

律的法院无法达致正义。

问题：

1. 解释一下为什么当最好的政策取决于不可预测的意外事件时，委托人会给代理人自由裁量权而不是立下规则？

2. 在图 4-4 中最差的收益等于 0。假定最差的收益上升为 0.25。如果 $p=1/3$，那么给代理人立下规则和给代理人自由裁量权为委托人产生的收益是一样的。试证明之。

3. 假定在图 4-4 的规则博弈中委托人给在好运气状态下执行委托人计划的代理人一笔奖金 r。能够诱使理性的代理人领取这笔奖金的最低 r 值是多少？

4. 法院可以按照统一规则判案，也可以根据具体事实逐案审理。讨论一下按规则审理和逐案审理作为法院控制国家机构的方式时两者的区别。

总结与结论

政党向选民提出项目，选民在选举中选择项目，部长或行政机构的负责人指挥行政人员执行这些项目。在授权链条上的每一个环节都由委托人和代理人组成。时间约束着每个委托人，使其授权给代理人。授权给代理人节约了委托人的行政管理成本，也给了代理人更多的机会挪用资源。所以每一项逐次授权都令后续的行政管理层级能稀释最初从选民那里所获得的政治目标。

委托人会向那些有较少的挪用资源的动机的代理人授予更多的权力。当事态发展使代理人有挪用行为被发现的更高风险时，代理人挪用资源的动机会更少。因此，当委托人的机会成本更高以及委托人有较高概率发现代理人的挪用行为时,委托人偏好授权。授权博弈把这些事实进行了模型化。

委托人可以通过给代理人立下规矩来减少挪用资源行为。但是,规则会减少代理人在应对情况变化时的灵活性。当环境变得更难以预测时,代理人需要更多的灵活性。规则博弈把这些事实进行了模型化。

宪法或基本法可能通过限制授权来约束官员。如果约束是有效的,官员必须投入比他愿意投入的水平更多的时间在当前的
99 工作任务上,因此会提高行政管理成本。有效的约束也会减少代理人挪用资源的行为。当公众利益要求行政管理人员为某一特定任务的投入超出他的自利水平时,禁止授权是有道理的。禁止跨部门授权有助于保持权力分立,促进政治竞争。

除了限制授权以外,宪法或基本法也可能要求合法性。如果合法性的限制过紧,官员就会失去灵活性。代理人需要更多的灵活性以应对不可预见的变化。因此,当变化加速时,官员需要较少的规则限制。

第一篇中的三章分析了投票、交易和行政管理。本书余下部分会用到这些分析。第二篇讨论政府间关系。第三篇讨论政府内部不同分支之间的关系。第四篇讨论个人权利。

第二篇　政府的最佳数量

按照通常的经济学表述，公司是受市场约束的等级制度（Coase 1937；Williamson 1995）。小企业需要较少的等级制和较 101
多的市场，而大企业需要较多的等级制和较少的市场。例如，汽车制造商可以从另一家公司购买轮胎，或者由其子公司生产轮胎。购买轮胎涉及运用市场机制的两家企业，而生产轮胎涉及运用等级制组织的一家企业。购买或生产某种私人物品的相对效率取决于市场和等级制的相对效率。企业中最佳的等级制和市场的最佳数量提出了相同的问题。

如同私人部门由市场和等级制组成一样，公共部门由政府和等级制组成。在民主政体中，选民选举他们的政府，所以民主制国家是受选举约束的等级制。中央集权制国家需要更少的政府和更多的等级制，分权制国家需要更多的政府和更少的等级制。例如，国民大会可以命令教育部为所有地方提供学校（集中化），或者由每个地方选出的董事会来提供地方学校（分散化）。集权制国家与分权制国家的相对效率取决于选举和等级制的相对效率。等级制的最佳深度和政府的最佳数量提出了同样的问题。

第二篇把投票、交易和行政管理的基本原则运用于政府的最佳数量问题。第五章关注政府间的关系。在理论上，交易成本为零时，政府会通过交易达成有效率的协议。无论政府间关系的组织形式如何,这一点都不会变化。在现实中,相关政府的组织形式会影响到它们交易的结果。政府可以按多数决定规则或一致同意规则来组织。一致同意规则会导致有人拒不让步,这会削弱从集体行动中获益最多的政府的交易地位。反之,多数决定规则能让多数把成本转移给少数,这会削弱那些被排除在执政联盟之外的政府的交易地位。

多数决定规则的结果取决于被选举的政府的范围。宪法可以为单独的目的规定单独的政府,或者为多个目的规定多重目的的政府。例如,宪法可以把学校董事会和镇议会分开,宪法也可以把两者合并。限缩每个政府的范围似乎正在替代在每个问题上按照多数决定规则进行决策、并且在多个问题上进行交易的做法(中间投票者定理)。

102 在第五章中讨论了一致同意规则、多数决定规则和每个政府的范围之后,我们转向第六章。第六章关注政府间的竞争。对于地方性的公共物品而言,一个自由流动的法律框架导致了政府为争取居民而竞争,这会提高政府的效率。即使没有流动性,社区与政府自由缔结合同的权利在理论上也会导致政府彼此竞争从而提高效率。公民通过公民表决提案(ballot initiatives)或全民公决的方式来纠正立法机关的能力也会增加对行政管理效率的压力。随着电子设备降低了进行选举的成本,直接民主将会愈益成为对立法机构的富有吸引力的补充。

第七章将目光转向行政部门。尽管可以平等协商,但是下属还是要听从命令。具体地说,联邦制政府进行磋商,在单一制国家中下属要服从。联邦制政府需要多次选举,而单一制国家需要森严悬殊的等级制和少量的选举。过于深长的行政组织会稀释民主目的,给行政首脑过多的自由裁量权。在这种情况下,宪法应当用民选政府代替等级制。反之,过多的选举会使激励选民的公民精神枯竭,在这种情况下,宪法应当用等级制代替民选政府。

第五章　政府间关系

美国的联邦制是为了把因国家之大产生的好处和因国家之小产生的好处结合起来。

——阿利克西·德·托克维尔[1]

103 如同巴赫的赋格曲一样，国家围绕着恒久的主题建立、解体、重组。西欧国家融合为欧盟，而这些国家内的种族群体却想分离出去。在美洲，南美的南方共同市场和北部的北美自由贸易协定都在效仿欧洲共同市场，但是说法语的民族主义者却在为从加拿大分离出去而斗争。在东欧，随着共产主义阵营的解体，新国家出现了。在这些事件占据媒体头条之际，有着特殊职责的新政府形式，如世界贸易组织或者为美国数个县供水的特区，却悄然繁荣起来。

---

〔1〕 Tocqueville 1945，第168页，引自 Oates 1990。

不同国家为回答在不同层级的政府之间分配权力的规范问题和实证问题提供了不同的模式。像法国和日本这样的中央集权制国家让区域和地方从属于国家政府之下,像美国和瑞士这样的联邦体系把权力保留给州或行政区,而像英联邦或独立国家联合体(苏联)这样的邦联则提供了一个合作的松散框架。

我会用和经济学家分析公司非常相近的方法来分析“国家之大与国家之小”的问题。如第二篇导论部分所解释的那样,公司是受到市场约束的等级制,民主政府是受到选举约束的等级制。分散化的国家需要更多的政府和更少的等级制,而集中化的国家需要更少的政府和更多的等级制。集中化和分散化国家的相对效率取决于政府和等级制的相对效率。

图 5 – 1 总结了政府最佳数量的问题。在纵向维度上,政府可以在等级制方面变深,仅有少量的选举,如同在单一制国家里那样;或者可以在等级制方面变浅,有多次选举,如同在联邦制体系那样。在横向维度上,可以在单个政府下面把许多功能结合起来,也可以把特殊政府(special government)的职能做单一限定。政府的最佳数量是在空间中最大满足选民政治偏好的那个点。

在市场经济中,成功的企业扩张,不成功的企业收缩,所以理 104
论上竞争可以导致小企业和大企业更有效率地联合。在民主政治中,候选人和政党为公职展开激烈竞争,但是成功的国家不会自动扩张,不成功的国家不会自动缩小。例如,如果德国的联邦主义做得比法国的中央集权主义好,也只有相对很少的法国公民会变成德国公民,而两国之间的边界不会自动西移。在现行条件下,民主会导致对公职的激烈竞争,但竞争不会自动调整辖区边界以确保托克维尔所说的“因国家之大和国家之小产生的不同好处”。

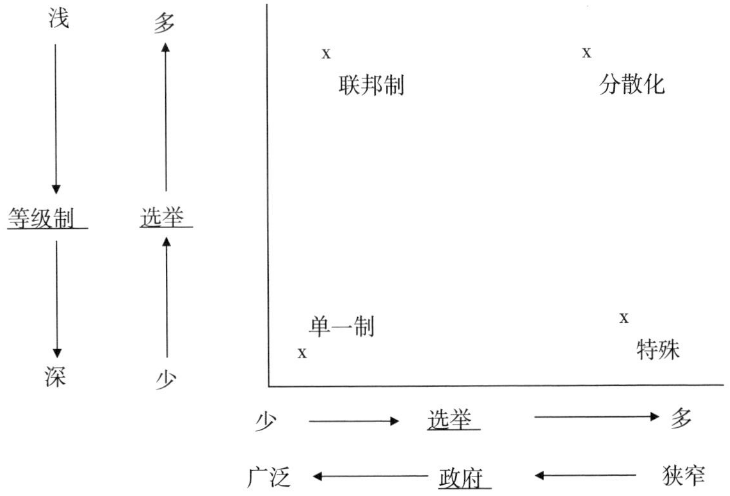

图5－1　政府的最佳数量

当竞争把赢家同输家区别开来的时候,制度通过试错不断演进和改进。但是,不同辖区间的竞争较弱,使竞争过程钝化,所以必须通过设计对国家加以改进。本章分析了不同的政府间关系的设计方案的结果,包括一致同意规则与多数决定规则、单一目的政府与多重目的政府以及再分配转移支付等。我把这些公共物品的技术特性作为分析策略行为的起点。我将讨论诸如以下一些问题:

例1:在大多数国家,中央政府提供国家军事防务而地方政府提供城市公园。“防务”和“城市公园”的哪些特性有助于解释这个事实?

例2:某个小镇举行全民公决,决定是由镇议会还是由单独另选出的校董事会治理当地的学校。组织形式在供给公共物品方面会导致什么样的不同结果?

105 **例3:**有些成员国希望欧盟停留在松散的邦联阶段,而另一些成员国赞成一个相对较强的中央政府。哪个选项能够给人民提供更多他们所喜好的公共产品？

第一节 国家物品的特性

国家直接供给某些物品，并规制其他物品的供给。我将把这些物品的技术特性与政府供给这些物品的最佳水平联系起来。物品的技术特性能够导致市场失败（Arrow 和 Hahn 1971）。市场失败给国家直接供给物品和对物品进行管制提供了传统的经济正当性。经济理论已经对市场失败的形式进行了分析，并提供了改进建议（Breyer 1982，Schultze 1977）。我将按照这条分析主线，阐述并批判关于供给公共物品的最佳政府水平的传统方案。

一、纯公共物品

要阐述公共物品的理论，首先需要回顾一下公共物品的定义。**纯**公共物品是**非竞争性**的，意味着某一人享受公共物品时不会降低他人对公共物品的享受。例如，军事开支可以防止入侵，提供安全。某一公民所享有的安全并不会降低其他公民享有的安全。

除了非竞争性以外，纯公共物品是**非排他性**的。这意味排除其他人享受公共物品的惠益是不可行的或者是不经济的。例如，在“冷战”期间，住在美国的居民享受阻止苏联导弹打击的惠益，没有一个居民能从中被排除。与此类似，假定征收通行费是不经济的话，没有人能被从在当地街道上开车的惠益中排除出去。

当排他是不可行或者不经济的时候，个人就有动机通过不为公共物品付费而免费搭车。免费搭车使供给者无法获取利润,由此也就排除了私人提供公共物品。国家可以通过征税为公共物品提供资金来避免免费搭车。要完全避免免费搭车,国家必须向每一个从公共物品中获益的人征税。

国家中的每一个人都从**纯**公共物品中获益。中央政府可以比州政府或地方政府更为有效地向每一个人征税。这些事实意味着这样一个解决方案:**当公共物品是纯粹的或近乎纯粹时,应由中央政府来提供**。换言之,中央政府应当筹集收入并运用这些收入提供公共物品,要么是通过国家生产直接提供,要么是通过从供货商那里购买进行间接提供。这个解决方案是传统的联邦主义理论的开端,但不是其终点。我会解释和批判联邦主义理论。

二、拥挤性公共物品

106 但是,许多公共物品不是纯粹的,而是具有影响其惠益传播及免费搭车范围的地方性特征。如同伦敦的海德公园或犹他州的大盐湖景区一样,有些公共物品是有位置的。有位置的公共物品经常会受到拥挤问题的影响。例如,当公园变得人潮拥挤,增加一人享受公园就会减少他人的享受。与此类似,在拥挤的道路上多一个通勤者会让其他通勤者慢下来。

供给有效数量的拥挤性公共物品需要关于公共物品使用的信息。比之中央政府,地方政府通常有更多的关于公共物品局部拥挤问题的信息。此外,当地居民可以有效监督和约束地方官员。因此,当地官员比中央官员有更多信息和更强动机来供给更多的拥挤性公共物品。这些事实意味着传统的公共物品理论中的第二个解决方案:**当公共物品具有地方拥挤性的时候,应当由**

地方政府来提供。

例如,假定一个城市的居民小区需要有一个小公园供当地居民游玩。当地居民拥有关于综合考虑公园的地址、大小方面的成本和收益的信息。当地居民也有强烈的动机监督负责建设和维护当地公园的官员。这些事实都支持把与地方公园的有关权力分配给地方政府。反之,假设全国各地的人都能从建在山里的一个大公园获益,那么这个公园的有关责任就要落在有着全国政治视野的中央政府官员身上。

三、溢出

如前面解释过的,纯公共物品和拥挤性公共物品的区别促成了在国家和地方政府之间分配职责的传统的经济解决方案。但是,有些公共物品不能被归入两者之中的任何一种。水和空气就提出了一个特殊问题,因为它们在由河流山脉等构成的、与政治边界不完全对应的自然边界中循环。因此,污染从一个政府的辖区溢出到另一个政府的辖区。溢出使每个政府都想在减少污染方面免费搭其他政府的车。

为了避免各地方的免费搭车行为,对减少污染负首要责任的政府应当统辖受污染影响的自然区域。例如,控制某一河流盆地的某一特区可以统辖沿河居住的所有居民,无论他们是属于哪个镇、哪个县或哪个州。这些事实意味着第三个传统的解决方案:**当公共物品好的或坏的效果溢出政府辖区时,要由一个特区来兴利除弊**。例如,某一特区可以向数个县提供清洁的水源,或者某一特区可以向造成污染的地方政府课以责任。

特区的实际作用要比人们看得见的作用重要得多。例如,在加 107
利福尼亚州很少有居民知道他们的州里有超过五千个特区政府,如水区、学区、公园区和交通区等。加利福尼亚州的特区内的居民通常选举一个理事会。该理事会有权提出征税方案提交选民批准,并按照设立特区的目的来花费有关收入。稍后我将讨论两名设想创立欧洲**政府市场**的经济学家的提议(Frey 和 Eichenberger 1995)。

四、传统解决方案

表 5-1 把公共物品的技术特征与其提供该公共物品的最佳管辖方联系起来,总结了三种传统的解决方案。这三种解决方案可以归结为一种:**把有关公共物品的权力分配给能让行使权力所产生的效果内部化的最小政府单位**。我把这个命题称为**政府管辖的内部化解决方案**。[2]

表 5-1 政府管辖的内部化解决方案

产品	属性	市场失败	最佳管辖方
纯公共物品	非竞争性与非排他性	个人在纳税上的免费搭车	中央政府
地方公共物品	拥挤性	具有地方化特征的拥挤	地方政府
溢出	外部性	在污染防治问题上各地方免费搭车	特区

问题:

1. 列出在你选定的国家里由不同层级政府提供的五种物品。运用表 5-1 预测能最有效地提供每种物品的政府层级水平。把你的预测同现实做比较。

---

[2] Mancur Olson(Olson 1969)提出了"财政平衡原则"。按照这个原则,政府财政支出的范围应该等于公共物品的受益范围。

2. 假定政府**必须**确定建造办公室和烤箱线圈的标准。试论证建筑标准应当由地方政府来确定而线圈标准应由中央政府来确定。

3. 在20世纪80年代,尽管有些州不愿意,但美国联邦政府把水污染标准强加这些州,而欧共体允许欧洲各国政府有更多的自由来发展其自己的水污染政策。用表5－1来解释为什么同一时期在欧洲大河的污染要比在美国严重。

4. 讨论中央政府给溢出进行定价和对其进行监管之间的区别 108
(Revesz 1996)。

5. 德国将其电信服务私有化,并且带头创设欧洲货币。试从经济角度,论证电信的分散化和货币的集中化。

第二节　交易与国家物品的特性

根据内部化解决方案,政府的管辖范围应当扩展到、并且只扩展到其所提供的公共物品的影响范围。具体来说明这个原则:假设政府在辖区A内生产影响其居民及在邻近政府辖区B内的居民的公共产品x,则为了生产x,政府A和政府B应当合并。比起"如果A公司和B公司做生意,那么两个公司应该合并成一个公司"这样的命题,这个解决方案并没有更多的道理可言。一般而言,一个组织影响另一个组织并不是将两个组织合并的充分理由。

不同的组织一般是通过交易来处理它们之间的相互影响问题。回想一下**科斯定理**断称的在交易成本不会阻碍交易过程的情况下参与方会通过交易实现有效的资源配置(具体细节参见第三章)。把科斯定理用于政府间关系,会得出结论认为当交易成本足够低的时候,交易会矫正公共物品的过度供给或供给不足。政府间关系的组织形式不会影响到结果的效率。**假设交易成本为零,无论政府数量多少,公共物品的供给都是有效率的**。[3] 例如,当地方政府可以无成本地彼此进行交易的时候,中央政府无须供给纯粹公共产品,也无须成立特区来解决溢出问题。

在现实中,交易的组织会影响到交易的结果。在本章中我会讨论怎样组织供给地方公共产品的不同政府之间的交易。与政治的肮脏和危险相比,把权力分配给不同层级政府的内部化解决方案看上去能够拒腐。在现实中,民主政体中公共产品的供给更多是对政治的回应,而不是对效率的回应。我所阐释的交易理论比内部化解决方案更为现实,更具有政治意义。

一、外部性与内部性

首先,我的分析始于把公共产品的技术特征和政府间交易问109 题联系起来。行为的**内部性**是指由行为者本人所承担的成本或享有的收益,而**外部性**是指由行为者转移给其他人的成本或收益(Schelling 1978a)。内部性和外部性可能是正的(好的)或负的(坏的)。图 5-2 描述了四种可能性。

		外部性	
		正	负
内部性	正	太少	太多
	负	太少	太多

图 5-2　溢出与诱因

---

[3] 这是私人部门的等价命题:**当交易成本为零时,无论市场数量是多少,私人物品的供给都是有效率的**。在市场与等级制之间的选择只是因为交易成本的原因才会影响到效率。

因为本章与政府间关系有关,我在图 5－2 中把“内部性”解释为政府行为对其辖区内的居民的影响,我把“外部性”解释为从某一政府辖区向其他政府辖区的**溢出**。根据这样的理解,我来解释图 5－2 中的各个方格。

某州立大学的研究者们可能会发现新的想法,裨益于本州(正内部性),而其他州也会从借鉴这些想法中获益(正外部性)。新想法对所有人而言都是**福利**。自利的行为者会倾向于减少既能造福自己同时也会溢出利益给他人的福利的供给。

当某一地方政府为居民供水的时候(正内部性),可能会降低其他地方的可用水量(负外部性)。污染是一个有害的**副产品**。自利的行为者会倾向于增加能造福自己且附带会伤害他人的产品的供给。

在没有港口的崎岖海岸线上,有时需要一座灯塔。维修管理灯塔的地方政府负担其成本。如果在其辖区内没有船坞,则当地政府治下的居民从灯塔中没有收益或所获无几。在这种情况下,维持灯塔就是一种善行了。自利的行为者会减少给自己增添花费(负内部性)而造福他人(正外部性)的善行的供给。

如果某一行为导致负的内部性和负的外部性,则自利的行为者会缩减该行为以减少负内部性。但是,自利的行为者缩减此类行为不会达到连负外部性也一并考虑进来的程度。例如,某一地方政府在从河里取水用于饮用的时候对其管辖范围内渔业的损害(负内部性)的考虑多于对下游其他政府管辖范围的损害(负外部性)的考虑。结果,图 5－2 上右下角的方格就标上了“太多”。

二、自发与组织

根据对图 5－2 的这个解释,政府会往往会供给很少的“公共

110 的善”(福利或善行),其收益会溢出到其他政府辖区;而供给很多“公共的恶”(有害的副产品),其成本会溢出到其他政府辖区。在这个语境中,政府“供给”指国家的直接生产以及国家监管的公民私人活动。

当公共的善或恶溢出政府辖区导致无效率的时候,一般而言,每个人都可以从补救措施中获益。最佳的补救措施取决于由这些公共的善或恶的技术特征所产生的诱因。福利产生的协调问题,人们通常自发解决,很少或不用政府组织出面。相比而言,副产品和善行经常产生合作问题,解决这些问题需要组织,有时甚至是强制。我会讨论作为外部性补救措施选项的协调、合作与强制。

(一)协调

利益冲突是合作的常见障碍。但是,在第三章中,我把纯**协调博弈**的特点归结为参与者的利益完全一致。当利益完全一致的时候,每个拥有必要信息的人都会同意采取最佳的行动。在纯协调博弈中,只有不完全信息构成合作的障碍。

例如,考察采用共同标准的问题。当相邻的两个城镇的经济交融到一起的时候,两镇将从采用相同的重量标准(“公制”)和时间标准(“巴黎时间”)中获益。同样,采用通行工业标准的企业会增加自己的利润(正内部性),也会增加其他供应周边产品的企业的利润(正外部性)。在这些例子中,协调增加了内部性,所以共同标准对所有人来说都是一种福利。

如果协调能增加内部性,则人们的行为会通常向趋近于协调的方向集中。无组织的行为者为了他们自己的利益自愿采取相同行为,在这个意义上,这种集中是自发的。当问题有单一稳定解的时候,自发的集中会导致最佳的结果。但是,当协调博弈有多个均衡的时候,自发行为可能集中到一个较差的结果上去,获得一个比较好的结果需要组织和计划。另外,行为者们可能无法在赞同那个标准上取得一致意见,因为必须做出改变的人需要承担转型成本,或者有人拥有大家所赞同的标准并且能向标准的使用者收费。

比如,个人电脑的使用者会从采用相同的操作系统中获益。但是协调的障碍包括技术上的歧见、交易成本和所有权。与此类似,欧洲所有人都会从沿着马路同一侧行驶中获益。但是英国和欧洲其他部分有着不同的均衡点。统一的标准需要有人(可以假定是英国)承担转型成本。同样的论证适用于铁路轨距不一样的法国和西班牙,或者俄罗斯与欧洲其他地方。

当协调博弈有多个均衡解的时候,向最佳均衡集中可能需要创立私人或公共组织来交换信息。因此国家和公司经常组织会 111
议,颁布世界贸易中产品的国际标准。与此类似,独立国家联合体(苏联)在不进行强制的情况下提供了成员国之间交换信息的框架。尽管存在障碍,但行为者们经常用自发或者非强制组织的方式来解决协调博弈(Sykes 1995,Sykes 1996)。

(二)合作

我讨论了不同行为者利益能够一致的福利问题。但是,对于副产品和善行,不同行为者的利益是不一致的。要矫正有害副产品的过度供给和善行的供给不足需要合作,而不仅仅是协调。合作通常需要利益部分一致部分不一致的人们进行交易。在进行交易的时候,每一方都试图以对自己有利的条件(这一点是分配性的)来确保其他方的合作(这一点是创造性的)。在交易问题上,分配是创造的障碍。

交易经常涉及成本不菲的谈判。在政府间交易中,谈判的交易成本和各方的交易力量部分取决于宪法。正如我将要解释的那样,一致同意规则产生的诱因和多数决定规则是不一样的。

(三)强制

与一致同意规则不同,多数决定规则引入了强制的可能性。当一个或数个行为者不同意的时候,集体行动是强制性的。强制经常发生,因为集体行动会使某一行为者的情况比没有集体行动的时候更差。尽管强制是危险的,但在解决不合作或免费搭车等交易失败问题的时候,强制有时是必需的。我在下面这一节里将解释这个问题。

三、一致同意规则还是多数决定规则?

在典型的民主政体中,法律由多数人制定,但却约束所有人;而国际条约却只约束签署条约的国家。一致同意规则是绝对多数规则的最强形式。所以多数决定规则和一致同意规则定义了政府间关系的两极。

我把**“纯集中化”**这个词用于这样的政治体系:**全国多数**公民或他们的代表,而非其他人,可以制定法律。我用“集中化”指全国多数能支配整个国家或地区。像法国、日本和新西兰这样的单一制国家接近于纯集中化。我用**纯分散化**这个词指这样的政治体系:需要分散的各州(国)的**一致同意**才能制定法律。欧盟根据其适用于部长理事会的原初规则运作的时候就是纯分散化的例子。

与这两种纯粹的类型不同,**联邦主义**经常把一致同意规则和多数决定规则混合起来,具体取决于法律的类型。比如,美国宪法为各州保留了一些权力,所以统一这些地区的法律需要达成一致
112 同意,而联邦立法机构以多数就可以把法律强加给各州和其他地区。再举另外一个例子。在1992年,当加拿大“发回重议”其宪法的时候,加拿大没有成功地获得所有省份的同意,联邦立法机构遵

循了多数决定原则。[4]

假定政治交易的交易成本为零,科斯定理预言在分散化的政治或集中化的政治之下都会产生有效率的公共物品供给。[5] 但是,科斯定理只是分析的开始而不是结束。政治交易需要时间,会引发策略行为,所以交易成本很高。现实的分析要关注集中化与分散化对交易成本的影响。

四、一致同意与拒不合作

在第三章中我指出从一致同意规则转到多数决定规则会降低集体行动的交易成本。当交易者的数量增加时,交易成本呈几何级数增加。所以一致同意规则**会使大型组织瘫痪而多数决定规则会使这些大型组织焕发生机**。

当组织变大时,为避免瘫痪,组织可能从一致同意规则转到多数决定规则。例如,当更多国家加入欧盟的时候,部长理事会更多地遵从多数决定规则而不是最初的一致同意规则(参见第九章)。同样,从一致同意规则转向多数决定规则使组织更愿意接受新成员。例如,转向多数决定规则使部长理事会更愿意接受新国家加入欧盟。

采用一致同意规则的联邦体系要想成功,成员数量必须少;而

---

〔4〕 直到1982年,加拿大宪法仍然只是英国议会的《1876年北美法案》,它规定了加拿大联邦和各省政府之间各自的权力及其划分。该宪法对联邦政府和各省政府都有约束力。该宪法于1992年被英国议会和加拿大联邦政府发回重议。除魁北克以外,加拿大的所有省和联邦政府都同意发回重议。魁北克仍然没有正式同意《加拿大权利与自由宪章》,或同意发回重议这一宪章。尽管不需要魁北克的正式同意,且魁北克服从1982年《加拿大宪法法案》和《权利与自由宪章》,但是从那时起,联邦政府一直试图说服魁北克同意进一步修改新宪法。关于这些信息,我要感谢 Bradley J. Freedman。

〔5〕 技术限定:如果有弱的"收入效应",在这个预测中,用"相同"替换"有效"。具体细节参见 Cooter 1982。

采取多数决定规则的联邦可以有许多成员。[6] 总体而言,**从一致同意规则转向多数决定规则增加了联邦体系中政府的最佳数量**。我在第一章中解释过科斯定理通过把策略行为作为交易成本的一部分来处理简化了现实情况,而一种更令人满意的方法是明确把
113 策略予以模型化。现在我将用策略理论解释为什么一致同意规则会让大型组织瘫痪。

当联盟变大时,联盟的每个参与方都要求分得联盟增值的一部分作为合作的代价。随着联盟规模回报的增加,最后一个加入的成员所带来的联盟增值高于前一个成员,所以最后一个加入的成员可以要求更好的条件。每个认识到这个事实的人都有动机坚持不合作,直到最后才加入联盟。

这个命题适用于根据一致同意规则的政府间交易。一致同意规则使每个政府对于集体行动来说都是决定性的。假定集体行动比个体行动更有效率,所以联盟规模的回报在最后一个政府加入后急剧增长。每个认识到这个事实的政府都有动机拒不合作,直到最后才加入联盟,以便获取最好的条件。**总体而言,区域或地方政府之间合作的规模回报的增长导致了拒不合作的问题**。

例如,假定五个地方政府对某一湖滨的不同地段有管辖权。这五个政府想把该湖用于休闲游泳,这就需要所有政府都停止污染。五个政府谈判分配减少污染的成本。如果没有第五个政府的参与,任何四个政府达成的协议都没有价值,所以当第五个政府加入联盟时合作的规模回报急剧增长。如果任何四个政府达成一项临时协议,第五个政府可以拒绝合作,除非其他政府支付大部分减

---

〔6〕 也许现代西方政府唯一正式按一致同意规则运作的组织就是陪审团了。但是,有些日本人说他们的政府按照一致同意的方式运作;有些波兰人非常珍视关于传统的“自由否决权”制度的记忆;联合国有些活动是在安理会的权限范围内按照一致同意方式进行的(所谓根据《联合国宪章》第10条做出的一致同意决议)。

少污染的成本。但是,任何政府都可以成为第五个同意的政府。意识到这一事实后,所有的五个政府都会拒不合作,这导致减少污染行动瘫痪,于是湖区污染依旧。

在现实中,小集团通过一致同意规则能解决拒不合作的问题,而大集团则无法解决。

(一)多数与一面倒

在解释了为什么一致同意规则会使大型组织瘫痪之后,我现在将解释为什么多数决定规则会使大型组织焕发活力。多数决定规则引起了在多数联盟中成为决定性成员的竞争。比如,在一个101人的集会中,51个成员组成的联盟就可以形成多数。要形成多数联盟,50个人的少数联盟必须再多吸引一个成员。在剩下的50个局外人中,许多人可能会急忙加入联盟,而不是拒不合作、冒着被排除在联盟之外的危险。总体而言,在有 $n+1$ 个席位的民主制集会中,人们抢先加入有 $n/2$ 个成员的联盟以便享受权力的好处。

用前面的例子来说明。假定五个地方政府组成一个理事会,有权通过多数投票对所有成员强加一项减少污染的计划。三个地方政府联盟就可以把减少污染的计划强加给另外两个地方政府,包括让联盟之外的成员支付不成比例地减少污染的成本。有两个 114
成员的少数联盟必须吸引另一个成员以创建一个多数联盟。联盟之外的三个参与方可能都想加入这个联盟,以避免被排斥在权力之外。成为多数联盟决定性成员的竞争可以防止拒不合作,有时会引起一面倒。

从一致同意规则转到多数决定规则通常会解决大型组织中拒不合作的问题,但也会产生许多新问题。多数决定规则能促进集体行动,使政府联盟更能为善也更能作恶。对分配的斗争就是这种恶的例证。执政联盟的成员可以向自己提供公共产品并且向非成员征收不成比例的税收。总体而言,**以集中化方式供给地方公共产品导致了随着国家规模的扩大而增长的寻租机会**(Persson 和 Tabellini 1994)。[7]

当一个持续存在的多数派把财富再分配给自己的时候,寻租是很稳定的。反之,当多数派是循环的时候,寻租不稳定。在第三章中,我解释过有着对称参与方的多数决定规则的分配博弈有空核。这一事实的实际意义是寻租可以自我瓦解并且循环。

例如,考虑这样一个例子:由五个地方政府组成理事会能够以多数投票方式把减少污染的计划加给其成员。假定三个地方政府组成的联盟制订了一个计划,要求其他两个地方政府支付减少污染的大部分成本。在多数联盟中三个政府中的每一个政府都可以发出可信的威胁:如果不能超比例拿到联盟值中的份额就退出联盟。这些因素可能使任何潜在的联盟都变得不稳定。克服多数决定规则带来的不稳定性需要一种自然亲缘关系(natural affinities)及前面章节中讨论过的具体制度,如政党。

(二)协议条款

我已经讨论了集中化和分散化怎样影响交易成功的可能性。现在我来考察集中化和分散化怎样影响协议的条款。协议的条款取决于各方的交易力量。交易力量取决于交易失败的后果。如果交易失败,每一方必须在没有其他方合作的情况下竭尽全力。从合作中获益最少的参与方拥有最大的交易力量。(参见第三章对纳什交易解的讨论。)

在没有其他方合作的情况下,每一方能够做到什么程度取决

---

〔7〕 这是 Buchanan 和 Tullock(1962 [1967])在他们复兴契约论的经典著作中强调一致同意规则的一个原因。

于集体行动的规则。首先考虑一致同意规则。在一致同意规则之下,交易失败会导致集体行动瘫痪。因此,**按照一致同意规则进行交易的时候,对合作需求最小的地区和地方可以要求最好的条款**。
比如,在控制污染方面,上游的政府辖区比下游的政府辖区对合作 115
的需求要小。按照一致同意规则进行交易的时候,上游辖区可以从下游辖区那里取得有利的合作条款。在减少污染的地区计划中,一致同意规则使下游政府辖区负担不合比例的污染防治成本。

现在考虑从一致同意规则转到多数决定规则。在集中化的情况下,全国多数可以把他们的意志强加给少数。交易力量取决于多数联盟的潜在成员。**按照多数决定规则交易的时候,在全国联盟内的地区和地方可以向联盟外的成员要求最好的合作条款**。

比如,回到关于减少污染的地区计划的交易这个例子上来。假定下游辖区的数量超过上游辖区,并且下游辖区结成多数联盟。根据这些假设,下游辖区可以从上游辖区那里获得非常优越的条款。最终的协议会要求上游辖区负担不合比例的污染防治成本。在这个例子中,下游辖区从多数决定规则中获益,上游辖区从一致同意规则中获益。

总体而言,**从一致同意规则转向多数决定规则把交易力量从对集体行动需求最小的参与方转到了全国联盟内的参与方**。

问题:

1. 预测从一致同意规则转向多数决定规则给欧盟机构带来的影响。

2. 假定联邦政府有五个在海边的次级政府和十个没有海岸线的次级政府组成。比较一下对于灯塔数量及其资金来源,按照多数决定规则和一致同意规则所产生的结果。

3. 解释为什么没有政府标准确保不同产品的兼容性,但计算机软件产业却十分繁荣。

4. 中央政府或次级政府可以在联邦体系中提供社会保险。最近的一项研究认为,从经济效率的标准来看,由选举所决定的集中化的社会保险是过度保险,而通过交易选择的政府间转移计划提供的保险又不足(Persson 和 Tabellini 1996)。导致这种结果的原因可能是什么?

五、集中控制的手段

我已经比较了需要全国多数决定的集中化决策和需要区域或
116 地区一致同意的分散化决策。现在我将讨论中央政府怎样通过拨款和行政命令来影响次级政府。

(一)固定拨款、专项拨款与配套拨款

中央政府征税,并且把部分资金分配给次级政府使用,有的时候可能有“附加条件”。**固定拨款**是次级政府可以按照自己意愿使用的资金,没有附加条件,接受者有使用资金的自由裁量权。反之,当中央政府根据资金的使用来确定拨款数额的时候,就有附加条件。附加条件有可能采用让接受者按某一特定用途使用资金的**专项拨款**的形式,也可能采用增加接受者在某一特定项目上的开支的**配套拨款**(补贴)的形式。

这些附件条件对于接受者的实际支出方式有什么影响?经济学给出了简明的答案,我用图来说明。假定某一次级政府对公共物品 x 和 y 有着一致的偏好,如图 5-3 中无差异曲线 U_0 和 U_1 所示。起初,次级政府没有从中央政府获得任何资金,面临着 AC 表示的预算约束。次级政府起初选择公共物品的组合为 AC 与 U_0 相切的 B。在 B 点,公共物品的组合是(x_0,y_0)。

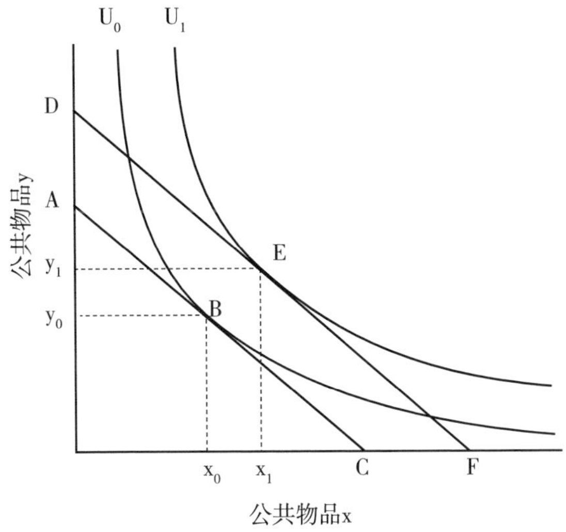

图 5－3 固定拨款

现在考察来自中央政府的固定拨款对图 5－3 中所描述的政府的影响。次级政府可以按自己意愿使用的固定拨款，这使预算约束从 AC 移动到 DF。预算线的斜率不变，因为固定拨款没有改变公共产品 x 和 y 的相对价格。在预算线 DF 之下，次级政府选择了 DF 与 U_1 的切点 E，公共物品的组合用（x_1，y_1）来表示。因此固定拨款使公共物品的消费从（x_0，y_0）移动到（x_1，y_1）。总体而言，**对次级政府的固定拨款改变了它们在公共物品上的支出**。[8] 117

假定中央政府没有给固定拨款，而是把拨款指定用于购买公共物品 x。指定用途要求次级政府把所有拨款都用于购买公共物品 x。在图 5－4 中，横线段 AG 代表专项拨款。该拨款必须用于购买数量为 x_b 的公共产品 x。在花完拨款以后，次级政府可以用自

〔8〕 固定拨款也可以在不改变公共物品支出的情况下刺激当地减税。但是这个结果在实践中不大可能发生。

己的资金购买更多的公共产品 x 或 y。线段 GF 代表次级政府选择的 x 和 y 的组合。因此专项拨款使预算线产生一个折弯,如 AGF 所示。

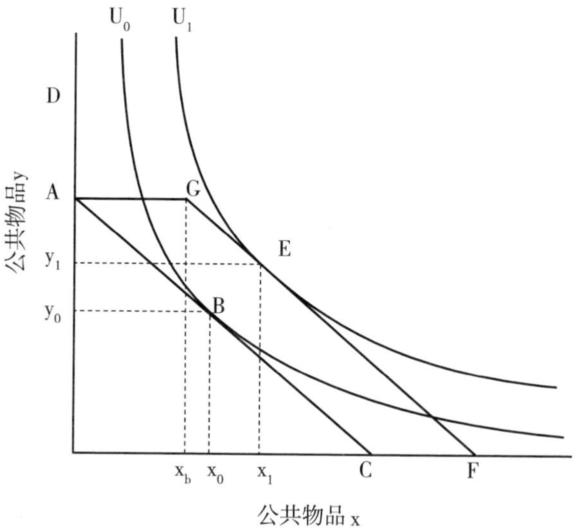

图 5-4　专项拨款

在预算线 AGF 存在折弯的情况下,次级政府选择了 AGF 和 U_1 相切的 E 点,公共产品的组合用(x_1,y_1)来表示。因此图5-4中的专项拨款导致了与图 5-3 中的固定拨款相同的公共产品消费水平。只要预算线和无差异曲线的相切点在折弯之外,图 5-4 中的专项拨款就是无效率的。在折弯之外,次级政府用自己的资金弥补了专项资金,用以购买更多的指定公共产品。总体而言,**只要次级政府用一部分自己的资金购买专项资金所指定的公共产品,专项拨款和固定拨款有着同样的效果**。

假定中央政府拨付一笔配套拨款而不是固定拨款或专项拨款,用于购买公用物品 x。换言之,中央政府用自己的资金配比一定比例的次级政府在公共物品 x 上的开支。与公共产品 x 相比，次级政府只能用自己的钱来购买公共产品 y。因此，配套拨款降低 118
了配套公共物品对于接受者的相对价格。价格的下降使次级政府可以购买更多的配套物品。一般而言，**配套拨款比同样幅度的固定拨款和专项拨款更能增加配套支持产品的消费**（Oates 1972）。

中央政府用配套拨款限定了次级政府本身花在配套支持公共产品上的资金的规模。次级政府希望能有不附条件的资金而不是附条件的资金。一般而言，**固定拨款比同样幅度的配套拨款更能满足接受者的偏好。**（见图 5－5）

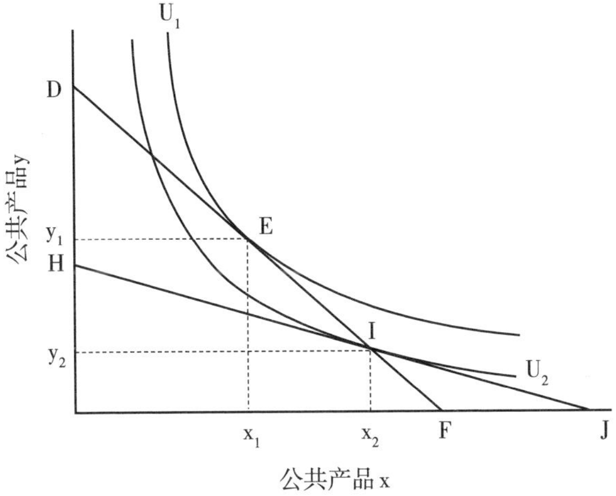

图 5－5　配套拨款

比如，图 5－5 在中央政府给次级政府的总补贴是一个常数的情况下比较了固定拨款和配套拨款。次级政府在固定拨款下的预算线为 DF，这使次级政府选择 E 点。现在考虑从固定拨款变为配套拨款引起的结果。DF 的斜率表示次级政府购买两种公共产品的相对价格。配套拨款会改变相对价格。令 HJ 表示在配套拨款条件下次级政府的预算线，这使次级政府选择 I 点。因此，从固定拨款转向配套拨款使得次级政府从 E 点移动向 I 点。

要注意,E 和 I 都在预算线 DF 上,所以就固定拨款和配套拨款而言,中央政府支付的总补贴是一样的。但是,从固定补贴变为配套补贴导致配套支持产品的数量从 x_1 增加到 x_2,而未获得配套支持的产品数量从 y_1 下降到 y_2。另外,从固定补贴变为配套补贴导
119 致次级政府的效用从 U_1 下降到 U_2。总体而言,比之相等数值的固定拨款,配套拨款导致配套支持产品的更多消费和接受者偏好较少的满足。[9]

(二)稳定性

我区分了根据多数决定规则的纯集中化和根据一致决定规则的纯分散化。在实际中,政府间关系在一些决策上使用一致决定规则,在另外一些决策上使用多数决定规则。混合体系为集中化和分散化的争论提供了空间。同样一群人可能在联邦政府中一直是少数,但在次级政府中一直是多数。一般而言,**在联邦政府中一直是少数而在次级政府中一直是多数者通常会为分散化施加压力**。

例如,说法语的人在加拿大是少数,在魁北克是多数。魁北克从加拿大独立出去会增加那些要求分散化的魁北克官员的权力(当一国的首相胜过当一省的省长)。与此类似,佛兰芒人想诱使比利时创建一个与多数种族分支相对应的地区议会(在佛兰芒议会中当领袖胜过在比利时议会中充当追随者)。[10]

---

〔9〕 用技术语言来说,发生这个结果是因为固定拨款有“纯收入效应”,而配套拨款有“价格效应”也有“收入效应”。但是要注意,配套拨款也可能导致配套支持产品开支的下降,正如面包价格的下降会导致其消费量的下降一样。

〔10〕 比利时有四个议会,分别是代表国家的议会和布鲁塞尔、瓦隆(法语区)、佛兰德斯(佛兰芒语区)议会。说法语的人通常支配着政府。但是,现在说佛兰芒语的人成了多数。即便如此,说佛兰芒语的人仍然更愿意统治一个佛兰芒语国家而不是统治比利时。

反之,如果在国家层面上出现了成为稳定胜者的多数联盟,这个多数联盟就可以用中央政府的权威为联盟成员再分配权力和财富。因此,稳定的全国多数联盟通过集中化的权力一定会获利。一般而言,**稳定的权力联盟会在混合体系中为集中化施加压力**。

比如,多年以来,民主党和共和党交替控制美国联邦政府。民主党或共和党获胜是意料中的事情,于是从其领导地位中产生了支持集中化的压力。因此,美国宪法给予联邦当局管制州际贸易的权力(第1条第8款)。多年以来,联邦当局通过对这一条的扩张解释增加其控制力,从州际贸易的通路(如汽船通过的河流、铁路线等)到州际贸易的货物(如小麦、汽车、彩票),最后到一切影响到州际贸易的事物(如农耕、制造等)。[11] 对于美国权力集中化的反对主要来自南方各州,历史上它们在联邦体系中长期处于少数地位。

按照条约,欧盟受到"辅助性原则"的约束。按照这个原则,较 120
高层级的政府不应当承担较低层级政府能够承担的职责(Bergh 1997)。因此,在布鲁塞尔的欧洲政府应当约束其对各国政府的介入,使其停留在保证欧洲统一的最低必要水平上。例如,只要可能,欧洲政府都应当使用指令而不使用条例。指令只规定了具体的目标,而把执行的方式留给各国政府去规定。而条例则具体规定了各国达到特定目标的手段。

问题:

1. 预测专项拨款和配套拨款对改善诸如地铁这样的公共交通的不同效果。

---

〔11〕 在合众国诉洛佩兹[U. S v. Lopez,115 SCt 1624 (1995)]案中,这种一直扩张洲际贸易定义的做法至少是暂时被停了下来。该案认为管制学校附近的枪支并非正确行使洲际贸易条款。

2. 某一中央政府机构想增加汽车的安全度,必须在设计标准和刹车性能标准之间做出选择。设计标准要求在所有新车上都安装防抱死碟式刹车器,而性能标准要求所有的新车都通过刹车效能检验。比较这两种规制方式的效率。

3. 试运用效率的概念,用经济学术语来解释说明辅助性原则。

第三节　全能政府或单一目标政府?横向划分

集中化和分散化关系到不同政府层级间的纵向权力分配。现在我转向同一层级内的横向分配问题。决策可以在一个有广泛管辖权的政府内做出,也可以在数个有狭窄管辖权的政府内做出。例如,镇议会可以控制警察和学校,或者镇议会控制警察,而由一个单独选出的校董事会控制学校。如同新西兰曾有 466 个地方当局,而在 1989 年合并为 7 个一样,变化可能会非常大(Memon 1993)。我将比较多目标政府和单一目标政府。

一、组合与分解

如同线编成绳子一样,广泛的管辖权把独立的问题加以**组合**。反之,如同数学家把一个大数分解为质数一样,狭窄的管辖权可以把政治**分解**为独立问题。政府管辖权是组合还是分解将会产生怎样的差别?我用在第二章中对于单维投票和多维投票对比的分析来回答这个问题。

组合通过降低政治交易的交易成本扩大了交易的范围。政治家们经常通过把问题合并在一起然后“投桃报李”来成功达成交
121 易。如同人们从市场上广泛的交易中获益一样,各政治派别从政

治的广泛交易中获益。组合能增加政治合作所能实现的剩余，这是组合的优势。

组合也有劣势。假定选民在某个维度的选择（x 轴）上是单峰的，在另一个维度的选择（y 轴）上也是单峰的。在这些假定之下，对每个问题单独投票会让中间投票者在每个维度上都成为单一的胜出者。但是，同样的选民偏好可能会在二维空间中是一条双峰曲线。在这个例子中，分解会按中间投票者定理运行，组合会产生非传递性。总体而言，组合增加了循环投票的概率。在立法机关中避免循环投票需要类似议程控制一类的非民主机制。

总之，组合可以促进不同问题之间的交易，而不同问题之间的成功交易能够比允许中间投票者定理支配各个独立的单维度选择更为完整地满足选民的偏好。但是，如果交易失败，组合增加了循环投票的概率，增加了议程控制的必要，而分解却能让中间选民在各个独立的单维度选择中胜出。在各个独立选择维度上，中间投票者定理常常会比不稳定的分配斗争更有效地满足选民偏好。单一目标政府就像有稳健回报的安全股票，而多目标政府就像要么赚大钱要么什么都得不到的风险股票。

二、例证：市议会与学校董事会

为说明这些事实，假定在一个小镇上，警察和学校的开支是其面临的两大政治问题。首先，考虑由镇议会决定两个问题（组合）。议会提供了交易和合作的平台。如果交易成功，严重关注警察问题的议会成员可以与严重关注学校问题的议会成员交换选票，各遂其愿。如果交易失败，议会成员可能会在一个不稳定的分配斗争中浪费资源。

其次，考虑由镇议会控制警察而由单独选出的校董事会控制学校(分解)。[12] 分解不需要就两个问题进行交易与合作的平台。在有单峰偏好的情况下,在每个维度的选择上中间投票者都会胜出。

表5-2用数字强化了这个例子。假定小镇内的选民平均地分为自由主义者、保守主义者和中间立场。学校和警察的开支可能高也可能低,表5-2表明了给每一组选民带来的净收益。[13] 自由主义者强烈偏好在学校上多花钱,对降低在警察方面的开支以
122 节省税收有着温和偏好。保守主义者恰相反。他们强烈偏好在警察身上多花钱,对降低在学校方面的开支以节省税收有着温和偏好。中间立场对于在警察和学校方面少花钱以节约税收有着温和偏好。标有“总计”的一行表明三个群体总的净收益。

表5-2　选民的净收益

类型	学校开支		警察开支	
	低	高	低	高
自由主义者	0	11	1	0
保守主义者	1	0	0	11
中间立场	2	0	3	0
总　计	3	11	4	11

假定采用多数决定规则,把表5-2中的问题组合在一起和分解开来会有不同的后果。如果问题被分解,那么2/3的选民(保守主义者和中间立场者)会投票支持在学校方面的低开支,所以分解会导致花在学校上的开支较低。此外,2/3的选民(自由主义者和中间立场者)会投票支持在警察方面的低开支,所以分解会导致花

〔12〕 另一个分解的方法是允许选民直接就学校和警察的开支进行投票,在选票上把两个问题分开列出。

〔13〕 表5-2隐含了每个群体有单独可加的效用函数的假设,所以每个群体的总效用等于其在两个问题上的效用之和。

在警察上面的开支较低。因此,分解会导致学校和警察方面的开支都低。

如果两个问题组合起来,选民必须在表5-3的各列所描述的公共物品的四个组合中进行选择。表5-3中所描述的选民的净收益是从表5-2中算出来的。例如,(低,高)表明在学校方面开支低,在警察方面开支高,这将导致自由主义者的收益为0,保守主义者的收益为12,中间立场者的收益为2。

表5-3 把公共物品组合之后选民的净收益

类型	在学校和警察方面各自的开支			
	(高,高)	(低,低)	(高,低)	(低,高)
自由主义者	11	1	12	0
保守主义者	11	1	0	12
中间立场	0	5	3	2
总　计	22	7	15	14

表5-3中的数字可以被用来推测在两种选择方案中哪个会 123
在选举中胜出。如果选民只是按照他们在表5-3中的偏好投票,而不进行交易或交换的话,结果会出现非传递性循环。具体来说,2/3的选民(自由主义者和保守主义者)偏好(高,高)甚于(低,低)。2/3的选民(保守主义者和中间立场)偏好(低,低)甚于(高,低)。2/3的选民(自由主义者和中间立场)偏好(高,低)甚于(低,高)。最后,2/3的选民(保守主义和中间立场)偏好(低,高)甚于(高,高)。因此,表5-3中的投票会产生一个非传递性循环。

表5-2和表5-3说明了这样的一般原则:在单维选择不存在非传递性的情况下,把不同维度的选择组合起来会导致非传递性。

在组合选择中,需要像议程控制这样的非民主程序来避免非传递性,或者组合可以使选民彼此交易与合作。由于自由主义者关注学校的程度超过关注警察的程度,而保守主义者关注警察的程度超过关注学校的程度,他们可以通过交换选票获益。按照效率的要求,一项号召在学校和警察方面都有高的开支水平的纲领会让自由主义者和保守主义者在他们最关注的问题上都得偿所愿。[14] 要使这样一个协议稳固下来,需要各党派抛弃没有核的、多数决定规则的分配博弈,[15] 彼此进行合作。

是全能政府还是多个单一目标政府更能满足各政治派别的偏好,取决于政治家们进行合作的能力。总体而言,**组合增加了源自合作的收益,分解降低了源自冲突的损失**。找到政府的最佳数量需要平衡这些考虑因素。这些事实都表明了这样的解决方案:"当可能合作的时候,进行组合;当可能冲突的时候,进行分解。"

三、应用

有些时候,就像小镇的宪法建立了一个民选的议会和一个单独选举的校董事会一样,宪法进行了分解。或者,宪法允许进行分解,但不要求进行分解。例如,美国宪法规定了为公园、交通和水域建立特殊政府的程序。公民可以通过这些规定的程序来建立或

---

〔14〕 成本—收益效率要求选择能使净收益最大化的开支水平。净收益最大化的开支水平发生在学校和警察的开支都处于高位的时候。

〔15〕 由于投票者的偏好形成一个非传递性循环,任何在表 5－3 中只通过简单交换选票形成的联盟都会被另一个联盟优超(空核)。例如,得到(高,高)的自由主义者—保守主义者联盟可以被得到(高,低)的自由主义者—中间立场联盟优超,得到(高,低)的自由主义者—中间立场联盟可以被得到(低,低)的保守主义者—中间立场联盟优超,如此等等。因此,自由主义者—保守主义者联盟不能被证明是稳定的。为确保其稳定性,各党派需要有进行单方支付(side payment)的能力。在单方支付的情况下,自由主义者—保守主义者联盟优超其他联盟,而没有其他联盟能够优超自由主义者—保守主义者联盟。

废除特殊政府。或者，宪法可以像禁止某一部门进行授权或禁止某一政府放弃其职权一样，限制或禁止分解。[16] 124

我已经讨论了关于分解的一些非常清晰的案例，但是不清晰的案例也常有发生。我们用欧盟来做例子。由部长们组成的部长理事会对某些问题意见不一。因此可能由各国农业部长组成的理事会来决定农场补贴的问题，而由各国交通部长组成的理事会决定铁路的问题。成员的变化成为在不同问题之间进行交易的障碍。这个障碍究竟有多严重是一个尚不能回答的实证问题。[17] 在现实中，各国财政部长经常会和各国其他部长交流，所以财政部长经常可以在不同问题之间进行交易。要知道部长理事会的组织是否分解了问题，需要对于部长们之间互投赞成票促使法案通过的活动进行实证研究。

问题：

1. 假定小镇的人口是异质的，由几个不同文化和种族群体组成。什么时候异质性会导致管辖区的分解，什么时候异质性会导致管辖区的组合？

2. 假定立法机关面临自身规则的选择问题。整个立法机关可以直接决定所有问题，或者把特定问题的决定权授权给专门委员会。运用关于分解与组合的分析来决定最佳的委员会结构。

3. Eugenia Toma 根据美国数据进行的一项实证研究表明，当学校的董事会是由选举产生而非由任命产生的时候，学校给家庭带来更多的净收益，而给教育工作者带来较少的净收益（Toma 1983）。怎样运用前面阐述过的理论解释这一事实？

---

〔16〕 参见第四章关于禁止授权原则的讨论和第六章关于分离的讨论。

〔17〕 假定每个有特定职责的部长就所有与开支有关的问题都要与财长讨论，并且每位部长都要对首相汇报工作。问题是这些沟通在消除不同问题之间的交易障碍方面能发挥多大作用。

总结与结论

我把政府间关系问题作为政府间的交易来处理。如果政治交易的成本很低,并且总是成功,则政府会经常合作,按有效率的数量提供公共产品。在交易成本为零的情况下,任何数量的政府都是最优的。但是,在现实中,政治交易所费不赀,而且有时会失败。因此,最佳的政府数量会使能确保合作提供公共产品的政治交易的交易成本最小化。

125 根据传统的解决方案,公共物品的权力应分配给能将其权力行使效应内部化的最小政府单位。反之,策略方法强调政治交易。一致同意规则在大型组织中导致拒不合作的问题,把交易力量赋予最不需要集体行动的人。而多数决定规则会导致分配的斗争,把交易力量赋予多数联盟。多目标政府促进整体交易,而单一目标政府会有助于实现中间投票者定理。

中央政府运用各种手段来影响次级政府。专项拨款和固定拨款有着非常相似的效果,而配套拨款则会引起被补贴支持产品更多的消费。中央政府规定了目标而没有规定手段的法律(指令)允许次级政府在执行政策的时候运用当地的信息,而规定了手段的中央法律(条例)要求中央政府掌握内容广泛的各地信息。

集中化导致有较深管理层级的官僚体系的一个政府,而分散化导致有较浅管理层级的官僚体系的多个政府。朝向私营化和分散化的趋势表明未来一个政府的情况会更少,多个政府的情况会更多。我希望这个结果会是联邦主义而不是封建主义。本章分析了政府间的合作,下一章转向政府间的竞争。

第六章　政府竞争

眼观全局，脚踏实地。

——加州伯克利流行的车尾贴纸

约翰·罗尔斯在他的权威之作《正义论》中 127
断称，在与其他国家的竞争中，正义国家得到公民的支持。[1] 同样，在与其他国家的竞争中，有效率的国家会得到公民的支持。人们选择政府，而政府亦选择人们，这是政府间竞争的缘起。本章详细探究政府间竞争的理论，包括流动性、私法的选择以及承包公共物品。我会讨论地方政府行为所产生的全局性后果，并处理诸如以下一些问题：

例 1：某郊区在州立学校上大把花钱，吸引了富裕的、受教育程度高的家庭。这所学校有自己的计算机网络，而另外一所在毗邻的贫困

---

〔1〕 参见 Rawls 1971，第 177 页、第 496 ~ 503 页。

城市的州立学校正在拼命想办法能买得起书籍。居民流动能通过使有类似品味的人(比方说知识分子)聚集在一起从而提高地方政府的效率吗?或者流动性只是通过把有类似收入的人(比方说富人)聚集在一起从而加剧了不平等?

例2:某一少数族裔占据了大城市中的一个居民小区。小区的理事会颁布命令,要求小区的标志只使用该少数族裔的语言。法院必须判决这项命令是否侵犯了广告商的宪法权利。如果判决支持理事会命令,这是增加还是减少了各小区之间的多元性?

例3:欧盟发布指令要求欧洲国家统一法律。在什么情况下统一会减少政府之间的竞争,使其不积极响应公民的要求?

例4:在瑞士,5万公民的签名可以要求对任何联邦立法机构通过的法律进行全民公决。这项规定是把好动议与坏动议区别开来的好的过滤方法吗?或者这项规定是一种资源浪费?

政治竞争有时会伤害公民,而不是给公民带来利益。在极端
128 情况下,政府间的竞争会演变为冲突。各国的历史常常就是领土战争的历史。除战争之外,即使是温和的竞争有时也会伤害公众。有一个著名的例子:阿尔伯特·赫希曼观察到消费者们对尼日利亚铁路的垄断力量愤愤不平,不得不通过政治方式"表达"他们的抱怨。但是,由于来自卡车的竞争,使消费者可以选择"退出",于是铁路服务一落千丈(Hirschman 1970)。把赫希曼的理论运用到法律领域,赫希曼的理论预言市场选择有时候比政治表达更有效率。与此类似,据称种族歧视的减少导致有才能的非洲裔美国人退出贫穷的社区,于是导致贫民区的情况进一步恶化(Wilson 1987)。再用另一个例子,律师有时认为不同管辖区的不同规制引发了"竞相放纵"。例如,分散化的环境法可以使不同辖区通过纵容更多的污染相互竞争,以吸引更多的商业活动。

历史的复杂性证明关于社会生活的大多数普遍性论断是虚假的，包括公民总是从更多的政治竞争中获益这一命题。在缺乏普遍性的情况下，社会科学就必须依赖总结概括。本书的主旨之一，就是民主政体通过利用政治竞争而比其他政府形式更有优势。民主政体优于其他政府形式之处，在于能使这样一个命题一般化：在政府中，竞争好于垄断。促进竞争能使公民对政府更加满意，而放弃竞争则会形成垄断，满足了政治垄断联盟的利益。

在市场上，更高的效率会自动产生更多的顾客；但是在政治中，更好的政府不会自动产生更大的辖区。重复一个例子：如果德国的联邦制比法国的中央集权制好，既不会有大批法国公民变成德国公民，两国之间的边界也不会自动向西移。数个世纪的领土战争表明，政治家渴望扩大辖区，给自己带来权力。如果化这个动机为创造而不是破坏，人民将从中大为受益。要使改进有压力，好的政府必须能自动扩张，而坏的政府必须能自动收缩。

在现有条件下，有些人或企业迁移到成功的政府那里，或者选择适用成功政府的法律。但是，政府间的竞争，尚停留在远不能与其绩效相配的程度。大部分民主宪法放大了候选人之间的竞争，而弱化了政府之间的竞争。比如，许多民主政体严格限制移民的进入，许多国家对于内部迁移设置了诸如年金或住房福利不可迁移等法律障碍。另外，许多国家对于怎样创建特殊政府或与特殊政府缔结协定没有法律规定。把权力从某个政府转移给另一个政府会违反宪法中关于主权的规定。最后，许多国家的法院拒绝强制执行指定外国法院解决争议的合同条款。

国家官员经常以损害公民为代价发财致富，以官僚制的幌子扼杀企业的发展。有时直接民主可以矫正间接民主的失败。在 129
一些不太常见的例子中，比方说在瑞士和在加利福尼亚州，宪法使公民表决提案(ballot initiatives)更为容易,使公民可以举行全民公决。在制定法律方面,公民表决提案和政府展开竞争。但是,大多数民主宪法通过对公民表决提案规定烦琐的程序,或者对其不予规定,以此来抑制全民公决。

增加政治竞争带来了希望,使我们可以改善政治家利益与选民偏好之间的结合方式。政府间的竞争如果组织得好,可以产生一种质量和效率的竞赛。要实现这种希望,必须改进政府间竞争的法律框架。我将分析怎样把这个框架用于流动性、私法的选择、公共产品和直接民主。

第一节　流动性

不同的人群对公共物品有着不同的偏好。例如,某人可能认为公园比安全的街道更重要,而另一个人可能认为安全的街道比公园更重要。由于在某一政府辖区范围内,当地的公共物品是提供给每一个人的,因此出于效率的要求,要把有类似偏好的人聚集在一起。特别偏好公园的人应该生活在一个把资源格外投入公园的地方,而特别偏好安全街道的人应该生活在一个把资源格外投入安全街道上的地方。换言之,把不同的人按照相对而言同质的品味分成不同的群体能够给每组人其所偏好的公共产品。因此,当人群的多样性增加的时候,政府辖区的最佳数量也会增加(Alesina 和 Spolaore 1997)。

一、聚集与用脚投票

为了享受他们所偏好的地方公共产品的组合,有着相近品味的人自愿聚集在一起。因此,流动性有助于提高地方公共产品的效率。为使关于聚集的思考精练一些,我把均衡和效率的概念扩展到流动性上。我把**区位均衡**定义为没有人愿意从一个政府辖区移动到另一个政府辖区的状态。如果让居民迁移无法做到在不降低其他人满足程度的情况下增加任何人的满足程度,那么这个区位均衡就是有帕累托效率的。

学者们已经广泛地研究过这个问题:"什么样的条件使区位均衡具有帕累托效率?"[2]我把他们的答案归结为两个不切实际 130
的条件,但这种逻辑上的纯粹有助于解释聚集。首先,人们必须享有"自由流动",这意味着不存在迁移的法律或经济障碍。法律障碍包括居留许可或排他性区划,经济障碍包括从一地迁移到另一地的成本。其次,政府辖区必须足够多,以容纳不同种类人群的不同品味。确切地讲,最高程度的效率需要与人群种类一样多的政府管辖区。如果有自由流动和足够多辖区,有着类似品味的人们会自愿聚集到一起,以便在地方公共物品的供给方面获得最高的效率。

但是,在现实中,流动性需要花费金钱,政府辖区的数量也是有限的。如同交易成本一样,迁移成本妨碍了流动向有效率的方向发展。如同大规模生产中的统一性一样,过少的政府辖区导致

---

〔2〕 对于这个问题的第一个详细阐述是 Tiebout 1956。在 Inman 和 Rubinfeld 1997,一项最近的、更为完备的表述确定了五项这样的必要和充分条件:

(T1)公共提供的产品和服务是用拥挤技术生产的;

(T2)政府管辖区域的供给是完全有弹性的,每个政府管辖区域都能复制其竞争者所有具有吸引力的经济特性;

(T3)家庭在政府管辖区域之间的流动无须花费成本;

(T4)各个家庭对于每个政府管辖区的财政特性有完全信息;

(T5)不存在政府管辖区之间的外部性。

亦可参见 Stiglitz 1982。

相对于人群的多样性而言政府辖区之间的相似性过多。在流动费钱且政府辖区有限的情况下，有着相近口味的人仍然会聚集在一起以获得更多他们所偏好的地方公共产品组合，但是结果远达不到最高的效率。

迁徙自由是联邦体系内的一项个人权利。自由流动对于有效供给地方公共产品有贡献，这为保障迁徙自由提供了经济方面的正当性。例如，欧盟保障工人在全欧洲范围内找工作的权利。为了执行这项权利，欧盟现在想消除流动的经济障碍，特别是不同地方和国家的住房、医疗、年金收益制度的不兼容性问题。在消除障碍的情况下，经济模型预言在将来会有比过去更多的对地方公共物品有着类似偏好的人们聚集在一起。

要注意，这个人以群分的预言和传统上认为流动性会导致文化同质化的预言是有冲突的。比如，许多城市的历史老区吸引了许多特别珍视文化的人，而许多郊区则吸引了希望安全方便地抚养孩子的家庭。流动性可以强化历史老区的无孩家庭和郊区的有孩家庭之间的差异。与此类似，大学城会把热爱学习的国际人群吸引在一起。流动性也会导致偏好彼此类似的种族或宗教群体的聚集。

二、限制

现在我转向限制可以促进自由这个悖论。正如已经解释过的那样，自由流动有助于聚集和效率。但是，在政府辖区内对自由的限制，却能增加在政府辖区之间的选择。为说明原因，我们考察对建筑的规制。限制小区内的建筑、要求其统一风格，这对于喜欢建筑纯粹性的人来说是有吸引力的。具体来说，有些伦敦
131 的居民喜欢都是纯一色乔治王朝时代风格的小区。像契约这类

私人机制经常达不到产生统一建筑的程度。实践中,让建筑纯粹统一成一个风格需要国家禁止建造其他风格的建筑。

这个命题可以从建筑扩大到其他地方政府的选择上。为保存某种文化聚居在某个小区里的人可能想排斥其他文化和人群。例如,如果有权做选择,有些宗教团体可能会禁止在安息日做生意,并且要求学校陈列宗教标志;有些家庭小区会禁止销售色情作品;有些种族群体会对使用外语进行限制。假定有足够的政府辖区和自由流动,在某些政府辖区内对个人的活动进行这样的限制不会对任何人造成损害。喜欢多元化的人们可以聚居在无限制的政府辖区内所开发的社区里,喜欢同一化的人们可以聚居在有限制的政府辖区内所开发的社区里。例如,如果允许对在什么地方能买到色情作品进行限制,会产生出这样一个选项:生活在**不卖**色情作品的地方。

有些城区接近于自由流动和足够多政府辖区的条件。但是,在大多数地方,昂贵的迁移和数目稀少的政府辖区导致需要在统一性与多元性之间进行权衡。地方性限制可以产生一些没有安息日商业活动、没有色情作品、没有外语标志的小区,而没有地方性限制经常会导致安息日也做生意、色情作品的销售以及语言的混杂。

地方性限制带来不服从的个人与邻居之间的法律冲突。例如,某位潮人想在乔治王朝风格的小区内建一座后现代风格的房子,一位不可知论者在安息日仍然开门营业,某家杂志店在某家庭小区卖色情作品,或者一位以英语为母语的人在魁北克开设学校。在这些情况下,个人可能会宣称当地的限制侵犯了其个人权利,而邻居则声称强制执行社区的权利保存了小区的独特性。

政府必须对这个权衡进行回应,特别是法院要对个人权利做出裁断。中央政府可以要求、禁止或允许地方政府执行社区的价值观念。通过**要求**地方政府执行社区的价值观念，中央政府可以诱致许多纯粹的小区。通过**禁止**地方政府强制执行社区的价值观念，中央政府诱致许多混合的小区。通过**允许**地方政府强制执行社区的价值观念，中央政府会诱致一些纯粹的小区和一些混合的小区。就小区间多元性这一社会目标而言，中央政府应当允许地方政府强制执行社区的价值观念。就小区内多元性这一社会目标而言，中央政府应当禁止地方政府强制执行社区的价值观念。

要注意流动性的成本决定了在个人权利和社区价值之间进行权衡的难度。当不服从的个人可以轻易地迁移到不进行限制
132 的社区的时候，进行地方性限制就不具有压迫性。低廉的迁移成本是允许当地社区对个人权利做不同解释的理由。反之，当成本使不服从的个人无法迁移的时候，地方性限制就是压迫性的。高昂的迁移成本是要求不同地方政府对于个人权利给予同样尊重的理由。不从众的权利的分量部分地取决于离开某一社区的成本。**一般而言，范围狭小的权利适用于可流动的社会，普世性的权利适用于不可流动的社会**。

如果地方政府有这样的决策权，应该怎样运用？在现实中，答案取决于具体的制度和历史事实。但是，有一个简单的理论可以提供一个有益的分析框架。不动产的所有者经常密切关注不动产的价值。当某一政府辖区变得人口众多时，人们就会抬高土地的价值。假定居民促使地方政府调整税收和公共产品的供给以使土地价值最大化（Brueckner 1983；Scotchmer 1994）。根据这个假设，不同的地方政府会在使土地价值最大化方面展开竞争。

为了增加流动公民的需求，有些地方政府辖区会进行限制，

如要求建筑统一。这些限制迎合了喜欢在小区里有统一性而不是多元性的人。但是,其他一些政府辖区会保留个人自由,如允许混合建筑,因此会迎合喜欢在小区里有多元性的人。使土地价值最大化的地方政府会调节限制小区和自由小区的配比,以回应公民的偏好。

三、排他

对于地方公共物品的偏好真能预测人们在不同政府辖区内分类而居的方式吗?我们脑海里很容易浮现出证实这一预测的例子。鉴赏家们聚集在餐馆附近,评论家们住在剧院附近,骑手住到城市绿化带,宗教飞地想要与世隔绝,种族社区使用地方性法令来维系他们的传统。

但是,除了按照偏好聚居以外,人们还按照收入聚居。小区经常会按阶级来划分,因为富人排斥中产阶级,中产阶级排斥穷人。税收的逻辑部分地解释了为什么相对富有的人试图排斥相对贫穷的人。在一个政府辖区内,所有的人都接受同样的公共物品,但不是所有人都有同样的纳税能力。当地方税收为地方公共产品提供资金的时候,吸引高收入的人可以使某一特定政府辖区内的居民以较低的税赋享受较高水平的地方公共产品。反之,穷人的聚居地需要高税赋水平来为中等水平的地方公共产品提供资金。如果地方公共产品的资金来源于地方税收的话,相对较为富有的小区会寻求排斥相对较为贫穷的人的法律制度。

在公民可以自由流动的国家里,地方政府格外依靠区域规划
来排斥穷人(Ellickson 1977,Fischel 1985)。区域规划控制着地块 133
的大小、建筑的高度和经济活动的类型。比如,在美国郊区的排他性区划通常会把穷人限制在城市里。穷人在城里无家可归,制

造出许多莫名其妙的社会问题(Ellickson 1996)。与这种模式相反的是,历史保护以及其他方面的法律使得巴黎城内生活昂贵,把相对较穷的巴黎人限制在郊区。

经济学提供了区分让偏好相似的人聚居在一起的限制性区划和排斥相对较穷的人的排他性区划的理论基础。**如果区划排斥与小区居民有着相同偏好的居民享受公共产品,而不排斥与小区居民有着相同收入的居民享受公共产品,这种区划就是排他性的**。

有些法院采取了非常引人注目的措施来解决由排他性规划造成的不平等问题。例如,美国有些州的法院要求富裕的郊区重新规划,以便为穷人提供公屋。[3] 在另一个例子中,加州法院命令重新组织学校的资金。传统上加州公立学校由地方的不动产税提供资金,这使富裕的小区能比贫穷的小区在公立学校上花更多的钱。法院要求加利福尼亚州通过用全州统一的税来代替不动产税,以使不同地方的学校的开支变得均等(Inman 和 Rubinfeld 1979)。结果是公立学校更加平等,但更多的人去上私立学校。给自己孩子在教育方面的花费超出本州平均水平的加州人没有聚居在有好的公立学校的地方,而是更多地转向私立学校。

虽然排他性区划把穷人拒之门外,但社会福利计划却把穷人拉了进来。在穷人可以流动的情况下,有着相对较为慷慨的福利计划的政府会把穷人从福利计划相对较为吝啬的政府辖区那里吸引过来。各地可能通过缩减福利计划来应对这一事实,以便阻

---

〔3〕 南伯灵顿郡有色人种协进会诉劳雷尔山镇(Southern Burlington County NAACP v. Township of Mt. Laurel),336 A 2d 713 (NJ 1975),456 A 2d 390 (NJ 1983);劳雷尔山:希尔斯开发公司诉伯纳德(Mt. Laurel III: Hills Development Co. v. Bernard),103 NJ1,510 A 2d 621 (1986)。

止贫穷的移民,由此导致“竞相逐底”(race to the bottom)。由此产生的强烈影响可能为联邦政府给各地方政府制定最低福利标准的做法提供了正当理由。

或者,穷人聚集在某一地可能会增加支持慷慨的福利计划的选民的数量。被吸引到高福利政府辖区的穷困移民可以让选举的天平倒向有利于高福利开支的一边,由此加剧了高福利与低福利的政府管辖区之间的差距。各州“渐行渐远”(race apart),这很可能不利于联邦政府给地方政府制定最低福利标准。考虑到在福利问题上的政治分歧,实证研究不可避免地在高福利政府辖区吸引贫困移民的程度和移民导致“竞相逐底”或“渐行渐远”的程度上存在歧见。[4]

在过去十年中,劳动和资本的流动增加了,但在许多国家,福利计划减少或下降了。有些再分配的提倡者对于未来感到悲观。 134
18 世纪的法学家布莱克斯通说:“人类不会被出于人道的情感而说服。”[5]或许更多的流动性需要人们以较少的强制方式进行收入再分配,而不是放弃再分配。或许人们应该思考福利社会,而不是思考福利国家。[6]

四、移民

历史上大量的移民造就了世界上不同的人群(Cavalli-Sforza

---

〔4〕 Brinig 和 Buckley 1997 发现美国高福利的州会吸引福利移民,福利移民的出现又导致了增加福利开支的政治游说。他们的观察解释了为什么各州之间福利开支的差异持续存在甚至随着时间推移在加大。他们没有观察到制定联邦最低福利标准的例子,仅观察到了一个可能的联邦最高福利标准的例子。但是 Peterson 和 Rom 1990 发现比之福利开支,贫困的移民更倾向于对经济体扩张所创造的经济机会做出回应。他们否认存在“福利磁体”。

〔5〕 Blackstone 1765［1992］,第 238 页。

〔6〕 “思考福利社会而不是福利国家可能会更好一些。”(Casson 1991,第 254 页)

1995，Cavalli-Sforza 和 Cavalli-Sforza 1995）。数个世纪以来，领土上出现国家，国家颁布法律限制外国人的流动。近年来，交通成本的降低和国家间工资水平的巨大差异加剧了移民的压力（Hollifield 1994）。根据近期的一项调查，"大约有 1 亿人在国籍国之外生活或经常工作，使'移民国家'的规模相当于世界第十人口大国。"[7]

相对富裕的国家试图通过实行各种配额制度来控制移民。例如，美国的配额体系接受较高比例的贫穷、教育程度较低的人口，这些人从社会经济的底层开始，并且通常会一直向上流动。反之，加拿大的计分系统用教育和财富来限制移民，所以许多进入加拿大的移民在社会经济分层中处于中间及以上的位置（Buckley 1995）。与美国和加拿大不同的是，日本几乎不允许移民。

经济学理论对移民配额的评价与对商品配额的评价是非常类似的（Chang 1996）。移民配额阻碍了劳动的交换，正如进口配额阻碍了商品的交换一样。反之，在经济效率方面，劳动的自由流动具有和自由贸易一样的优势。所以经济效率要求自由贸易和自由移民。

但是，移民影响到经济效率之外的许多问题，如再分配、文化、宗教和环境。人们对于这些问题的强烈情感促使相对富裕的
135 国家持续实施移民配额。

移民配额会产生什么样的后果？正如限制贸易会产生黑市一样，持久的配额会产生非法移民。要理解这一现象，需要考察只关注工资的经济学理论。高工资是移民从一国迁移到另一国

〔7〕 Martin 1994，第 1 页。

的动因。移民离开低工资国家会抬高该国的工资,外来移民进入高工资国家会拉低该国的工资,由此会缩小两国之间工资的差异。当流动成本趋近于零的时候,区位均衡要求每个地方的工资都相等。简言之,国家之间的工资差异导致了非均衡状态,而移民则会纠正这个非均衡状态。

在这个理论中,"工资"应当被解释为"相对净工资"。因此,**相对**较高的工资吸引非法移民从孟加拉国进入印度,尽管两国的**绝对**工资水平都很低。**净工资**等于工资减去必要成本,比如居住和医疗的成本。对于非法移民,必要成本还包括不能享受社会保险、担心被逮捕和驱逐出境以及诉讼费用。

如果配额限制了合法的外来移民,那么促成区位均衡的"边际"移民将是一个非法外来移民。比如,均衡模型预测只要洛杉矶**非法**工厂工人的净工资超过墨西哥**合法**工厂工人的净工资,从墨西哥向洛杉矶的非法移民就会一直持续。同样,模型预测只要墨西哥咖啡种植园中**非法**工人的净工资超过危地马拉咖啡种植园中**合法**工人的净工资,从危地马拉向墨西哥的**非法**移民就会一直持续。

根据这一模型,减少净工资差异会减少均衡所需要的外来移民数量。例如,如果自由贸易导致在相对较为贫困的国家工资增长更快,非法移民的速度就会慢下来。[8] 模型还预测,一些不开明或者不人道的措施会阻碍非法移民,比如拒绝给非法移民社会福利和法律保护。

问题:

1. 解释一下当不同偏好的人的种类数超过政府辖区的数目

---

〔8〕 关于富国与穷国之间工资转换数据的讨论,参见 Bardhan 1996。

时,有相似偏好的人的聚居问题。

2. 限制性区划怎样能增进自由?

3. 描述西班牙和墨西哥之间非法移民均衡的特点。

4. 在美国,每个州的政府都能决定是否向穷人提供能在杂货店里兑换食品的“券”。如果某个州决定建立食品券项目,但不能
136 不让罢工的工人领取食品券。对于这样的项目来说,排斥罢工工人是“违宪条件”。[9] 这一“违宪条件”规则对区位均衡有什么样的影响?

第二节　私法的选择

在讨论了政府选择人民以后,现在我来讨论人民选择政府。商品制造地、销售地或使用地决定着大多数私法上纠纷的管辖。但是,人们有时也可以选择纠纷解决的管辖地。例如,如果买家和卖家居住在不同的国家,他们的合同可以指明哪个司法管辖区对纠纷有管辖权。与此类似,许多合同都规定用仲裁解决纠纷,这样就用私人法院代替了公共法院。最后,企业通过选择公司在什么地方注册成立来控制纠纷的管辖地。我会讨论这些选择司法管辖区的机制和条件。这些机制和条件使人们获得他们所偏好的法律。

一、交易合同

什么时候就司法管辖权缔结合同最有效率?完整的答案需

---

[9] 林诉美国汽车工人联合会国际联盟(Lyng v. International Union,UAW),485 US 360 (1988)。参见 Epstein,Eskridge 和 Frickey 1988 的讨论。

要一种合同理论,我无法在这里详细展开。[10] 简单的回答是用科斯定理,把策略行为简化为交易成本来处理。

信息可以使人们准确探知到他们的利益,交易可以使人们增进他们所探知到的利益。因此,当缔约方彼此交易并且都有充分信息时,合同会最大限度增进他们的利益。一般而言,掌握信息的各方所缔结的合同通常会产生成对的帕累托效率。在没有"第三方效应"(指非合同当事方)的情况下,掌握信息的各方之间所缔结的合同是有社会效率的。

这个命题也延伸到规定怎样解决纠纷或指定对纠纷有管辖权的法院或仲裁者的合同条款上。**在没有第三方效应的情况下,在掌握信息的各方之间进行的交易会导致有社会效率的、规定纠纷管辖权的条款**。比如,如果掌握信息的当事方之间的一份交易合同规定了按照日本法律进行审判,那么对这样一份合同适用日本法就会创造价值。同样,如果掌握信息的当事方之间的一份交易合同规定了由国际商会(International Chamber of Commerce, ICC)审理,那么适用国际商会的规则就会创造价值。

二、促成有关管辖权的合同

前面的原则给法律为什么要促成有关管辖权的合同提供了理由。合同促成包括两个方面。首先,法院必须强制执行规定了 137
管辖权的合同。统一的执行规则增加了各方对合同条款规定管辖权的效率的信心。其次,法院必须执行其他法院的判决。如果被告的财产位于合同规定的审判纠纷的司法管辖区以外的其他司法管辖区,那么纠纷必须在一个司法管辖区审判,而在另一个

[10] 参见 Cooter 和 Ulen 1999,第六章和第七章。

司法管辖区执行。国内法院必须执行国外法院的判决。执行外国法院判决需要国际协定或者法院之间互相承认判决的实践。

用仲裁条款来举例。许多国家通过了联合国国际贸易法委员会(UNCITRAL)的国际仲裁示范法,该法具体规定了质疑合同仲裁条款的法律依据。[11] 与此类似,大多数国家加入了要求各国法院执行国际合同中的仲裁条款的《1958 年纽约公约》。通常,国内法院执行国外仲裁裁决要比执行国外法院判决更为容易。这一法律框架已经在仲裁机构之间造成了激烈的竞争,特别是在巴黎、伦敦和纽约的仲裁机构之间。

三、统一法律

竞争导致较为成功的司法管辖区进行创新,也导致不那么成功的司法管辖区进行模仿。例如,民法法系没有的信托制度在英国发展成为一种灵活的投资和转移财富的工具。这使在吸引资金方面,伦敦在 20 世纪 80 年代比巴黎更具有优势。法国的回应是在民法上采用与信托更为相近的制度(Handsmann 和 Mattei 1994)。在这个例子中,创新使普通法系和民法法系区别开来,而模仿使民法法系和普通法系统一起来。**当竞争驱动法律演化的时候,创新使法律有差别,模仿使法律统一**。

大体上,相互竞争的司法管辖区在合同法上能够提供最佳的创新和统一,就像相互竞争的企业可以在汽车和计算机的设计上提供最佳的创新和统一一样。在实践中,许多障碍阻碍了司法管辖区之间的竞争。示范法和法律重述可以关注具体法律问题上的最佳法律观点,并将这些出色的规则加以公开,由此加快创新

---

〔11〕 UNCITRAL 国际仲裁示范法第 34 条规定了法院撤销仲裁裁决的六种情形(联合国国际贸易法委员会 1985)。

与扩散的进程。

与示范规则和法律重述不同的是,通过条约、公约或者联邦法律进行统一通常对政府有约束力。我把这类协议称为“强制统一”。强制统一减少了司法管辖区之间的竞争,缩小了缔约方之间就管辖权问题进行交易的范围。标准化带来的收益是否超过削弱司法管辖区之间的竞争带来的损失?当条约、公约或联邦法律约束数个政府的时候,创新必须通过数个政府之间的协议进 138
行。修改条约、公约或联邦法律经常滞后于经济社会的变化。我相信对于合同法而言,司法管辖区之间的竞争通常比强制统一更有效率。[12]

四、自愿交易与关系

我已经解释过掌握信息的缔约方就管辖问题进行交易时能在司法管辖区之间创造竞争,从而提供有效率的合同法。当缔约方不掌握信息,或者缔约方不就规定管辖问题的条款进行交易的时候,司法管辖区之间的竞争还能成功吗?此外,当受到影响的当事方没有缔结合同的时候,司法管辖区之间的竞争能够成功吗?我只能大略地进行回答。

提供没有修改可能的“一揽子”条款(“要么接受要么放弃”)的标准格式合同排斥交易。即便如此,这些合同并不必然表明市

〔12〕 参见 Koetz 1996。他警告反对包括合同法在内的欧洲私法的统一,至少是反对在即将到来的将来这样做。要注意,与成员国法律相重叠的欧盟指令可能会增加了新的规定但是没有废除旧的各国成文法,由此使问题变得复杂。用 Koetz 在 1997 年的一个例子来说明:英国的《1977 年不公平合同条款法》在范围、程序和主旨上与欧盟的《消费者合同不公平条款指令》不同。为保持一致,英国需要废除 1977 年的法案而以新的成文法取代之。为了对欧盟指令做出回应,英国政府没有采用这一艰难而耗时的程序,而是通过了新的规章,且把 1977 年的法案予以保留。这种把新规章和旧成文法结合在一起的做法使合同法变得更为复杂和混乱。

场失败或无效率(Koetz 1997)。相反,标准格式合同能够降低交易成本。卖家之间依靠提供不同的合同以及不同的价格来竞争,而不是通过就合同条款进行交易来竞争。在这些情况下,标准格式合同促进了竞争,而不是说没有竞争。

与此类似,股票的购买者通常不能与发行者就纠纷的管辖进行交易,但是司法管辖区之间的竞争会增进公司法的效率。美国各州在提供公司章程方面展开激烈竞争,最为成功的是特拉华州。有些证据表明各州之间的竞争有助于改进公司章程。[13] 此外,法律保护影响到不同国家公司使用股票融资的程度(La Porta, Lopez-de-Silanes 和 Shleifer 1997)。有人建议扩展各管辖区之间在证券法方面的竞争。[14]

我已经解释过司法管辖区之间的竞争有时可以在没有交易的情况下进行。此外,司法管辖区之间的竞争有时可以在只有有限信息的情况下进行。比如,对计算机所知甚少的买家经常将价格作为质量的信号。只要市场是由掌握信息的买家组成的,市场
139 上的价格就是产品质量的准确信号。同样,只要市场是由掌握信息的缔约方组成的,关于司法管辖区的合同对于许多无知的缔约方来说可能也是行得通的。总体而论,在信息不对称的情况下,合同的竞争可能产生多种结果。有些是有效率的,有些是没有效率的。[15]

现在我来考察第三方效应。一般而言,司法管辖区竞争带来

---

〔13〕 Romano 1987。关于对各司法管辖区之间的竞争在增加公司法的效率方面存在的局限的解释,参见 Bebchuk 1992。

〔14〕 Choi 1998 希望允许证券发行者选择监管机制和司法管辖区。因此美国的发行者可以选择德国证券法和德国法院,或者德国发行者可以选择美国证券法和美国法院。

〔15〕 关于这个题目早期一篇有影响的论文是 Schwartz 和 Wilde 1979。近期的论文包括 Emons 1996 和 Emons 1998 或 1999。

的好处不会扩展到第三方效应上。例如,假定一名濒于破产的借款人在赔偿过去事故的受害人之前允诺偿还一笔新贷款。贷款人和借款人是第一方和第二方,事故的受害人是第三方。贷款协议以第三方为代价,给第一方和第二方带来利益。这样的合同可以具有成对帕累托效率,但是通常是社会无效率的。

我们可以设想一些机制,把第三方囊括到合同中来,把司法管辖区的竞争扩展到新的方向上(Cooter 1989)。我简要地描述一个来自事故赔偿法的例子。权利是一种**或然事项**,在不确定事件发生时实现。比如,侵权法上的权利是在事故发生时的一种**或然事项**。在市场上出售的或有权利是一项**或有商品**。比如,看涨期权是在市场价格达到合同规定的价格时买入股票的权利。把合同扩展到事故赔偿法领域的机制是把侵权法上的权利看作一项或有商品。此处的基本思想是在事故发生前购买和销售请求赔偿损失的权利,就像在市场价格达到行权价格之前购买和销售期权。总体上,追责权利的竞争性市场能够解决阻碍侵权法改革的复杂问题,例如,把给受害人的最佳保险和对加害者的有效遏制结合起来。[16]

关于未实现的侵权索赔请求的合同可以规定审判纠纷的司法管辖地。通过这个方法,各司法管辖区就这些新合同展开竞争,就像各司法管辖区目前就传统的合同展开竞争一样。

---

〔16〕 许多潜在的事故受害者都有充足的私人保险弥补损失。在保险市场提供赔偿的情况下,事故责任法余下的任务就是有效遏制事故。有效遏制事故的一个方法就是以较低的交易成本从加害人那里得到损害的全部价值。我们把加害人按法院判决进行赔付看作购得了受害人请求赔偿损失的权利。通过法院转让受害人请求赔偿损失的权利的交易成本要比通过市场高许多。为了让请求赔偿的权利离开法院,就要允许受害人在任何时候都可以出售他们的权利,包括在事故发生前。有关未实现的侵权法上的权利(unmatured tort rights)的市场怎样有效地改进了事故责任法的描述,可以参见 Cooter 1989。

但是，这些可能性仍然是构想而已。只要法院禁止出售请求赔偿损失的权利，市场就无法形成。除这些设想的机制外，分配损害责任的社会规范可能也在朝着更有效率的方向演进。如果普通法法院执行这些社会规范，或者民法法系的法院用这些社会规范来解释成文法，由法官造出的这些法律就能朝着更有效率的方向演进（参见第八章的讨论）。学者们尚未分析的是司法管辖区之间的竞争是增进还是阻碍了社会规范朝着更有效率的方向演进。

第三节　供给公共物品的竞争

140 现在我从政府管辖区关于私法的竞争转向政府管辖区关于公共物品的竞争。在供给公共物品方面的竞争要求人们迁移到更有效率的政府管辖区，或者让更有效率的政府管辖区能选择人们。在讨论了人口流动之后，现在我讨论政府管辖区的变化。

一、第五自由

国家经常提供教育这样的具有私人物品基本属性的公共物品。供给这类物品的竞争只需要对法律做一些修改。例如，如果对法律做适当修改，一名居住在阿尔萨斯的法国公民可以穿越国境到一所德国的学校上学，并且用国家发放的教育券来支付学费。这个例子与生产物品的国家之间的竞争有关。除了生产物品以外，国家有时为了公共物品而从私人那里采购相关投入，比如军方使用的为了保卫国家的枪支。设计让国家少生产、多购买的新模式是私有化的前沿问题。[17]

但是，与私人物品的价格不同的是，为公共物品而支付的税款是强制的。经济学家多年的研究并没有发明出一个在大部分公共物品供给上避免免费搭车问题的可行机制。[18] 由于没有办法用自愿的价格来代替强制的税收，公共物品的供给必须有赖于集体行动而非个人选择。在民主政体中，集体行动通常意味着投票。

大体上，某一社区可以投票决定与政府缔结合同以提供地方公共物品。例如，某个小社区的成员可以接受几个大的政府或特区关于供水或垃圾回收的报价。几乎所有人都同意民主国家应该给公民提供自由流动的权利，因此允许公民流动到更有效率的政府辖区。最终几乎每一个人都会同意民主国家应该赋予地方政府与其他政府自由缔结合同的权利，这样就允许各个政府辖区向人们自由流动。

布鲁诺·弗雷和赖纳·艾肯伯格建议欧盟确保其公民有权用为专门职能组建的政府来替代全能政府。[19] 理论上说，这种"第五自由"会让欧洲公民有权选择政府，而不只是有权选择候选人。公民和各地方可以从特殊政府的"菜单"上进行选择，每个特 141
殊政府都能提供公共物品和征税。这个建议将会执行契约论中倡导真实政府合同的一派的观点。这一派的观点和认为政治契约是虚拟合同的契约论哲学相对立（Simmons 1997）。

---

〔17〕 参见 Libecap 1989。据说 George Stigler 曾言，认定市场失败并推荐政府介入就像在音乐比赛中在听过第一位选手之后把奖发给第二位选手。第二位选手可能比第一位选手还糟糕，政府介入也可能会比市场失败还糟糕。

〔18〕 公共财政中"偏好显示"的老问题变成了数理经济学中"机制设计"的新问题。基本的问题是在为公共物品付款的时候避免免费搭车。关于一些尝试性的解决方案，参见 Wilson 1987 和 Emons 1994。

〔19〕 Frey 和 Eichenberger 1995 以及 Frey 1996。亦参见 Breton 1996。

在前面关于流动性的讨论中,我解释过流动的人们为了效率和分配聚居在一起。与此类似,规制特区之组建的法律必须考虑再分配的政治问题和效率的经济问题。比如,如果富人能够把他们同穷人隔离开来,为公立学校问题组建一个特区,则富人可以降低他们自己的税赋并且增加花在学校里每一个学生身上的支出。但是,如果有正确的法律框架,特殊政府之间的竞争会提高公共物品的效率,而不是创造出富人的"飞地"。

二、分离

在民主政体中,个人通常有权离开某一政府辖区,但是群体很少有权分离出去。许多宪法对分离都没有规定,正像很多婚姻对离婚都没有规定一样。有时候分离以和平方式发生,比如像在爱沙尼亚和捷克斯洛伐克。有的时候分离会引发血腥的内战,比如像在孟加拉国、尼日利亚和美国。大体上,分离权的不确定性和缺乏可接受的规则对分离内战起到了推波助澜的作用。反之,如果规定程序的话,可能引起某一群体为了在关于分配的交易中获得优势而威胁要分离出去。[20]

不幸的是,社会科学家们对于分离的系统著述甚为匮乏(A. Buchanan 1991;Bolton 和 Roland 1997)。我将简单考察分离的经济逻辑及其宪法意义。在分离的多个理由中,效率和分配是经济学理论所关注的两个理由,我将依次考察之。

当公民的多元性增加时,政府的成本也会增加。比如,实证研究表明,成功的合作社通过保持社员的同质性来降低集体行动决策的交易成本(Hansmann 1990,Hansmann 1998)。当公民们意

---

〔20〕 基于这个事实,有些理论家认为分离是一项道德权利而非法律权利(Sunstein 1991)。

识到他们之间彼此太过不同时,他们可能会愿意分离开来,以降低治理成本,就像捷克斯洛伐克分成捷克国和斯洛伐克国一样。尽管领导分离主义运动的狂热者会使用更为华丽的语言,但降低共同分担的治理成本才是分离的动机。[21] 假定大家都同意分离,则宪法规定有序过程会降低代价高昂的不确定性。

但是,有时候,多数主义者的政治能让多数剥削少数。这种
情况下,分离关注的是结束剥削,而非降低交易成本。多数派会 142
拒绝而不是同意少数派的分离企图。在这种情况下,宪法关于分离的规定会强化被剥削的少数派的地位。

分离主义团体有时候也可能对国民财富提出要求。一个非常引人注目的例子来自巴布亚新几内亚独立国,该国的小岛布干维尔是世界最大的铜矿和金矿之一。如果布干维尔岛的分离企图成功,这一小群岛民就将分得一度占到巴布亚新几内亚出口44%的财富(Young 1997)。在这种情况下,宪法关于分离的规定会强化希望攫取国民财富的少数派的地位。

分离的交易成本取决于财产交杂与人口混居的情况。像前捷克斯洛伐克那样,人口和财产都相对独立,则分离的交易成本不算太高。反之,像前南斯拉夫那样,如果人口已经混合在一起的时候,为分离的目的把他们分开会造成悲剧性的、不人道的后果。

我讨论了降低治理的交易成本、结束多数人剥削和攫取国民财富等分离的经济动因,这些必须与分离的交易成本进行比较权衡。但是,在现实中,经济动机经常与过时的民族主义混杂在一起。对于敌对性的狂热情绪来说,没有简单的解决方案。但是,

〔21〕 即使经济学家也不会跑到打着"交易成本不为零,毋宁死!"标语的街垒上去。

在未来的世界中，政府之间的竞争可能引起基于经济原因的分离问题，比如某个镇从某个郡分离出去。在预估这些情形的时候，弗雷和艾肯伯格建议未来创建的特殊政府应该包含分割财产的一般原则的明确规定，可能会包含退出要支付的价格。这样的宪法规定类似于婚前协议中针对可能发生的离婚的条款。宪法中预先宣布分割财产的一般原则，能降低执政群体剥削下属群体的动机，或者能够降低某一群体把分离作为攫取国民财富的方式的动机，由此可以避免分离。

问题：

1. 解释在什么条件下经济效率要求强制执行规定管辖权的合同条款。

2. 讨论国际范围内民事诉讼程序标准化的情况。

3. Kaiser Permanente 是一家向美国人提供综合医疗服务的大公司。该公司要求消费者把所有关于医疗事故的纠纷都提交强制仲裁。讨论一下法院是否应该承认和执行包含这种要求的合同条款。

4. 讨论是否应当让消费品的卖家能为一件在意大利销售的产品选择德国产品责任法。

5. 公共物品的技术特征怎样对允许个人选择政府构成障碍？

143 6. 讨论一下政府辖区之间的竞争怎样影响了下述事项：

(1) 工作场所安全

(2) 汽车安全标准（设计或性能）

(3) 标准度量衡

(4) 获颁执照的律师

(5) 公司特许设立

第四节　直接民主与间接民主

大部分民主政体都要不时在一些大问题上举行公民投票，比如魁北克是否要从加拿大分离出去，或者丹麦是否要加入欧洲货币联盟。在大多数国家，法律上的障碍确保了全民公决的情况是很罕见的。比如，意大利的选民可以组织"废除型公决"（废除某一成文法的公决），但不能组织"积极公决"（创制某一成文法的公决）。

但是，少数一些政府经常会通过选民的直接投票来决定很多问题。瑞士在诸如是否给官员加薪或者是否保留成年男性强制兵役制等问题上进行直接投票。在瑞士，重要的立法必须经过公民的"赞同或反对"投票才能成为法律。加利福尼亚人在所有与他们利益有关的问题上进行直接投票，从监狱的建造到"平权行动"（affirmative action）。直接投票创制了加利福尼亚州最重要的一些法律，比如"13 号提案"，该法案设置了地产税的上限并导致了 20 世纪 70 年代全国范围内的"纳税人抗税"（Wildermuth 1998）。超过半数的美国州宪法规定了某种形式的公民表决提案制度，其他州则似乎是按照加州的方式更频繁地运用直接投票（Verhovek 1998）。

除了法律的障碍之外，成本也限制着全民公决的频度。征集公民的签名耗钱费力，举行选举对国家来说也是代价不菲。但是，在未来，像电子投票和通过互联网征集签名这样的技术进步会大幅度降低直接民主的交易成本。在成本降下来的情况下，直接民主可以成为分散化的新前沿。在这一节里，我将分析直接民主的后果，尤其是总结瑞士和加利福尼亚州经验。

一、程序和效果

直接民主的程序随地点和议题而不同。比如,在瑞士,征集5万个签名可以就联邦立法机构颁布的任何法律进行全民公决。144 在全民公决中,用简单多数决定该立法是被接受还是被否决。与之形成对照的是,在瑞士,征集10万个签名可以就修改联邦宪法进行全民公决。要想获得成功,全民公决必须在全国赢得多数票,并且在多数省也赢得多数票(Frey 和 Bohnet 1994)。

像瑞士一样,加利福尼亚州也要求签名累积到一定程度才能把问题直接交给选民,但是这个过程的组织却大为不同。在加利福尼亚州,直接民主是一件大事。举例说明一下活动的规模有多大:1996年的17个发起公决的议案吸引了1.413亿美元的捐款,超过了竞选加州立法机关的数百名候选人的花费总数1.057亿美元(Howe 1998)。[22] 加利福尼亚州的全民公决像是有开发周期的商业产品。[23]

许多观察者们感到疑惑的一件事情是国家究竟应该促进还是阻碍直接民主。要回答这个问题,我首先要问一个问题:直接民主是否产生与间接民主不同的结果?在瑞士,最近的全民公决中39%的结果与代议制政府原本产生的结果相左。[24] 在瑞士,公民直接决定公共产品的政府辖区的税率较低(Pommerehne 1990)。在全民公决中,瑞士人似乎比立法者更喜欢降低税率以

---

[22] 但是,要注意这个比较具有潜在的误导性。在直接民主中,所有的钱都花在议题上面。与之形成对照的是,间接民主中的政治开支包括竞选的费用加上花费在游说活动上的钱。

[23] 参见 Howe 1998 和 Wildermuth 1998。

[24] "在瑞士,在1948年至1990年举行的250场法定的和任意的全民公决中,有39%的全民公决的多数选民的意愿不同于议会的观点。"(Frey 和 Bohnet 1994,第153页)

及政府人员薪资。全民公决削弱了民选官员设置政治议程的排他性权力。[25]

更为重要的是，如弗雷所指出的那样，瑞士的直接民主增加了公民的斗志，增进了他们支持政府的内在动机。直接民主的过程相对透明。每一方必须直接诉诸公民，公民会更加充分地了解为什么政治过程会产生这样的而不是那样的结果。公民的斗志有显著增加，因为他们觉得自己了解情况并且手中有权。为支持这个论点，弗雷以瑞士的直接民主使公民更愿意纳税并且对政治更加了解作为证据。[26]

评论者们有时会假定全民公决会使结果向左或向右倾斜。但是，对加利福尼亚州公民表决提案的一项调查并没有表明任何支持自由主义或保守主义目标的偏见（Verhovek 1998）。加利福尼亚州的公民表决提案遍布政治光谱各处，而非支持左翼或右翼。在加利福尼亚州，公民表决提案的支持者的花费比游说立法机关的花费更多。加利福尼亚州人显然是追求了其中花费更高 145
的这个选项，因为他们相信公民表决提案在大部分情况下能创制出立法机关原本不会颁布的法律。在下一节我将会解释为什么全民公决和立法会产生不同的法律。

二、通过全民公决进行分解，通过立法进行组合

大多数宪法把全民公决及公民表决提案限制在对单个问题

---

〔25〕“在瑞士，普遍的全民公决在与政治市场上限制竞争的力量作斗争的过程中被证明是非常成功的。……全民公决和创制权都是打破针对选民的政治家联盟的方法。……它们把议程设置的垄断权从政治家手中拿走，让局外人可以提出需要进行民主决策的议题，包括那些许多民选官员可能想从议程上排除出去的议题。”（Frey 和 Bohnet 1994，第 151 页）

〔26〕Frey 1997a，Frey 1997b 以及 Voigt 1997b 中所引用的 Kirchgassner 和 Frey 1990。

投赞成或反对票上。[27] 比如,加利福尼亚人可能被要求就限制堕胎投“赞成或反对”票,或者就死刑投“赞成或反对”票,但是法律不会要求加利福尼亚人就“限制流产且限制死刑”投“赞成或反对”票。

有一个现实的原因促成了把每次公民表决提案限制在单一问题上。在把不同问题结合在一张选票上的“互投赞成票”(logrolling)过程中,需要进行交易。不同群体之间进行交易需要代表。而公民表决提案绕开了民选代表。因此,一项多目标的公民表决提案需要在没有交易代理人的情况下进行交易。而没有交易代理人的话,在大量人群之间的交易不可避免地会失败。

在立法机关中,其组成成员经常交易、妥协,并且起草把多个问题结合在一起的一项法案。与此形成对照的是,把公民表决提案限制在单一问题上的规则阻止了“互投赞成票”,所以不同群体很少有进行交易或进行策略性投票的动机。当公民按照其偏好就某一单一维度的选择进行投票时,中间投票者通常会获胜。总体而言,**直接民主将问题进行分解,所以中间投票者会获胜**。与此形成对照的是,立法机关的成员交易、妥协以及互投赞成票。如果交易失败,立法机关必须尽力用议程控制这样的非民主手段来避免不稳定的再分配斗争。总体而言,**间接民主把问题组合起来,这会导致交易或循环**。

组合与分解之间的对比预测了从间接民主转向直接民主的一些结果。从间接民主转向直接民主经常会用中间投票者在每个维度上的选择取代代表们之间的交易。这个变化是使情况更好还是更坏?这取决于间接民主怎样运作。如果选民有充分信

---

〔27〕 参见《加利福尼亚宪法》,第2条第8d款。

息，选举有竞争性，间接民主会产生政治利益的有效代表。如果代表们交易成功且彼此合作，则公民们在他们所偏好的问题上会得偿所愿。在这种情况下，间接民主比直接民主能更好地满足选民的偏好。

但是，间接民主可能会产生政治垄断联盟，其成员密谋弱化选举竞争。例如，20 世纪 90 年代对意大利身居高位的政治家们腐败的揭露令人震惊，这表明公民对他们的代表所达成的交易影响甚微。不透明的政治过程和比例代表制使意大利的选举竞争相对没有效率。在这种情况下，变为直接民主可以打破政治垄断联盟。此外，间接民主可能导致利益集团之间不稳定的再分配斗 146
争。转为直接民主会增加稳定性，这将提高选民对政治的满意度。

我已经解释了直接民主会导致在每个维度的选择中让中间投票者胜出，这个结果优于循环或者政治垄断联盟，但比不上由选出来的代表进行的完美交易。这个命题在理论上总结了直接民主和间接民主之间的主要差异。除了这个大的差异以外，一些小的差异有时也很重要。

第一，直接民主使那些实际投票的选民拥有更大的影响力，而间接民主让生活在一个地区内的公民数量影响更大。比如，假定投票率相对较低的穷人住在贫穷的小区内。间接民主按照人口分配代表，所以来自这个贫穷小区的代表的数量反映了小区选民的数量，包括那些没有投票的选民。与此形成对照的是，直接民主是对那些实际参加投票的公民做出回应。因此，在前面的例子中，富人的投票率比穷人高，直接民主就会使富人的观点拥有更大的影响力。这个现象使加利福尼亚州的公民表决提案向有利于年长、保守、白种人公民的方向倾斜。

第二,对直接民主的批评者称选民中的多数派会投票把少数人的财富再分配给多数人。例如,如果大部分公民都买车险,他们会投票为车险的价格设置上限。或者如果大部分选民都租房,他们会投票支持控制房租。更为普遍的是,直接民主的批评者称多数派会投票削弱少数派的权利。

但是,这些批评在理论上都没有坚实的基础。从理论的视角来看,直接民主把投票进行了分解,并不必然比组合投票更能对少数派造成伤害。组合投票鼓励公民联合起来进行交易。比例代表制体系可以确保每个少数派群体在政治交易中都有代表。但是,两党制竞争中没有这样的保障。当各个群体联合起来的时候,有些少数派可能长期从执政联盟中被排除出去。

与此形成对照的是,在把问题进行分解后,某一维度选择中的少数派很少与另一个维度选择中的少数派是同一群人。任何有着复杂政治立场的人都会在某些维度的选择中获胜而在另外一些维度的选择中失败。总体而言,分解问题能够瓦解大群的选民,确保每个人都有机会获胜。此外,所有的非中间投票者都参与到决定谁是中间投票者的过程中。因此,每个人的偏好都对投票者均衡有影响。在这些条件下,直接民主中多数派对少数派的剥削并不比间接民主更多。

任何民主政治体系,无论是直接的还是间接的,都需要保护少数派,比方说少数族裔或者富人。我将在后面讨论各种保护形式,比如两院制和宪法权利。就当下而言,要注意美国宪法的《权
147 利法案》对各州有限制,所以一名联邦法官可以宣布违反美国《权利法案》的某一加利福尼亚州全民公决无效。这一事实对于加利福尼亚州的全民公决有着实质性的约束。

要注意直接民主和间接民主的比较与第五章中单一目标政

府与多目标政府之间的比较相似。在间接民主中宪法可以为不同目的分别规定相应的政府,或者宪法也可以规定多目标政府。同样,在直接民主中,宪法可以把全民公决限定在单一目标上,或者宪法也可以允许多目标的全民公决。限制政府或者选举的范围会为政治派系之间在不同问题上进行交易设置障碍,所以中间投票者定理决定着结果。

三、公民表决提案保证金

除了法律障碍以外,交易成本现在限制着全民公决的频率。具体来说,征集签名的成本限制着要进行投票的全民公决的数量。但是,在将来,像通过互联网征集签名和电子投票这样的技术进步会大幅度降低直接民主的成本。在成本更低的情况下,全民公决的步伐会加快,或者会迫使公民为大量没有希望的议案投票,并且就数目接近的投票反复进行二次投票。

除了征集签名以外,还有更好的限制全民公决的方法吗?保证金是一个富有吸引力的选项。按照这个方法,支持者们可以通过向选举委员会交保证金的方式来将某一提案提交选举。如果该提案在选举中成绩不错,保证金将被退还。反之,如果该提案在选举中成绩不佳,国家将没收保证金。例如,某一提案的支持者可以交10 万美元来替代征集10 万个签名,除非该提案获胜,比方说赢得至少45%的选票,否则这些钱将被没收。

与征集签名相比,保证金降低了直接民主的交易成本。与通过互联网进行的价格低廉的征集签名相比,保证金能阻止那些无聊轻佻或者以前未被通过的提案。宪法可以通过公民表决提案保证金降低直接民主的速度,但又没有使直接民主停步或者增加不必要的成本。要注意在有些国家,尤其是新西兰和英国,已经要求议会的候选人交保证金,如果选举中成绩不佳则保证金将被没收。

还需要注意的是,在美国,被指控犯罪的人在等待审判的时候要想不进监狱就必须交保证金。在审判时出现的人将能拿回保证金,而在审判时没有出现的人保证金将被没收。在现实中,许多人从职业的保人那里借钱交保。职业保人基于他对风险的评估按一定比率收费。同样,就公民投票提案,应该发展出一个

148 允许支持者借保金的市场。放款人对于前景好、风险低的公民投票提案按较低费率收费,对于前景不看好、风险高的提案按较高费率收费。

结论

为什么民主政府不能满足公民政治偏好的情况是如此常见?政治竞争的不完全性部分地解释了这一不足。民主宪法一方面组织候选人为公职展开竞争,另一方面阻却政府为获得对人民和财产的管辖权展开竞争。在这一章里,我分析了流动性、私法选择、公共物品合同和直接民主的法律框架。

流动性让对地方公共物品有类似偏好的人们聚居在一起,由此提高了效率。司法管辖权合同通过允许人们选择解决纠纷的最佳司法管辖区,由此提高了效率。总有一天,我们设想的一些机制可能把政府辖区之间的竞争扩展到把事故责任法也囊括进来。公民表决提案允许公民用中间投票者定理取代失败的立法交易。总体而言,改进政治竞争的立法框架有望使公民对政府更加满意。

第七章　部门与机构

官僚体制组织的优势的决定性原因，向来是由于它的纯技术优势超过其他任何形式的组织。一种充分发达的官僚体制与其他组织相比，恰恰如一台机器的货物生产和非机器的货物生产一样。 149

——马克斯·韦伯[1]

我们（国家官员）只是地位卑微的低级职员，正式文件中很难找到我们的名字；我们和你们的案子毫不相干，我们的任务只是每天看管你十个小时，并因此而领取工资。

——卡夫卡《审判》[2]

---

〔1〕 马克斯·韦伯1974，第214页。韦伯描写了完美的官僚制是怎样运作的："精确、迅速、明确、精通档案、持续性、保密、统一性、严格的服从、减少摩擦、节约物资费用和人力——这些在严格的官僚体制下达到最佳的效果。……官僚制首先提供了按照纯粹客观的考虑因素、通过专业化的行政职能执行的最佳可能性。"

〔2〕 卡夫卡1956，第9～10页。

当我们看到巨型水坝陡峭的侧壁,或者满载海员的战舰时,我们对于国家官僚体制的力量心生敬畏。如前面的引语中所说,德国社会学家马克斯·韦伯相信现代国家行政管理体现了工具理性。工具理性被定义为是通过有效的手段追求明确的目的。但是,政府也会为了让水泥生产商发财而建造不需要的水坝,或者派遣战舰去执行实际只需要一艘小艇来完成的任务。另一名著名的德国作家弗朗茨·卡夫卡对这些事实予以关注,把国家官僚体制描写成被判罪的公民徘徊于其中、没有逃脱希望的迷宫。卡夫卡显然是相信政府官僚体制体现的是非理性。非理性被定义为用无效率的方式追求相互矛盾的目标。

民主制国家应该像韦伯所设想的那样,用有效的手段追求明确的目标。对官僚体制的激励和控制提出了法律上的基本问题。这些问题必须解决,以避免卡夫卡所预想的非理性。本章将阐述
150 一个分析政治与行政管理之间互动关系的框架。我将分析对于行政管理人员的立法与司法监督。这里有一些本章要讨论的问题的例子:

例1:假定宪法把行政执行机关和立法机关分开。在受到行政首长或立法机关的监督、或同时受到两者监督的情况下,国家官僚体制中的行政管理人员是否会有更大的自由裁量权?

例2:法院或其他类似的外部主体给想参与到具有环境敏感性的活动中的国家行政人员制定了非常冗繁的程序。行政人员的回应方式是减少此类活动。那些有着广泛权力的部门和机构缩减此类活动的程度是多于还是少于那些拥有权力范围较窄的部门和机构缩减此类活动的程度?

例3:某国的宪法授权该国总统经立法机关的批准任命监督银行的官员。在被任命者五年任期届满之前,总统想要解除监督

银行的官员的职务。法院必须判决宪法是否允许总统单方免除监督银行的官员的职务，或者免职需要经过立法机关的同意。法院的判决对监督银行的官员的自由裁量权有着怎样的影响？

例 4：航空部负责监管航线计划，其资金源于一般税收收入。如果用航空燃油税替代一般税收收入作为航空部的资金来源，该部的行为会发生什么变化？

第一节　国家行政机关的一般属性

在现代国家，立法机关、司法机关和行政首脑做出的决策有赖于一系列部、局、署的执行。每一个这样的组织都有自己的历史和特征。用美国来做例证，美国国务院历史悠久，而美国环保署较新；国防部很大，而联邦储备委员会较小；货币监理署与银行打交道，职业健康与安全管理局与雇主打交道。但是，在这些差别之外，作为政府官僚机构，这些组织也有一些共同特征。我将讨论四个共同特征，构成本章中模型的基础。

第一，政治家为大多数政府官僚系统提供资金、监督其运作、任命其领导。例如，美国总统任免农业部长，而农业部从国会拨款中获得其大部分资金。政治家经常通过任免领导、调整预算、考评绩效、制定规则来影响部门或国家机构的行为。顶层的政治控制使官僚体系必须对政治做出回应。但是，在例外的情况下， 151
法律会使某一国家机构免受政治影响。比如，美国中央银行（联邦储备银行）从其利润而不是国会拨款中获取自身的资金，总统任命的董事会成员任期为十四年。像中央银行这样的组织在民主政体中是民选官员控制绝大多数部门和国家机构这一规则的例外。

第二,在国家行政机关,当官员控制之下的行政管理单位的规模增大时,官员的收入和权力都会增加。当他们所管理的组织规模增大时,官员的提升更快;当他们所管理的组织规模缩小时,官员的提升更慢。因此行政管理人员通常很重视其组织的规模与增长。如果有自由裁量权的话,公务员会迫不及待地扩张行政机关。有一个来自20世纪20年代的例子,颇令人发笑。这个例子描述了英国海军雇员人数的急剧增长和同时期英国海军船只数量的急剧下降。[3]

第三,科层制组织采用规则来进行决策。如第四章中的模型所示,规则降低了低层级官员把资源从高层级官员所设定的目标上挪用出去的能力。没有规则,官僚体系会失去控制,并且将资源挪为己用。但是,规则也降低了官员们对变化做出反应的灵活性。规则过多的时候,国家行政管理人员的僵化会让公民感到窒息。

第四,许多政府组织监管私营经济,私营经济反过来影响监管者。监管者和被监管者密切联系,彼此有策略性互动。在监管者的行为中,被监管者的利益是集中的,而一般公共利益则是分散的。因此,被监管者经常对监管者有着不成比例的影响。在极端的情况下,被监管者俘获监管者,利用国家为自己获取垄断利润或补贴(Elhauge 1991,Stigler 1975)。

国家行政机关的共同特征是来自上面的政治控制、来自内部的向外扩张的压力、来自外部的有组织的利益集团的压力以及遵

---

〔3〕 参见 Parkinson 1957 第8页上名为"海军部统计"的图。服役的主力舰的数量从1914年的62艘降到1928年的20艘,而造船厂的军官和职员增加了40%,海军军官增加了28%。"帕金森定律"的一个版本就断称官僚机构的规模和其必须完成的工作量呈相反方向变化。

循规则的需要。这些共同特征表明了与基于每个组织独特历史的特殊理论相对的、关于国家行政机关的一般理论的可能性。在第四章中，授权博弈和规则博弈分析了权力链条上的每一个环节是怎样淡化了顶层所制定的目标。在本章中，我运用稀释效应来预测国家行政机关对法律的反应。

第二节　作为官僚体系的行政机关

国家机构通常运用税收收入来提供服务或生产公共产品。
为描述这些事实，图 7－1 中的横轴表示用预算或人员来衡量的 152
机构规模。当组织增大时，组织会以更高的总成本供给更多的公共产品。纵轴表示其给社会带来的收益（净社会收益），它等于公共产品的价值减去供给它们的成本。从图 7－1 的原点开始，当部门或机构扩张时，净社会收益也在增加。当机构规模等于 x^* 时，净社会收益达到最大值，x^* 也是机构最有效率的规模。过了 x^* 以后，组织进一步的扩张所耗的成本超过了公共产品的增加值，所以随着组织规模的扩大净社会收益下降了。

许多充分掌握信息的选民大体上赞同部门或机构的规模等于 x^*，这使净社会收益最大化。如果行政管理人员、利益集团和政治家按照资源的有效配置来追求公共利益，他们也会把部门或机构的规模定在 x^*。事实上，每个群体都有自身的利益，我将略述之。

当国家组织扩张时，组织中的行政管理人员获得更多的职权和更多的报酬。行政管理人员因此通常会支持把规模扩张到分

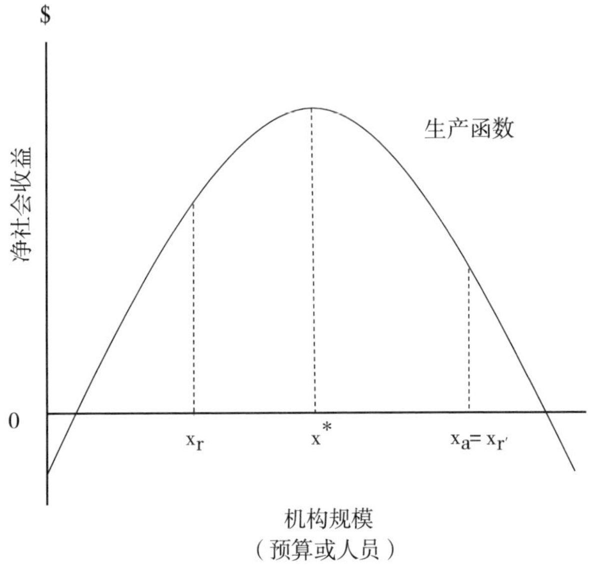

图 7－1　机构规模

配效率所要求的规模之上。**臃肿原则**是一项假说,认为部门或机构中的行政管理人员会尽力使按预算或人员来衡量的组织规模最大化(Niskanen 1971)。就图 7－1 而言,国家行政管理人员希望朝横轴右侧移动得尽可能远,比方说移到 x_a 点。[4]

当行政管理人员力图扩张每一个国家官僚体系的时候,利益集团可能追求其他目的。例如,许多部门和机构向产业部门提供非常有价值的服务,同时也进行大量监管。被监管的产业部门喜
153 欢能够让产业利润最大化的国家监管者规模。当国家官僚体系的规模扩大时,有价值的服务和繁重的监管按照不同的速率增长。两者增长的速率决定着能让产业利润最大化的国家官僚体

〔4〕 我隐含的假设是对于机构的扩张存在约束,所以 x_a 是一个有限的数目。

系的规模。图 7－1 描述了被监管者喜欢较小规模的监管者的通常结果，比方说 x_r 点，而不是社会的最佳值 x^*。

图 7－1 描述了包括监管者在内的行政管理人员的利益，也描述了社会最佳值。如图所示，行政管理人员喜欢大型组织 x_a，被监管者喜欢小型组织 x_r。尽管在特定的部门或机构中被监管者和行政管理人员有着集中的利益，但是大多数选民的利益是分散的。因此，被监管者和行政管理人员的组织动员程度优于选民的组织动员程度。更好的组织程度意味着更多的信息和更大的影响力。由于大部分选民处于无组织和未觉醒的状态，因此被监管者和行政管理人员的说服力对于选举竞争产生了不成比例的影响。有的时候结果遵从中间投票者定理，如第二章所解释过的，这会产生成本—收益的最佳值，但有的时候被监管者或行政管理人员会改变这个结果。如果选举竞争有利于图 7－1 中的被监管者而不利于监管者，则获胜的政治家会赞同小型部门或机构。[5] 反之，如果选举竞争有利于监管者而不利于被监管者，则获胜的政治家会赞同大型机构。

我们已经解释过，图 7－1 中，被监管者想要他们的监管者收缩到 x_r 点。但是，在许多情况下，被监管者俘获了监管者，利用国家来获取垄断利润或补贴（Elhauge 1991，Stigler 1975）。比如，许多航空公司喜欢国家航空局堵住行业入口，执行高票价。同样，许多农场主喜欢大规模农业补贴，许多退休者喜欢大规模的社会保障待遇。在这些情况下，被监管者和其他受益者可能会喜欢大型机构，如图 7－1 中 x_r' 所示。在这些情况下，被监管者和监管者的影响力结合在一起，造成需要大型国家官僚体系的强大压力。

---

〔5〕 假设有有效的选举竞争，图 7－1 中政治家的无差异曲线也是投票的等产量曲线。

根据这个关于部门或机构行为理论的简述,监管者和被监管者的利益通常与一般公众的利益是冲突的。在下一节中,我将解释当政治家和法官试图控制机构的时候,机构会有怎样的反应。

问题:假定由政治家决定国家机构的大小,并且假定相比对一般公众而言,政治家能对监管者和被监管者做出更多的回应。试描述这些群体的利益格局处于何种状态时会导致产生一个比配置效率所要求的更大的国家机构。接下来再描述一下这些群体的利益格局处于何种状态时会导致一个比效率所要求的更小
154 的国家机构。

第三节　监督部门与机构

宪法和其他基本法配置了监督国家官僚机构的权力。比如,在典型的总统制中,行政首脑可以向公务员发布命令,立法机关可以举行听证会、调整部门或机构的拨款,法院可以审判针对行政管理人员的起诉。我将会分析权力分立怎样影响行政机关的自由裁量权。我的分析将引入在第九章会再度出现的一个关于自由裁量权的空间模型。[6]

一、单方监督

我首先把这一观念形式化:公务员的自由裁量权止于其行为引发有效监督时。公务员的政策选择与政治家和法官的偏好相

---

〔6〕 关于机构自由裁量权的空间模型的最近一篇论文,参见 Spitzer 1990。

去甚远时,就会引发监督。图 7－2 描述了公共政策的一个单维选择。选择的维度可以是任何能用变量表示的政策,比如在某一个项目上的开支或者某项政策在从右翼到左翼之间的意识形态定位。

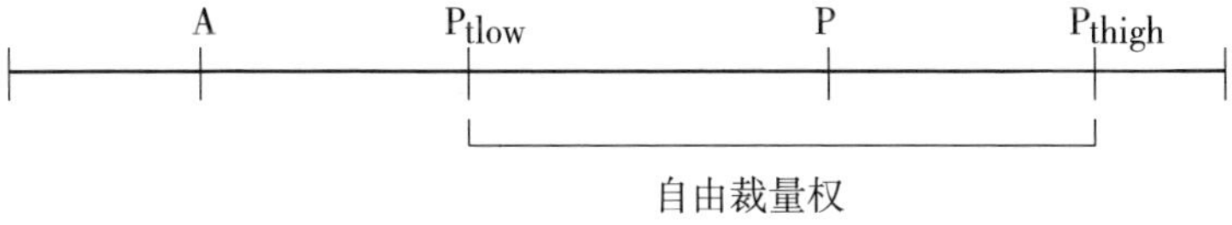

图 7－2　部门或机构的权力与交易成本

我假定在图 7－2 中行政管理人员直接控制变量,政治家或法官有权监督行政管理人员。因此,我把行政管理人员称为"代理人",而把监督者称为"委托人"。A 点代表代理人最喜欢的变量值。如果没有约束,代理人将选择 A 点。但是,委托人的偏好约束着代理人。P 点代表委托人最喜欢的值。随着代理人的选择与 P 点之间距离的增加,委托人对代理人的不满也在增加。我假定委托人可以通过行使监督权强制代理人选择 P 点。但是,行使监督权会给委托人增加交易成本 t。因此,除非行使监督权所导致的不满意的减少超过 t,否则委托人不会行使监督权。

为了用数学总结这一行为的特征,令 P_t 表示委托人对代理人的不满等于监督的交易成本的点。P_{tlow} 代表 P_t 的下限值,P_{thigh} 表示 P_t 的上限值。在集合[P_{tlow},P_{thigh}]**之内**任选一点都**不会**引发监督。反之,在[P_{tlow},P_{thigh}]之**外**任选一点都**会**引发监督。

在图 7－2 中,代理人的自由裁量权等于不会引发监督的集 155
合中的点,即[P_{tlow},P_{thigh}]。一名理性的代理人会在服从不引发监督的约束条件下,选择最靠近他自己偏爱点的那个点。比如,一名理性的代理人会选择 P_{tlow} 点,这是在[P_{tlow},P_{thigh}]内最靠近 A

的点。

要求代理人遵守规则、不要擅自决断通常会降低委托人监督的交易成本。如图 7 - 2 所示,降低监督的交易成本可以减少 P_{thigh} 和 P_{tlow} 之间的距离,由此减少代理人的自由裁量权。(回忆一下第四章的规则博弈,立下规则可以减少代理人的自由裁量权。)为了降低监督成本,减少资源挪用,规则要遍布官僚体系各处。比如,瑞士经常使用一个公式在该国三个主要的语言群体中分配联邦的资源。偏离这项规则的联邦行政管理人员有被调查和申斥之虞。[7] 这个公式减少了需要接受调查的情形,用此方法降低了监督行政管理人员的交易成本。

当规则赋予个人权利时,若代理人违反规则,会使受害人诉诸救济。受害人通过诉诸救济使委托人警觉,意识到代理人违反规则的事实。所以委托人会颁布规则,以获得控制代理人所必需的信息。我们可以把对投诉做出回应来进行监督这种方式描述为是"灭火"。

比如,假设行政管理人员在决定是否允准或否决一项许可时必须遵循已经规定好的程序。如果行政管理人员违反了程序,拒绝给某人许可,受害者可以向法院或行政法庭起诉。在进行调查的过程中,法院或行政法庭将把对行政管理人员的指控通知其上级。相反,如果没有规则,行政管理人员在对许可申请做出裁决时有权变更程序,而被拒绝的申请者没有起诉的理由。没有起诉,法院和行政法庭将无法就行政管理人员的行为向其上级发出警示。

像立法者或部长这样的高官需要就行政管理人员的表现向

---

〔7〕 传统的公式将 10/15 的资源分配给说德语者、3/15 的资源分配给说法语者、2/15的资源分配给说意大利语者。

选民做出回应。[8] 发现让政治官员对行政管理人员的行为保持警觉的更好的方法,会降低监督的交易成本,减少国家官僚体系的自由裁量权。

二、行政程序法

根据图 7-2,降低监督的交易成本会增加对行政管理人员的控制。为降低监督的交易成本,许多国家都有法律给行政管理人 156
员规定统一的程序。[9] 制定的程序经常因所要决定的问题而有所不同。有一类程序是用来决定个人权利的,比如在颁发或拒绝建筑许可时的程序。另一类程序是用来给某一类人颁布规章的程序,如制定建筑安全标准的程序。法律通常规定行政管理人员在决定个人权利的时候要比在制定规章的时候有更高的合法性。因此,决定个人权利的行政程序通常与法庭审判相似,而制定规章的程序与立法相似。

例如,除非特别立法另外规定了专门程序,美国的每个机构都必须遵守《行政程序法》所规定的决策程序。法院把这项法律解释为在决定个人权利的时候需要"准司法程序"("正式程序"),在制定规章的时候需要"准立法程序"("非正式程序")。准司法程序涉及听证会、提出证据的权利和基于听证会记录做出的裁决。例如,如果某家企业申请一项许可,行政管理人员通常必须举行一场听证会来决定是否颁发许可,并且必须基于听证会记录作出裁决。如果行政管理人员拒绝给申请者颁发许可,申请者可以申诉,会有审查程序来决定听证会的记录是否能够为行政

---

〔8〕"我们的结果显示游说可以减少议会与官僚体制之间的信息不对称,仅仅是威胁要拉响'火警'就可以导致有利于利益集团的政策让步。"(Epstein 和 O'Halloran 1995)

〔9〕在 Rose-Ackerman 1994 中有对于美国的统一行政与德国的多元化程序的比较研究。

管理人员的裁决提供正当理由。

与此形成对照的是,准立法程序不那么烦琐,涉及由行政管理人员提出议案、公布议案、征求意见、审查意见和公布决定。在按照规定的程序获得了信息之后,行政管理人员可以运用自由裁量权做出决定。颁布新的规制标准不需要听证会和基于听证会记录所作出的裁决。如果有人对新规制标准的合法性提出质疑,法院也不会要求行政管理人员提供构成决策基础的信息的书面记录。

美国联邦法院根据《行政程序法》来确定把机构的决定归入准司法程序还是准立法程序。把一项决定归入准司法程序会创制很强的、个人向法院起诉这项决定的权利。相反,把一项决定归入准立法程序则赋予该机构更多的自由裁量权。

我们用一个真实的案例来说明。[10] 假定核能局在没有考虑核废料再处理的环境影响的情况下,给某个发电厂颁发运营许可。核能局认定,核废料再处理的环境影响是所有核电厂共有的问题。因此,申请运营某个核电厂的许可不需要考虑该厂核废料再处理的问题。

157 当某一环保组织起诉核能局违反《行政程序法》的时候,法院要认定忽略核废料的环境影响的决策是准司法性的还是准立法性的。如果法院认定这个决定是准司法性的,那么核能局每次在颁发运营许可的时候都必须遵循一种较为烦琐的程序。准司法程序包括环保组织在听证会上出庭作证的权利和该机构基于听证会记录作出裁决的义务。在具体案件上不同意机构裁决的利

---

〔10〕 佛蒙特州扬基核电公司诉自然资源保护委员会(Vermont Yankee Nuclear Power Corp. v. Natural Resources Defense Council),435 US 519,985 SCt 1197,55 LEd2d 460(1978)。

益相关方可以很容易地找到据以起诉的法律问题。或者,如果法院认定这个决定是准立法性的,核能局可以按照一个相对不太烦琐的程序创制适用于每个个案的规章。对该机构决定不服的利益相关方想找一个可诉的问题就不那么容易了。

用图7-2来解释这个例子,把"委托人"P看作一个想控制核能局的强势政治人物,如总统或议会委员会的主席。如果法院把核能局的决定看作准司法性的,像激进环保主义者这样的不同意核能局的群体会倾向于起诉。诉讼将会使总统或委员会主席警觉,意识到核能局已经和政治选民发生了冲突。总统或委员会主席可以用施加压力让核能局改变其行为的方式来做出回应。因此,来自诉讼的反馈降低了委托人监督的交易成本,减少了机构的自由裁量权。

如果总统或委员会主席的偏好P与核能局的偏好A不一致,委托人会不信任代理人,并因此欢迎法院监督代理人。反之,如果总统或委员会主席的偏好P与核能局的偏好A一致,则委托人会信任代理人并希望法院给该机构以自由裁量权(回忆一下第四章的授权博弈,根据授权博弈的原理给代理人自由裁量权可以节约委托人稀缺的时间)。

"主权豁免"一度是指英国国王不能在其自己的法院内被起诉这一原则。美国法吸收了这个原则,将其作为权力分立的一个方面。据称,要让行政权和司法权分立,任何人都不能在自己的法院起诉政府。但是,如果行政管理人员不能被起诉的话,那么行政首脑就无法掌握原本可以由庭审过程所披露的关于行政管理人员行为的信息。执行主权豁免消除了规训行政管理人员的一个工具。

来具体说明一下这项原则。1946年到1963年,一些美国士兵和平民因暴露在原子弹大气测试的辐射中生病和死亡。关于主权豁免的成文法和司法判决保护了美国政府免受起诉。〔11〕但是,在《沃纳修正案》通过之前,给这些测试提供设备的平民承包
158 商或帮助操作这些设备的承包商是不免于法律责任的。《沃纳修正案》是1984年通过的一项国防拨款法案的附加条款。这项成文法允许美国政府在关于核武器测试的诉讼中代替私人承包商成为被告。在代位之后,政府再行使其主权豁免。有两家联邦巡回法院支持《沃纳修正案》的合宪性,最高法院也拒绝受理上诉。〔12〕显然政府和私人承包商在他们的过失导致的辐射中有时免于承担法律后果。〔13〕

责任的威胁使任何人——个人、企业和国家——都不敢使人们暴露于危险之中,因此主权豁免剥夺了公民规训国家的一个重要机制。这可能正是美国法院近年来通过允许更多针对政府的诉讼来严重削弱主权豁免原则的原因。

问题:

1. 假定图7-2中监督的交易成本增加了。描述一下[P_{tlow},P_{thigh}]会有什么变化。解释一下行政管理人员行为的变化是取决于A点是在[P_{tlow},P_{thigh}]之内还是在[P_{tlow},P_{thigh}]之外。

2. 假定行政首脑任命负责在住房部内领导公务员工作的住房部部长。为什么行政首脑和住房部部长希望公民有权就住房部做出的决定向法院起诉?

---

〔11〕关于保护美国政府免受士兵的起诉,参见费雷斯诉合众国(Feres v. United States),340 US 135(1950)。关于保护美国政府免受平民的起诉,参见《联邦侵权索赔法案》,28 U.S.C.A. 2680(a)。

〔12〕大气测试诉讼,820 F2d 982 (Ath Cir 1987);哈蒙诉合众国(Hammong v. United States),786 F2d 8 (1st Cir. 1986)。

〔13〕Fletcher 1990.

三、多个委托人

图7－2描述了有监督权的单个委托人。但是有时候，多个委托人就某一事件都有监督权。这种情况被称作“共同代理问题”。比如，当宪法分权的时候，一个以上的政府机关有权监督国家官僚体系中的行政管理人员。对于代理人而言，委托人是单方行使监督权还是协同行使监督权，其结果是不一样的。

我用**单方**指一个委托人自己行使其专门监督权。例如，行政机关和立法机关都有调查某一机构行为的单方权力。我用**协同**指一个委托人在没有其他委托人的同意时不能行使监督权。例如，对行政管理人员的有效监督可能需要立法机关举行听证会，公布调查结果；而后行政机关通过向行政管理人员发布命令来对调查结果做出回应。或者行政机关将一名官员免职并提名继任者，立法机关可能必须要确认这个提名。或者行政机关可 159
以对机构发布新的命令，而法院可能需要对命令的合法性进行审查。（见图7－3）

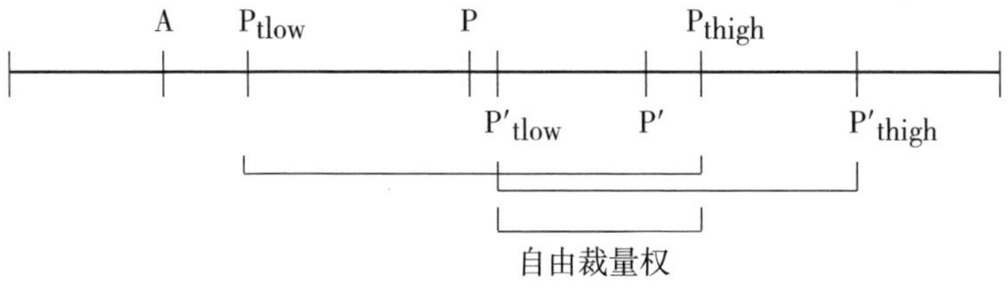

图7－3　两个委托人的单方监督

我将把图7－2扩展，分别用来表示单边监督和协同监督。在图7－2中，除非因审查所减少的委托人的不满超过了监督的交易成本，否则委托人不会审查代理人。增加另一个有单边监督权的委托人提高了代理人的行为引发某一个委托人审查的概率。图7－3

通过在图 7－2 中增加第二个委托人来描述这些事实。P′表示第二个委托人最偏好的点。集合[P'_{tlow},P'_{thigh}]表示**不会**引发第二个委托人审查的点的范围。在两个委托人都有权进行单边审查的情况下,图 7－3 中代理人的自由裁量权等于不会引发第一个或第二个代理人审查的交集中的点:

$$代理人的自由裁量权 = [P_{tlow}, P_{thigh}] \cap [P'_{tlow}, P'_{thigh}] = [P'_{tlow}, P_{thigh}]$$

在图 7－3 中,理性的代理人会选择 P'_{tlow}点,而不是像在图 7－2 中那样选 P_{tlow}点。总体而言,增加另一个有单边监督权的委托人通常是减少而不能增加代理人的自由裁量权。[14]

我已经说明增加第二个有单边审查权力的委托人会**降低**代理人的自由裁量权。接下来我将说明增加另一个有**协同**监督权力的委托人会**增加**代理人的自由裁量权。在有协同监督权的情况下,每一个代理人都能否决另一个代理人的监督。具体来说,假定审查和改变一项行政决定需要行政首脑和立法机关合作。图 7－4 在一个政策空间维度上描述了行政机关最偏好的点 E 和立法机关最偏好的点 L。从图 7－4 的左边开始,立法机关和行政首脑都想朝右移动。但是,一旦到达 E 点,行政首脑反对继续朝右移,而立法机关赞成继续朝右移。

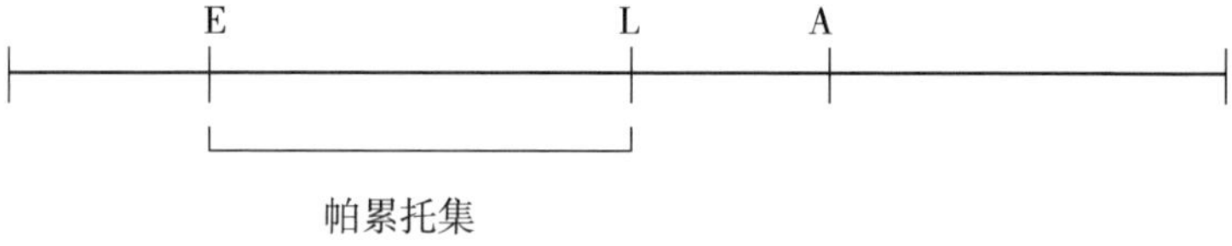

图 7－4　代理人的自由裁量权

〔14〕 原则上,[P_{tlow},P_{thigh}] ∩ [P'_{tlow},P'_{thigh}]可以是空集,在这种情况下除非委托人合作,并通过交易达成协议,否则代理人将无法履行职责。

同样，从右边开始，行政首脑和立法机关都想朝左移动。但是，一旦到达 L 点，立法机关反对继续向左移动，而行政首脑赞成 160
继续向左移动。因此 E 和 L 之间的点的集合，用[E,L]表示，界定了与立法机关和行政首脑的偏好有关的帕累托集。

如果代理人从帕累托集之外的任何点选择政策，但是立法机关和行政首脑都偏好帕累托集之内的点，因此，他们准备协同审查代理人并命令代理人改变其政策。行政首脑和立法机关是否会审查代理人取决于交易成本。如果审查的交易成本为零，当代理人选择了[E,L]之外的点的时候，行政首脑和立法机关就会合作进行审查。如果交易成本为正值，则当代理人选择了[E,L]之外足够远的一个点，以至于行政首脑和立法机关从政策变化中得到的收益超出实施审查的交易成本时，行政机关和立法机关会合作进行审查。

反之，如果代理人在帕累托集内任意一点选择其政策，行政首脑或立法机关会通过不进行协同审查来遏制任何改变政策的企图，甚至于审查的交易成本等于零的时候也是如此。假定审查无须成本，集合[E,L]界定了代理人的自由裁量权。用图 7－4 来说明，代理人最偏好 A 点，L 是帕累托集中最接近 A 的点，所以面临零审查成本的理性代理人会选择 L 点。通过选择 L 点，代理人能确保立法机关否决任何行政首脑审查代理人的企图。假定审查无须成本，代理人的自由裁量权等于委托人能够否决审查的帕累托集。总体而言，增加了一个在审查时必须与之协同的委托人通常会增加、而不可能减少代理人的自由裁量权。

要注意在图 7－2 中，当我假定是单边监督时，当监督的交易成本下降为零的时候，代理人的自由裁量权减少了，甚至是消失了。换言之，是交易成本产生了行政管理人员的自由裁量权。在

图7－4中我假定协同监督，情况就不一样了。在图7－4中，当委托人进行监督的成本降至零的时候，代理人的自由裁量权趋近于委托人的帕累托集。换言之，委托人之间的不一致产生了代理人的自由裁量权。

问题：

1. 假定部长由行政首脑任命。因此，行政首脑能够审查该部
161 门。假定法院起初拒绝审查该部门某些行为的合法性，但后来法院转变了立场，开始行使审查的权力。换言之，法院起初听行政首脑的，后来不再这么做了。按照上面的定义，这些新的事实构成"单边"或"协同"审查吗？预测一下法院行为的变化会怎样影响部长的自由裁量权。

2. 负责领导总审计署的美国总审计长由总统任命。法院判决总统可以在没有国会同意的情况下免去总审计长。运用图7－4来说明如果免职需要国会同意的话，总审计长的自由裁量权会有怎样的增加。

3. 美国总统任命一些行政管理人员，另外有一些行政管理人员由总统提名且参议院必须同意。预测一下行政首脑任命和提名之间的差异对总统的自由裁量权有怎样的影响。另外预测一下这个差异对各行政机构领导的行为的影响。

第四节　影响国家机构

现在我来考察委托人影响国家机构的一些手段。当国家供给某些公共物品或私人物品的时候，必须做出许多与个人有关的决策，比如决定监管的覆盖范围或者什么样的人有资格获得某项

惠益。这些决策可能是以“零售”方式做出的,也可能是以“批发”方式做出的。零售程序使用个别处理式的决策;批发程序颁布规则,将其适用于每一个人。

在交易成本方面,两种程序是不一样的。当国家供给更多的物品时,个别处理式决策的交易成本急剧上升。反之,颁布一般规则需要初始成本,但是一旦规则颁布以后,后续的执行决策成本相对较低。

图 7-5 描述了“零售”决策和“批发”决策在交易成本方面的差异。横轴代表某一部门或机构供给的物品的数量,纵轴代表供该部门或机构供给物品的总交易成本。如标有“个别处理式决策”的那条陡峭的线所示,当物品的供给增加时,个别处理式决策的交易成本急剧增加。“批发”程序需要颁布一般规则,要求有由 c 所表示的初始成本。但是,如标有“一般规则”的坡度较缓的线所示,后续的适用规则的成本相对较低。

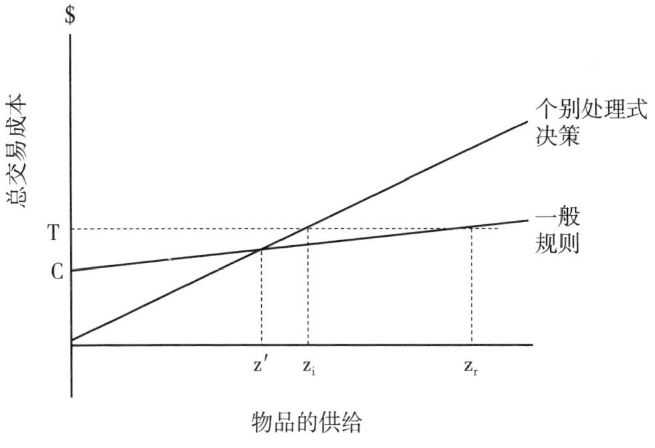

图 7-5　生产函数

总成本线的交点,即 z′点,是一个临界点。当供给少于 z′的

物品的时候,个别处理式决策的交易成本更低,而当供给多于 z′
162 的物品的时候,一般规则的交易成本更低。因此,对于供给大量的物品而言,一般规则比个性化决策更有效率。例如,以数量为 T 的交易成本,通过一般规则可以生产 z_r 的物品,而通过个别处理式决策可以生产 z_i 的物品。

为了具体比较程序上的差别,来考察对美国真实案例进行模型化处理后的两个例子。[15] 城区里开阔地带非常稀缺,所以修建的新路有时会穿过公园。给新路选址的决策需要比较交通的价值和公园的价值,既可以以“零售”方式做出,也可以以“批发”方式做出。“零售”需要交通部门举行听证会,衡量可能影响每个公园独特价值的所有因素。“批发”方式需要交通部门颁布规则,具体规定为修路购买公园的标准。规则限制了考虑因素的范围。一旦交通部门颁布了规则,它必须遵循这些规则而不是考虑每块地的独特价值。

鉴于这些事实,图 7 - 5 中的横轴可以被解释为由交通部门修建的通过公园的道路的英里数。当修建道路里程很短的时候,运用个别处理式决策的“零售”程序更为便宜。当修建道路里程很长的时候,运用规则的“批发”程序节约了交通部门的交易成本。

第二个例子考察核电厂的建设。假定核能局要决定是否给一家核电厂颁发营业执照。[16] 在这个例子中,我们把图 7 - 5 中
163 的横轴解释为核能局颁发的核电厂营业执照数量。“个别处理式决策”意味着在进行决策之前,核能局要举行听证会,或者与受核

[15] 这个假想案例基于保护欧弗顿公园的公民诉沃尔普案(Citizens to Preserve Overton Park, Inc. v. Volpe),401 US 402, 91 SCt 814, 28 LEd2d, 136(1971)。

[16] 这个假想案例基于佛蒙特州扬基核电公司诉自然资源保护委员会案(Vermont Yankee Nuclear Power Corp. v. Natural Resources Defense Council)。

电厂影响的各当事方咨商。在这些听证会上,核能局按照每个个案的独特属性来决定要怎么做。“一般规则”意味着核能局颁布规则,具体规定做出决策的标准,然后核能局把其审议范围限制在规则规定的标准之内。在只给少数几家核电厂颁发执照时,运用个别处理式决策的“零售”程序更为便宜。当给多家核电厂颁发执照时,运用规则的“批发”程序节约了核能局的交易成本。

在第三个例子中,我把“零售—批发”的区别用于法庭的判决。回忆一下前面讨论过的法院必须决定核能局给核电厂颁发执照是“准司法性的”还是“准立法性的”。如果法院把核能局的决定归为是“准司法性的”,法院必须逐案解决这些纠纷,这就给了法院很大的控制权。反之,如果法院把核能局的决定归为“准立法性的”,法院可以就涉及核能局所遵循的规则的案件作出裁判。具体而言,把图 7－5 中的横轴解释为法院审理的案件数量,把纵轴解释为法院审判案件的成本。根据对图 7－5 的这个解释,如果将来只需给少数几家核电厂颁发执照,法院可以以较低的交易成本进行逐案审查。在这种情况下,法院会以较低的交易成本获得对核能局的深度控制。但是,如果将来需要给很多家核电厂颁发执照,法院逐案审查就要支付很高的交易成本。法院因此可能会偏好制定一般规则,这会牺牲法院对核能局的一部分控制,但也会降低交易成本。

总体而言,如果在图 7－5 中,法院发现一旦它超过了 z′点,就必须在交易成本和对行政管理人员的控制之间进行权衡。理性的法院会通过比较自己的偏好与行政管理人员的偏好来进行权衡。如果法院的偏好与行政管理人员的偏好不同,法院往往通过逐案决策的方式获得较高程度的控制。反之,如果法院的偏好与行政管理人员的偏好一致,法院往往通过制定一般规则节约交易成本。[17]

问题：

1. 林业部必须决定哪些国家森林可以颁发执照进行开发，哪些要进行保育。目前林业部是以逐案审查的方式进行决策的。讨论一下林业部什么时候会改变决策程序，放弃逐案审查，制定一般规则。

2. 在给核电厂颁发执照的时候，法院必须决定就核废料的环
164 境影响问题，核能局是遵循准司法程序还是准立法程序。假设核能局的领导由行政首脑任命。行政首脑支持核能，而法院反对核能。试描述理性的法院将作出怎样的判决。

第五节　程序怎样影响结果

政治家和法院经常试图通过给决策过程制定程序来影响行政管理人员。例如，行政首脑试图通过制定发放采伐许可证的程序来控制环保局，或者法院试图通过要求警察记录对犯人的审讯过程来减少警察滥权。什么时候给行政管理人员制定烦琐的程序会产生不同的结果，而不是以更高的成本产生相同的结果？

为了回答这个问题，我将把“零售”和“批发”决策的区别适用到代理人问题上。假定某一代理人通过适用一项“批发”规则生产图7－5中z_r数量的物品。代理人所做决策数量超过了z'，所以“批发”规则比逐案决策成本更低。现在假设有一位委托人，可能是一位政治官员也可能是一家法院，想要减少代理人对这种物品

---

〔17〕 我暗含的假设是法院的时间机会成本为一个常数。当法院的时间机会成本增加时，法院往往赞同一般规则，放弃逐案决策。

的供给。为达此目的,委托人要求代理人从“批发”决策转向“零售”决策。这个程序上的变化增加了代理人供给这种公共物品的成本。

代理人会以减少供给这种公共物品作为回应吗?对于私人企业来说,成本的增加会导致供给数量的减少(供给曲线上移)。把价格理论运用到国家领域,就部门和机构会得出同样的结论。如果民主程序发挥作用,政治家会因为供给物品而不是因为浪费资源而奖励行政管理人员。供给某一种物品成本的增加会导致行政管理人员生产较少数量的此种物品,生产更多的其他物品。

减少的幅度通常取决于行政管理人员用另一种物品替代程序更烦琐的这一种物品的能力。当这种替代在政治上和技术上都很容易的时候,制定更为烦琐的程序会导致该物品供给的**大幅**下降。例如,如果该机构也负责大量生产需要使用类似技术的其他公共物品,则该机构可以很容易地把资源从生产一种物品转移到生产另一种物品。

反之,如果这种替代在政治上和技术上都很困难,制定更为烦琐的程序会导致该物品的供给只有**小幅**下降。例如,如果该机构负责少量生产一种需要不同技术的其他公共物品,那么该机构很难把资源从生产一种物品转移到生产另一种物品。

更具体来讲,比较一下法院给穿过公园修路和为核电厂颁发执照制定的烦琐程序的不同结果。要求在穿过公园修路之前进行具有个案特点的听证会可能导致交通部门减少修建穿过公园的道路。同样,要求核能局在给核电厂颁发执照之前举行具有个 165
案特点的听证会可能导致核能局减少颁发给核电厂的执照。尽管在两个案例中影响的方向是相同的,但是其规模可能不同。交通部门可能只在公园里修一小部分路,转而在别的地方修路。交通部门可以通过把道路建在离开公园的地方来避免烦琐的程序,而不是对抗法院的判决。

但是,核能局的处境就不一样了。假定核能局对煤电或水电没有管辖权。如果法院在建设核电厂方面设立了更为烦琐的程序,核能局无法将其活动转移到供给其他物品上。为了维持其人员和拨款,核能局需要建设**核**电厂或者给**核**电厂颁发执照。因此,核能局内的行政管理人员会拒绝减少核电厂。根据这个假设,给颁发核电厂执照课加更高的交易成本将会增加核电的成本,但不会让核能局把资源用于提供其他物品。

政治家和法院经常试图通过给决策过程制定程序来影响行政管理人员。行政管理人员为了保持其机构的人员和拨款,通过调整其产品组合对外部控制做出回应。当接受外部指令不会危及组织规模的时候,行政管理人员会接受;而当外部指令会危及组织的规模和增长时,行政管理人员拒绝接受。总体而言,**政治家和法院为改变结果而制定烦琐程序对于那些能轻易替代具有烦琐程序的物品的行政管理人员来说最为奏效**。(本章附录将更为正式地分析替代效应。)

这些事实都指出了大型的、职能广泛的国家官僚体系的优势。大型的、职能广泛的组织生产许多不同的物品,因此它可以通过内部工作人员的转移从生产某种物品转移到生产另一种物品。由于替代相对容易,它可以对试图改变其产出的外部干预做出回应。比如,在德国,每个州的行政机关都有执行联邦项目的广泛职责,所以在各州的行政机关内部,联邦项目之间的替代相对容易。反之,一个相对较小的、职能狭窄的组织只生产少数几种产品,所以转向另一种产品需要裁掉一批工作人员或者把他们转移到其他组织去。由于替代相对困难,所以相对较小的、职能狭窄的组织拒绝改变其产出的外部干预。但是，在下一节，我会分析职能相对狭窄、只生产少数几种物品的组织的替代性优势。

第六节　策略性政策

行政管理人员对外部干预的回应部分地取决于资金。部门和国家机构的资金通常源于一般税收收入，所以这些组织有游说立法机关获得更多拨款的动机。替代性的资金来源会改变组 166
织的动机。一个好的激励体系会自动给更有效地生产公共物品的组织更多收入。比如，在**使用费**制度下，国家机构可以通过给使用者提供更多公共物品筹得更多收入。举个例子，用入场费来养活自己的公共游泳池可以通过吸引更多人来获得更多收入。

从与公共物品有互补关系的私人物品上收税也可以收到同样效果。比如，如果把燃油税用于道路建设，那么交通部就会从按照效率的要求、建设司机们会频繁使用的道路中得到更多收入，而不去建设不需要的道路。同样，如果对捕鱼按其价值征 1% 的税给渔业部门，那么渔业部门就有动机通过规章，使长期捕鱼的价值最大化。总体而言，用对与公共物品有互补关系的私人物品的税收给公共物品的供给提供资金，会激励国家机构将公共物品的供给最大化。

总体而言，**用对与国家机构生产的公共物品有互补关系的私人物品的税收代替一般税收收入会增进对行政管理人员的激励**。公共部门需要更多的**激励性资金来源**，我用这个词指能对公共物品的有效生产自动给予奖励的资金来源。

问题:

1. 在总统制下,立法机关委员会的结构通常与行政机关的结构平行。例如,美国国会有国防委员会,和国防部平行。讨论一下平行组织对于监督和行政机构行为的影响。

2. 讨论一下通过对与商务部和科技部所提供的公共物品有互补关系的私人物品征税来为商务部和科技部提供资金的方法。

总结与结论

部门和国家机构对政府有着独立的影响,而不是一丝不苟执行命令的奴隶。行政管理人员通常试图扩张组织规模,使之超过能使净公共福利最大化的水平。被监管者是鼓励还是对抗这种扩张取决于他们能否控制部门或国家机构。因此,公民、行政管理人员和被监管者对于各自所偏好的国家行政机关的规模有不同看法。在竞争性民主政体中,政治家们对公众、行政管理人员和被监管者做出的回应取决于能让选票最大化的策略。

167 法律和政策提供了一些控制部门与国家机构的手段。有效的组织能够降低监督的交易成本,并因此减少行政管理人员的自由裁量权。当宪法赋予多个委托人以单方监督权的时候,也会使行政管理人员的自由裁量权减少,而当宪法要求多个委托人协同行使监督权的时候,行政管理人员的自由裁量权会增加。

委托人有时候不喜欢行政管理人员的活动,并给这类活动制定烦琐的程序。如果行政管理人员可以在不危及拨款的情况下把委托人不喜欢的活动替代为委托人喜欢的活动,则提高这项活动的交易成本会有效地将该机构的精力转向其他活动。否则的话,该机构会吸收增加的交易成本,继续从事委托人不喜欢的活动。

部门和国家机构的行为是政府最佳数量这个大问题的一部分。理论上讲,选举把公民的偏好传导给政治家,政治家把偏好转变成由部门和机构执行的项目。为了遏制行政管理人员的挪用和稀释行为,基本法可以减少官僚体系的深度和广度,这就要求增加选举的数量。反之,过多的选举会使激励选民的公民精神枯竭,让他们变得不问世事,死气沉沉。当过多的选举使选民彼此疏远、也使被选举的官员变得不再引人注意的时候,基本法可以通过用更广、更深的官僚体系替代选举的方法来减少选举的数量。总体而言,宪法应该通过组织更多的选举来裂解难以操控的官僚体系;反过来,宪法也应该通过增加行政机关的管理层级来把这些不引人注目的政府联合起来。

一个英国人说,他把每天所见记到日记里,让科学家作为“实证证据”来使用。这样的日记可能会引起历史学家的兴趣,但是几乎没有科学价值。科学理论把原因和背景噪声区别开来。同样,本章程式化的模型提供了一种行政机关的叙事:在国家机构的行为中将原因从背景噪声中分离出来。[18] 更好地理解国家机构有助于使民主政体的行政管理更像韦伯说的工具理性,而不是卡夫卡式的非理性的恶意。[19]

---

〔18〕 就运用其他理论检验关于政府决策的具有特定结构的历史事实的例子,参见 Ackerman 1972 和 Allison 1971。

〔19〕 关于改进美国行政机关的具体改革建议见 Pildes 和 Sunstein 1995。

附录:价格效应和行政管理人员的偏好

附录运用消费者需求理论更为精确地解释行政管理人员对
168 供给某一特定公共物品的交易成本有怎样的反应。假定国家机构能供给公共物品 z_1,在图 7-6 中用纵轴表示,或者公共物品 z_2,在图 7-6 中用横轴表示。图 7-6 中的线表示在给定的资源和程序下能够生产的两种物品的组合。在降低到$\underline{z}_1$以下的较低水平的物品 z_1生产中,个别处理式的决策降低了 z_1的生产成本。在升高到$\underline{z}_1$以上的较高水平的 z_1物品的生产中,运用规则会降低 z_1的生产成本。为简便起见,我假定与 z_1不同,对于供给 z_2来说,运用规则成本一直较低。在保持机构的预算为常数的情况下,标有"最便宜"的线使用个别处理式决策与规则两者之中成本较为低廉的生产 z_1的方式来生产一定组合数量的物品。

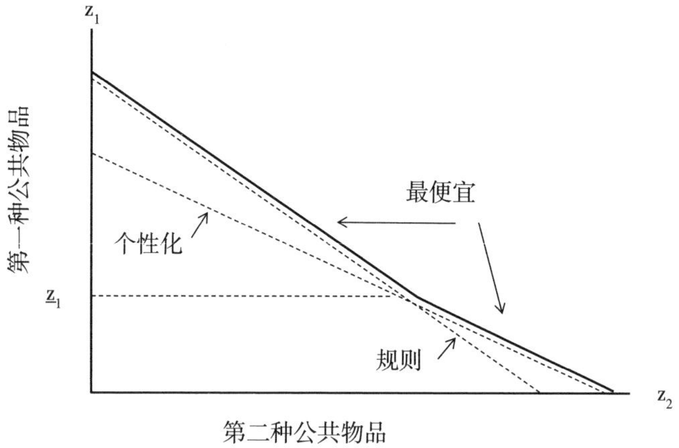

图 7-6　机构的生产可能性

具体来说,z_1可以表示"穿过公园的道路",z_2可以表示"公园之外的道路"。如图 7-6 所示,当数量超过$\underline{z}_1$的时候,个别处理式决策的要求使建造穿过公园的道路的相对成本增加。

或者，z_1可以表示“获颁执照的核电站”，z_2可以表示“获颁执照的用于医疗研究的核反应堆”。如图 7－6 所示，当数量超过$\underline{z}_1$的时候，个性化决策的要求使给核电站颁发执照的相对成本增加。

在图 7－6 中，如果委托人要求在生产 z_1的时候采用个别处理式的决策，代理人对于成本的增加可能会做出这样的反应：把资源从生产 z_1转移到生产 z_2。为描述这个转移的程度，我在图 7－7 中增加了代理人的无差异曲线。这些曲线表明了代理人供给两种公共物品的偏好。代理人沿着生产可能性曲线移动到其与无差异曲线的相切点，使其效用最大化。如果代理人可以自由选择程序，生 169
产（z_1^*，z_2^*）可以使效用最大化。如果代理人在生产 z_1时必须使用个别处理式决策，则生产（z_1'，z_2'）可以使效用最大化。要注意生产 z_1的成本的增加会使其数量降低到 z_1'，而使 z_2的数量增加到 z_2'。因此该机构用生产 z_2来替代 z_1。

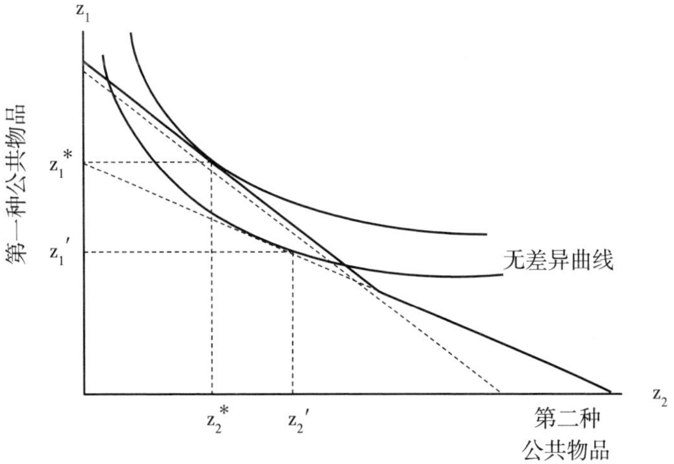

图 7－7　替代与机构的偏好

用 z_2替代 z_1的容易程度取决于机构的偏好，这决定了无差异曲线的形状。大体上,机构偏好更大规模的预算和人员。有些资金的使用赢得了政治家的同意,这些政治家将来会给机构更高的拨款作为回报。因此图 7 - 7 中机构的偏好取决于其赢得政治家同意的策略。

问题:修改图 7 - 7 中的效用曲线,显示出用 z_2 替代 z_1 变得更难的时候所发生的变化。

第三篇　最佳分权

在第二篇讨论了政府的最佳数量之后，现在我转向关于政府最佳组织形式的讨论。宪法通过把政府分成不同部分并相应分配权力来组织政府。传统上，行政首脑、立法机关和法院构成政府分支。第八章分析了每个政府分支的专门权限。我大略总结如下：行政部门是等级制的，成员主要通过命令来交流。相反，立法机关是其成员主要通过交易来进行交流的机构。立法机关和行政首脑之间的权力分配决定着赋予国家活力的秩序与交易怎样配比混合。独立的司法部门确保受法律保护的交易能够被强制执行。 171

如果没有组织，立法交易通常不会成功。政党把立法机关组织起来，并管束立法者。在政党内部，立法者相对而言更多地通过命令来交流。在政党之间，立法者相对而言更多地通过交易来交流。因此，在有较少政党的国家，政府相对来说更多地依靠命令来运作；在有较多政党的国家，政府相对来说更多地依靠交易来运作。宪法如果给行政首脑更多的权力并且培养大的政党，则有利于依靠命令的政府。反之，宪法如果给行政首脑较少的权力并且培养小的政党，则有利于依靠交易的政府。

我在第八章分析了每个分支的专门职能。这些专门职能表明政府分支之间不同的权力分配方式的后果，我将在第九章对此进行分析。我大略总结如下:行政首脑执行立法,并在立法中承担领导作用;而立法机关则为国内各派系进行交易提供了场所。关注交易成本,就能够回答许多关于立法机关规模和组织的问题。最佳的立法机关能够使国内各党派的交易成本最小化。当协议可以强制执行时,交易会更加容易。独立的法院按照原初的交易解释立法、强制执行协议。关注法院在润滑政治交易方面的作用将会回答许多关于法律解释理论和法院在立法过程中作用的问题。

在市场上或者在政治活动中,当垄断联盟规模扩大时,垄断联盟会变得不稳定。宪法通过政治分权增加了垄断国家权力的政治联盟所需的规模。因此,分权减少了某个人或某个政党独霸权力的可能性。分权除了保持各政府分支之间的竞争,还可以为
172 各分支的互动提供渠道。为了解释分立的权力之间的互动,我确定并重复使用了两个关于政府分支间互动关系的不同模型。

首先,一组官员可能有发起和修改法案的专属权力,而另一组官员有颁布法案使之成为立法的权力。第一组官员叫"看门人",可以对第二组被称为立法者的官员发出"全有或全无"的要约。例如,欧盟委员会有向部长理事会提出议案的专属权力,部长理事会必须要么颁行议案,要么维持现状。[1] 同样,美国众议院的各委员会可以根据特定的程序规则向众议院提出法案,众议院可以通过或者不通过,但是不能修改。另一个例子是日本法务省的法制审议会。据说该审议会有专属的修改民商事法律的提案权。一般而言,在面临全有或全无的选择时,理性的立法者会投票支持任何他们认为比之现状更为喜欢的法案。因此,看门人

[1] 我大大简化了欧盟委员会与欧盟理事会之间的实际交易过程。具体参见第九章。

有选择任何法案的自由裁量权,只要法案满足让立法者感觉比现状更好这一约束条件。

其次,假定法院或行政管理人员有权解释法律,同时假设取消解释需要新的立法。例如,取消法院对某一成文法的解释通常需要颁布新的立法,取消公务员对规章的解释通常需要颁布新的规章。在权力分立的情况下,要通过新法律,必须有数个立法者同意方可。要使达成一致成为可能,各个分立的权力部门必须都比旧法更偏好新法。像法官或公务员这样的解释者可以通过利用立法者之间的潜在分歧来行使权力,谋取私利。一般而言,如果不存在必须进行合作的多个立法者更为偏好的解释方案,则法律的解释者有权选择任何解释。

第八章　专门化

173 如同建筑师的建筑蓝图一样，宪法描绘了国家的法律基础。每一部宪法都界定公职，并在公职之间分配权力。一部好的宪法把权力分配给能最好地运用权力的政府部门和政府层级。传统提法是在政府的立法、行政、司法机关之间做出区分。按照传统，法律应由立法机关制定，由行政机关执行，由司法机关解释。实际情况远比这个简单提法复杂。政府三个分支的每一个都从事三种活动，尽管其程度有所不同。

在本章中，我将用经济学语汇来描述政府的诸分支及其所发挥的职能。我的论述不只是描述，我会把投票与交易模型运用于政府各分支。我的分析将会解释每一政府分支的职能和弱点。本章会回答诸如以下一些问题：

例1：许多立法机关都有上院（参议院）和下院（众议院）。第二院是怎样保护公民中的多数派、防止少数派立法的？

例 2：在有些国家，公民直接选举行政首脑（总统），在另一些国家，立法机关选举行政首脑（首相）。这对于立法交易会产生什么样的差别？权力分立对立法机关内的交易力量有怎样的影响？

例 3：多数决定规则会在立法机关导致循环。在司法的合议庭上会怎样？循环的可能性对于成文法的司法解释会造成什么样的问题？

第一节 传统提法的合理性与不足

按照传统提法，法律应由立法机关制定，行政机关执行，法院进行解释。这个提法有一个简单的合理性。理论上讲，选举竞争把立法者和选民的目标结合在一起。立法机关提供了社会中不同政治派系进行交易的平台。制定法律需要交易和审议，这正是立法机关擅长之事。为了组织立法交易，立法者组建党派，并由行政机关首脑加以领导。行政首脑撮合交易，并且执行协议。执行法律需要决定性的行动，而有着科层制组织的行政机关能够果断地采取行动。准确解释法律需要独立于权力和金钱。而在理 174
论上，法院是最独立的政府分支。简言之，立法机关提供了就法律进行交易的最佳平台，行政机关可以果断行动、执行法律，独立的法院能够解释法律。

这些职能可以用更具经济学色彩的语言来重新表达。立法机关提供了以较低交易成本进行政治交易的平台。成功的交易需要对协议有可信的承诺。在行政机关可以以较低成本执行、司法机关进行中立解释的情况下，承诺更为可信。行政机关中的科层制降低了执行的成本，司法机关的独立增加了中立解释的可能性。

在现实中，政府三个分支中的每一个都从事三种活动，尽管其程度有所不同。在每个国家，行政机关通过制定规章立法，并且解释这些规章。例如，美国总统任命环保署署长。环保署署长制定、解释和执行环境规章。同样，立法机关也有一些解释和执行成文法的权力。例如，美国国会的委员会举行听证会，调查官员的行为。在听证会期间，委员会经常为官员解释法律，并且把这些法律用到官员身上。最后，大多数国家的法院都有一些制定法律和执行法律的权力。法律通常被定义为由国家制裁作为后盾的义务。按照这个定义，在法官解释一项成文法，并且认为成文法给人们课加了一项新义务的时候，法官就创制了一项新的法律。法院也通过颁布禁制令或其他强制性命令（如为了偿还债务扣押被告的工资）来执行法律。

除了太过简单之外，传统提法还扭曲了关于国家的一个基本事实。在第一章中，我论述了民主政体通过降低政治交易的成本来增进效率。但是，一个无组织的立法机关无法成功进行交易和颁布必要的法律。对立法机关的组织和领导工作中，来自行政首脑的成分尤其多。在议会制中，行政首脑直接作为立法机关的成员提供领导和组织；在总统制中，行政首脑作为大党的领袖间接向立法机关提供领导和组织。与简单提法不同，民主政体的策略理论承认行政首脑在立法交易中的作用。我将会运用策略理论分析政府的每一个分支。

第二节　立法机关

理解立法活动需要理解立法的动机。竞争会很快把不想再次当选的少数立法者从公职上排除出去。因此，再度当选是多数立法者必然追求的目标。[1] 立法者怎样再度当选取决于选举规则和政党组织，各地都不一样。选举可以是覆盖整个区域的，也可以分选区进行。[2] 选区可以是历史形成的，也可以是规模相等 175
的。[3] 选区可以按照简单多数规则、绝对多数规则或比例代表制来选举代表。党的领袖可以指定本党被提名候选人，或者党员可以在初选中对本党被提名人进行投票。

但是，无论选举规则和政党组织如何，候选人或他们所在的政党要想获胜，必须能吸引选民。当选民充分掌握信息的时候，要赢得选举必须给选民他们想要的东西。要给选民他们需要的东西，立法者必须寻求交易并达成交易。立法机关提供了一个代表各政党、派系和利益集团的平台，降低了交易成本。这就是立法机关的专门职能。

我将分析立法机关的不同组织方式对其专门职能有何影响。我的分析包括立法机关的规模、政党构成、选举规则（多数决定规则 v. 比例代表制）和两院制。

---

〔1〕 Mayhew 1974 和 Fiorina 1977。

〔2〕 比如，直到最近，加州伯克利市都有一个由九名成员组成的市议会。在每次选举中，有三个议席可以被竞选。全市的公民可以为市议会的三名候选人投票。最近选举规则进行了修改。现在伯克利市划分为数个选区，每个选区选出一名参事。

〔3〕 比如，美国各州划分成有相等人口的选区选举众议员，但每州只选两名参议员。因此，有超过三千万居民的加利福尼亚州的众议员比居民不到一百万的北达科他州多出许多，但参议员的数量是相同的。

一、交易成本与立法机关的最佳规模

假定制宪会议必须决定立法机关的规模。立法机关可以由全体公民、一个公民或者两者之间的任何数目组成。什么才是最佳的规模?代表与交易之间的互动提供了这个问题的答案。制宪会议必须平衡两个因素。第一,立法需要代价高昂的谈判。(有一位同事离开教职工会议的时候抱怨道:“我无法这么慢地思考问题。”)当谈判者的数量减少时,谈判的成本也会下降。如果按照逻辑极限的话,由一名代表组成的立法机关能使为立法进行的谈判活动的交易成本最小化。

第二,较大的立法机关有较高的代表公民的比率。这个比率提高的时候,公民更有可能了解他们的代表,所以公民会要求更好地被代表。这个比率提高的时候,立法者更有可能了解他们的选民,所以立法者能更好地代表公民。更多的信息允许并且要求立法者更好地代表选民。如果按照逻辑极限的话,这些事实表明当立法机关由全部公民组成的时候,选民被最好地代表了,像新英格兰的镇民大会(town meeting)就是这样。亚里士多德曾经写道,多人之治优于一人之治,“就像许多人出资举办的宴会胜过一人独办的酒席”。[4]

176 除了能减少代表选民方面的错误以外,较大规模的立法机构因为两个原因在制定法律方面所犯的错误也较少。第一,“大数定律”称样本的规模增加时,随机错误会彼此抵消。这一原则表明在特定条件下,集体能抵销单个的立法者在事实判断上所犯的

---

〔4〕“许多人中的任何一人可能都只是普通人,但他们聚集在一起的时候,如果整体地看而不是单个地看的话,却很有可能超过少数才能贤良之人,就像许多人出资举办的宴会胜过一人独办的酒席”(亚里士多德:《政治学》,Ⅲ,11.1281a-1281b)。

错误。当立法机关规模增大时，多数派犯事实判断错误的概率下降了。[5]

把这个原则用于政府有多个版本，值得注意的是孔多赛的版本。[6] 当每个立法者做出正确决策的概率超过0.5时，每多增加一个立法者都会降低多数派犯错误的概率。[7] 另一个公式强调中间投票者定理。假定立法机关的每个成员以纯随机错误（期望值为零的正态分布）观察某一事实。当立法机关规模减小时，中间投票者判断的期望错误会下降。更为一般地讲，可以看到在所有关于两个选项（其中一个实际上是正确的）的群体决策规则中，简单多数规则是最有可能识别出正确结果的。[8]

第二，除了在客观事实上犯错误以外，立法机关还在代表选民的主观价值上犯错误。经济学家把主观价值的差异描述为偏好的差异。主观价值的差异产生了政治交易的范围。在所有公民都参加的小镇公民大会中，每个人都可以为自己做交易。当公民对代表的比率上升时，立法者在代表公民的偏好方面会犯更多的错误。这些错误阻止了立法机关把来自政治交易的收益全部用尽。

我已经解释了较小的立法机关降低了立法的交易成本，而较

---

〔5〕 这个逻辑假设每个立法者是独立做出判断的。在现实中，投票之前先辩论。在辩论中，人们获得了可能会改变他们判断的新信息。当立法机关规模缩小时，信息的交换可能更有效率。大型立法机关优越性的证明过程通常忽略了在做出判断过程中辩论的作用。一个更为复杂的模型应当允许立法者交换信息、彼此影响，应当承认立法机关规模的扩大会增加其成员彼此交换信息的交易成本。

〔6〕 关于孔多赛的"陪审团定理"，参见 Condorcet 1976。其解释见 Young 1995 第51～52页和 Goldman 1999。

〔7〕 或者，假定立法者是随机抽选出来的，其中有些人犯错误的概率超过0.5。如果新增加的立法者做出正确决策的**期望**概率超过0.5，再增加一个立法者会降低多数派犯错误的**期望**概率。

〔8〕 Nitzan 和 Paroush 1982，亦见 Young 1995 第52页所引 Shapley 和 Grofman 1984。

大的立法机关在事实和代表上会犯较少的错误。显然在交易成
177 本和立法中的错误之间存在权衡。如果目标仅是使立法的交易成本最低的话,立法机关应该由一个人组成。如果只考虑在事实判断和体现偏好方面的错误,立法机关应该由全体国民组成。如果两个因素都考虑,当增加一个成员对决策精确度的改进在数量上等于其所增加的交易成本时,立法机关的规模是最佳的。

为了说明这个最佳值,图 8-1 中的横轴表示做出决策的群体的规模,纵轴表示成本。按照这张图,组织规模增大的时候,交易成本也增加,而错误成本会下降,但最低也在某一点之上。总成本等于交易成本与错误成本之和。当组织规模增大的时候,总成本起初会下降,然后会增加。总成本曲线的最低点用 s^* 来表示,这个点代表决策群体的最佳规模。

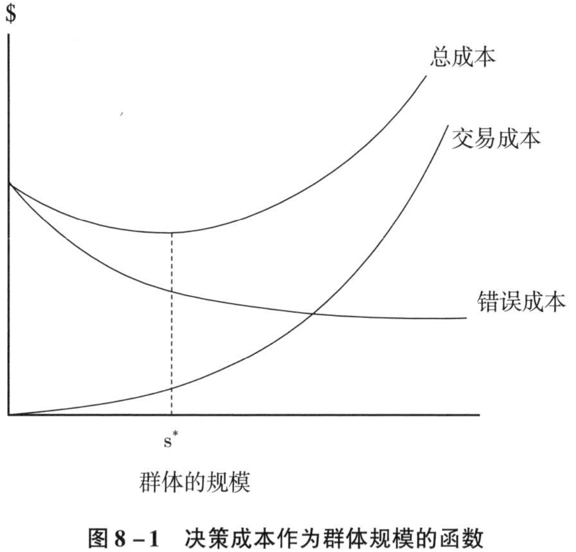

图 8-1　决策成本作为群体规模的函数

二、最佳政党构成

类似的逻辑适用于立法机关的政党构成。我们考察两种不同的比例代表制的区别。一种是像以色列那样的纯粹比例代表制：公民给政党投票，立法机关中的议席严格按照所获得的投票比例进行分配。另一种是最低比例代表制：公民给政党投票，立法机关的议席在获得选票超过某一最低比例的政党之间按比例分配。比如，在德国，在普选中得票超过5%的全部政党按比例分配立法机关的议席。[9]

假定你正在设计一部规定最低比例代表制的宪法，你必须选 178
定这个最低比例。较低的最低比例可以使立法机关中有来自较多政党的代表。立法机关通过向小党派开放，可以代表更多不同的政治观点。如前面讨论过的，政治观点上更多的多元性可以降低代表错误。但是，当政党呈碎片状态时，为颁布立法而形成联盟的交易成本增加了。与找到立法机关的最佳规模十分相似的是，找到设定最低比例的最佳水平需要在错误成本和交易成本之间进行平衡。

图8－2描述了对两种成本的平衡，横轴表示最低比例。图8－2和图8－1相似，但标有“交易成本”和“错误成本”的两条曲线倒过来了。图8－2中的最佳值在p^*点，这时提高最低比例带来交易成本的下降抵消了错误成本的增加。所以计算在立法机关中有代表的最低投票比例与计算立法机关的最佳规模非常相似。

---

〔9〕 德国的政党要获得政府资金进行竞选，必须获得最低比例的投票（1%到0.5%）。

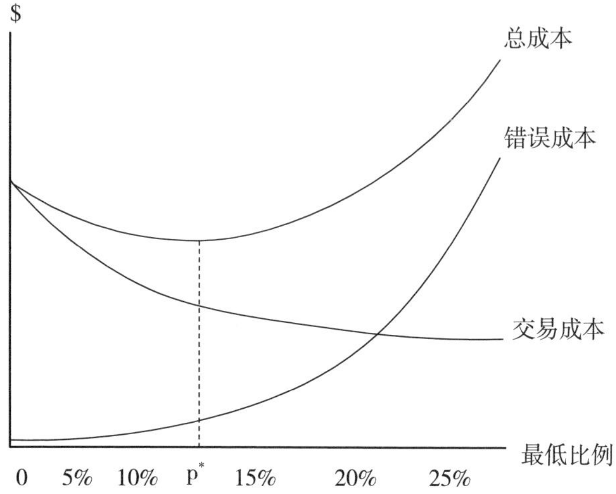

图 8－2　最低比例代表制下的决策成本

三、简单多数规则 v. 比例代表制

在第二章和第三章中我描述了两大类投票规则:简单多数规则和比例代表制。第二章中关于迪维尔热定律的讨论解释了简单多数规则常常把政治派系合并为两个中间派的政党。政党之所以联合是因为公民给少数派政党投票是在浪费投票。如果把论证顺序倒过来,很容易看出为什么比例代表制常常产生出一个有许多政党的体系。在比例代表之下,每个公民倾向于给与自己
179 的偏好最相近的政党投票。在议会制下,立法机关中的每个政党都可以进行交易,加入执政联盟;在总统制下,立法机关中的每个政党都可以做交易,获得某一重要委员会的主席职位。只要该政党有一定的交易力量,选民给小党投票就不是浪费选票。因此比例代表制给所有政党以权力,使政党碎片化了;而简单多数原则通过剥夺小党的权力使政党合并。

(一)代表错误

在比例代表制下,某一政党所获投票的比率与其议席的比率之间的差异表示了一种在代表选民方面的错误。为把这一观念公式化,我们把**政党代表错误**定义为政党在普选中的得票比率与政党在议会中的议席比率之差的绝对值。比如,假定在关于立法机关的普选中,基督教民主党得票率为0.6,社会党得票率为0.3,绿党得票率为0.1。为使这个例子简化一些,假定每个选区都反映了全国的整体状况,所以基督教民主党在每个选区的得票率都等于0.6,社会党为0.3,绿党为0.1。

现在来比较简单多数规则和比例代表制。在按选区的简单多数规则下,基督教民主党获得所有议席,所以基督教民主党有过多代表的比率等于$|1-0.6|$。与此类似,社会党和绿党代表不足的比率分别等于$|0-0.3|$和$|0-0.1|$。在简单多数规则下,总的错误等于$|1-0.6|+|0-0.3|+|0-0.1|=0.8$。与此形成对照的是,纯粹比例代表制把0.6的议席分配给基督教民主党,0.3的议席给社会党,0.1的议席给绿党。在完全比例代表之下,代表错误等于$|0.6-0.6|+|0.3-0.3|+|0.1-0.1|=0$。

根据简单多数规则,支持少数派政党的选民没有代表,少数派政党的官员没有公职。为了纠正这个代表错误并为政党的官员谋得公职,社会党和绿党可能会及时合并,或者其中一个将会消失。总体而言,政党代表不足会促使它们联合。因此,代表错误最大的制度产生了使政党合并的最强力量。反之,完全的比例代表制消除了代表错误,使政党碎片化,也使政府不稳定。我在对很多国家进行比较的过程中证实了这个一般模式。[10]

---

〔10〕 Rae 1995,第70页,引用了 Powell 1982。

(二)捆绑搭配候选人

在按照多数决定规则进行的选区选举中,选民可以在候选人中进行选择。反之,在很多比例代表制下,每个政党都会列出一个候选人名单,选民在多个名单之间进行选择。对于任何一个政党的名单,选民都可能喜欢其中的某些候选人而不喜欢另一些候选人。在草拟名单的时候,政党领袖通常会在候选人自身对选民
180 的吸引力和候选人对政党的忠诚之间进行平衡。政党领袖会牺牲一部分受欢迎度以增加忠诚度。因此比例代表制往往会增进政党的忠诚。

用市场作类比可以看清政党领袖的逻辑。假定你在一个人流众多的度假地拥有当地唯一的一家餐馆。餐馆出售两种食物:汉堡和炸土豆条。要想挣到最多的钱,你是把汉堡和炸土豆条分开卖,还是把两种食物组合成一道套餐来卖?答案取决于需求的结构。

杂食者喜欢汉堡和土豆条,素食者喜欢土豆条而不喜欢汉堡,肉食者喜欢汉堡不喜欢土豆条。我们来考察素食者对于不同菜单的反应。如果你把每种产品分开卖,大部分素食者会花少量的钱买土豆条。如果你把两种食品捆绑销售,有些素食者会花很多钱买套餐,有些素食者什么都不会买。捆绑销售和非捆绑销售的获利程度取决于不同消费群体的需求弹性。[11] 总体上讲,当把两种商品捆绑销售只导致总销售量少量下降时,捆绑销售更为有利可图;如果捆绑销售将导致总销售量大幅度下降,则非捆绑销售更为有利可图。

政党领袖面临和餐馆类似的最佳捆绑搭配的问题。如同在

〔11〕 在 Adams 和 Yellen 1976 中有对市场上商品搭配销售的解释。无法用简单公式说明最佳方案。

市场上一样,政党面临选民的非弹性“需求”时,会更多地提名忠诚的候选人而不是提名受欢迎的候选人。理论预测指出,在其他条件相同的情况下,面临选民最低需求弹性的政党会要求候选人最大限度的忠诚。因此,一党垄断权力增加了政党领袖对忠诚的要求。反之,在比例代表制下,一党垄断权力会导致立法者在选民中受欢迎程度的下降。

(三)选区规模

比例代表制不是完美的,其中经常包含了会减少政党数量的不完善因素。我已经讨论过最低比例代表制的例子。另一种制度是通过对投票比例进行加权的办法增加较大政党的代表。比如,得到40%选票的政党可以得到60%的议席,而得到15%选票的政党只得到5%的议席。一位比利时数学家设计了这样的一项加权规则,为西班牙议会所采纳(D'hondt 规则)。另一个为意大利最近的选举改革所采纳的方法是将25%的议会议席按照比例代表分配给各政党,剩下的议席在各选区按照“胜者全得”的方式分配。

比例代表制中一个常见的不完善之处与选区规模有关。**选区规模**是指分配给每一个选区的立法席位数量。例如,美国众议 181
院的选区规模为1,总共有435个席位,同样也有435个选区。一般而言,简单多数规则的选区规模为1。与此形成对照的是,以色列的整个立法机关都在一个全国性大选区中选出,所以选举规模有好几百。从世界范围看,大部分选区的规模位于1到20。[12]

当选区规模比较小的时候,比例代表制就容易产生误差。比

〔12〕 Rae 1995,第65页。

如,如果一个选区有3个议席而有5个政党,至少会有两个政党没有代表。反之,如果一个区有10个议席而有5个政党,所有的政党都可以有代表。当选区规模增大时,比例代表制体系在代表方面的误差会更少。[13] 我把迪维尔热定律一般化,得出结论认为缩小选区规模往往会减少政党的数量。

(四)选区划分的诡计

缩小选区规模也提供了为使某一政党在立法机关中的席位最大化而重新划分选区边界的诱因。为具体说明“为一党之私重新划分选区”,假定某位官员必须把某一特定地区划分为两个选区,每个选区由一名立法者来代表。再假定51%的选民投票给左翼,49%的选民投票给右翼。如果选区边界的划分使得每个选区都包含51%的左翼选民和49%的右翼选民,那么左翼会赢得两个席位。或者,如果选区边界的划分使得大部分左翼选民在一个选区,右翼选民在另一个选区,则每个政党会赢得一个席位。选区边界能够使两党在立法机关中的代表发生根本性的改变。

理论预测指出,在选区规模小和简单多数规则之下,“为一党之私重新划分选区”的行为会增加。按照预测,对于“为一党之私重新划分选区”的指责会在美国频繁出现。美国宪法按照各州人口比例分配众议院议席。[14] 人口普查所显示的人口流动提供了一个重新划分选区边界的机会。选区通常是由州立法机构来划分的,有的时候州长有否决权。美国民主党近年来控制着大多数州的立法机构,其重新划分选举边界从而使民主党成为议会多数派的做法已经颇受指责。

---

〔13〕 Rae 1995,第68页,引用了Rae 1971和Lijphart 1994。

〔14〕 事实上,确实有在计算上做文章的问题。按照各州人口比例分配议席通常会有余数。分配余数的规则显然是不利于大州的。参见Steen 1982。

这种观点有道理吗？代表误差提供了一个关于“为一党之私重新划分选区”的非常简单的检验。如果民主党获得大约50%的选票，而且选区没有为一党之私进行重新划分，则民主党在议会中也将平均赢得大约50%的议席。另外，如果民主党在普选中赢得大约50%的选票而在议会中赢得大大超过50%的议席，那么民主党就可能是为了一党之私重新划分了选区。

把这个简单的测试用到美国国会的选区上，可以发现仅有轻 182
微的“为一党之私重新划分选区”的行为。[15] 政治家的自利解释了这个发现结果。在进行选区边界划分的时候，政党通过把其忠实选民分散开来，以便在每个选区里创造一个小幅度的多数，从而使该党的议席最大化。但是，高层的立法者想要可靠的席位。为了产生可靠的席位，高层立法者希望把该党的忠实选民集中到少数几个选区里。因此从政党整体利益出发，应支持通过减少各个选区内多余忠实选民的重新划分选区方式，赢得尽可能多的议席；从党内高层立法者的利益出发，则支持通过增加选区内多余的忠实选民的方式重新划分选区，来赢得较少议席。

有时重新划分选区符合政党的利益，有时重新划分选区符合高级立法者的利益。在美国，这些影响总体而言会相互抵销。只要这个结果能普遍成立，重新划分选区的法律机制会影响个别的选举，但是不会影响立法机关整体的党派构成。在不用比例代表制或者普选的情况下，自利解决了各党派为一党之私重新划分选区的整体影响问题。

在美国，与种族有关的选区重新划分特别麻烦。1998 年，美

---

〔15〕“实际上迄今为止所有政治科学的证据表明选举体系没有或仅有很小的系统性的党派偏差，在全国范围内党派从重新划分选区中所得的净收益非常小。”（Cain 和 Butler 1991）

国众议院9%的席位(435席中的39席)由非洲裔美国人占据,而在1990年的人口普查中,12%的美国人把自己的种族标为非洲裔美国人。因此,在美国人口中非洲裔美国人的比例超过了国会中非洲裔美国人的比例。政党有时候会重新划分选区以减少黑人代表,法院有时会命令重新划分选区以增加黑人代表。比如,北卡罗来纳州法院命令要求建立一个黑人选区,民主党的回应方式是以扭曲的方式划分了选区,这显然是要确保共和党输掉这个议席。这个选区的边界是如此不自然,以至于被人们称为是"丑陋选区",引起了全国法学学者的争论。[16]

(五)孔多赛胜者

在讨论了代表、交易成本和错误成本后,我转向在评价立法绩效时的另一个考虑因素。回忆一下,在第二章中,孔多赛胜者是指在成对投票中能够击败任何其他纲领选项的纲领。考察立法机关组织的一个标准就是它能否挑选出孔多赛胜者。换言之,如果存在孔多赛胜者的话,立法机关能否发现它并颁布它?我将解释为什么简单多数规则常常会发现并且选出孔多赛胜者,而比例代表制则不会这样。

在三党竞争中,按照大多数投票规则,选举的赢家都不一定
183 是孔多赛胜者。比如,假定有一场三方竞选,其中右翼党赢得45%的选票,左翼党赢得40%的选票,绿党赢得15%的选票。为了使这个例子简单一些,假定在每个选区都是这个比例,全国整体也是这个比例。如果选举是按照简单多数规则进行的,右翼会在每个选区获胜。如果选举是在议会制下按照比例代表制进行的,右翼党通常会应邀牵头组阁。所以三党竞争中,右翼胜出。

---

〔16〕 关于这个案例以及其他与种族有关的重新划分选区的案例的讨论参见Polsby和Popper 1993。

现在假设绿党退出，于是选民必须在右翼党和左翼党之间做出选择。如果忠于绿党的选民投票给左翼党，结果就成了右翼党获得45%的选票，左翼党获得55%的选票。在两党投票中，左翼党可以击败右翼党。所以在两党竞争中，左翼党获胜。按照定义，孔多赛胜者在成对投票中胜出，所以左翼党是孔多赛胜者。要注意在这个例子中，孔多赛胜者（左翼党）在两党投票中胜出，而另外一个政党（右翼）在三党投票中胜出。

按照大多数投票规则，三党的政策选项都与两个最大政党中哪个胜出有关。[17] 因此，孔多赛胜者可能在三党选举中失利。根据迪维尔热定律，简单多数规则通常会终结三党体系。在只有两党的情况下，该党可以在成对投票中击败任何其他政党，总是取胜。因此，在简单多数规则下，从长期看，孔多赛胜者会胜出，但是在比例代表制下不是这样。

（六）揭示偏好

前面三党的例子暗含了这样的假设：公民会按照他们真实的政党偏好投票。但是公民有的时候会进行策略性投票，而不是表露他们真实的政党偏好。比如，在有三党的情况下，按照简单多数规则，绿党的成员发现给绿党投票会让右翼获胜，于是他们可能转而把票投给左翼。另一个策略性投票的例子是，即使左翼政党吸收了绿党，绿党的有些成员可能会宣称除非左翼政党采取强有力的政策保护环境，否则他们会投票给右翼。同样，在比例代表制下，有些绿党成员可能会投票反对他们自己的政党，比方说为了防止绿党的领袖与右翼党结成联盟。

一般而言，基于选民给投票者的评分的任何民主制投票规则

---

〔17〕 因此，由三个政党进行的集体选择通常会违背不相关的政策选项之间相互对立的假设，这个假设也包括了阿罗不可能定理。相关讨论参见第三章中的Sen 1970a。

都不能激励选民在各种情况下都按照内心真实的想法做出举动。[18] 但是,在同样的条件下,有些投票规则会鼓励策略投票行为,而其他规则却不会。如前面例子所示,当几个政党(比方说两个以上五个以下)竞争公职的时候,尤其容易发生选民的策略性投票行为。在只有少数几个政党的情况下,公民可以进行必要的计算来确定什么时候策略性投票会获得收益。但是,在比例投票
184 制导致有许多政党的情况下,小党在政府中可以有等于或超过其议席比例的力量。在这种情况下,公民通常投票给他们最喜欢的政党(即便是非常小的政党),以使自己的政治价值最大化。反之,如果简单多数规则导致两党竞争,公民一般通过投给他们最喜欢的大党来使自己的政治价值最大化,即使他们对这个大党的喜欢程度有限。

(七)组织还是交易?

我关于迪维尔热定律的讨论表明了改变立法交易成本的一种基本方法。命令和交易是人们借以彼此合作的两种不同方式。上级给下级发号施令,而平级之间则是交易。在党内,等级制和纪律使党的领袖能够给党员下命令。但是,在政党之间,由于缺少等级制或纪律,需要政党领袖彼此进行交易。根据迪维尔热定律,简单多数规则使政党凝聚起来,而比例代表制使政党碎片化。因此简单多数规则把政治活动转换为组织,而比例代表制把政治活动转换为交易。**总体而言,在立法机关中,简单多数投票更有利于组织而非交易,而比例代表制更有利于交易而非组织**。[19] 组织给政治带来稳定,代价是未能代表公民的政治偏好。与此形成对照的是,多党之间的交易更为充分地体现了偏好,但代价是不稳定。

---

〔18〕 在 Gibbard 1973 和 Satterthwaite 1975 中把这个命题用公式表达为一个定理。

〔19〕 关于在私营企业中等级制与交易之间区别的讨论,参见 Williamson 1975。

一种制度对另一种制度的优势部分地取决于历史。如果民主政体最坏的危险在于立法之瘫痪的话，那么比例代表制加剧了问题的严重性。引入使代表选民的程度下降的因素可以为比例代表制注入活力。或者，如果民主政体最坏的危险在于政治垄断联盟之权力滥用，那么转向比例代表制就会通过使政府变得不稳定从而使政治垄断联盟也变得不稳定。更好地代表选民可以使民主政体对更多不同的影响敞开大门。接下来我将考察另外一种使政治垄断联盟变得不稳定的方法：两院制。

问题：

1. 假定移民使一国的人口多元化。预测一下图 8－1 中曲线会发生怎样的移动（如果有的话）。

2. 如果由退休的法官而不是政治家来选定选区的边界，在美国会引起怎样的变化？

3. 比较使代表误差最小化和保持政府稳定这两个目标。

4. 分析这个命题："比例代表制扰乱了选举竞争，所以从理论上说比例代表制很好，但实践中其实未必如此。"

四、两院制 185

宪法经常会为立法机关创设两个有着不同代表原则的议院。下议院通常代表人民。比如，美国众议院由 435 名代表组成，由有相同数量选民的选区选出。与此类似，欧洲议会的 626 名代表由各国人民根据其本国的选举法选出。

与此形成对照的是，上议院可以代表人民、各州或其他的东西。美国参议院由 50 个州每州选出两名代表组成，欧洲部长理事会由欧盟每个成员国的一名政府代表组成。按州选代表在人口上是不成比例的。比如，尽管在 1990 年的时候北达科他州的人口仅仅是加利福尼亚州人口的 2% ,但是加利福尼亚州和北达科他州都各有两名参议员。[20] 同样,尽管德国的人口多出丹麦许多,但德国和丹麦都只向欧洲部长理事会派出一名部长。[21]

除了构成上的差别,两院在权力上的差别在各国也都有所不同。强势的上议院大体上和下议院一样有对立法进行提案和否决的权力。反之,弱势的上议院可以讨论、建议甚至搁置立法,但是无权对立法进行提案和否决。有些国家,比如美国和澳大利亚,上议院的权力大体上和下议院的权力不相上下。另一些国家,比如西班牙,上议院就相对弱势。英国的贵族院以前代表贵族出身的人并且握有实权,现在只代表成就杰出的人并且不再握有实权。

两院制比一院制好吗?要解决这个问题,我想来分析两院制中隐藏的一些结果。为使分析简化,我将集中关注两院在进行新立法的时候必须一致同意的这种强势两院制的形式。(我的结论可以适用于一些弱势两院制形式,但不能适用于其他情形。)如果颁布立法需要两院的一致同意,则它们必须公开或暗中进行交易。交易的必要性提高了立法的交易成本。高昂的交易成本降低了新立法的速度和质量。反之,进行改变的交易成本高,有助于维持现状。所以两院制的第一个影响就是使保持现状优于其他选项。

回忆一下在第三章中,有对称参与者的多数决定规则博弈没有核。这个事实可以导致立法者对优势的追求不稳定。当对于任何可能的初始情况进行再分配的新立法提案需要多数投票时,
186 一院制的核都是空集,因此任何进行初始分配的提案在一个再分配的提案面前都是不堪一击的。但是,在立法机关中增加第二个

〔20〕 美国参议院中代表人口较少的农业州的参议员与其所代表的人口的比例极不相称,这个事实部分地解释了为什么政府坚持给农业补贴。

〔21〕 我在第五章解释了部长理事会根据部长所在国家的大小来对其投票进行加权,以决定某些问题。加权投票使各国部长所代表的方向从代表国家移向了代表人民。

议院,有时候能够解决这种不确定性。原因显而易见。在两院制中,第一个议院中的多数可能会赞同对现状进行再分配的新提案,但是第二个议院中的多数可能赞同保持现状。如果第二个议院阻止了任何可能改变现状的提案,那么现状就是博弈的核。总体而言,增加第二个议院有助于维持现状,稳定了立法博弈。[22]

在多数决定规则的地区选举中,维持现状尤为重要。在这样一个体系中,一院制允许少数公民把其规则强加给多数公民。用具体的例子来说明:假定某国有一院制的立法机关,每个选区都按照多数决定规则选出一名代表。在51%的选区赢得51%选票的政党在立法机关就能拥有多数议席,即使在全国整体来看这个党只赢得了比四分之一多一点的选票。在一院制下,代表四分之一人口的政党就能够颁布为大多数人所反对的诸多立法。在立法机关中增加第二个议院能防止这种可能性。在51%的选区赢得51%选票的政党不太可能在第二个议院中也赢得多数议席。

图8-3描述了这些事实。假设某国由三个州组成,用A、B和C来表示。假定有两个政党,即左翼和右翼。在图8-3中,阴影部分代表右翼选民的数量,空白部分代表左翼选民的数量。为考察一院制,先集中看该图的**下半部分**。根据图8-3,在选区1、

---

〔22〕 Miller, Hammond 和 Kile1996; Miller 和 Hammond 1990; Hammond 和 Miller 1987。例如,在分割100美元的多数决定规则博弈中考察这个变量。假定第一个议院由五个选区组成,用(A,B,C,D,E)来表示,每个选区有一票。假定分配现状是(33,0,33,33,0)。假定唯一的替代性分配提案是(0,30,40,0,30)。由(B,C,E)组成的多数联盟赞同替代性分配方案,所以在第一个议院中现状是不稳定的。现在给立法机关增加第二个议院,由三个州组成,用(Ⅰ,Ⅱ,Ⅲ)来表示。Ⅰ州包含第一个议院中的A和B两个选区,Ⅱ州和选区C一样,Ⅲ州包含选区D和选区E。因此(Ⅰ,Ⅱ,Ⅲ)=(A+B+C+D+E)。用这个公式把选区的收益转换成各州的收益。因此现状在第二个议院中产生的收益为(33,33,33),而替代性提案产生的回报为(30,40,30)。Ⅰ州和Ⅱ州拥护现状,Ⅲ州喜欢新提案。我已经说明,在第一个议院中的多数派联盟会通过一项特定的再分配提案,而第二个议院会阻止这个议案。在这两种可能的选项中,现状在一院制立法机关中是不稳定的,而在两院制立法机关中是稳定的。

3、5 中有 51% 的右翼选民,在选区 2 和 4 中没有右翼选民。在一院制下,每个选区向立法机关选出一名代表。结果,尽管从全国整体看右翼的得票率大约等于 30%,但右翼控制三个议席,左翼控制两个议席。因此,在一院制下,右翼的少数可以在一院制立法机关中统治左翼的多数。

两院制通常会改变这个结果。假定第二个议院代表各州。选区 1 和选区 2 组成 A 州,选区 3 和选区 4 组成 B 州,选区 5 组成
187 C 州。图 8 - 3 的**上半部分**描述了这些事实。每个州向上议院选出一名代表,于是上议院中右翼控制一个议席,左翼控制两个议席。在图 8 - 3 中,民众中的少数控制着第一个议院,民众中的多数控制着第二个议院。在这种情况下,成功的立法需要第一个议院中的右翼和第二个议院中的左翼进行交易。

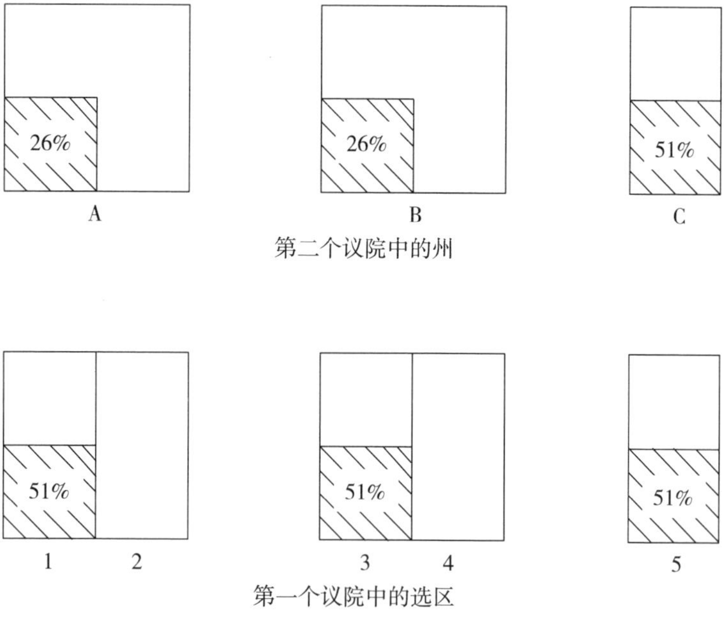

图 8 - 3 两院制保护多数派免受少数派之统治,反之亦然

前面的讨论是从考察由图 8－3 下半部分所描述的一院制立法机关中的第一个议院开始的。接下来，我增加了图 8－3 上半部分所描述的第二个议院。增加第二个议院阻止了少数派的统治，并且迫使左翼和右翼之间进行交易。此外，增加第二个议院也可以阻止多数派统治。为了说明原因，我们把这个例子倒过来，从图 8－3 上半部分由第二个议院组成的一院制立法机关开始。由图 8－3 中第二个议院组成的一院制立法机关允许左翼多数派进行统治。现在，如图 8－3 下半部分所示，增加另一个议院。转向两院制的立法机关允许新增加的议院中的右翼少数派阻遏原来议院中的左翼多数派。根据对图 8－3 的这一解释，增加另一个议院阻止了多数派统治，迫使左翼和右翼进行交易。

总体而言，两院制可以保护多数派免受少数派统治，两院制也能保护少数派免受多数派统治。两院制能使多数派和少数派合作进行统治，而不是多数派统治或少数派统治。只要一个集团 188
控制着一个议院而另一个集团控制着另一个议院，两个集团就必须合作进行统治。（后面我会解释，两院制通过增加立法的交易成本，把权力从立法机关转移到了法院。）

我已经解释过两院制可以保护多数派免受少数派的统治，反之亦然。一个更为传统的保护方法是通过在宪法中确立权利。在这两个选项中，两院制比之宪法权利有着独特的优势。具体而言，两院制可以保护已有的权利，但是却不会阻遏已经获得一致同意的立法。[23]

问题：考察图 8－4 中所描述的选民分布，阴影区域代表右翼选民的数量，空白区域代表左翼选民的数量。

———

〔23〕 Buchanan 和 Tullock1962（1967）在其书的第十六章提出了一个相近的观点。与此类似，Levmore 1992 认为两院制可以保护少数派，但又不会阻止孔多赛胜者。

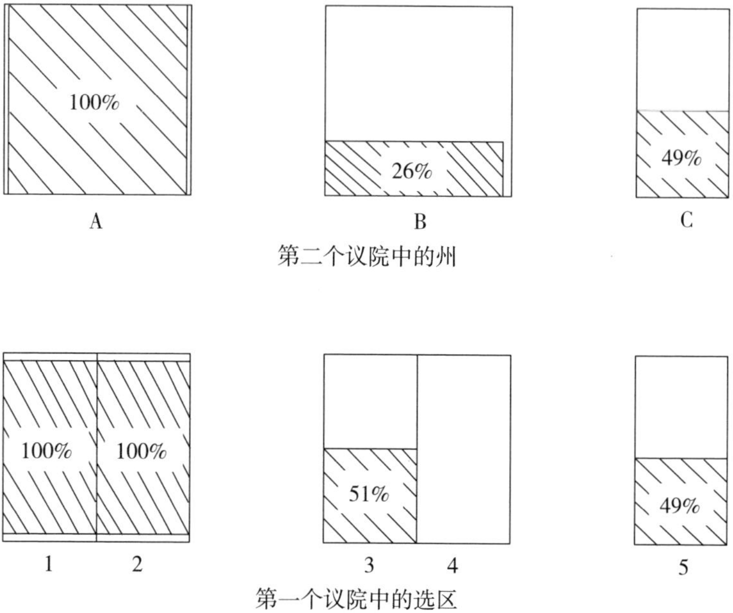

图 8－4　一院制 v. 两院制

1. 在图 8－4 中第二个议院成为唯一立法机构的一院制下，哪个政党掌控议院？

2. 在图 8－4 中第一个议院成为唯一立法机构的一院制下，哪个政党掌控议院？

3. 在两院制下，任何一个政党没有其他政党的合作能够自行执政吗？

4. 假定图 8－4 中的立法机关从两个议院增加到三个议院。预测一下对孔多赛胜者和少数派权利产生的影响。

189 5. 澳大利亚和美国有两院制——下议院代表人民，上议院代表各州。但是，在美国，人民直接选举总统（总统制），而在澳大利亚，下议院从其成员中选出行政首脑（议会制）。预测一下，哪个制度为使多数派免受少数派的统治提供了更多的保护；反过来，哪个制度为使少数派免受多数派的统治提供了更多的保护？

第三节　行政首脑

行政首脑的政治观与立法机关不同。在总统制下，总统候选人有动力去发现中间投票者所喜好的政党纲领。在议会制下，这个机制不会直接发生作用，因为首相不是直接选举出来的。但是，在两种制度中，行政首脑都有动力制订全国性的规划并且让立法者给予支持。全国性的视角促使行政首脑向国民政治偏好分布的中心移动。

为了执行全国性的规划，行政首脑必须为立法机关提供领导和组织。我将运用市场作类比，比较两种基本的领导类型。根据在第二篇导论部分所讨论的一般经济学公式，公司是受到市场约束的等级制。小企业需要较少的等级制和较多的市场，而大企业需要较多的等级制和较少的市场。等级制中的成员主要通过命令相互交流，而市场的参与者主要通过交易相互交流。

与此类似，立法交易活动像市场，政党像企业。纪律严明的政党形成等级制度，党员主要通过命令来进行交流。与此形成对照的是，来自不同政党的立法者主要通过交易来进行交流。大的政党意味着较多的命令和较少的交易。反之，小的政党意味着较少的命令和较多的交易。政党的最佳数量取决于命令和交易的相对效率。

如同市场一样，理论上讲，当组织或正式结构比较少的时候，立法交易能够成功。但是，在实践中，由于在第三章中讨论过的三个原因,在无组织的立法机关中,交易会失败。首先,某一立法者投票的价值取决于其他投票者怎样投票,这一外部性会破坏投票交易。其次,许多立法机关包含了太多的成员,以致成员之间彼此无法进行交易。最后,立法者可能为了保持其投票记录的纯洁性并以此向选民发出信号,会避免进行交易。

为克服这些障碍以及确保合作的收益,立法机关必须在政治上通过党派、在法律上通过内部规则将其成员组织起来。立法机关中许多政党的结构和纪律都来自行政首脑。强势的行政首脑提供较多的命令和较少的交易,而弱势的行政首脑提供较多的交易和较少的命令。

190 行政首脑的力量尤其取决于其奖励和惩罚立法者的能力。赏罚的能力根据选任行政首脑的方法而有所不同。在像美国这样的总统制下,选民直接选举的有固定任期的公职创造了一个独立的行政首脑,由他控制行政机构。立法者经常需要通过确保得到来自行政管理人员的优惠待遇来帮助他们的选民。行政首脑针对立法者的权力主要来自其通过行政机构给予或撤回优惠待遇的权力。

与此形成对照的是,在议会制下,政府由在议会中赢得多数议席的政党组成的,或者如果没有政党赢得多数的话,由能够结成可以动员多数票的联盟的政党组成。首相可以通过把立法者吸纳到政府中来奖赏他们,居领导地位的立法者为了在内阁中获得高职而竞争。把获胜联盟的规模最小化能够使给联盟成员的奖赏最大化。(在第三章中我解释了导致最小获胜联盟、最小工作联盟、最小贯续联接联盟或者最小互补联盟的推理过程。)

在议会制下,只要能指挥议会中的多数,执政政府就会一直保有其公职,直到法律所规定的两次大选之间的最长年限为止。

(各国解散议会的实际规则和条件有所不同。[24])为了保住执政地位,政府通常必须在所有重要的法案上赢得多数。为确保获得多数,政党的领袖必须严格管束资历较浅的党员的投票行为。执政联盟的资深党员获得内阁职位,然后给资历较浅的党员分配较少的公职。如果政党领袖无法切实在党员中拉票的话,该党是无法维持一个政府的。因此,在执政联盟中,一个无纪律的政党是不受欢迎的伙伴。成功的政党有着参与议会制政府必需的纪律。此外,在有些议会的比例代表制中,允许政党领袖指定由谁来占据分配给该党的议席,这通常可以增强党的纪律。总体而言,议会制创造了强烈的动机,让政党纪律严明。[25]

我已经比较了民主政体中由少数几个大的政党和强势行政首脑组成、主要依靠命令运作的政府和民主政体中由多个小党和弱势行政首脑组成、主要依靠交易运作的政府。现在我来总结导致不同结果的宪法的特征。简单多数规则使政党合并,比例代表 191
制使政党数量增加。议会制政府会强化政党的纪律,总统制会弱化政党的纪律。两院制会弱化行政首脑的权力,而一院制会强化行政首脑的权力。所以有许多选区的、按照简单多数规则的一院制议会体制有利于强势的行政首脑和少量纪律严明的政党。在这样的政府中,官员之间的相互交流较多依赖命令、较少依赖交易。比如,两个纪律严明的政党左右着英国政府,执政党不需要进行交易。

---

〔24〕 关于二十个欧洲国家的不同情况,参见 Laver 和 Schofield 1990a 第 64 页表 4－1。在许多国家,如果政府承诺了某项法案,但是没有在议会通过,政府就会"垮台"。在这种情况下,首相通常会辞职,由另一个政党组成执政联盟,或者宣布进行大选。议会中的人随时会退休或死亡,"递补选举"会替补这些空缺,所以在不进行大选的情况下也可能会发生政党权力转移。

〔25〕 瑞士有比例代表制,且党纪较弱,这是一种非同寻常的组合。联邦委员会共享行政首脑权力及全民公决制度可能会解释这一现象。

反之，在少数选区实行比例代表制的两院总统制有利于弱势的行政首脑和大量纪律松散的政党。在这样的政府中，官员之间的相互交流较多依赖交易、较少依赖命令。我还不知道有哪部宪法是具备上述所有特征的。但是要注意，意大利具有一部分这些特征，在从1948年到1988年的40年间，平均几乎每年都有一个新政府。

一、预算的棘丛

在所有民主政体中都有一个棘手的程序问题，与预算有关。这个问题充分展示了行政首脑的领导地位。许多立法机关颁布法案，要求为修筑桥梁、演出歌剧、治疗受伤老兵等特定目的支出经费。但是，这样的法案很少专门规定怎样支付这些开支，比方说收过桥费、出售歌剧演出的票或者对医疗服务收费。资金通常是从对收入、财产和销售广泛进行征税的一般收入获得的。每个国家都面临把立法机关授权的具体开支的总和与可以获得的税收收入进行匹配的棘手问题。

在民主政体中，从理论上说，立法机关要对选民对于公共产品的偏好做出回应。而对公民进行回应要求立法机关考虑每个预算项目的价值。但是，健康的宏观经济要求总开支与税收收入相匹配。[26] 如果立法机关逐项自由决定开支，则总支出可能与税收收入不匹配。反之，如果立法机关承诺使支出与税收收入匹配，则立法机关就不能逐项随意决定开支了。

不同的国家有着不同的预算程序来处理具有政治回应性的支出与健康的宏观经济之间的冲突。集中化的预算通常会减少

---

〔26〕 为了让我的讨论在经济学家所争论的预算应当完全平衡的条件问题上保持中立，我说“匹配”，而不说“等于”。

回应性，增强宏观经济控制。例如，欧盟的支出立法必须从欧盟委员会的议案开始，然后再到部长理事会。理事会可以拒绝或接受议案，但不能修改议案。[27] 因此委员会通过控制单项开支来控 192
制总开支。这一集中化的程序缩小了部长们按项目本身价值来评估项目的范围。与此类似，政党纪律严明的议会制通常会把对预算的控制权集于首相一身。

与此形成对照的是，美国议会遵循的是更为分散化的预算程序。授权开支的法案经常由国会的专门委员会提出。这些委员会的成员通常代表从法案中受益的利益群体。例如，纽约州有许多银行，而纽约州的某位国会议员会要求在提出银行法案的委员会中任职；密歇根州有许多汽车厂，密歇根州的某位国会议员会要求在提出高速公路法案的委员会中任职。

当委员会把这些法案报告给国会付诸生效时，由此产生的立法对该项支出做出"授权"，但是没有"拨付"资金。在资金被拨付之前，授权支出是无法进行的。为某一项目拨款需要一项单独的法案，这项法案会遵循与授权支出的法案不同的程序。拨款的议案一般由众议院的拨款委员会提出。与银行委员会或高速公路委员会不同的是，拨款委员会把支出看作一个整体。拨款委员会应当将总拨款和总收入进行匹配。因此，分散化的授权程序能够对政治偏好做出更多的回应，而集中化的拨款程序能够对宏观经济做出更多的回应。

二、财政宪法？

在现实中，分散化的预算经常会产生过多的赤字。例如，在

〔27〕 具体细节参见第九章。

美国,拨款委员会和规则委员会* 联合起来能操纵国会的议程。直到20世纪70年代,保守的南方民主党人控制着这些委员会,约束联邦的开销。后来,在任命委员会成员的时候,不再看重资历,南方民主党人因此失去了大部分控制,拨款委员会的权力弱化了,预算赤字增加。

要理解为什么分散化的预算经常产生过多的赤字,想象一下有五名经济学家决定一起吃午饭并平分账单。多点食物的话,每个人付20%的费用,于是每个人都会多点,并且会多吃。同样,从政府那里获益的人只支付落在全体纳税人身上的费用的一小部分。特定的开支项目会使小团体大大获益,而广泛的税收只会给每个人带来很小一点损伤。小的受益团体雇佣游说者,推动立法
193 机关通过许多开支法案,而很少顾及总开支。总体而言,由于单个立法者为让他们的支持者受益进行交易的卖力程度超过任何其他人为控制支出进行交易的卖力程度,所以立法机关经常会产生预算赤字。[28]

20世纪末,蓬勃上升的美国经济增加了税收收入,产生了预算盈余,但是许多保守主义者相信,产生过度赤字的结构性原因仍然存在。用一项"财政宪法"可以预先设置预算约束的法律程

---

* Rules Committee 亦译作"法案委员会",负责决定议案的表决顺序,制定控制辩论时间和修正议案机会的具体规则。——译者注

〔28〕 在 Dharmapala 1996 中正式阐述了交易的逻辑。要注意前述的观点适用于有集中利益的州的开支,不适用于无集中受益者的州的开支。对于有着扩散性利益的公共产品,如公园和清洁空气,结论是不一样的。为理解扩散性利益的问题,设想一下某人从五名经济学家那里拿到出资然后去给每个人买午餐。每个人对他自己所出的每1美元,都期望能得到0.2美元的食品,所以每个人都出很少的钱,没有人能吃饱。如同集体午餐中的经济学家一样,利益群体中的每个人都为政治游说捐款,但只获得总收益的一部分。在第三章中我解释过产业或群体解决免费搭车问题的能力决定其游说活动的水平。利益处于扩散状态,而集中需要成本,这导致在分散化的预算体系中开支不足。世界上许多立法机关都对这个问题采取听任态度,导致像公园和清洁空气这样的公共物品生产过少。

序，以此来解决结构性问题。在这一可能是非常引人注目的、迈向集中化的过程中，美国国会近期通过了一项总统的“择项否决权”，允许总统取消包含在整个预算案中的个别开支项目，而其他开支项目仍不受影响。[29] 另外，许多重要的保守主义者都想修改美国宪法，要求预算平衡。[30] 但是，没有人知道如果这样的修正案通过的话，国会应当怎样进行重组，方能遵从其规定。

在美国，总统只能任职两届，但对于大多数其他职位来说没有这样的限制。[31] 于是国会中的资历可以带来权力，特别是在最好的委员会中获得的任命。国会和州立法机关中最资深的代表运用手中的权力，支持一些花费不菲的项目，造福他们自己的选区。许多选民在观察到这一事实后，提议对所有民选的官员都进行任期限制。支持任期限制的选民希望通过消除资历的影响来减少讨好自己选民或选区的政治拨款，因为这样的政治拨款会导致赤字。在没有任期限制的情况下，有些选民常常不得已再次选举那些资深的官员，这些官员会给他们的选区带来特殊利益，即使这样的利益会损害国家整体利益。[32]

---

〔29〕 具体细节参见第九章。

〔30〕 例如，Niskanen 1992 提出了以下的宪法修正案：

“1. 只有在两院各三分之二以上成员同意的情况下国会才可以上调美国公共债务的上限。

2. 任何开征新税或增加已有税种税率或税基的法案只有经两院各三分之二以上成员同意方可成为法律。”

〔31〕 美国最高法院认定，尽管宪法明确地对总统施加了任期限制，但是却默示地禁止对议会和其他联邦职位进行任期限制。但是，宪法显然没有禁止对包括州立法机关在内的州的公职进行任期限制（Elhauge 1997）。有些州，包括加利福尼亚州，已经对州的立法者进行任期限制。

〔32〕 Elhauge 观察到进行任期限制、不许再选国会代表的时候，每个选区的选民可以得到同样的结果。但是，除非每个人都放弃特权，否则选民并不想放弃特权。任期限制的提倡者愿意牺牲自己代表的资深经历，以便消除其他选区代表的资深经历。Elhauge 认为任期限制是“符合民主精神的”，因为每个选区的选民可以表达他们对候选人的真正偏好，而不是感到不得已要再选某位他们并不赞同的资深代表（Elhauge 1997）。

194 除了给自己的选区搞到“政治拨款”以外,资深的立法者还会约束其他立法者的开支。由于这个原因,即便立法机关成员更快地进行任职轮替,也不会减少总开支。在狼群中,杀死头狼会让狼群混乱,引起权力争斗。同样,任期限制导致立法机关的混乱,引起权力争斗。混乱之中,不太可能产生政府开支与收入之间的比较接近的匹配。

如我们已经解释过的那样,国家通常通过集中预算权力、让负责预算控制的官员有全国视角来匹配收入与支出。[曼可·奥尔森强调“共容利益”(encompassing interest)的重要性。[33]]总体而言,对于设计分散化的决策程序以促使开支与收入相匹配,经济学家有很多讨论。但是迄今为止,在预算编制问题上还没有多少看到经济学家们的创见。

苏珊·罗斯·阿克曼的一项有趣的提议算是个例外(Rose-Ackerman 1992)。立法的开篇通常是一份陈义甚高的前言,然后在法律的主体部分继之以政治拨款的规定。因此前言中所宣称的一般目的与立法的实质内容没有真正的联系。罗斯·阿克曼想让法官废除那些资金规定无法促进其所宣称的目的的立法。比如,法官可以废除宣称应该给年轻人最好的教育但是却削减学校科学实验室方面的开支的立法,或者法官可以废除宣称国家需要增加产业竞争力但却拨款对已经淘汰的技术进行补贴的立法。由罗斯·阿克曼所提议的这种司法审查不会容忍立法中所宣称的目的与所选择的方法之间存在的巨大落差。要求法案中所宣称的目的和手段之间更紧密的匹配将提高立法语言的质量,而高质量的立法语言将增加选举立法者的公民们所能获得的信息。

---

[33] Olson 1993 强调在经济发展中有着共容利益的政治家的作用。

问题：

1. 解释一下为什么从简单多数规则转向比例代表制会倾向于使政府较多依赖交易而较少依赖命令？

2. 在职位上要干上五年或十年的政治家经常会授权国家发行二十年后到期的债券。描述一下使政治家的任职期限与债券市场相匹配的方法。

3. 考察这个命题："允许立法者把无关的拨款附加条款放到法案中是一种非帕累托最优的预算程序。"这句话是什么意思？ 195

4. 1994 年，90% 以上的现任议员再度赢得了美国国会选举。与此同时，许多州的选民情绪激动，要求给职位设定任期限制，防止政治家多次重新当选。解释一下为什么这两个事实并不必然表明选民是非理性的。

5. 在制宪会议上，美国的立国者们争论是否要给担任总统的任期设置上限。有些代表害怕在多个任期内担任总统的人实际上会变成国王。其他人认为设置上限会导致总统在最后任期内追求私人利益或者带有个人癖好色彩的公共利益。[34] 1951 年，美国宪法第二十二修正案将总统任期限定为两届。你能否找到任何证据说明总统在第一任期和最后任期的行为背道而驰？

第四节 司法机关

在讨论了立法机关和行政首脑的职能后，接下来讨论司法机

〔34〕 参见 *Notes of Debates in the Federal Convention of* 1787, *Reported by James Madison*,（Athens：Ohio University Press, 1966）第 323 页中 Madison 对 Gouverneur Morris 言论的记录。关于这个脚注，向 Paul Edwards 表示感谢。

关。经济学家常常想对诱因做出安排,使物质上的自利与公共利益能够结合在一起。当二者完全重合时,自利的人们在“看不见的手”的指引下为社会谋最大利益。在民主政体中,利益结合是针对行政首脑和立法机关的宪法设计策略,但对于司法机关却非如此。一个人的物质自利与权力和财富有关。法官不应该审判对自己的权力或财富会产生影响的案件。另外,法官不应该受到政治或经济影响。司法机关的宪法设计目标是独立,而不是利益的结合。按照定义,**完全独立的**法官的物质福利不应当受他审理案件的方式的影响。

为理解独立怎样影响法官,我们考察一下独立的内在价值。许多法官的道德和政治的观点,指引着他们对于法律的理解。这些观点与事实和法律结合起来,通常意味着正确的审理案件的方式。法官按照其是非观来裁判案件,以此表达他们的道德和政治观点。[35] 对于一位完全独立的法官而言,做自己认为正确的事情毫不费力。因此法官独立会促使法官在判决中表达他们的道德
196 和政治观点。总体而言,当决策者的独立性增加且决策对其自身利益的影响下降时,决策者的决策会更多地表达他内在的是非观念。用实证方法来说就是:回归分析表明美国最高法院法官的观点的可预测性取决于他们内在的政治哲学观念(Brenner 1982)。

世界上的法律体系用两种方法实现法官独立。在大多数民法法系国家,法官是在司法官僚体系中任职的公务员。新的法官主要按照其学术表现而非意识形态或党派忠诚在等级制的底层获得任命,而高级法官通过监督初级法官的裁判来决定是否提升他们,有时政治家可能也会施加一些影响。官僚制试图保护单个

[35] 回忆一下第二章中关于表态投票的讨论。

法官免受直接的政治和经济影响。

美国联邦法官的职业生涯走的是另一条道路。联邦法官由总统任命,并经参议院批准,终身任职。总统和参议院会认真审查候选人的意识形态和政治倾向。因此,决定联邦法官任命的因素是政治而非学术。但是,任命一旦通过,法官和政治家之间的纽带就割断了。除了在特殊情况下,联邦法官甚至不能与政治家交谈。此外,联邦法官的晋升路线完全是偶然的,高级法官在初级法官的晋升方面没有什么发言权。尽管有一个独立的官僚体系,但是美国的联邦法官很少有或者没有官僚制的成分。〔36〕

在公务员体系下,高级法官审查寻求晋升的初级法官的表现,有可能还包括其政治观点。与此形成对照的是,在美国联邦体系中,政治家们审查准备做法官的候选人的表现和政治观点。这两种体系之间的差别可以概括为**事前政治审查**与**事后政治审查**。事前政治审查意味着在任命候选人为法官之前进行政治观点审查,事后政治审查意味着在任命后、晋升前对法官的政治观点进行审查。

在私人交易和公共交易中,独立的法官扮演着关键角色。这可以用一个例子来说明。假定私人当事方就一个合同进行交易。如果他们知道他们之间任何协议的条款都会被强制执行,则交易更有可能成功。在将来的争端中,一名中立的审判者最有可能根据条款规定强制执行合同。独立的法官是中立的审判者,而不独立的法官是有偏见的审判者。所以无论是在私人商业活动还是在政治中,独立的法官都会促进交易。我们用立法来说明,如果立法者有信心认为立法将会由独立的审判者来解释,他们会更容易地就法案达成协

---

〔36〕 与此形成对照的是,在美国,有些地方法官必须面临定期选举,美国有些州要求州最高法院法官应得到多数选民的赞同。

议。独立法官通过提供对立法的中立解释促进政治交易的成功(Landes 和 Posner 1975)。

197 反之,如果法官在政治上不独立,各政治派别就无法依靠法院来执行他们的协议。在这种情况下,政治家必须寻找其他的立法和协议来确保他们之间的交易。(一个可能的保障方法是把更多的协议写入宪法修正案。[37])

我已经解释过法院独立可以对政治交易起到润滑作用。那么,为了使交易更为顺畅,政治家会给法院更多的独立性,或者政治家会支持法院独立吗?独立的法院能帮助政府预先做出会偿付其债务的承诺。有些历史证据表明,英国和荷兰的君主通过允许法院有更多的独立性从而增强了其借款的能力。[38] 但是,在某种程度上,司法独立来自政府中的党派竞争。来自几个国家的经验证据表明,党派竞争能维持司法独立,而常年由某一个党派统治会削弱司法独立。[39] 处于支配地位的政党没有必要和其他政党做交易,所以处于支配地位的政党没有由独立的法院来润滑政治交易的需要。来自美国的经验证据表明,当法院通过强制执行来促进写在立法中的政治交易时,立法者通过给法官更高的平均工资来奖赏法院。[40]

---

〔37〕 Crain 和 Tollison 1979。作者把司法终身制作为司法独立的替代性指标,发现它与美国各州的宪法修正案活动呈负相关。Anderson 等 1990 用一个关于宪法活动的不同指标对最初的研究结果进行了确认。该书作者认为,他们的结果表明,如果司法独立较少,会导致政治家们为了确保他们的交易不被司法解释所修改而更多地把交易写入宪法。在美国,州法院解释州宪法,所以这个观点颇令人感到不安。相对于立法机关,法院在解释宪法的时候有更大的权力。所以,把政治交易写入宪法给了法院更大的解释空间,包括按照法院所偏好的方式来修改政治交易,而不是保障政治交易。

〔38〕 North 1995,第 22 页。

〔39〕 参见 Ramseyer 1994。

〔40〕 参见 Anderson,Shughart 和 Tollison 1989。但是要注意,通过更高的工资来奖赏法官会使法院更加依赖立法机关(Macey 1998)。

法院在强制执行协议方面的作用对于法律解释理论来讲具有一定意义。为了使经济活动顺畅,法院应当强制执行体现在合同中的私人协议。根据合同的交易理论,交易就是合同,而书面形式是其具体体现。[41] 无论如何,事实是交易指导着法院对书面合同的解释。同样,为了使政治活动顺畅,法院应当强制执行体现在立法中的政治派系之间的交易,政治交易应当指引法院对于成文法文句的解释。

当立法者为获得多数而进行彼此协商时,法院有理由从其背后的交易的角度来解释由此产生的立法。但是有时候,立法者在没有经过交易程序的情况下直接投票。比如,某一立法机关对协商感到不耐烦,可能会在没有达成协议的情况下就进行投票。在 198
投票中,多数派在其成员没有进行交易的情况下获胜。当出现没有交易的成文法的时候,法院在对其进行解释时除了文字的普通含义以外几乎没有指引。如在第二章讨论过的,在没有政治交易的情况下,"立法意图"是无意义的。

除了强制执行政治交易以外,法院还有另一个重要的政治职能。尽管立法者主要进行交易,行政首脑主要发号施令,但是法院可以降低监督在国家行政部门底层的官员的成本,从而提高顶层政治控制的绩效。具体而言,法院可以探知行政管理人员的违规行为。如第七章已经解释过的那样,法院探知违规行为可以使高层政治领袖对低级公务员背离目的的行为有所警醒。

我已经解释了法院可以使立法机关的交易更为顺畅,也可以促进行政首脑的命令落实。此外,法院在国家中发挥着其他作用。下面我将讨论法院怎样通过创造普通法或解释民法典中的

[41] 关于合同的交易理论,参见 Eisenberg 1982。

一般规定来或多或少地自行创制法律。(第四篇将探讨法院在保护个人权利方面的作用。)

问题:

1. 经济学家们经常假设公务员试图将其机构的规模和收入最大化。假定欧洲公务员式的法官试图独占法院的官僚体系。这个目标会对法官裁判案件的方式有怎样的影响?

2. 在美国,有些地方的法官是民选的,而政治官员几乎总是希望任命高等法院的法官。比较被任命的法官和民选法官在激励因素方面的差别。这个差别是否意味着高级法官应该是被任命而不是由选举产生?

3. 著名法哲学家罗纳德·德沃金认为法官在裁断私人权利方面的表现优于其在制定社会政策方面的表现。把这个对于法官职能的解释与法官的独立联系起来理解。

4. 有些美国法学家强烈反对在批准法官任命的时候运用政治标准。讨论一下在批准美国联邦法官任命的时候运用政治标准所产生的激励效果。[42]

5. 在有些待审案件中,法官有某种利益在其中。讨论一下在这种案件中,陪审团怎样成为一种抗衡法官的机制。

6. 重要的案件通常由合议庭投票审理。如果投票是秘密的(法院宣布结果但不宣布单个法官的投票),法官会更独立吗?

一、有效率的普通法

199 与行政首脑自己决定活动议程不同,法官在案子出现的时候

---

〔42〕 布什总统提名罗伯特·博克担任美国最高法院法官。参议院认为博克太过保守,拒绝批准提名。他后来撰文激烈批评在参议院批准联邦法官过程中政治的作用。参见 Bork 1990。

才受理案件。与出席会议进行派系交易的立法者不同,法官大多数是在裁决纠纷。与民选官员不同,法官不能雇用职员进行民意调查或者接受选民的指令。法官的独立限制了他们制定公共政策的能力(Fuller 1978)。例如,法官不能管理宏观经济政策、设计有效的济贫政策或者管理一个学区。

但是,与立法者或行政首脑不同的是,法官反复地观察把某项法律适用于具体案件的结果。这个事实使法官可以对法律做出轻微调整。对于某些规则来说,轻微调整在经过一段时间后可以产生最佳社会效果。经济学家推崇市场和法院,因为它们都是分散决策的,且都对局部信息做出回应。正如有效率的经济决策需要市场来揭示局部信息一样,有效率的规则适用需要法院来揭示局部信息。

法律的经济分析已然表明效率和某些法官造法(特别是普通法中的合同法与财产法)之间的一致性,超出了法律经济分析这一学术运动在20世纪60年代初起之时任何人的预期。[43] 但是,法官在裁判案件的时候很少明确提到效率。显然,这种机制在法官没有明确追求效率目标的情况下驱动某些普通法朝效率的方向运作。就这一点来说,指引普通法向效率方向发展的手是看不见的。

亚当·斯密指出,竞争市场会在没有自觉争取效率目标的情况下有效配置资源,这已由一般均衡理论所证明(Arrow 和 Hahn 1971)。经济学家通过类推来寻找在法官没有自觉争取效率目标

〔43〕 关于合同法与财产法规则的分析参见一些有代表性的教材(Cooter 和 Ulen 1999,Posner1992)。要注意普通法中的侵权法似乎缺乏合同法和财产法所具有的效率性。对于整个学术运动的怀疑在一些地方一直存在(Kelman 1988)。

的情况下使法官造法向效率方向演进的竞争机制。[44] 诉讼,尤其是发生在美国法院的诉讼,与市场有许多相似的属性:和其他投资一样,许多人为了获得巨大利益而提起诉讼;和其他服务一样,诉讼非常昂贵,律师竞相提供这种服务;和拍卖一样,诉讼创造价值并且将其进行再分配。难道诉讼压力是指引普通法向效率方向前进的“看不见的手”吗?

理论家们考察了诉讼市场驱使法律向效率方向演进的三种方式。第一,无效率的法律比有效率的法律更能引发法律纠纷。例如,比起鼓励采用充分预防措施的法律,预防措施不足的法律会引发更多的事故。第二,由无效率的法律所引发的法律争议比因有效率的法律所引发的法律争议更难在庭外和解。比如,模糊
200 的法律在法律权利上制造了不确定性,由此使人们卷入诉讼。同样,模糊的法律增加了就权利进行交易的交易成本。所以除非由法院来澄清权利,否则当事方会质疑这样的法律。[45] 第三,在纠正法律的无效率时,胜诉方所得超过败诉方所失,所以花在质疑无效率的规则上的开支可能超过花在为无效率的规则辩护上的开支(Goodman 1978)。

不幸的是,这三个论点够聪明,但不够让人信服。法律在其适用范围内是普遍的。变更法律会影响到每一个在其管辖之下或者将要在其管辖之下的人。新先例的效力范围会远远超出诉讼当事人。许多原告不过是占用了新先例所创造和再分配的价

---

[44] Cooter 1978b, Cooter 和 Kornhauser 1980, Goodman 1978, Hadfield 1992, Hirshleifer 1982, Hylton 1993, Ott 和 Schafer 1991, Preist 1987, Rubin 1977 以及 Rubin 1994。

[45] 这显然就是 Rubin 在他的开拓性论文中的思路(Rubin 1977)。Priest 试图检验究竟是法律的不确定性导致了创造新先例的诉讼,还是新先例导致的不确定性引发了诉讼。他的数据显然表明在同一年中规则发生了变化,同时法律纠纷也在增加,但是无法确定哪个发生在先,所以观察到的事实与两个假说都吻合(Cooter 1987b, Priest 1987)。

值的一小部分(Landes 和 Posner 1979,Rubin 和 Bailey 1993)。在有大量溢出的情况下,诉讼当事人的自利是不可能指引诉讼市场向效率方向发展的。

这个法官造法效率性悖论的解更多地在于社会,而不在于法院。普通法的效率部分地来自社会产生有效率的社会规范,而法官将社会规范带入法律之中。传统上关于"商法"的故事就提供了这样一个例子。中世纪时英国商人在商品交易会中发展出了他们自己的法院,对贸易活动进行监管。当英国的法律体系变得更为强势和统一时,英国法官越来越多地对商人之间的纠纷行使管辖权。英国法官通常对这些专业化的交易活动所知不足,无法对另一套规则进行评估。据说英国法官试图发现已经存在的规则,而且有选择地进行强制执行,而不是制定规则。因此是法官努力与商人的做法保持一致,而不是让商人与法官的做法保持一致。尤其是18世纪的票据法,就是这个模式的例证。〔46〕总体而言,有潜质的社会规范在解决协调问题方面竞相发挥作用。在某些情况下,更有效率的规范会赢得竞争。〔47〕普通法向效率方向的演进是通过强制执行向效率方向演进的规范实现的。

问题: 201

1. 解释为什么在商法领域促进法官造法向效率方向演进的

〔46〕对中世纪商法实体性而不是程序性的程度一直存在争论,而且中世纪商法与普通法和海商法的关系也很难重现。发生在18世纪的普通法将汇票及可转让票据吸收进来的过程有着完备的记录。Holden 1955 论述了传统的理论。Holden 遭到 Baker 1979 的批评。在 Rogers(即将出版)那里提出了一个修正的观点,强调 Mansfield 全神贯注于商业实践的每个细节,以便从中抽象出最佳的原则。关于此点,我从与 Dan Coquillette, James Gordley 和 Jim Rogers 的讨论中受益匪浅。

〔47〕在 Bernstein 1992,Cooter 1991b 和 Ellickson 1991 中有普通法效率性的实证证据。在 Cooter 1997a 中有相关解释。重点关于无效率的研究包括 Kuran 1997 和 Posner 1996。

压力比事故法领域更大?

2. 试比较诉讼市场的无效率性和政治游说的无效率性。

二、帕累托无效率的法院

我已经解释过通过强制执行社会规范,法官造法可以向效率方向演进。但是,当法官之间意见不一致的时候,法官意见的总和会导致一种特别麻烦的无效率。上诉法官经常以合议庭的方式按多数投票方式审理案件。如第二章解释过的那样,投票不反映情感的强度。在没有交易的情况下,投票可能导致相较任何其他方案而言的所有法官都不太喜欢的判决结果。为了说明司法合议庭的这个问题,我将构造一个有三名法官、三个案件的例子。

假定上诉法庭由三名法官组成,每名法官都有不同的政治和法律观念。有一名法官是左倾自由主义者,一名是自由意志论者,第三名法官是保守主义者。三名法官面对三个案件,每个案件都体现一个不同的法律问题。第一个案件与民权有关,第二个案件与国家权力有关,第三个案件涉及财产权。左翼自由主义的法官在民权案件中强烈支持原告,在另外两个案件中温和支持被告。自由意志论的法官在财产权案件中强烈支持原告,在另外两个案件中温和支持被告。保守主义的法官在关于国家权力的案件上强烈支持原告,在另外两个案件上温和支持被告。表 8-1 总结了这些司法偏好。其中“ > ”表示“偏好”,而“ > > > ”表示“强烈偏好”。

表 8－1　司法偏好 *

法官	案件		
	民权	财产权	国家权力
自由主义者	P>>>D	D>P	D>P
自由意志论者	D>P	P>>>D	D>P
保守主义者	D>P	D>P	P>>>D

假定司法伦理禁止法官进行交易或交换投票。如果合议庭在每个案件上按照多数决定规则处理，并且法官遵守司法伦理，在每个案件中，被告方都会以 2∶1 的投票胜诉。因此在没有投票交易的情况下产生的结果是（D，D，D）。

如果结果是（D，D，D），则每个法官在他中度关注的案子上能 202
得偿所愿，但是在他最关心的案子上却没能遂其心意。假定每个法官在自己最关心的案子上比他中度关注的案子上更想实现自己的想法。根据这个假设，所有的法官都更偏好（P，P，P），而不是（D，D，D）。多数决定规则产生了一个所有法官都认为比其他选项更糟糕的结果。换言之，就司法偏好而言，多数决定规则产生了非帕累托最优的结果。

现在假设伦理规范发生了变化，允许法官进行交易。所有三个法官大概都会意识到他们偏好（P，P，P）超过（D，D，D）。结果，他们可能会同意在每个案子里都一致投票支持原告，产生（P，P，P）的结果。通过交换投票，每个法官都赢得了他感受最强烈的案子，输掉了感受较弱的另外两个案子。这个例子说明了交易使法官达成有帕累托效率的结果。

要记住，独立法官的判决是基于他们的伦理与政治哲学，而不

---

* P 表示原告 plaintiff，D 表示被告 defendant。——译者注

是他们的物质自利。如果合议庭中的法官是完全独立的,他们“偏好”(P,P,P)甚于(D,D,D)的事实意味着他们认为前者在道义上和在政治上都优于后者。换言之,他们认为(P,P,P)几乎是比(D,D,D)更为正确。

法官可能成为不代表公民偏好的一个政治精英团体,或者,法官的偏好也可能代表公民的偏好。例如,德国的政党按照各党派在立法机关的议席数量的比例来遴选德国宪法法院的法官。因此德国宪法法院政治观点的分布大体上代表了德国选民政治观点的分布。在法官代表公民偏好的情况下,对法官的偏好而言具有帕累托效率的判决对于公民的政治偏好而言也具有帕累托效率。

在第二章和第三章中,我解释过多数决定规则也是立法者进行交易的威胁点(threat point)。立法者通过投票交易避免非帕累托最优的立法。但是,大多数国家的司法伦理禁止法官之间进行投票交易。例如,美国或德国的法官如果用在某一个案件上的投票交换另一个法官的投票的话,会被认为是完全不合伦理的。

当正式的规则会阻碍帕累托效率时,非正式的做法常常就会削弱正式的规则。法官之间默示的或者隐秘的交易程度是难以查知的。[48] 在美国,高级法院的法官组成一个小规模、排他的、亲密的团体。一名法官在另一名法官开口说话之前,就知道她会说什么。这种氛围培育了一种合作精神,每个法官都会考虑其他法官的强烈信念。鉴于亲密关系和合作精神,面临表8-1中案件的法
203 官可能会屈从于其他法官的强烈信念。例如,表8-1中的保守主义法官可能会屈从于自由主义法官关于民权的强烈信念,自由主

〔48〕 与一般看法大相径庭的是,对于美国最高法院法官的所谓案卷的一项令人印象深刻的统计研究表明在案件上有大量隐秘或公开的交易。参见 Spriggs 1997 和 Stearns 1999。

义法官可能会屈从于保守主义法官关于国家权力的强烈信念。合作与屈从会在没有明确交易的情况下产生具有帕累托效率的结果。

有些法院通过把案件分配给法官的机制来避免非帕累托最优的判决。例如，传统上墨西哥有个很大的最高法院，把案件分配给法官组成的小合议庭。墨西哥法官显然在谁分到哪个案件的问题上可以彼此进行交易。这个做法允许每位法官裁判他最关注的案件。（这个做法据说是墨西哥法官腐败的部分原因。墨西哥法官进行交易，以便能审理影响他们个人利益的案件。）

为什么要禁止法官之间的交易？有些人相信道德应远离妥协。我们用一个来自康德的著名例子来说明。假定某人敲你的门，请你把他藏起来，以避刺客。你把他藏好以后，刺客敲你的门，问他要追杀的人是否在里面。按照康德的观点，你必须如实回答（Kant 1970）。康德之所以采取这种观点，因为他认为道德不取决于行为的结果。把这个观点用到法院，康德的非结果论（nonconsequentialism）禁止法官为了在另一个案件避免更大的不公正而在某一个案件中制造一个较小的不公正。

与康德不一样的是，重视结果的人通常相信道德允许妥协。用前面的例子来说明。谋杀远比说谎严重，所以大多数人会觉得有正当理由对刺客说谎。把这个观点用到法院，结果论允许法官为了避免在另一个案件中更大的不公正而在某一个案件中制造一个较小的不公正。

对于法官进行投票交易的一个更为现实的反对意见与交易所呈现出来的表象有关。法官之间的交易有碍物议，亦会削弱法院的合法性。或许交换投票会削弱法官的独立性，导致他们寻求贿赂。稍后我还会阐述另一个更为现实的观点，就是法官就案件本身的是非曲直进行投票时,所犯的错误要比在案件之间进行投票交易更少。无论如何,这样的可能性是存在的:修改司法伦理、允许在特定条件下进行投票交易会产生几乎让所有人都偏好的结果。

问题:

1. 本书的大部分读者现下都不会卷入诉讼,但是你们每个人都是潜在的诉讼当事人。如果你能选择规则,让法院依据你选的规则来裁判未来任何与你有关的诉讼,你会允许或禁止法官交易和交换投票吗?为你的答案给出辩护意见。

2. 交易经常会涉及为了获得策略利益而隐瞒信息。投票交易让法官有了彼此隐瞒信息的动机,这会在多大程度上破坏法官对于真相的追求?

3. 假定伦理规则发生变化,允许法官之间进行交易。交易和投票交换会怎样使法官判决意见的撰写变得复杂?

三、法官判决的非传递性

204 现在我从判决转向法官针对判决给出的理由。法国法院经常宣布判决而不做解释,英国法院经常写很短的法律意见。与此形成对照的是,美国最高法院撰写冗长的法律意见,详细解释判决的理由。在判决书中,每个法官都可以提出反对意见或协同意见。可能有些意见对于有效沟通而言,显得太冗长和夸夸其谈了。(据说拿破仑在一封信的后面写过这样一句话:“言简意赅,我没有时间字斟句酌。”)无论如何,法院对判决给出解释,可以帮助公民理解他们的法律义务,帮助公民预测法院会如何裁判将来的案件。

不幸的是,美国最高法院在其法律意见中有时会自相矛盾。

但是,法官可能不是自相矛盾的原因。恰恰相反,原因可能在于法院做出判决时使用的多数决定规则。多数决定规则可能会阻止法院对其判决给出清晰明了的解释,因为法官的观点是非传递性的。(表8-2)

表8-2　法院价值的非传递性

法官	法官的政治价值				
自由主义者	民权	>	国家权力	>	财产权
自由意志论者	财产权	>	民权	>	国家权力
保守主义者	国家权力	>	财产权	>	民权

例如,回到和表8-1中一样的由三名法官组成的合议庭。合议庭面对与民权、财产权和国家权力有关的三个案件。表8-2描述了三名法官怎样依重要性来给这些案件排序。因此,自由主义的法官认为民权比国家权力更重要,而保守主义的法官认为国家权力比民权更重要。

在没有交易的情况下,这些偏好会导致法院给出前后不一致的法律意见。比如,假定法官按照多数决定规则判案,并且每名法官会撰写法律意见来解释其投票行为。多数法官的意见即为法院的意见。三名法官中有两名法官认为民权比国家权力重要,有两名法官认为国家权力比财产权重要,有两名法官财产权比民权重要。每位法官对于三类案件的评价都是连贯一致的,但是法官的多数意见却是非传递性的。因此法院关于这些价值之重要性的观点形成一个循环。

在这个例子中,法院没有传达出一种清晰的政治哲学,即一种对于世界的政治状态由坏到好的排序。其他一些例子,比如关于

205 流产、平权行动、毒品或征兵制,也是很容易构造的。[49] 总体而言,疑难案件使法院的合议庭创制出前后不一致的法律(Easterbrook 1982)。

在私人交易中,交易使商品从对其估值较低的人流向对其估值较高的人。同样,在集体选择中,交易使对公共物品的控制从对其估值较低的人流向对其估值相对较高的人。达到帕累托效率和保持一致性是允许合议庭的法官进行投票交换的两个理由。

问题:

1. "挖个洞"和"不得挖洞"是两项不一致的命令。如果有人给你下了两项不一致的命令,你想要都遵守是不可能的。"挖个洞再填上"是一项无意义的命令。尽管遵守这项命令什么也得不到,但遵守这项命令倒是可能的。非传递性的命令是不一致的还是无意义的,抑或二者兼有?[50]

2. 回忆一下控制议程的人对于按多数决定规则进行投票的结果有很大影响这件事。在美国最高法院,需要有四名法官的同意才能受理一个案件(granting certiorari,调案复审令)。首席大法官决定调案复审案件的审理顺序。讨论一下首席大法官对议程的控制是否足以对案件结果产生实质性的影响。

3. 美国最高法院应该遵守"遵循先例原则",这意味着先例必

---

〔49〕 这里有一个构造这类例子的程式:考虑关于诸如流产、平权行动、使用毒品或者征召人员服兵役这样政治上有争议的活动的三种可能的法律立场。第一,假定绝对主义者认为要绝对禁止该行为,或者如果绝对禁止不可能,也要有条件地禁止。第二,假定中间派认为要有条件地禁止该行为,如果有条件禁止不可能的话,中间派更倾向于完全自由放任而不是绝对禁止。第三,假定法治派不喜欢规则的模糊性,或者不喜欢官员的自由裁量权,所以法治派认为要完全自由放任,如果自由放任不可能的话,法治派更倾向于绝对禁止而不是有条件禁止。对于由三名法官组成的法庭来说,比之有条件禁止,多数法官更倾向于绝对禁止;比之完全自由放任,多数法官更倾向于有条件禁止;比之绝对禁止,多数法官更倾向于完全自由放任。

〔50〕 关于此点的更多论述,参见 Kornhouser 1986。

须得到尊重。尊重先例意味着在推翻一个过去的判决之前需要经过一段时间。遵循先例解决了非传递性循环的问题吗?

四、胜者诅咒:聚合的事实判断

表8－1和表8－2描述了有着不同价值观的法官可以从交易中获益的情形。在本节中,我将解释为什么有着相同价值观和不同信息的法官可能想要投票而不是交易。在本章的前面部分,我解释了单个的判决聚合起来时经常会将错误彼此抵销。本节会把这个结果适用于法官组成的合议庭。

首先,我来考察有着相同目标的人们的群体决策问题。假定 206
国家提出要拍卖某一片土地下的采油权。如图8－5所示,五家石油公司(用A、B、C、D和E来表示)在这片土地上各打了一口勘探井。比之其他公司的勘探井,C公司的勘探井预测地下会有更多的石油,而A公司的勘探井预测地下的石油更少一些。

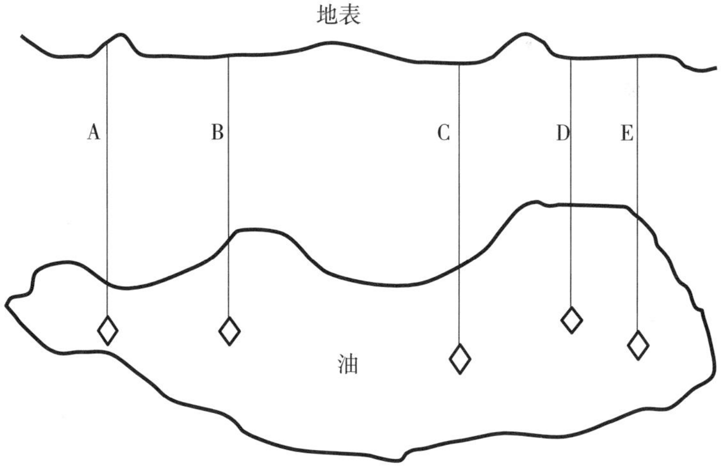

图8－5　油田上的勘探井

假定反垄断法禁止各公司把他们的勘探结果汇聚到一起。C公司可能会出最高价以赢得租赁权。但是,产出量最大的勘探井所提供的是对地下石油总量的一个有偏差的估计。因此,赢家给出的价格可能会超过租赁权所值,在这种情况下赢得拍卖就变成了一种诅咒——“胜者诅咒”。

在本例中,反垄断法禁止进行信息交换,所以每个石油公司根据其自己的勘探井出价。现在我们修改关于反垄断的假设条件。假定允许五家公司成立一个财团,交换关于勘探井的信息,并且制定一个出价。财团中的每个公司都有相同的目标——使财团的利润最大化。为达成这一目标,财团需要精确估算油田中的石油。为获得最佳的估算,财团应该把数字集中起来,计算出平均的勘探值。在特定的假定条件下,五个勘探井的平均值能够提供油田中储油量的最精确估测。

另一种决策过程几乎和计算勘探结果的平均值一样奏效。财团可以按照多数决定规则进行决策,而不是计算平均值。按照多数决定规则,中间投票者会胜出。当误差呈正态分布时,随着观测数量的增加,中位数会与平均数趋同。

我们把这个结果一般化:假定某一集团控制了一个连续变量。该集团设定了控制变量的值,而控制变量的值决定着该集团的收益。关于控制变量如何影响收益,每个人都有不同的信息。如果他们的信息来自有着随机错误(平均值为零的正态分布的错误)的
207 独立观察,最佳的决策程序是把信息聚集到一起,计算平均值。当集团成员的数量增加时,允许中间成员做决策会得到与计算平均值相近的结果。

我们把这个结论用于法院,这个推理过程提供了让真诚投票的合议庭判决案件的正当理由。我们假定法律争议中的问题可以

表述为从一维选择中选定某一个点，并假定法官有着相同的价值观念，包括相同的正义理念。审判本身给法官们提供了相同的信息。用经济学的说法，这种信息是“公共的”。此外，法官基于过去的经验和教育——包括关于历史学、政治学、经济学的知识——把自己的知识带入案件。用经济学的说法，这种信息是“私人的”，意味着对于所有法官来说这种信息是不一样的。当法官们彼此讨论案件的时候，他们把私人信息汇集到一起，使之成为公共的。法官们会按照石油财团把信息放在一起计算平均值的方式来讨论案件的结果。

但是，即使经过充分的审议，很大一部分信息仍然是私人的。如果私人信息含有随机错误，多数决定规则会提供变量真实值的良好估计。在真实的案件中，法官不知道怎样给他们所面临的选择赋值并计算平均值。鉴于这一事实，多数决定规则可能是法官可以遵循的最佳程序。当实际困难（如过高的交易成本）阻碍了信息汇集时，多数决定规则提供了一个关于信息汇集的、价格相对低廉的近似值。多数决定规则可能是合议庭的法官解决就事实问题所持歧见的最佳方式。

在汇集信息的时候，各方在怎样形成决策上必须非常小心。一般而言，按照多数决定规则进行连续决策的结果和进行同步决策的结果不一样。这一点对于选择合议庭法官裁断案件的程序来说非常重要。例如，假设合议庭必须对于原告和被告之间是否有合同以及该合同（如果有的话）是否被违反作出裁断。连续决策可能会得出与同步决策不一样的效果。在连续决策程序中，法院首先按照多数决定规则判断是否有合同。假定在第一轮投票中作出肯定回答，法院接着判断在有合同的情况下，是否违约。按照这个程序，法院可能作出有利于原告的判决。但是，如果法院采用同步决策程序,法官对于是否存在合同且是否存在违约进行投票,这样的话,多数法官可能作出有利于被告的判决。

这里有一个来自杰夫·布伦南(Brennan 1998)的例子,是从布鲁斯·查普曼(Chapman 1998)的工作成果中提炼出来的:

法官 X 相信有合同,并且有违约;

法官 Y 相信没有合同,但是如果有合同的话存在违约;

法官 Z 相信有合同,但是没有违约。

208 法官 X 和 Z 相信有合同,法官 X 和 Y 相信如果有合同的话,存在违约。所以连续决策会以 2∶1 的结果作出有利于原告的裁决。但是,法官 Y 相信没有合同而法官 Z 相信有合同但没有违约。所以同步决策会以 2∶1 的结果做出有利于被告的裁决。那种程序最好?总体而言,理性的法院程序必须对概率论规则有所回应,我无法在此处对这一点进行解释。[51] 下面我将转向法官的投票交易问题。

五、信念与价值观的差异

前面基于偏好满足的、关于投票交易的讨论假定法官有不同的价值观念。一般而言,法官之间价值观念的差异越大,禁止交易造成的损失就越大。反之,前面基于准确认定事实的、关于真诚投票的讨论假定法官有相同的价值观念。一般而言,法官的价值观越相似,对案件的审判就越是基于真诚投票。

---

〔51〕 例如,假定某位法官必须在某个案件中裁断被告是否因违约向原告承担责任。在审判结束的时候,法官判定有合同的概率为 0.6,所以优势证据支持合同的存在。基于独立的证据,法官还认定如果存在合同的话,违约的概率为 0.6。所以,在存在合同的假设条件下,优势证据支持违约的存在。法官是一位优秀的统计学家。鉴于上述事实,法官正确的得出结论:存在合同且违约的概率为 $0.6 \times 0.6 = 0.36$。原告没有优势证据支持他的结论,所以法官判决支持被告。鉴于单个法官能按照这个方式正确进行推理,所以前面脚注 49 中描述的连续程序显然不及同步程序。

为了具体说明价值观差异和信息差异之间的区别，我们回想一下第二章讨论过的投票中的理性弃权问题。在我的例子中，某位教员必须决定对于拟任新教员是投票还是弃权。只有在教员的投票具有决定性的情况下，她的决策才是重要的。如果她的投票是决定性的，那么她的弃权就会让主席而不是让教员们来决定这个问题。（主席打破了僵局。）所以如果教员更愿意让主席来决定而不是自己来决定的时候，她就会理性地弃权。

教员是偏好由自己来决定还是让主席来决定取决于价值观念和信息方面的差异。价值观念属于目的，信息属于手段。如果各方有着相同的目的，则每个人都应听从对于手段问题有着最佳信息的那个人。具体来说，如果教员和主席有着相同的价值观且主席有更多信息，那么教员应该弃权。如果教员和主席有着迥异的价值观念，那么即便教员掌握的信息比主席少，教员也应该投票。

现在我总结一下这一分析在法院合议庭中的应用。当法官有着相同价值观念时，多数决定规则是聚合个人信息的一个便捷方
法。在投票中，有较少信息的法官应该听从有相同价值观念且掌 209
握较多信息的法官。但是，当价值观不同的时候，法官们不想彼此听从对方。在个案基础上进行真诚投票无法把不同法官拥有的不同价值观的强度进行加总。为避免实现价值观过程中的不必要牺牲，有着不同价值观的法官必须找到能对他们情感强度做出回应的判案方法（比如交易）。

问题：

1. 假定要由你来决定对于一个国家的最高法院来说多少法官是最佳的。运用图 8－1 来讨论如何解决这个问题。

2. 最近几年美国出现了像罗伊诉韦德案（Roe v. Wade）这样的几个案件。在该案中，最高法院判定各州不能禁止妇女在怀孕

的前三个月中进行流产。如果不选三个月,法院可以另选择一个怀孕期内的时点禁止流产,比三个月早些或晚些都可以。我们把中间投票者定理运用到法官的真诚投票上。如果允许法官进行交易并做投票交换的话,结果会发生怎样的变化?

结论

假设政府分支之间就谁应当控制某个机构发生争议:立法机关声称由行政首脑控制会削弱自由,行政首脑声称由立法机关控制会导致极大的无效率。与此同时,高等法院打算不理会这两种观点,自行裁定此事项。哪个政府分支在哪类决策上做得最好?通过简述每个政府机关的专门职能,我已经给出了回答这个问题的框架。立法机关尤擅交易,行政首脑尤擅下达命令,法院对立法机关的交易起到润滑作用,并且完成行政首脑的命令。下一章将按照权力分立程度的不同考察各类政府的各分支之间行为的差异。

第九章　分　权

我宁愿被三个疯子统治，也不愿被一个疯子统治。 211

——马丁·夏皮罗

在所有的垄断中，国家对暴力的垄断是利润最高的。在条件允许的情况下，民主政体中有些政治家会削弱对公职的公共竞争并向独裁发展，以使自己的权力长久存续。反垄断理论指明了怎样制约这些政治家。根据反垄断理论，为垄断某一产业扩大垄断联盟的规模会使垄断联盟变得不稳定。垄断联盟不稳定的原因是其中每个成员都有很强的变节动机。同样，国家权力分立需要更多的官员合作来垄断政府权力，这使政治垄断联盟变得不稳定。选举给选民提供了控制官员的主要方法，但是分权也是必不可少的（Persson，Roland 和 Tabellini 1997）。

除了使垄断联盟不稳定以外,分权还影响政府的行为。上级向下级发号施令,而平级之间进行交易。分权把下级变成平级,用交易取代命令。在宪法中做出分权的决定是选择交易而不是命令作为施政的方式。交易带来交易成本,而等级制带来监督成本。

本章关注分立的权力之间彼此产生联系的方式。政府各分支之间的合作需要使他们彼此进行策略行为,而宪法部分地决定了它们的最佳策略。简单的博弈论可以解释不同宪法的权力逻辑。我将回答诸如以下一些问题:

例1:在解释法律方面,美国最高法院比作为英国最高法院的上议院有更多的自由裁量权。总统制下的法院通常都比议会制下的法院有更多的自由裁量权吗?

例2:按照"开放规则",立法机关在投票之前可以对法案进行修改。按照"封闭规则",立法机关必须对法案进行投票,不得修改。大部分立法机关在大部分时间里都遵循"开放规则"。但是,美国国会有时在对各委员会所提出的法案进行投票时会用"封闭规则",欧盟委员会按照"封闭规则"向部长理事会提出提
212 案。从开放规则转向封闭规则对起草法案的方式有什么影响?

例3:欧盟越来越像两院制民主政体。两院制将怎样改变包括欧盟委员会和欧盟法院在内的欧洲政府部门的权力?

第一节 权力分立的形式

政府的行政权、立法权、司法权可以统一或者分立。像苏联那样的独裁政体把三权都统一在行政首脑之下。行政首脑通过

命令统治国家。[1] 与此形成对照的是，比如说像英国、德国或者美国，都把司法权和行政权与立法权分立。像在英国，议会系统把行政权和立法权统一起来，议会下院选举首相；或者像在德国，下议院选举总理。[2] 与此形成对照的是，在像法国或美国这样的总统制下，选民直接选举总统。一院制体系把立法权统一到一个议院，像在英国，下议院治国，上议院议政。反之，两院制（比如说在德国和美国）把立法权在上议院和下议院之间进行划分。因此如表 9－1 所示，权力分立的数量可以在独裁政体的 1 到总统制、两院制民主政体的 4 之间变化。

表 9－1　分权

类型	权力	数量	例子
独裁政体	行政首脑掌握所有权力	1	苏联
法治＋一院制议会制	法院＋选举产生首相的一院制立法机关	2	英国
法治＋两院制议会制	法院＋上议院＋选举总理的下议院	3	德国
法治＋一院制总统制	法院＋一院制立法机关＋总统	3	法国
法治＋两院制总统制	法院＋上议院＋下议院＋总统	4	美国

表 9－1 把现实情况过于简单化了。我们来说明一下现实的复 213
杂性。韩国是总统和总理的混合制。总统有较多的行政权，但是总理领导着内阁和政府的日常工作。另外，一种复杂情况发生于权力在政治上的有效分配不按照宪法上的法律分配进行的时候。例如，像苏联的共产党那样，执政党可以把在宪法中分立的权力统一起来。与此相对，如以色列政府那样，分散的政党可以把宪法中统一的权力

〔1〕 苏维埃宪法规定了权力分立，但是该规定在实际的权力分配中没有效果。

〔2〕 德国总统只有礼仪性的权力。

分散开来。有效的权力分立取决于法律(宪法)和政治(政党)。本章集中讨论前者而非后者。为使分析简化,我经常假定政党会强化而不是削弱宪法对权力的分配。

产业组织学的学生有时会说,对于反垄断政策而言,只有四个数字是有意义的:1,2,3 以及 4 以上。这些隐晦的说法意味着有着 4 个或更多供给方的市场的运作就非常像完全竞争市场了,而供给方减少到 4 个以下时,每减少一个都会增加垄断活动的可能性。[3] 推而广之,这个经验法则意味着有 4 个或者更多成员参与的政治共谋是难以操纵的。假定这个推广运用是正确的,那么把政府分割为 4 个部门是宪法分权针对政治共谋所提供的最大保护,而将政府部门降到 4 个以下,每一次降低都使共谋更加易于掌控。

第二节 行政权与立法权分立的后果

除了使垄断联盟变得不稳定之外,分权导致政府较多以交易方式、较少以命令方式运作。交易会产生谈判成本,等级制会产生监督成本。根据表 9-1,不同的宪法以不同的方式进行平衡。在有严格党纪的议会制下,首相向他党内的立法者下命令。在联合政府中,首相对来自不同党派的政府成员有一定的发号施令的权力。与此形成对照的是,在总统制下,居于领导地位的议员不在内阁中任职,而且可能不是总统所在政党的党员,所以总统通常需要和居于领导地位的议员进行交易。具体来说,英国首相可以下令让法案在议会中通过,而美国总统要和国会就立法问题进行谈判。

〔3〕 用四企业集中率衡量产业垄断结构的普遍做法暗含了这个观念。

这些事实会引起数个后果。由于增加了交易成本，政府部门之间的交易减缓了立法的进程，降低了立法的需求。反之，权力的统一降低了交易成本，加快了立法进程，增加了立法的需求。图 214
9－1描述了这些事实。图中横轴表示立法的数量，纵轴表示立法的价格。图9－1中立法的“需求”指公民为立法而向游说者付款的意愿。为使分析简化，假定游说者能够发挥他们的影响并且帮助客户获得相关的立法。立法的“供给”指游说者提供立法的成本。分权导致供给曲线向上移动，结果使立法的价格从 p_0 上升到 p_1，对立法的需求从 x_0 降为 x_1。

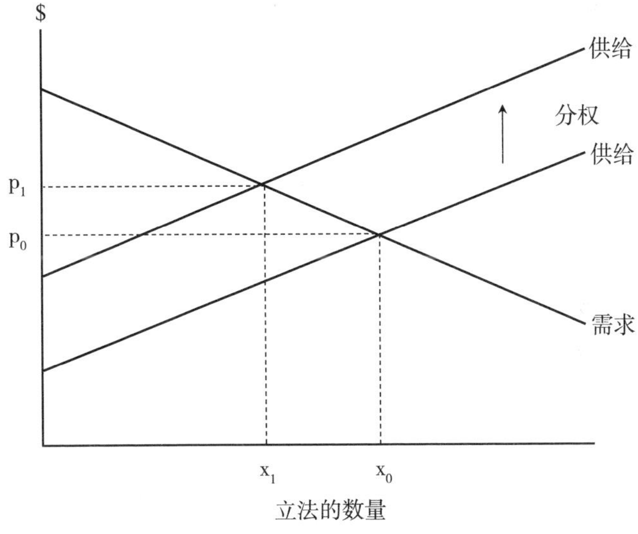

图9－1　立法需求

图9－1中的分权导致公民在立法上的总开支从 p_0x_0 变为 p_1x_1。如果需求是无弹性的，总开支会增加；如果需求是有弹性的，总开支会减少。在消费者理论中，“必需品”的需求是无弹性的；“奢侈品”的需求是有弹性的。因此分权会增加利益群体认为是必

需的立法的总开支,减少被认为是值得去追求但不是必需的立法的开支。总开支是增加还是减少取决于在利益群体的立法需求组合中是必需性开支为主还是非必需性开支为主。

除了改变花在游说上的总开支以外,分权还会改变游说的方向。当权力分立的时候,只要某一利益团体对一个政府部门有影响力,就能阻挠立法。例如,某一利益群体对行政部门有影响力,而对立法部门没有影响力,该利益团体可以说服行政部门否决某一法案。成本的降低增加了利益团体阻挠立法的需求。反之,当权力分立的时候,确保一项新立法的通过需要在数个政府部门都有影响力。成本的增加降低了利益集团颁布新立法的需求。因此
215 分权有利于维持现状。(回忆一下第三章中提到的在多数决定规则博弈中,现状胜出,可以填补空核。)

第三节　行政首脑与立法机关之间的交易

现在我将比较把行政权与立法权结合在一起的一院制议会制和将行政权与立法权分立的一院制总统制。为使分析简化,我假定政党会执行宪法中关于权力分配的规定,所以宪法中的权力分配与权力的实际分配是一致的。

一、交易集合

假定政府在考虑一项将资金花费在某项新活动上的法案。在一院制议会制中,立法机关中的多数即可使法案得以颁行。例如,如果英国首相所在政党在议会中为多数党并且党纪严明的话,她可以决定她所偏好的开支水平,并且颁行法案。她不需要和其他

政府分支或其他党派进行磋商。磋商只会发生在执政党成员之间,通常是在内阁中进行。与此形成对照的是,一院制的总统制需要行政首脑和立法机关的合作来颁布立法。比如,如果总统属于某一党而另一党控制着立法机关的话,颁布立法就需要总统与立法机关进行交易。

图 9 - 2 会帮助我解释立法机关与行政首脑交易的逻辑。即便没有立法机关的合作,行政首脑也可以阻止任何法案,结果导致开支水平为 0 美元。行政首脑想把开支水平从 0 美元增加到 E 美元,E 美元是行政首脑最偏好的开支水平。超出 E 美元以后,行政首脑希望开支水平能够下降。E_0美元表示对于行政首脑而言法案颁布与否均无差别的开支水平。按照效用函数的含义,无差异意味着 $u^E(0) = u^E(E_0)$。

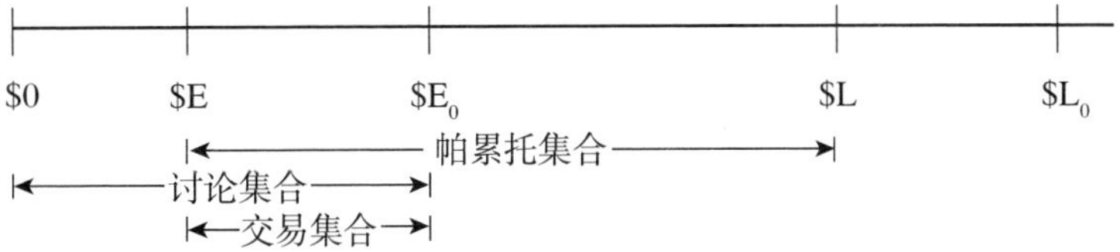

图 9 - 2　行政首脑与立法机关之间的交易

理性人只有在偏好合作的结果甚于不合作的结果的时候,才会缔结协议。所以,任何值得讨论的合作建议必须至少是要能满 216
足每一参与方的威胁值。行政首脑偏好相当于 E_0美元的正开支,而不是没有开支。因此在图 9 - 2 中,行政首脑准备就[0,E_0]集合内的点进行讨论。

没有行政首脑的合作,立法机关不能颁行法案,所以得到的开支水平是 0 美元。如图 9 - 2 所示,立法机关想把开支水平从 0 美元增加至它最为偏好的 L 美元。超出 L 美元之后,立法机关希望开支下降。L_0美元表示对于立法机关而言法案颁布与否均无差别的开支水平:$u^L(0) = u^L(L_0)$。立法机关不会偏好开支水平超过L_0美元的立法。任何值得讨论的合作建议必须至少满足立法机关的威胁值,$u^L(0)$。所以立法机关准备就[0,L_0]集合内的点进行讨论。

如我们已经解释过的,行政首脑准备讨论[0,E_0],立法机关准备讨论[0,L_0]。在图9-2中,这两个集合的交集等于[0,E_0],是两方都准备讨论的点的集合。因此在图9-2中[0,E_0]被标注为**讨论集合**。

当各方开始讨论时,他们会立刻识别出让两方都会比其他点更为偏好的一些点。集合[E,L]定义了帕累托集合,两方都偏好的变化是从帕累托集合外的某一点移动至帕累托集合内的某一点。比如,从图9-2中的0美元开始,行政首脑和立法机关都同意向右移动。但是,当向右移动到达行政机关最偏好的E美元点的时候,情况发生了变化。行政首脑会抗拒立法机关要求进一步向右移动的要求。但是,立法机关会要求进一步向右移动,以此作为合作的代价。结果,进一步向右移动就会变成交易的主题。一般而言,选择帕累托集合中的点需要进行交易。

交易集合表示理性的当事方会作为合作基础进行交易的可能值的范围。对于交易集合中的某一点来说,双方必须准备进行讨论,而且他们对于是否存在更好的点一定会有分歧。换言之,在图9-2中,交易集合等于讨论集合与帕累托集合的交集:[E,E_0]。

行政首脑和立法机关之间的谈判会集中于交易集合。如果各方合作成功,立法机关将会通过一项法案,并且由行政首脑签署使之成为法律,其确定的开支水平会在[E,E_0]范围的某个点上。

在图9-2中,我关于交易的分析的假定前提是由不同党派控制行政首脑和立法机关的一院制总统制。现在我将描述两院制下的交易。要描述在党纪松弛的两院制总统制中行政首脑和立法机关两院之间的交易，需要对图 9－2 稍作修改。不要像图 9－2 一样把 L 看作代表立法机关，而是把 L 看作代表下议院。令 U 代表立法机关的上院。在图 9－2 中增加 U 偏好的点 U 美元，再加上 U 的 217
无差异点 U_0 美元，就有了图 9－3。按照和前面一样的逻辑，$[0, U_0]$ 是图 9－3 中的讨论集合，$[U, L]$ 代表帕累托集合，$[U, U_0]$ 代表交易集合。[4]

增加了第三个权力部门后，图 9－2 变成了图 9－3，讨论集合缩小了。总体而言，增加分权可以“弱缩小”或“弱增加”交易的范围。[5]

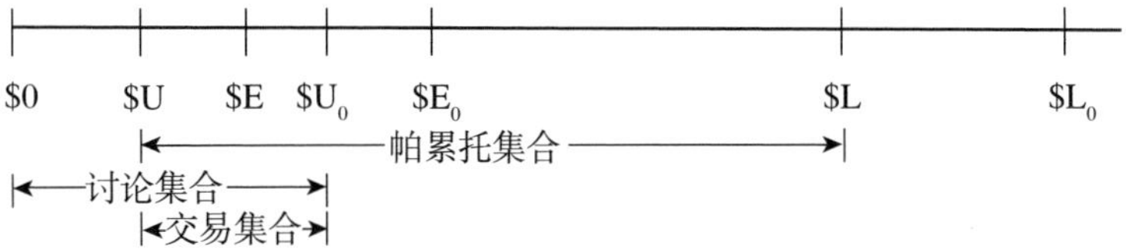

图 9－3　行政首脑与两院制立法机关之间的交易

行政首脑经常是某一单独的个人，[6] 而立法机关是个人和党

---

〔4〕 三权中的任何一权在没有其他权力合作的情况下都能确保开支水平为 0 美元。上议院在 0 美元和 U_0 美元所代表的开支水平之间无差别。和上议院讨论超过 U_0 美元的开支没有意义，所以讨论集合是 $[0, U_0]$。帕累托集合是三个行为主体最偏好的点之间的范围，$[U, L]$。三权都偏好帕累托集合内的点超过帕累托集合之外的点。因此所有交易会收敛到帕累托集合与讨论集合的交集，可以用如下的符号表示：

$$\underset{\text{讨论}}{[0, U_0]} \cap \underset{\text{帕累托}}{[U, L]} = \underset{\text{交易}}{[U, U_0]}$$

一般而言，偏好最低开支水平的那个权力部门决定着讨论集合的上限。从图 9－2 转到图 9－3 的时候，讨论集合发生了变化，因为我假定 U_0 小于 E_0。同样，从图 9－2 转到图 9－3 时，帕累托集合会扩大，因为 U 小于 E。在本例中，U、E 和 L 的相对位置是为了进行具体说明而任意假定的，并非是某一特定国家中实际的权力部门的真实偏好。

〔5〕 “弱缩小”是一个专门术语，意思是“不会增加，可能缩小”。

〔6〕 但是在瑞士的联邦制下，行政首脑是一个由平等成员组成的小委员会。

派的集合。前面的讨论中,出于交易的目的,我们把立法机关的每个议员作为单独个人来处理。在现实中,立法机关通常把自己组织起来以克服分裂,增强其对于行政首脑的交易地位。例如,美国国会在一些立法上给委员会主席以有效的否决权,由此来平衡总统的否决权(Diermeier 和 Myerson 1994)。此外,立法机关创制一些行政首脑无法完全控制的臃肿机构,以此来削弱行政首脑的权力(Moe 和 Caldwell 1994)。

问题:

1. 如果在图 9-3 中,上议院的偏好朝右边移动一点,帕累托集合是会增加、缩小,还是保持不变?如果向左移动一点又会怎样?

218 2. 如果在图 9-3 中,下议院的偏好朝右边移动一点,帕累托集合是会增加、缩小,还是保持不变?

3. 除了“立法”、“行政”和“司法”以外,某些地区还有另外两个部门。一个由民选官员组成的独立机构,有权决定某人担任公职是否合格*。另外一个民选机构,决定是否弹劾违法或滥用权力的官员**。预测一下这种进一步的分权对于政治垄断联盟的形成以及对与官员腐败现象作斗争的影响。

4. 在第三章关于民主的空核的讨论中我曾提到,据说是因为印度有那么多不同的民族,印度的民主的政体才能长久存在。讨论一下社会群体的碎片化对于宪法中**最佳**分权的影响。

二、时间选择与承诺

在交易集合中哪一点会被选中?在非结构化的交易中,博弈

---

* 指“考试院”。——译者注

** 指“监察院”。——译者注

论不能精确预测协议会在交易集合内部什么地方达成。(第三章中所称的**纳什交易解**是一个合理的解,它要求当事方分割来自合作的剩余。[7])但是,给交易过程添加更多的结构会为交易博弈产生精确的解。我将讨论集合产生精确解的各种过程,并将其运用于立法。

(一)不许讨价还价

程序规则有时会赋予某位官员向立法机关提出不许讨价还价的要约的权力。无商量余地的要约的接受者可以接受或拒绝该要约,但是不得修改提议或者提出替代方案。我们用欧盟做例子来说明:欧盟委员会可以向部长理事会提出建议,理事会可以接受或拒绝,但不得修改。在立法机关中,根据要求立法者对法案投支持票或反对票但不得进行修改的程序规则,无商量余地的要约采取由委员会起草法案然后向立法机关整体提出的形式。比如,美国国会的委员会有时会向美国国会提出议案,而后美国国会按照“封闭规则”做出决定。

纯粹无商量余地的要约是唯一被提出的要约。在这个意义上,纯粹无商量余地的要约是**终局**的。在现实中,拒绝无商量余地的要约经常会导致修改并重新提出另外一项要约。比如,拒绝欧盟委员会向部长理事会提出的议案或者委员会向美国国会提出的议案并不会妨碍另外一项提案。尽管这些要约并不必然是终 219
局的,但是重新起草和提交要约需要运用宝贵的时间与精力。因此,被拒绝的要约有时会被放弃,在这种情况下就适用终局要约的

---

〔7〕 为计算图 9-2 所举的例子中的纳什交易解,令 x 代表实际达成的妥协。合作为行政首脑创造了 $u^E(x)-u^E(0)$ 的合作剩余,为立法机关创造了 $u^L(x)-u^L(0)$ 的合作剩余。由于 x 平分了剩余,所以可以通过解方程 $u^E(x)-u^E(0)=u^L(x)-u^L(0)$ 来求得 x。就纳什交易解作为一种预测理论的最佳论证,参见 Rubinstein 1982。要注意纳什解把不同人的函数结合在一起,但是却不具有福利理论赋予的可人际转移效用的伦理意义。

逻辑。

在任何情况下,终局的、无商量余地的要约的简单逻辑都能够说明更为复杂的情形。提出终局的、无商量余地的要约的权力把所有的交易力量都集中到一个人身上。结果,任何有这种权力的人都会在交易集合中最靠近他所偏好的点的地方提出要约。其他方则会接受要约,因为比之现状,他们更偏好要约中提出的内容。

我们用图 9 -2 来说明,把欧盟委员会看作行政首脑。按照假设,委员会最偏好的点是 E。我们把部长理事会看成图9 -2中的立法机关。按照假设,委员会可以向部长理事会提出无商量余地的终局要约。部长理事会偏好除 0 之外上至 L_0的任何点。交易会集中在交易集合[E,E_0]内。委员会将会提议通过其最偏好的点 E,而部长理事会则会颁行该提案。

我们再用另外一个例子考察一下总统的否决权。美国宪法的"送呈总统条款"(presentment clauses)要求法案在成为法律之前呈送给总统进行签署。[8] 美国国会通过一项法案后,总统可以签署,也可以否决,但是不能修改。我把这个过程用模型表述为一个由国会向总统提出的终局的、无商量余地的要约。为使这个例子简单一些,我们假定参议院和众议院有着相同的偏好,如图 9 -2 所示,它们最偏好 L 点。我们把总统的偏好看作和图 9 -2 中的行政首脑一样。按照假设,国会可以向总统提出终局的、无商量余地的要约。总统偏好除 0 之外上至 E_0的任何点。总统与国会之间的交易会集中在交易集合[E,E_0]内。按照假设,国会最偏好的是 E_0点之上的 L 点。因此国会会通过略低于 E_0的法案,而总统则会签署这一法案。

---

〔8〕 美国《宪法》第 1 条第 7 款第 2 项和第 3 项。

问题:假定行政首脑提名一位候选人担任某行政机构的领导,而立法机关必须确认这一提名。我们把这个过程用模型表述为行政首脑向立法机关提出了一个终局的、无商量余地的提名。如果立法机关拒绝确认提名,该行政机构必须在没有领导的情况下运作。[9] 用图形来描述一下这种情况的逻辑。

(二)承诺的力量

在任何有限连续交易博弈中,提出终局要约的参与者给要约接受者提供的都是一个无商量余地的选择。在提出一项终局的、无商量余地的要约之后,提出要约的博弈参与者不会再妥协,于是妥协的责任转到了另一方博弈参与者身上。因此,提出最终要约 220
的博弈参与方有权从接受终局的、无商量余地的要约的参与方那里拿走全部的合作剩余。

总体而言,做出承诺的一方会减少或失去进行妥协的权力。为具体说明这一点,让我们回到前面总统否决权的例子。如已经解释过的那样,在图 9-2 中,如果国会最偏好 L 点,那么国会将通过略低于 E_0点的法案并以终局的、无商量余地的要约的形式呈送总统。总统预测到这一事实后,可能会承诺否决任何超过 E 点的前述议案。如果总统成功地做出了一项可信的承诺,则国会将不得不把议案降到 E 点以下,以使其获得签署成为法律。总体而言,在交易中成功做出承诺的一方会因失去妥协的权力而获益。

企业通过签署可强制执行的合同来使它们做出的承诺变得可信。但是,政治家通常不得不借助名声的虚弱力量。因此为了给自己威胁行使否决权的说法增加可信度,总统可能会押上自己的声誉,将其公开,比如在公开场合反复提到自己将会否决任何开支

〔9〕 参见 McCubbins 1989;Ferejohn 和 Shipan 1990。

水平超过 E 的法案。

前述关于排序与承诺的讨论是基于终局要约的假设。实际的政治过程通常是在临时性要约的反复互动中发生的。从终局的、无商量余地的要约变为临时性的、无商量余地的要约会使问题变得复杂,但不会改变交易的经济逻辑。总体而言,排序与承诺使得在交易博弈中权力平衡倒向有利于能去掉自己妥协能力的一方。在交易中,承诺蕴含了力量。结构化交易的结果取决于排序与承诺,而非结构化交易的结果是不确定的。

(三)逻辑抑或心理?

心理学实验为交易经济学解释了一些复杂的结果。在实验中,提出终局要约的人经常会按照公平的本能观念提出要分享剩余,而不是索取全部剩余。另外,收到"不公平的"终局要约的一方有时会拒绝要约,即便他接受不公平要约的客观收益高过拒绝要约的收益。[10] 在终局要约博弈的实验中,许多人决定不按经济逻辑行事。如果把这些用大学生进行的实验运用到职业政治家身上,需要对经济模型进行修改,允许本能的公平观念发挥一定的作用。

问题:

1. 在某一实验中,你有权向另一个人提出分割 10 美元的要约。如果你的搭档同意要约,你们按双方同意的数量得到钱。如
221 果你的搭档拒绝要约,你们俩一分钱也得不到。你会提出怎样的要约?你的要约是否取决于你的搭档知不知道你是谁?你的要约是否取决于你知不知道你的搭档是谁?你的要约是否取决于你会

〔10〕 要注意后一个事实部分地解释了前一个事实。在实验经济学中,终局要约博弈经常被称为"最后通牒博弈"。在"独裁者博弈"中,也发生了类似的违背经济理性的现象。在"独裁者博弈"中一方拥有全部权力,但却不运用权力。参见 Hoffman 和 Spitzer 1985b 以及 Hoffman 等 1994。

不会和你的搭档再次进行这样的博弈?

2. 美国国会中所谓的“看门人”是指那些能够控制立法、阻止其提交审议进行投票的权力很大的委员会。但是,如果立法是按照开放规则提交审议进行投票,立法机关可以修改委员会的提案。请对图 9 – 2 进行修改,描述“看门人”委员会与整个立法机关之间的交易。

三、行政首脑的择项否决权

前面部分讨论了美国总统的否决权怎样影响行政首脑与立法机关之间的交易。第八章讨论了有大量追加条款的、混合的、多问题的立法造成了美国和世界其他地方的长期政府赤字。为解决这一问题,美国国会于 1996 年通过立法,赋予总统在多问题立法中否决某一列或某一项而不否决整个法案的权力,但是这项立法在 1998 年被认定为违宪。[11] 在美国许多州,类似的立法给予州长否决州立法机关通过的预算案中的项目的权力(Krasnow 1991)。

我将会解释把法律程序从传统的否决——我称为“整体否决”——改为择项否决为什么会大幅度增加总统的权力。或许行政首脑权力的最大增长与其对利益集团的控制有关。考虑预算中某一项,比方说为纯平电脑技术的开发商提供5000 万美元的补贴。明智的总统会威胁说要否决这一项,让该产业知道慷慨的政治捐

---

〔11〕 克林顿诉纽约市案(Clinton v. City of New York),524 US 417 (1998)。被法院宣布为无效的这项立法原本是这样运作的:“其运作的方式是总统会签署一部开支法案,并在五日之内拒绝其中一项。他不能修改开支的数量——这只能全部否决——但是他可以取消新的补贴项目的开支或者取消受益群体少于一百人的税收减免。……国会可以通过法案恢复某项特定的开支。如果总统予以否决,国会需要有三分之二以上的投票来推翻总统的否决,强迫行政部门支出这些经费。……比起能够缩减预算项目的州长们而言,总统的能力是有限的。”(Superville 1997,第 A3 页)

款或许会让他回心转意。行政首脑大体上会获取最多为5000万美元的政治捐款,以换取他不行使否决权。因此择项否决权会给行政首脑从那些在议会颁行的预算案中获得补贴的特定群体那里寻“租”的广泛权力。

除了增加总统对于特殊利益群体的权力外,择项否决还会增加总统对于国会的权力。我将用一张图来解释这一事实。具体来说,令 x 和 y 分别代表政府在枪炮和黄油上的开支。在图9-4中,在给定的预算约束下,总统最偏好的点为(x^*,y^*)。

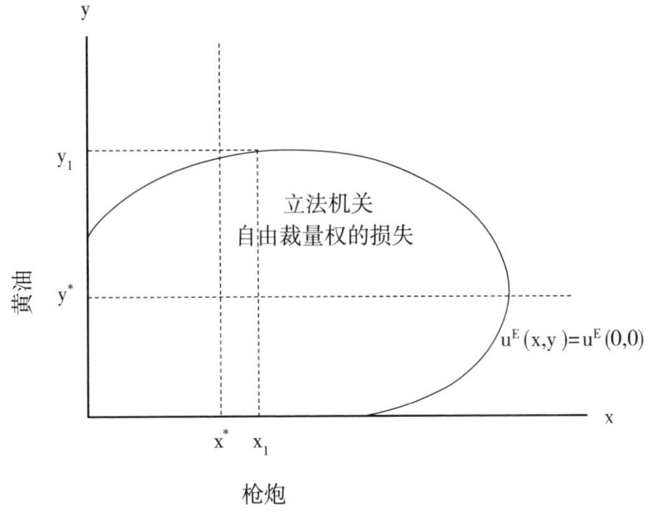

图9-4　总统的偏好与择项否决权

222 回想一下在图9-2中E_0点表示让行政首脑认为与现状无差异的开支水平:$u^E(0)=u^E(E_0)$。我把图9-2中的E_0点一般化为图9-4中的二维选择。图9-4中的无差异曲线$u^E(x,y)=u^E(0,0)$把所有行政首脑认为与不花钱没有差异的枪炮和黄油的开支水平联接起来。(增加两个项目上的开支会扩大赤字,所以无差异曲线是一个椭圆而不是消费者理论中的通常形状。[12])

为了比较在整体否决和择项否决之下立法机关的自由裁量权,我把否决权用模型表示为立法机关向行政首脑提出的无商量余地的终局要约。首先来考察整体否决。在立法机关提出无商量余地的终局要约的模型中,行政首脑会签署任何立法机关所颁布的、(x,y)值在无差异曲线 $u^E(0,0)$ 内的法案。因此在图 9-4 中,立法机关可以选择无差异曲线 $u^E(x,y)=u^E(0,0)$ 内的集合中的任意一点。满足 $u^E(x,y)\geqslant u^E(0,0)$ 的(x,y)点的集合表示在行政首脑拥有整体否决权条件下立法机关的自由裁量权。

现在考察行政首脑无须否决整个议案但可以否决其中某项开支时会发生什么变化。择项否决权有两种基本的形式。在我们用以进行分析的最简单形式中,行政首脑可以用任何较低水平的开支来取代立法机关在某个预算项目上所建议的开支水平。美国有 223
些州长就有这样的权力。总体而言,只要行政首长在某一预算项目上偏好比立法机关议案中更低的开支水平,他就会行使这项权力。比如,在图 9-4 中,提议开支水平为 (x_1,y_1) 的议案会被择项否决,代之以 (x^*,y^*) 的开支水平。因此,用择项否决权取代整体否决权会大幅度降低立法机关的自由裁量权。在图 9-4 中,这个变化所减少的立法机关的自由裁量权相当于包括(但不限于) (x^*,y^*) 点右上方的标为“立法机关自由裁量权的损失”的区域在

---

〔12〕 令 p_x 和 p_y 分别代表 x 和 y 的价格,所以国家的总开支为 $E=p_x x+p_y y$。令 T 代表税收收入,因此赤字等于 T-E,行政首脑的效用函数为 $w^E(x,y,T-E)$。如同消费者需求理论中的一般商品一样,函数 w 在其三个自变量上均为凹函数。用 $p_x x+p_y y$ 代替 E 得到 $w^E(x,y,T-p_x x-p_y y)$。令 T 为常数,这个表达式定义了 u^E:$u^E(x,y)=wE(x,y,T-p_x x-p_y y)$。$u^E$ 的无差异曲线在 x 和 y 上为椭圆形。

内的区域。[13]

美国总统短暂地享有过第二种类型的择项否决权。此种类型的择项否决权允许行政首脑逐项接受或拒绝开支,但是不允许行政首脑削减开支。逐项接受或拒绝意味行政首脑的选择是二进制的而非连续的。比如,如果某一议案提出开支(x_1,y_1),否决在黄油方面的开支会得到$(x_1,0)$,或者两项开支都否决会得到$(0,0)$。像连续择项否决权一样,二进制择项否决权将权力从立法机关转移到行政首脑。就后者而言,这一转移的程度低于前者。(由于太过复杂,所以此处我略去了图示。)

当行政首脑和立法机关交易成功时,行政首脑不会实际行使其否决权。即使行政首脑偶尔行使了择项否决权,其威胁也会使权力平衡相对于立法机关而言更倾向于有利行政首脑的一边。

第四节　立法机关两院之间的交易

在讨论了行政首脑与立法机关的交易之后,现在我将讨论两院制体系下立法机关的两个议院之间的交易。比起像宪法给予上议院较少权力的西班牙那样的情况,集中于像美国那样宪法给予两院同样权力的情况能更容易地解释交易的逻辑。我的讨论只涉及这样一种情形:两院为通过一项拟议的立法必须要达成一致。当立法机关的两院无法达成一致的时候,他们必须进行交易,得出解决方案。我们用欧盟做例子来说明:当部长理事会和欧洲议会

〔13〕 在图 9 - 4 中,择项否决权会去除立法机关自由裁量权范围内的有关点,使在左下方存在某一点,该点处于行政首脑更高的无差异曲线上。这个区域的形状可能是不规则的,绘出其完整图形需要有行政首脑无差异曲线的完整图形。

就提出的立法发生分歧时,该项立法有时会提交给由双方组成的“调解委员会”(conciliation committee)。与此类似,当美国参议院和众议院就同一法案颁行不同版本时,其中的差异必须在“协商委员会”(conference committee)中予以解决。协商委员会的成员来自两院,他们通常有形成最终立法的决定性权力。当程序规则允 224
许他们向立法机关的两院提出无商量余地的要约时,他们的权力更是决定性的。(图9-5)

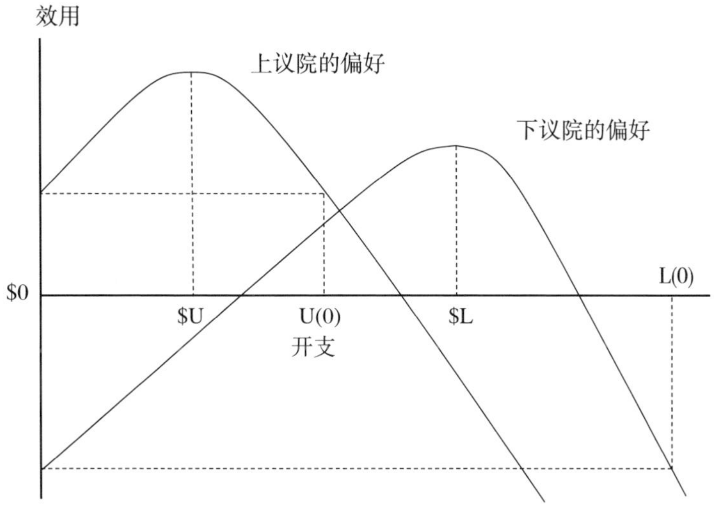

图9-5 协商委员会的自由裁量权

为具体说明,回忆一下图9-3中所描述的涉及行政首脑和立法机关的无商量余地的要约。为描述协商委员会提出的无商量余地的要约,图9-5对图9-3进行了修改。图9-5中横轴表示国家在某一项目上的开支,纵轴表示立法机关中上议院和下议院的效用。下议院偏好花费L美元,实际的拨款越接近L美元,下议院越是满意。同样,上议院会偏好花费U美元,实际的拨款越接近U美元,上议院越是满意。(因此我假定在选择维度上每个议院都有单峰值的偏好。)

现在假设下议院通过一项法案,该法案的执行需要花费 L 美元;上议院也通过一项法案,该法案的执行需要花费 U 美元。协商委员会必须协调两项法案。如果委员会能达成协议,协商后的法案会按照“封闭规则”交回两院。封闭议决规则允许两院对法案说“是”或者“否”,但是不允许对法案进行修改。如果两院都通过了协商后的法案,则该法案成为法律。如果国会两院都拒绝了协商后的法案,则该法案不会成为法律,拨款为 0 美元。

当协商委员会可以向立法机关提出无商量余地的终局要约时,选择的逻辑是最简单的。按照这个假设,如果两院都偏好法案中的开支水平而不是 0 美元,它们都会投票支持法案。根据图 9 – 5,下议院会对任何在 0 与 L(0)之间的议案投赞成票,对任何不在[0,L(0)]区间内的议案投反对票。同样,上议院会对任何在 0 与 U(0)之间的议案投赞成票,对任何不在[0,U(0)]区间内的议案投反对票。因此,协商委员会有权在[0,L(0)]与[0,U(0)]的交集内选任何值。

225 根据封闭规则,协商委员会可以提出无商量余地的要约。但是,这些要约未必一定是终局的。现在,我会修改我的分析,使其能把这一事实考虑进来:如果两院中任意一院拒绝无商量余地的要约,两院都能够颁行新法案。在两种条件下,立法机关最有可能拒绝协商委员会的要约:第一种,新立法的交易成本相对低于新立法所带来的价值;第二种,比之协商委员会的提议,两院都更加偏好一个新的法案。如果两院都偏好一个新的法案的话,他们会绕开委员会,径行投票支持他们都偏好的法案。两院都通过同样的法案,就不需要协商委员会的协调了。

具体而言,在图 9 – 5 中,如果协商委员会选择任何超过 L 的议案,两院都会偏好处于 L 左边的、开支较低的议案。反之如果协商委员会选择任何高于 U 但低于 L 的议案,则不存在会被两院都偏好的替代性议案。因此协商委员会可以选择 U 和 L 之间的任意一点。L 与 U 之间的区域,写作[U,L],即为就下院和上院的偏好而言,具有帕累托效率的集合。[14]

简言之,协商委员会必须在[0,U(0)]和[0,L(0)]的交集中选择一个两院都偏好的点。此外,假定新立法所需的交易成本较低,协商委员会必须在帕累托集合[U,L]中选择一个点,确保委员会提出的法案不会被两院都偏好的另一个替代性法案所取代。因此在图 9－5 中,协商委员会的自由裁量区界定在 U 到 U(0)之间的区间内。

问题:

1. 重新绘制图 9－5,令协商委员会最偏好的点 K 美元落在 U 美元与 L 美元之间的区间之外。解释一下为什么协商委员会不会选择 K 点。

2. 假定立法机关从两院制(两个议院)变为三院制(三个议院)。图 9－5 中的帕累托集合会扩大、减少还是保持不变?

第五节　分权与司法自由裁量

与立法机关或行政首脑不同,人们一般认为法院不应该和政治家做交易。但是,即使不做交易,其他部门的分权也会影响到法院在解释法律过程中的自由裁量权。尤其是对新立法的多种否决

---

〔14〕 你们自行核对一下在 L 与 U 之间的区间范围内,不可能存在改善某一议院的状态而不损害另一议院的变革。

权更增加了法院的自由裁量权。

226 为说明原因,我们来考察如果政府不喜欢法院对某一成文法的解释,会有什么后果。政府可能会试图通过一项新法律,以清晰的措辞排除法院此前的解释。在这种情况下,立法**废止**了法院的解释。当法院对既有法律的解释引发新立法废止解释时,法院的自由裁量权就此止步。(注意这个分析与第七章中关于行政机构的自由裁量权的分析是类似的。)

为了描述行政权和立法权分立所带来的法院在法律解释上的自由裁量权,图 9-6 对图 9-2 进行了修改,在线上面增加了一些点,我后面会对此进行解释。假定立法机关和行政首脑彼此进行交易,同意通过法案 B,使其成为法律。(B 在交易集合[E,E_0]内。)后来情况发生变化,使起草立法时的模糊之处显现出来,这就有了对立法含义发生争议的空间。比如,假定政府动用指定用于"道路"的资金来购买用于修建自行车道的土地,则汽车制造商会起诉声称自行车道不是成文法所指的"道路"。

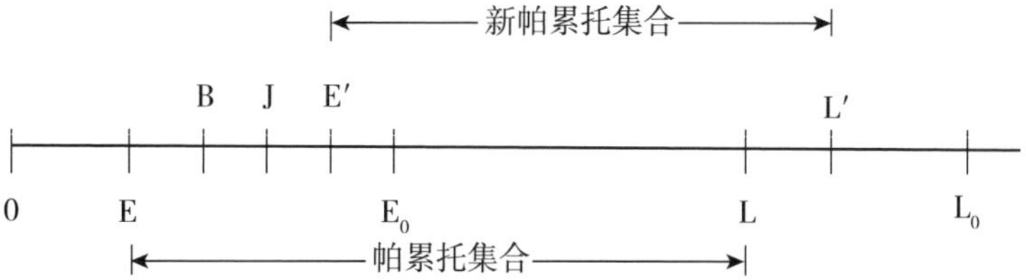

图 9-6 法院解释立法

关于法院**应当**怎样解释成文法的语言,有着各种不同的理论。或许法院应当根据使法案得以通过的**立法交易**来进行解释,在这种情况下,法院会发现法律所批准的开支水平为 B。这种解释理论要求法院审视立法史,发现立法者的意图。

或许法院应当尽量按照撰写法条所使用的字词的**普通词义**来

解释法律,即便法条字词的含义其实不那么普通。例如,法院可以请教语言学家,是否大多数人都会把自行车道说成是“道路”。

或许法院应当按照其所认为的、能最好地满足**公共利益**的方式来解释法律。比如在图 9－6 中,令“J”代表在法官看来最能满足公共利益的点。根据公共利益理论,法院应当将法律解释为批准的开支水平为 J。

或许法院应当遵从**政府的偏好**,按照行政首脑最偏好的方式来解释法律。在这种情况下,法院会发现法律所批准的开支水平为 E。

或许法官应根据立法机关和行政首脑偏好的变化来解释法律。比如,假定行政首脑最偏好的点从 E 变为 E′,立法机关最偏好 227
的点从 L 变为 L′,由此产生了行政首脑和立法机关的新帕累托集合[E′,L′]。要注意,最初的交易 B 在新帕累托集合[E′,L′]之外。因此,现在立法机关和行政首脑希望把开支水平提高到通过立法时最初偏好的开支水平 B 之上。政府可以通过新的立法来执行新的偏好。或者,法院可以通过重新解释既有的立法允许开支水平进入新帕累托集合[E′,L′],并由此节约政府颁布新立法的交易成本。

我已经讨论了关于解释的一些规范理论。但是,我现下关注的,是法院的权力,而不是法院的伦理。在法案通过以后,法院在遇到案件的时候必须对立法进行解释。当案件使立法的模糊之处显现出来并产生不合立法目的的后果时,法院可以通过解释法律的方法来改变法律。当法院通过解释来造法的时候,政府可以通过制定新的立法来废止法院的解释。因此在**不引起**立法废止的范围内,法院拥有解释的自由裁量权。

要废止法院对于既有立法的解释,所有有权阻止立法的决策者偏好新法案的程度都必须超过其偏好法院解释的程度。换言之,法院的解释在立法机关和行政首脑的帕累托集合之外的时候,才有被废止的可能性。反之,对于那些必须通过合作才能通过新立法的决策者的偏好而言,如果法院的解释是具有帕累托效率的,那么就不存在能让所有决策者都偏好的潜在立法提案。所以,**法院的解释裁量权相当于对那些必须进行合作以便通过新立法的决策者的偏好而言,所有具有帕累托效率的可能法律的集合**。[15]

比如,我们考察一下图9-6中的初始情形:行政首脑偏好E,立法机关偏好L,在交易之后,它们通过了法案B。但是,法官相信解释J最能促进公共利益。如果法官解释认为法案意味着J,而J在帕累托集合[E,L]内,则行政首脑和立法机关不会就替代方案达成一致。行政首脑偏好J超过任何在J右侧的替代方案,而立法机关偏好J超过任何在J左侧的替代方案。所以行政首脑和立法机关不会就颁布新立法废除法院的解释J达成一致。总体而言,法院有自由裁量权在帕累托集合[E,L]内选择任何解释,且不会引发颁布新立法废止解释。

现在我们来考察如果法院的解释落在行政首脑和立法机关的帕累托集合之外会有什么后果。假定行政首脑和立法机关最偏好的点移到了E′和L′,则新帕累托集合为[E′,L′]。如果法院将立法的含义解释为J,而J落在[E′,L′]之外,行政首脑和立法机关都会
228 偏好向右移动。如果交易成本不是太高的话,行政首脑和立法机关会进行交易并达成一致,用向右移动的新立法废止法院的解释。为排除这种可能性,法院应当将立法解释为落在集合[E′,L′]内的某一点。因此现任立法机关与行政首脑的帕累托集合决定着法院

〔15〕 我隐含的假定是新立法的交易成本为零。如同第七章已经解释过的那样,如果新立法的交易成本为正值,会增加司法自由裁量权以及政府行政管理人员的自由裁量权。

解释的自由裁量权。

现在我把法院解释权与表 9－1 中所描述的各种政体形式联系起来。在独裁政体下，法官从行政首脑那里接受指令，俄国人将其称为“电话司法”。而法治则要求法院和行政首脑分立。

我们从表 9－1 的上面往下移动。一院制议会制把法院和统一的行政首脑与立法机关分离开来。在图 9－7 中，我们通过把行政首脑最偏好的点 E_1 和立法机关最偏好的点 L_1 等同来描述这一事实。在一院制议会制下，纪律严明的执政党可以任意废止任何司法解释，所以法院在解释上的自由裁量权很小。换言之，当法院的解释与立法有差异时，只有在差异很小、以致政府更倾向于避免交易成本和否决法院所带来的尴尬的情况下，法院的解释才可能胜出。在重要的案件上，除非法院想让政府制定新的法律，否则法院会按照现任立法机关中政府所偏好的方式来解释成文法。

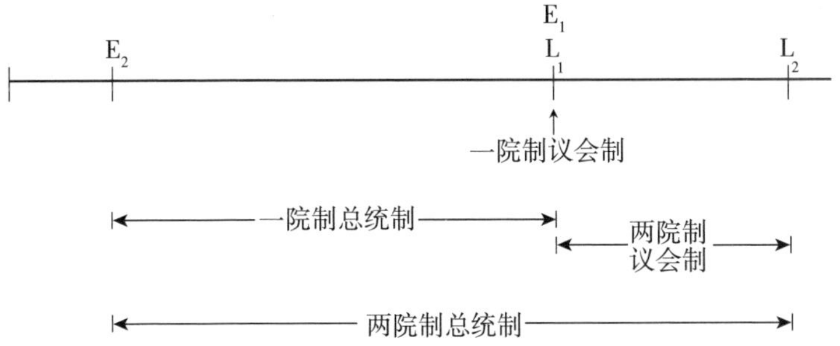

图 9－7 法院的自由裁量权（帕累托集合）

现在我们考察通过两院制议会制或一院制总统制增加分权所带来的后果。由于新的立法需要两权之间的合作，法院可以在两权最偏好的点之间的任何地方解释法律，而不会引发新立法废止解释。对于两院制议会制而言，在图 9－7 中，通过下议院最偏好的点 L_1 和上议院最偏好的点 L_2 之间的距离来描述这一事实。在两

院制议会制下,法院的自由裁量权等于帕累托集合[L_1,L_2]。与此
229 类似,对于一院制总统制,在图9-7中,通过总统最偏好的点E_2和立法机关最偏好的点L_1之间的距离来描述法院的自由裁量权,它等于帕累托集合[E_2,L_1]。

最后,我们考察通过两院制总统制再增加分权的后果。法院可以在三权最偏好的点之间的任何地方解释法律。在图9-7中,通过E_2、L_1和L_2之间的距离来描述这一事实,它等于帕累托集合[E_2,L_2]。

总体而言,法院在解释立法时的自由裁量权等于那些在通过新立法时必须进行合作的官员们的帕累托集合。分权通常会增加法院在解释上的自由裁量权,而权力集中统一通常会缩减法院在解释上的自由裁量权。

除了政体以外,政治组织也影响立法的成本。碎片化的政党会增加法院的自由裁量权,集中的政党会缩减法院的自由裁量权。根据最近的经验研究,这两个变量——宪法分权和政党的碎片化——能在很大程度上解释我们所观察到的不同国家中法院在胆气上的差异(Cooter 和 Ginsburg 1996, Ramseyer 和 Rasmusen 1996)。例如,这个模型正确地预言了美国法院在司法方面的魄力、英国法院的谨小慎微以及法国法院和德国法院的中规中矩。

这些关于法院自由裁量权的预测都假定政治活动符合有分权存在的民主政体的情况。在这些假设之下,使立法过程变慢的障碍因素会增加法院的自由裁量权。但是,在有着强势行政首脑和较弱民主政体传统的国家里,结果可能会不同。在这些国家里,立法的迟滞可能会导致行政首脑通过政令来治理国家。当立法机关瘫痪时,民主政体求诸法院,专制政体求诸行政首脑。

问题：

1. 为什么你认为两院制议会制下法院的自由裁量权与一院制总统制下的可能大体相同？为什么你认为两院制议会制下法院的自由裁量权与一院制总统制下的可能不同？

2. 美国是两院制总统制，澳大利亚是两院制议会制。澳大利亚高等法院的一位法官认为，比起美国最高法院，澳大利亚高等法院在判决案件时不太愿意考虑政策。他的解释是澳大利亚宪法不像美国宪法那样包含《权利法案》(Mason 1986 – 87)。不用《权利法案》，而用我们前面的分析来解释这一事实。

一、边缘上的最高法院

我们用一个历史上的例子来说明关于法院自由裁量权的所谓**空间模型**。1964 年，美国国会通过了里程碑式的《民权法案》，最终 230
引发了大量诉讼和社会变革。结果，里根总统和布什总统任命了保守派的最高法院大法官来限缩对《民权法案》的解释，减少其适用范围。我将用空间模型来解释在布什总统的政府任期内最高法院在这个问题上能够走多远。

如果最高法院引发了新的民权立法，最高法院可以靠布什总统对其加以否决。推翻否决需要国会两院**各**三分之二的多数票。在民权问题上，参议院比众议院更为保守。因此参议院决定着在不引发新立法的情况下最高法院的解释能够有多保守。

按照这样的推理，最高法院解释《民权法案》的裁量权区域在右侧方向限制在三分之二的参议员会投票支持新立法从而推翻法院判决的那一点之内。图 9 – 8 描述了这一情况。H、S、P 和 C 分别代表众议院、参议院、总统和法院各自最偏好的点。V 表示参议院会用三分之二票推翻否决的点。

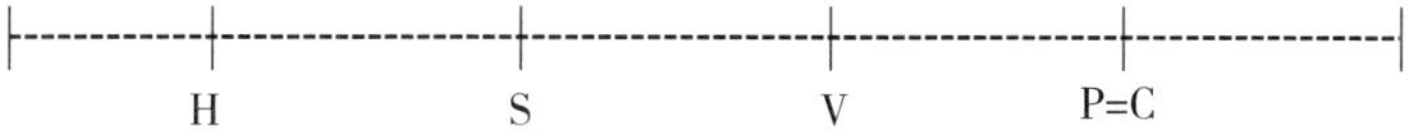

图 9 – 8　民权立法与布什政府

事实上，法院的判决在1990 年引发了新的民权立法，两院都通过了该法案，但被布什总统否决。后来有人又想推翻这一否决，在众议院获得了必需的三分之二的投票，但在参议院离三分之二还差两票。显然最高法院走到了危险的边缘，但是还没有摔倒。在考察了历史证据以后，一位著名学者得出结论认为最高法院的举动实际上符合模型的预测。[16]

问题：

1. 假设只有一个政府分支（如美国众议院）的偏好发生了变化，而总统和参议院的偏好保持不变。如果现有的立法处于帕累托集合之内，则新立法会无果而终。用空间模型来说明众议院偏好的变化对法院的自由裁量权区域的影响。

2. 如果立法的交易成本增加，法院的自由裁量权是增加还是减少？解释一下你的答案。

3. 在美国，总统的否决可以被国会两院各三分之二的投票所推翻。运用空间模型来描述推翻的可能性是怎样制约最高法院的自由裁量权的。

231 4. 美国众议院和参议院以刚过法定赞成票的结果勉强通过有微小差异的法案，法案的两个文本经过协商委员会的协调。在收到法案以后，总统既不签署也不否决，而是持续八天什么都不做，国会恰好休会，则法案视为被否决（“搁置否决”）。在下一个会期，国会可以再度通过此法案并将其提交总统。总统还是可以什么都

---

〔16〕 后来的政治形势发生了变化，布什总统签署了新的民权法案（Eskridge 1991）。

不做。十天以后,该法案会自动成为法律。[17] 现在,行政管理人员和法院必须解释法律。那么,究竟是谁在立法?他们的意图是什么?

5. 美国最高法院斯卡利亚大法官特别青睐“文本主义”(textualism)。文本主义指通过文本本身来解释成文法,而不考虑其立法史。解释一下这种方法为什么会简化投票者通过法案所传达的信息,但却会增加政府的交易成本。

二、宪法解释

与一般立法不同的是,废止法院对宪法的解释需要修改宪法。例如,美国法院原来认为美国宪法禁止联邦政府收税,但是宪法第十六修正案通过明确赋予国会征税权废止了这一解释。但是,修改宪法通常要比通过立法更难,所以较之一般成文法的解释,宪法解释能给法院更多的自由裁量权。

为了描述这个差别,我们来考察一院制议会制的情况。在一院制议会制中,通过成文法需要立法者的多数投票,而修改宪法需要立法者三分之二的投票。为使这个例子简单一些,我们假定投票遵循中间投票者定理,并且立法者的偏好在图 9－9 中所描述的单维度选择中大体上遵循正态分布。

首先来考察图 9－9 中的一般立法。我们用 x^* 表示中间投票。比之其他备选方案,中间投票 x^* 能够在立法机关内获得多数票。并且,如果交易成本很低的话,法院试图以与 x^* 不同的方式来解释法律的所有企图都会引发新立法,从而被废止。因此法院在成文法解释方面没有自由裁量权。

---

〔17〕《美国宪法》第 1 条第 7 款。

宪法解释就是另外一回事了。从图 9－9 的原点开始，超过三分之二的立法者偏好向右移动。超过三分之二的投票会废止法院对宪法的解释，于是法院在这个区域内的宪法解释会引发宪法修正，将其否决。但是，如果法院的宪法解释进一步向右移动，就会到达 x^* 点，在这一点上，立法机关中至少有三分之一的人反对再向右移动。在这个区域，立法机关无法就废止法院的宪法解释达成一致。

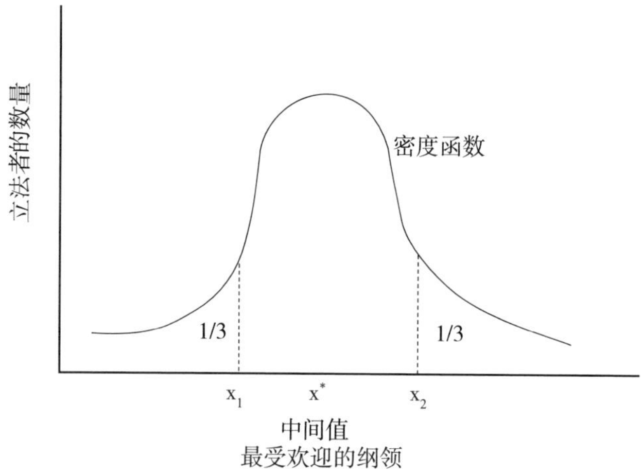

图 9－9　法院在宪法解释中的自由裁量权

232 同理，从图 9－9 的极右端开始，超过三分之二的立法者会偏好向左移动。法院在这个区域内所做的解释会被宪法修正案废止。当解释进一步向左边移动的时候，到达 x_2 点，在这一点上，至少会有三分之一的立法者反对继续向左移动。在这个区间内，立法者无法就废止法院对宪法的解释达成一致。

如我们已经解释过的那样，当法院选择 x_1 和 x_2 之间的任何点的时候，至少会有三分之一的立法者会反对向左移动或向右移动。因此法院解释宪法的自由裁量权区间等于 $[x_1, x_2]$。

总体而言,降低修正宪法的障碍(如要求简单多数而不是绝对多数)会减少法院解释宪法的自由裁量权。我们用全民公决来具体说明。美国有十五个州的宪法规定宪法的修正或者立法需要公民的多数票,没有一个州规定需要公民的绝对多数票。[18] 这些州的法院无法轻易地使不受欢迎的判决免于被多数公民投票废止,有些广受关注的投票动议已经损害到了少数派的权利。[19] 反之,增加修正宪法的障碍会扩大法院在解释宪法时的自由裁量权。比如,三十五个美国的州没有规定全民公决。法院可以使不受欢迎的判决免于被多数公民投票废止。[20]

法院的宪法解释权太多了吗?美国宪法确保法院独立于政治,在解释宪法时给了法院很大的自由裁量权。违宪审查能够启动一种鼓励遵守宪法秩序、尊重基本公民自由和政治自由的良性循环。与美国不同的是,有些国家对宪法解释独立于政治深感恐惧。有些国家希望法院在解释宪法的时候因应民选政府的要求,而不是允许法院发表自己的观点。比如,意大利最高法院(Corte Suprema di Cassazione,该法院有九个庭,分别负责民事、刑事与劳动案件)不会就宪法问题做出判决,而是把案件中的宪法问题交给宪法法院。根据《意大利宪法》第 135 条,宪法法院由十五名法官 233

---

〔18〕 Baker 1995,第 146 页。但是,在发起投票提案的时候,修改州宪法的动议通常需要获得比颁布立法的动议更多的签名支持。

〔19〕 最著名的是科罗拉多州的第二修正案。该修正案禁止州或地方通过法律保护人们免受基于性取向的歧视或向此类人群提供"平权行动"(affirmative action)。另外一个是加利福尼亚州的第 209 号提案,该提案禁止由州所提供的包括合同授予和大学入学在内的许多平权行动或种族偏向政策。

〔20〕 尽管如此,Baker 认为美国联邦制的一些特有属性会使公民通过运用与绝对多数规则相对的简单多数规则来修改州宪法而增加少数派的权力。与绝对多数规则不同,简单多数规则可以使更多的宪法修正案获得通过,这些修正案会扩张或废止州宪法中规定的个人权利。美国宪法通常禁止各州废止公民权利,但允许州宪法扩张个人权利。因此,扩张个人权利的倡议者们将会赞同用简单多数规则而不是绝对多数规则来修改州宪法。参见 Baker 1995。

组成,任期九年。在其他法院工作的法官们选出五名宪法法院法官,意大利总统任命五名,意大利国会的两院联合选出五名。尽管由司法机关选出的五名法官相对独立于政治,其他十名法官必须依附于政治家才能走完他们在宪法法院的任期。因此按照原初设计,意大利的宪法解释是一项政治活动。[21]

其他国家使用各种制度来限制法院解释宪法的权力。在墨西哥和阿根廷有一种叫作"公民诉愿"*的程序,允许法院作出决定,裁定某项政府政策或法律在具体案件中适用于特定的人的时候是违宪的。但是这样的裁决并不意味着该项政策和法律总体而言是违宪的,这样的裁决对于未来纠纷也不构成先例。[22]

在第一章中我解释过在发生冲突的时候,宪法高于成文法。当法院的案件对成文法的合宪性提出质疑的时候,美国法院对成文法进行审查,确定其是否合宪。与此形成对照的是,欧洲的宪法法院不太愿意宣布某项立法违宪并由此和立法机关产生冲突。观察者们有时用这样的说法来总结这些事实:美国法院对成文法进
234 行**违宪审查**,欧洲法院不这样做。在法国有一种中间程序,允许法院审查新近颁布的成文法的合宪性。但是一旦一项新成文法通过了违宪审查,在后面的案件中就不得再对该成文法的合宪性提出质疑。因此美国是事后司法审查,法国是事前司法审查,大多数欧洲国家没有司法审查。

有的时候,像美国最高法院这样有着广泛权力的法院可以做

---

〔21〕 但是要注意,宪法法院不是一开始就裁判那些提出宪法问题的案件。在宪法法院就宪法问题作出裁决后,普通法官恢复其对原来案件的审理。因此个别案件的命运可以免受政治影响。参见 Cappellette,Merryman 和 Perillo 1967,第 75 ~ 78 页和 Merryman 1985。在此要感谢 Francesco Paresi。

* amparo 或译"请求保护宪法权利诉讼"。——译者注

〔22〕 Barker 1988,Provost 1992.

出选择:其判决是基于成文法解释、宪法解释还是司法审查?为了理解这样的选择,我们来考察图 9 – 10 对于图 9 – 6 所做的简化。在图 9 – 10 中,行政首脑和立法机关通过交易颁布了 B。法院认为对于公共利益而言解释法律的最佳点为 J。法院在考虑是通过成文法解释、宪法解释还是成文法审查来改变法律。成文法解释允许法院在帕累托集合[E,L]内选择任何点,并且不必担心该解释会被新立法所废止。宪法解释允许法院选择一个比[E,L]大得多的集合内的任何点,但这个集合我没有在图 9 – 10 上画出来。成文法审查会使成文法变得无效,在这种情况下立法机关和行政首脑可能会颁行新的法案。我们假设新法案在尊重法院判决的情况下会尽量接近 B 点。因此在图 9 – 10 中,法院在宪法解释的情况下裁量权最大,在成文法审查的情况下裁量权最小,在成文法解释的情况下拥有中度的裁量权。

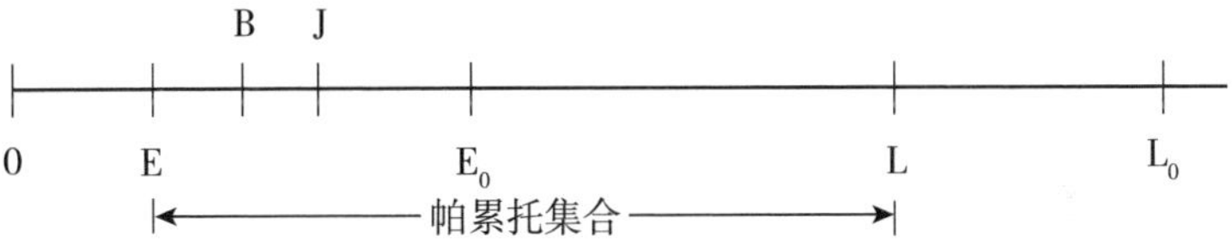

图 9 – 10　成文法解释、宪法解释与成文法审查

问题:

1. 假定在图 9 –9 中,修改宪法所需要的多数票从三分之二增加到四分之三。请描述法院解释宪法的自由裁量权发生了怎样的变化。如果分布的方差增大的话,法院解释宪法的自由裁量权是变大还是变小?

2. 近年来,美国最高法院通过解释宪法来阻止国会蚕食总统的否决权。你认为在何种情况下这类解释会强化最高法院的自由裁量权?

第六节 欧盟的例证

在第二次世界大战以后,欧洲建立了自罗马帝国以来第一个
235 统一的政府,实现了古老的统一之梦。[23] 欧洲联盟,或称欧盟(现在的名字),始于煤炭和钢铁生产的合作条约。欧盟通过把新的政策领域纳入条约体系深化了合作,成员国扩展到15个国家*,还有更多国家在排队等待加入。自由贸易被认为是比拿破仑或希特勒的军队更为强大的、统一欧洲的力量。晚近以来的欧洲宪法已经成为世界上最具创新性的宪法,提供了通过建立区域政府达致繁荣与和平的范例。我将运用本章所阐述的方法来简要分析欧盟的宪法逻辑。

一、欧盟的组织机构

欧盟的"基本法"包括建立欧盟的各项条约,其修改需要全体成员国的同意。[24] 欧洲没有形式上的宪法,基本法是实际上的宪法。基本法在欧洲最重要的四个政府机构之间进行了分权:欧盟委员会、部长理事会、欧洲议会和欧盟法院。[25]

---

〔23〕 本部分主要基于 Cooter 和 Drexl 1994 以及 Cooter 和 Ginsburg 1998。亦参见 Schmidtchen 和 Cooter 1997。

* 本书写作的时候,也就是2004年之前,欧盟成员国数目为15个。截至2017年年底,欧盟成员国为28个。——译者注

〔24〕 以下是构成欧盟基本法的主要条约:《欧洲煤钢共同体条约》,1951;《建立欧洲经济共同体条约》,1957;《建立欧洲原子能共同体条约》,1957;《合并条约》,1965;《1986年单一欧洲法案》(规定建立统一欧洲市场)以及《欧洲联盟条约》,1992。

〔25〕 除了这些基本的机构外,在欧盟内部还有其他一些机构,在欧盟法的创制和解释过程中不直接发挥作用。这些机构包括欧盟委员会主席、一个新的地区委员会、经济与社会委员会和欧洲中央银行。

欧盟委员会现在是由十九名委员组成的行政机构,由部长理事会任命其中一人为主席。委员会管理"普遍的"政策领域,即不断扩展的欧盟条例。成员国政府定期举行会议,通常通过部长理事会进行。部长理事会由各成员国内阁级官员组成。理事会制定政策、颁行立法。欧洲议会由518名成员组成,起初是由各国政府任命,但现在是由各国公民直接在其国内选出一定数量的欧洲议会议员。[26] 欧盟法院由来自每个成员国的一名法官组成,外加一名递补法官(additional judge)。[27] 法院解释立法,以确保其与基本法相一致。主要的欧洲政府机构、成员国政府和成员国法院都可以向欧盟法院起诉,[28]能够证明其权益受到共同体某一法案损害 236
的个人也可以向欧盟法院起诉。[29]

欧盟的立法包括两种类型。**指令**(directives)包括立法机关给成员国的指示,要求它们协调其立法,以便统一欧洲市场("建立单一市场")。指令必须通过每个成员国的立法机关颁布国内法来执行,所以不同的国家为了执行同一指令会颁布略有不同的国内法。**条例**(regulations)是由欧盟颁布的、直接适用于成员国的法律。与指令不同的是,条例在欧盟各国都是一样的,而且无须成员国采取相应措施即可生效。条例限于那些欧盟拥有排他性管辖权的事项,如共同关税、共同农业政策以及欧盟竞争政策等。

---

〔26〕 欧盟法律按照国家而不是人口来分配议席。因此卢森堡有6个席位,或者说大约每70,000名居民有1个席位;而德国有99个席位,或者说大约每800,000名居民有1个席位。每个国家根据自己的法律选出其代表,因此允许进行分区选举或整区选举,允许进行"胜者全得"的选举或比例代表制的选举。

〔27〕 1987年,欧盟建立了初审法院,以减少法院积压的案件。初审法院对于那些欧盟直接管理的政策领域的案件拥有管辖权。

〔28〕 成员国的法院在受理的案件涉及欧盟法问题的时候,可以向欧盟初审法院征求咨询意见。

〔29〕 如果初审法院认定有损害存在,将会给原告以救济,但是相关的共同体法案仍然有效。

二、欧盟的权力分立

欧盟各机构之间在立法中的互动复杂多变。为了解释欧盟基本法中所确立的分权怎样影响其立法,我将对此进行大幅度的简化。委员会拥有排他性的立法提案权。颁行立法所需的程序取决于立法的具体内容。不同的实体法必须经由不同的程序颁行。根据颁行立法所要求的委员会的一致程度不同,程序亦有所不同。有些立法需要理事会一致同意,而有些立法需要"特定多数"。(qualified majority,"特定多数"是一种加权多数,来自大国的部长们有更大的权重。[30])欧盟通过立法的程序还因需要欧洲议会参与的程度不同而有所不同。根据法律问题的不同,程序亦有所不同:理事会可以在议会不发挥任何作用的情况下单方进行立法;理事会可以在咨询了议会的意见后进行立法;理事会可以进行立法,但议会有权否决;或者立法需要理事会与议会之间的平等合作。

确切地讲,可以区分出下列五种程序:

1. **单边全体一致同意(UU)**:理事会可以以一致同意的方式通过或修改委员会的提案。如果无法达成一致同意,则提案被驳回。

2. **单边特定多数(UQM)**:理事会可以以特定多数通过委员会的提案,否则即为驳回提案。

237 3. **咨询(CS)**:除了议会有权被咨询以外,其他与前面两种单边程序一样。

4. **合作(Coop)**:理事会可以用特定多数通过委员会的提案,用全体一致同意修改提案。但是,如果议会驳回提案的话,则理事会

---

〔30〕 按照目前的特定多数程序,意大利、德国、英国和法国各有 10 票,西班牙有 8 票,比利时、希腊、荷兰和葡萄牙各有 5 票,奥地利和瑞典各有 4 票,丹麦、芬兰和爱尔兰各有 3 票,卢森堡有 2 票。在大多数领域,通过一项立法必须获得 87 票中的 62 票。

只能用全体一致同意的方式通过提案。

5. **共同决策(CD)**：要通过欧盟委员会的一项提案，需要由理事会以特定多数予以批准，并且由议会以多数予以批准。

这份清单的顶部是原初的立法程序，几乎把全部权力给了部长理事会，而没有给欧洲议会权力。部长理事会代表政府，欧洲议会代表人民。因此，人们批评原初程序不民主。从顶部进一步往清单的下面走，其间变化显示出向两院制和民主化的方向移动。

我们把某一机构的自由裁量权界定为该机构令其所偏好的法律获得通过的能力。现在我们来考察向两院制和民主化移动的趋势对欧盟立法者的自由裁量权有怎样的影响。先从欧盟委员会开始。

欧盟委员会有提出立法提案的专属权力。有些提案会被通过，其他则会被驳回或修改。当欧盟委员会在大量备选方案中进行挑选、最终形成会被颁行为法律的提案时，欧盟委员会有着更大的自由裁量权。这个裁量权的范围由颁行新立法所面临的困难程度来界定。当程序规则发生变化的时候，这种困难的程度也会发生变化。在部长理事会中，从全体一致同意规则转向特定多数规则会使委员会的提案更易通过，从而增加委员会的自由裁量权。[31]

---

〔31〕 确切地说，单边程序或者咨询程序允许理事会不顾欧洲议会的反对自行通过提案。按照单边程序，理事会可以依全体一致同意规则或特定多数规则颁行法案。在理事会中，从单边—全体一致同意转为单边—特定多数会增加欧盟委员会的权力，因为这样只需要理事会以合格多数即可通过委员会的提案。总体而言，以较低多数即可通过一项立法的程序变化会增加行政首脑提出立法议案的自由裁量权。

反之，从全体一致同意变为咨询，或者从咨询变为合作，或者从合作变为共同决策，会减少委员会的自由裁量权，因为欧洲议会在立法中的作用增加了，欧盟委员会在提议立法的时候必须预先考虑到两个机构(部长理事会和欧洲议会)的反对。委员会挑选最终实际形成立法提案的备选方案的范围缩小了。总体而言，要求由两院批准立法而不是一院批准立法的程序变化会降低行政首脑提出立法议案的自由裁量权。

在现实中，欧盟委员会在制定提案的时候与部长理事会和欧洲议会密切合作。如上面解释过的那样，欧盟委员会的立法权大概会影响到其与部长理事会和欧洲议会交易的能力，并且影响借以界定什么是欧洲政府机构的合理行为的意识形态。

反之,强化欧洲议会权力的程序变化会对颁行立法构成障碍。因此,强化欧洲议会权力的变化会使立法提案更难通过,从而减少欧盟委员会的自由裁量权(见图9－11)。

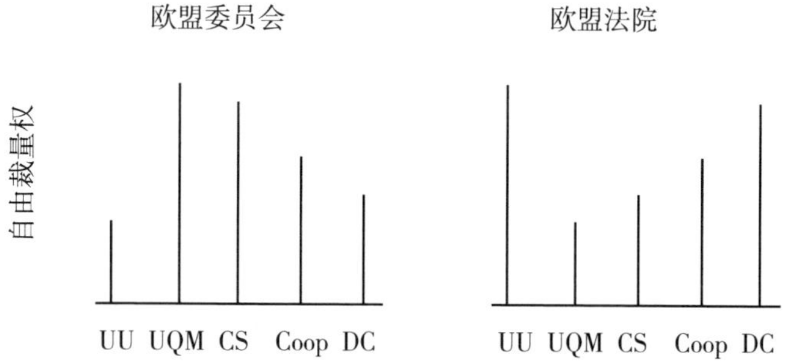

UU =单边全体一致同意
UQM =单边特定多数
CS =咨询
Coop =合作
CD = 共同决策

图9－11 欧盟内部程序改变权力

238 现在我从欧盟委员会转向欧盟法院。后者是前者的翻版。如前面已经解释过的那样,立法者可以为了废止对既有法律的司法解释而颁行新的立法,所以法院在不引发立法废止司法解释的范围内有解释的自由裁量权。在理事会中,从全体一致同意原则转向特定多数原则会使理事会通过提案变得更为容易,从而减少法院的自由裁量权。反之,强化欧洲议会权力的程序变化会使立法变得更难通过,从而增加法院的自由裁量权。

图9－11用图形总结了不同的立法程序怎样改变了欧盟委员会和欧盟法院的权力。法院的法官通过司法解释造法的时候有着不同的哲学观。这些哲学观影响着他们行使权力的意愿。我猜想

给法院更多实际权力的程序会最终促使法官行使更多的权力。[32]

问题：

1. 共同决策程序给欧洲议会更大的权重，从而增加了民主性。直接选举欧盟理事会主席是另外一种增加民主性的方式。预测一下这两种增加民主性的方式对于欧盟机构的相对权力关系所产生的不同后果。

2. 第五章解释了对把不同问题结合起来的提案（“组合”）进行 239
投票和对把不同问题分开来的提案（“分解”）进行投票这两者之间的差异。在部长理事会中，各国农业部长们开会讨论欧盟的农业政策，各国交通部长们开会讨论欧盟的交通政策，如此等等。假定欧盟理事会把这些问题加以分解，而欧洲议会把这些问题加以组合，预测一下它们行为的不同之处。

结论

在高度集权的国家中，集中化的权力使行政首脑试图消除为获得公职进行的竞争，终结民主政体。反之，有效的分权既需要法律（宪法）也需要政治（政党），会有助于稳定围绕控制国家展开的竞争，保全民主政体。但是，在没有分析工具的情况下，我们很难查知分权对于政府运作造成的后果。为进行立法，分立的权力之间必须进行交易。达成一致的需要限制了与国家各权力分支的偏好有关的帕累托集合的结果可能性。决策的时间选择和先后顺序影响部门之间的权力分配。能够提出无商量余地的要约的官员可

---

〔32〕 关于法院通常会按照这个方式行事的证据，参见 Cooter 和 Ginsburg 1996。关于欧盟法院积极的政治职能的证据，参见 Garrett，Kelemen 和 Schulz 1998。

以通过让他人做出妥协来获得大部分合作剩余。尽管法院不会公开进行交易,但其他政府分支的分权决定着法院在解释时的自由裁量权。有些时候,诸种权力必须合作方能改变法律,法院和解释法律的行政管理人员可以利用诸种权力之间的不一致。

第四篇　最佳权利

珊瑚礁是一种动物(珊瑚虫)和一种单细胞植物(黄藻)的共生 241
体。这种动物创造了围绕自身的壳,保护着生活在它身体里的植物;植物生产动物的大部分食物和能量。与此类似,自由主义国家保护为社会生产产品的个人和私营组织。保护来自法治和个人权利。

我在较早时候把民主定义为对政府的公共竞争,许多人认为民主也包括个人权利。在第三篇中分析了官员的权力分配之后,第四篇转向个人权利的分配。个人权利来自强调个人自治和政治自由的传统。自治和自由鼓励自我表达和自我实现。但是,集体生活要求凝聚和约束。当个人和集体发生冲突时,宪法权利使正义的天平倾向于个人。在民主政体中,个人权利通过将某些问题从日常政治中移除出去来为政府的范围设限。

比如,如果修改宪法很难,并且如果宪法有效地保护私人财产权,那么立法机关就不能为了另一个集团的利益而没收某个集团的财产。宪法通过把没收财产从日常政治中移除出去避免了这样的再分配斗争。同样,如果宪法有效地保护宗教自由,那么某一宗教团体就无法用通常的立法把自己的宗教仪式强加给另一宗教团体。一般而言,对个人权利的宪法保护阻遏了某一团体运用政治役使他人的冲动。

是规范哲学而非实证科学主导宪法权利的讨论。关于这一事实，第十章解释了经济学怎样为权利估值，第十一章把这些估算与主流的哲学传统联系起来。接下来的三章——第十二章、第十三章和第十四章——回到实证分析，考察对于三种具体权利——财产权、言论自由和民权——的不同理解所产生的后果。

享受权利的人们通常会珍视权利，好的宪法要对人们对权利的估值做出回应。我将考察怎样使享受权利的人的权利值最大化。第十二章解释了所有权怎样使所有者们享有物质资源的自由。所有权属于作为所有者的人，所有者拥有自由后会使物质资源的价值最大化。第十三章解释了人权怎样在生活的非物质方面
242 给人们自由。人权属于作为人类一员的人。第十三章是关于言论自由，解释了禁止管制言论的宪法如何使言论自由的权利值最大化。第十四章解释了民权怎样给予人们平等参与公共生活和私营经济的权利。民权属于作为公民的人。在完全竞争条件下，由损害者支付歧视的代价。因此，矫正竞争的不完全性将保护受害人免受由歧视所导致的损害。

第十章 权利的价值

就像三个不同方向的机械力，议会两院和国王共同推动着政府这台机器向某个方向前进……这个方向所指引的正是社会的自由与幸福的真正轨迹。 243

——布莱克斯通《英国法释义》[1]

如果立法机关还在开会（法案尚未议决），则任何人的生命、自由和财产都不会安全。

——马克·吐温[2]

在前述引言中，布莱克斯通提到了“社会的自由与幸福”。为获取幸福，民主宪法创设了一种竞争框架，由最受大多数选民偏好的候选人

---

〔1〕 Blackstone 1979;1765，第1卷第2章，第151页。感谢大卫·利伯曼提供引文。

〔2〕 很多人把这段引文归到吐温名下，但笔者没有找到有关他何时说过这句话的确切资料。同样的话曾被一位法官用在19世纪中期的一个案件中[1 Tucker 247，249（New York：Surr. 1866）]。

充任政府职位。为维护自由，民主宪法将权力在政府的不同分支之间进行划分。布莱克斯通的训诫表明，一个对权力进行适度划分的国家才能服务于社会的幸福与个人的自由。

马克·吐温尖刻的幽默表达出另外一些意思：即使是民主的立法机关也会威胁到个人。〔3〕为保护个人不受立法机关侵害，有些宪法牢固确立个人权利，使立法机关中的大多数无法压制个人权利。牢固确立个人权利可以保护公民的生命、自由和财产，即使在立法机关仍在开会（所以尚没有固定清晰的成文法）的时候也是如此。

我将用经济学的语言把这个观点重述一遍。前面章节将民主视为一种通过集体行动满足偏好的机制。从这个角度来看，民主政体分配宪法权力，激励官员为公民提供其所偏好的公共产品，从而增加社会的幸福感。但是有些时候，有些公民喜欢限制他人自由。在这种情况下，脆弱的个体更需要保护，免受政治侵害。从宪法上牢固确立个人权利可以提供使其免受政治侵害的保护。

244 在民主政体中，若要限制多数公民的权力或阻碍他们选出的代表需要正当理由。在个人权利的正当理由问题上，各种对立的哲学观念众说纷纭。笔者将在本章和下一章运用经济分析方法，无须在对立的哲学中做出抉择，即能澄清这些争议。在本章中，我将解释衡量个人权利价值的不同方法，这些方法有助于回答诸如以下一些问题：

例1：法律为不同的人创设了不同的权利。宪法权利和其他法律权利有怎样的区别？

---

〔3〕 笑话一则：在美国，一切不禁止的事情皆为允许；在德国，一切不允许的事情皆为禁止；在意大利，哪怕是被禁止，一切也皆为允许。

例 2：消费者起诉信用评级公司，试图终止其向资金出借方散播贷款申请人个人信息的做法。法庭必须在信用价值和个人隐私权之间进行权衡。法院如何做平衡？法院暗地里会使用成本—收益分析法吗？

例 3：国家资助的军事防务属于公共物品，而国家补贴的歌剧表演属于私人物品。宪法权利在哪些方面与军事防务和歌剧相似？

第一节 个人权利概论

在法律概念的工具箱里，“权利”是一种多用途工具。有些权利是由“义务”所创设的。[4] 例如，立约人履行合同义务创设了受约人可请求其履行合同的权利。在此种情形下，某人有获得利益的权利，因为其他人有提供利益的义务。不同于合同，法令可以强制规定创设权利的义务。例如，立法禁止雇主干预工人组织工会，这就给了工人组织工会的权利。

就拥有权利的个人在相关义务被违反时都有权获得法律救济而言，这些权利都具有法律效力。[5] 例如，合同违约的受害方可以诉请损害赔偿金，工人可以就雇主干涉创建工会的行为申请禁制令。一般而言，只要法律给予违反义务的受害方救济，它便

---

〔4〕 需要注意的是，有些人负有使他人受益的义务，但受益人却无要求此利益的权利。例如，警察可能有保护公民的义务，但是公民可能没有要求警察提供保护的权利。

〔5〕 但是有些权利没有救济。当政府官员拒绝我的工作申请时，他或许有义务说明原因；但是对于未尽职的官员，我可能没有法律上的救济。

创设了与义务有关联的权利。[6] 给予受害人补救其损失的法律权利,能减轻政府启动每项救济的责任,因而可减少政府官员履行职责所需的信息量。几乎每个成熟的法律体系都会运用由受害者发起的救济方式,所以成熟的法律体系通过强制规定义务来创设权利。

245 但是现代人每每谈起"权利",往往采取一种高调的口吻,暗示某种高于这些日常权利的东西。关于个人和国家的现代讨论常常与言论自由、出版自由、集会自由、宗教信仰自由、契约自由、财产权和公正审判权等具体权利有关。关于个人和政府的现代议题更关注一些特殊的权利,如言论自由、新闻自由、集会自由、宗教信仰自由、财产权以及公正审判等。这些个人权利是相对现代一些的发明,传统上将其归于18世纪的启蒙运动。

逻辑上的不同使日常权利和个人权利部分地区分开来。一个**自主**的人可以支配自己的生活。许多宪法权利,如美国《人权法案》中列举的权利,都赋予个人以一个自由裁量的范围,在此范围内排除国家的支配或操纵,个人自行做出关于生活的基本选择。因此,个人权利为一个独立自主的人类社会奠定了法律基础。推崇自主的生活和个人导向的社会,是在宪法中规定个人权利的一个动因。

我把提供自主性的个人权利称为**自由**。法律从两方面保障自由:第一,拥有自由的个体既不被强迫也不被禁止做有关行为。第二,禁止其他人干涉行使自由。比如,一个享有言论自由的人,不负有禁言或发言的法律义务,若其发言,则同样不负有说特定话的义务。此外,任何人不得干涉其言论自由,例如,威胁要求他

---

〔6〕 我把对于基本法律概念的概括提炼留待哲学去解决。Hohfeld 1964(1919)在早期提供了一套系统的划分。亦参见 Radin 1938,Wright 1963 和 Wellman 1985。

保持沉默。

通过对这些事实的提炼，我可以用公式来表述自由的一个简便定义。令 x 代表一项行为，如“说话”“出版”“集会”“信教”。通常来说，一个人若不被迫做 x 或禁止做 x，且其他人不得干涉他做 x，则该人享有 x 的自由。不被迫也不被禁止做 x 的人享有做 x 的**许可**。[7] 禁止他人干涉其 x 行为可以保护该项权利。因此，自由可以被定义为**受保护的许可**。

现在我就可以解释个人权利和一般权利的区别了。法律出于各种目的规定职责、创设权力、分配利益、提供各种救济措施。例如，规定谨慎驾驶的义务是为了增强道路安全。法律义务的其他目的包括健康、繁荣、协调、可预测性、补偿、威慑、公平、平等、竞争力、沟通、教育和文化的改善。不同的目的需要在法律上构建不同的逻辑结构。正是因为宪法上的个人权利有明显不同的目的，因而需要有不同的逻辑结构。个人权利的目的在于为自主性提供法律基础，其逻辑结构为受保护的许可。

问题：

1. 请讨论下列格言与个人自主性的联系。

“自由是受保护的许可。”

“无政府主义是不受保护的许可。”

“专政是有保护而无许可。”

2. 在何种意义上权利法案“将自由合法化”？ 246

3. 假设美国没有权利法案，那么在现在的国会中会通过一项权利法案吗？

---

〔7〕 该定义早先见于 Wright 1963 对道义逻辑的公理化发展中。

第二节 评估权利的价值

个人权利是一回事,它的价值则是另一回事。哲学家关心物的本质是什么,而经济学家更关心物的价值。我对个人权利的讨论少量涉及哲学,大量涉及经济学。在简要描述何为个人权利后,我将用本章余下内容着重讨论个人权利的价值。

如果政府侵犯了你的宪法权利,你可以采取什么措施?有时你可以起诉要求金钱赔偿,〔8〕在这种情况下,法院必须对著述言论、信仰、选举或公正审判的权利给出定价。但是,除了损害赔偿金,法院的通常救济措施是禁止施害者继续侵犯你的权利的禁制令。在这种情况下,一项权利范围的扩大,必然要求另一项权利范围的缩小。两项权利间的平衡,即可视为是以另外一种权利为基准来评估此种权利的机会成本。判决损害赔偿或在相互竞争的权利之间进行平衡的法院为权利定价。经济学家提供了几种不同的为权利估值的方法,这些方法能澄清法院的做法。我将按照复杂程度递增的顺序来解释这些方法。

---

〔8〕 例如,在对宪法权利的违反属于州政府或地方政府的政策导致的后果而不是联邦政府的政策所导致的后果的情况下,美国法律允许起诉要求金钱赔偿。参见 42 U. S. C. 1983(1988)中的如下表述:

"任何州或哥伦比亚特区的任何人,以任何成文法、命令、规章、习俗或惯例为名,使任何美国公民或其他文件中规定的管辖权范围内的其他人处于或致其处于宪法和法律所保障的任何权利、特权或豁免被剥夺的状态,他将在法律诉讼、衡平诉讼或其他适当的赔偿救济程序中对受害方承担法律责任。"

美国最高法院在彭鲍尔诉辛辛那提城案(Pembaur v. City of Cincinnati),475 U. S. 469,483 (1986)中阐述了对"政策"的要求,在 Lewis 和 Blumoff 1992 第 757 页中对此进行了讨论。

一、商品

财富可以按照多少程度来排列高低。比如,20 万美元比 15 万美元更多,15 万美元比 7.5 万美元更多。与此类似,人们通常说自由也可以通过自由程度的大小来排序。比如说,当代俄国比沙皇俄国时代有更多的言论自由。

如果自由可依据其程度来排序,那么标准的经济学工具可以用来表示其价格。在微观经济学中,个人愿意以一物交换另一物的比率可以衡量这些物品对于他的相对价值。微观经济学中的传统图示用消费者无差异曲线的斜率来描述价值。因此图 10-1 247
中的纵轴表示财富的水平而横轴表示自由的程度,比方说言论自由。每一条效用曲线代表在无差异的情况下个体愿意用财富交换自由的比率。例如,点(l_1, w_3)与点(l_2, w_2)在同一条无差异曲线上,所以人们会用 $w_3 - w_2$ 的财富量来换取自由从 l_1 增加到 l_2。因此,$w_3 - w_2$ 等于个体愿意为自由从 l_1 增加到 l_2 而支付的**价格**。同样,若按照个人偏好进行衡量,从 w_2 到 w_3 的财富增加正好抵偿自由从 l_2 到 l_1 的下降。因此,$w_3 - w_2$ 正好等于对个体自由从 l_2 到 l_1 的损失的损害赔偿金。

通常来说,个体的需求曲线表示在商品数量发生变化时其所愿意支付的价格。图 10-1 中的每条效用曲线表示了在保持其他价格不变的情况下,个体会为自由程度变化所支付的价格。因此,图 10-1 中的效用曲线实为需求曲线。(严格来讲,它们是"效用补偿性需求曲线"。[9])

---

〔9〕"补偿性需求曲线"表示在保持其他价格和**效用**不变的情形下,该商品价格变动时个体愿意购买的数量。传统的需求曲线假设其他价格因素和**收入**不变。对福利经济学非常重要的补偿性需求曲线在任何一本数理微观经济学教材中都有解释,如 Varian 1992。

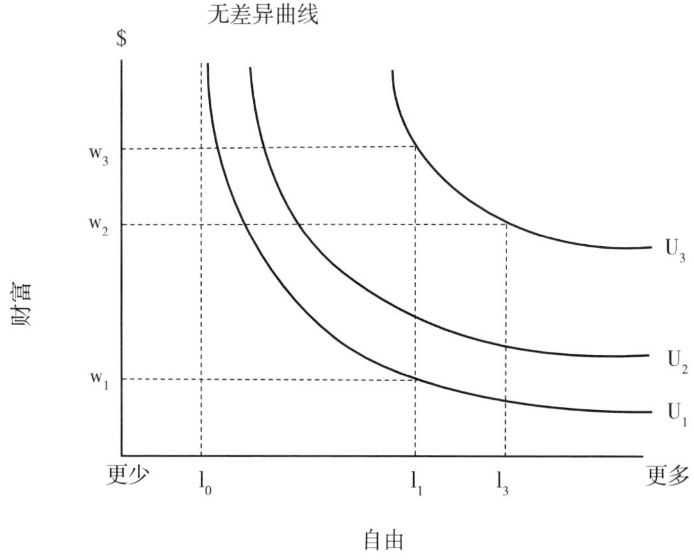

图 10 -1　作为商品的自由

如果一个人有更多**财富**,就**能有**更多支付能力。而如果他**能有**更多支付能力,他就**愿意**为自由支付比曲线 U_1 所示更多的钱。更多的财富会使图 10 -1 中的曲线 U_1 向 U_2 移动。与曲线 U_1 相比较,需求曲线 U_2 表示了在财富和效用增加后,个体愿为自由所支付的价格。通常来说,支付意愿取决于支付能力。

248 在讨论了自由的价格后,我来讨论自由的成本。将自由定义为"受保护的许可"说明自由中包含两项成本。第一,保护自由会耗用资源,如警察和军队的开支。第二,自由的增加会牺牲其他价值,所以自由也有机会成本。例如,增加所有者开发其土地的权利可能会允许他们修建高层建筑,减少邻居的采光。

起初,增加一项自由并不必然会干扰到另一项自由。但是最终,自由的集合会扩展,一直到一项自由的增加必然会导致另一项自由的减少。例如,如果言论自由包括在教室内自由谈论,则行使言论自由会干预宗教信仰自由。当一项自由的扩展与另一项自由发生冲突,那么自由集合便达到了**自由边界**。在自由边界上,自由可以进行交换,且一种自由的价值可以通过与之互换的另一种自由来衡量。通常来说,增加一种自由的机会成本等于因此而导致的其他自由的价值减量。[10]

我已解释了一种自由的增加会导致保护成本的增加,并要牺牲与之相抵触的自由。图 10－2 中的供给曲线 S 体现了这些成本。如图 10－2 所示,供给曲线 S 向上倾斜,意味着随着自由程度的增加,为求更多自由的成本也会随之增加。[11]

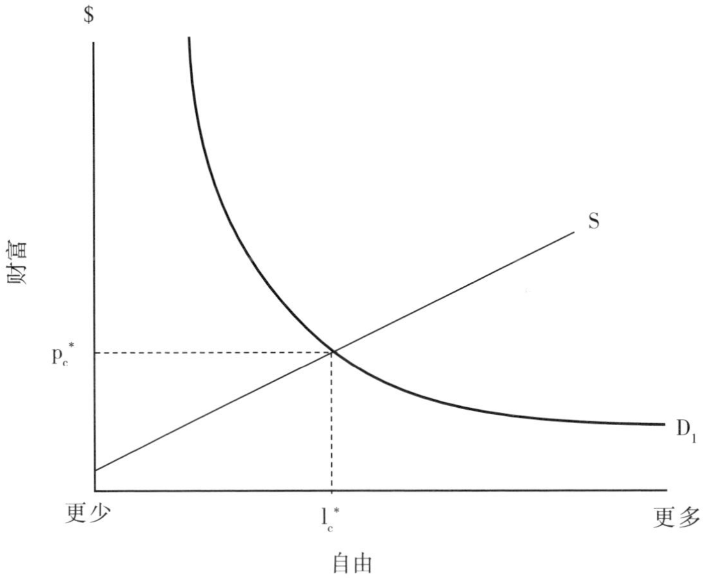

图 10－2　自由的成本与价格

---

〔10〕 自由边界与帕累托边界相似,即在此边界上一人满意度的增加伴随着另一人满意度的减少。

〔11〕 同样,供应曲线表示若保持其他价格不变,私人生产者在既定商品价格水平下愿意提供的商品的**数量**。就自由而言,供给曲线表明了国家在既定价格水平下能供给的自由的量。

图 10－2 还描绘了图 10－1 中的需求曲线 U_1,我将之重新标为 D_1。如图所示,需求曲线向下倾斜,意味着随着自由程度的增加,对额外自由的支付意愿会随之降低。

成本—收益分析法用价格和成本来衡量价值。将标准的成本—收益分析法运用至图 10－2 中,当供给 S 等于需求 D_1的时候为最佳情况,这发生在自由程度为 l_c^* 而自由的价格为 p_c^* 的时候。如果法院用这种方法来确定法律赋予市民自由的程度,法院可以通过比较市民对自由的需求和供给自由的成本来确定最优自由度。

问题:请列举一些在个人权利中可适用成本—收益分析法的例子,以及不宜适用该法的例子。

二、公共物品

前面一节将自由视为私人产品进行分析,但这样的描述有潜在的误导性。同一种私人物品,每个人拥有不同的数量。但是,
249 民主宪法通常确保每个人的自由度是相同的。将自由视为私人产品掩盖了平等约束。

在平等约束下,除非每个人的自由发生等量变化,否则一个人的自由不可能发生变化。例如,如果你的言论自由没有增加,那么我的言论自由也不可能增加。我会调整图 10－2,将自由描述为对不同的人平等供给的物品。图 10－2 中的需求曲线 D_1显示了特定个人会为自由所支付的价格。假定一个人有更多**财富**,他将有更多支付**能力**。而如果一个人有更多的支付能力,他将**愿意**为自由支付比 D_1所示更多的金钱。如图10－1所示,更多的财富将会把效用从 U_1增加到 U_2。我在图 10－3 中复制了效用曲线 U_2,并将其重新标为 D_2。

现代的民主政体由大量的公民组成,他们的总需求决定了商品的最佳供给量。为尽可能简洁地说明需求加总的方法,假定一个国家由两个人组成,具体说就是由效用曲线 U_1 表示的穷人和由效益曲线 U_2 表示的富人。按照假设,每个人所得到的自由量相等。取一自由量,如图 10 – 3 中的点 l_p^*。在 l_p^* 上,该自由量对穷人值 p_1,对富人值 p_2。因此,在点 l_p^* 上的自由总价值量为 $p_1 + p_2$。以同样的方式,对其他自由量的价值垂直相加,得到总需求曲线 $D_1 + D_2$。由标准的成本—收益分析法所计量的自由的价值便等于这两种人所愿意为它支付的总价:$D_1 + D_2$。图 10 – 3 中标为 $D_1 + D_2$ 的曲线表示两人社会中对自由的总需求。若一国所容纳的人口越多,则需要将越多的需求曲线垂直相加以得到总需求。

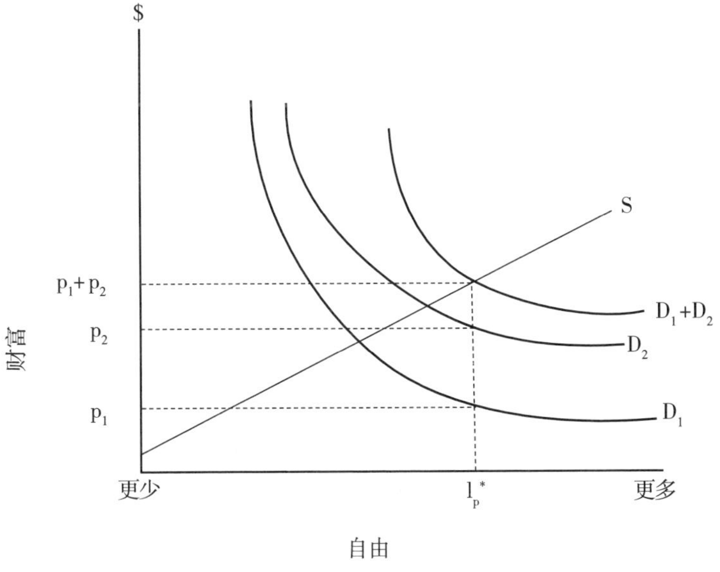

图 10 – 3 作为公共物品的自由

在成本—收益最优点下,小幅度增加自由程度的成本等于人
250 们愿意为这部分增量所支付的金钱的总和。因此,在图10-3中,总需求线 $D_1 + D_2$ 与成本曲线 S 相交的点为最佳自由度,即点 l_p^*。如果法院通过这种方法来确定法律授予市民的自由度,那么法院应当通过比较公民对自由的需求和增加自由供给的成本来判定最佳的自由度。

要注意,我用垂直加总的方法来计算总需求。垂直加总意味着每个人得到相同数量的物品,但不同的人对其给予不同估值。这是像军事安全或清洁空气这样的公共物品的一个特点。相反,像苹果和鞋子这样私人物品的总需求等于个人需求曲线的水平加总,因为在自由市场中,不同的人以同样的价格购买不同数量的物品。将自由作为公共物品来处理强调了平等约束。按照平等约束,尽管不同的人对自由给予不同估值,但是每个人所拥有的国家供给的每一种自由的量都是相等的。

问题:我将言论自由和清洁空气作为公共物品来讨论。试讨论用相同方法和不同方法评估言论自由和清洁空气价值的原因。

三、福利

功利主义的创立者英国哲学家边沁认为,自由、苹果、安全的街道以及其他所有物品能够以一定比率进行交换,这个比率取决于诸种物品给人带来的快乐的数量。相反,许多哲学家、律师和法官认为个人权利的价值评估应不同于对苹果和安全的街道的
251 价值评估。边沁抱怨说围绕着权利的崇高语言,特别是那些自然权利哲学家们所使用的语言,遮蔽了浅显的真理。由于这个原

因,他认为自然权利是"无稽之谈"(nonsense on stilts)。[12] 许多现代经济学家不赞同边沁将快乐作为统一衡量标准,但赞同边沁偏好实用主义而非权利哲学的立场。这些经济学家将会使用前面章节中描述的标准成本—收益分析法来决定与个人权利有关的问题。

尽管有边沁和实用主义的经济学家,但是用成本—收益分析法之外的其他方法为权利估价的哲学理论仍然很有影响。因此,我将把经济分析扩展到这些哲学理论中。如图 10 – 1 所示,富人会比穷人为自由支付更多。换言之,对自由的需求随着财富的增长而增长。然而,许多律师和法官却断言自由对每个人都是等价值的。这一说法显示了市场价值与社会价值之间的区别。我会用经济学来区分市场价值和社会价值,并将这种区别用于分析自由。

在经济学上,有一个现在已经失宠的悠久传统,就是用福利而非财富来指引公共政策。[13] 根据"物质福利学派"的观点,个人的福利取决于需求的满意度(Cooter 和 Rappoport 1984)。人的需求按照紧迫程度形成一个层级结构,物质需求在底层。非物质需求,例如文化和娱乐,在这个层级结构中处于高位。在满足位于高层级的非紧迫性需求之前,通常人们先满足位于低层级的紧迫性需求。比如说,一个饥饿且厌倦的人更需要营养而非娱乐,因此他通常偏好的是吃饭而非去听歌剧。(现代心理

---

〔12〕 边沁这个著名的词汇是最近一本新书的书名,详见 Waldron 1987。关于边沁对成本—收益原则的阐述,参见 Bentham 1973,第 4 章第 5 节第 6 段。

〔13〕 对于"福利"在英美经济学中的历史发展时点,参见 Bentham 1973,Marshall 1925,Pigou 1950,Bergson 1938,Sen 1970a。有关概述参见 Schumpeter 1986;Blaug 1978。

学家 A. 马斯洛也按照层级结构排列人的需求,物质需求是基础。[14])

根据物质福利学派的观点,大多数人有着相同的需求层级,所以,通过比较不同人群对同种需求的满意度,可以比较不同人之间的福利水平。例如,假设 A 有食物但无娱乐,同时 B 既无食物也无娱乐。在物质福利学派来看,A 拥有比 B 更高级的福利水平。此外,物质福利学派认为,一个营养不良的人对食物的需求比一个食物充足的人对娱乐的需求更甚。因此,给予 B 食物会比给予 A 娱乐更多地增益社会的整体福利。

252 需求为比较不同人的福利提供了基准。比较福利水平有时可为资源配置提供足够的信息。举例来说,如果为一个人提供食物与为另一人提供娱乐所需的成本一样,将钱花在食物上所带来的福利增长会更多。

但是,比较福利水平通常并没有为资源配置提供足够多的信息。例如,假设为一个营养不良的人提供食物所耗用的成本与为五十个无聊的人提供电影的成本一样。人们比需要娱乐更加需要食物这个事实无法确定给一个人提供食物所带来的福利增长是否大于给五十个人提供电影所带来的福利增长。在食物和娱乐之间分配捐款或补贴以使福利最大化,通常需要衡量给一个营养不良的人更多食物所带来的福利增量比给一个无聊的人看电影所带来的福利增量大多少。总体而论,配置资源以使社会福利达到最大化,需要**度量**人与人之间的福利**差异**,而不仅是**比较**福

〔14〕 马斯洛通过在治疗实践中观察客户,将需求划分为五种,并按以下顺序排列:生理需求(生存、食物、水、睡眠),安全需求(安全、保护),社交需求(情感依恋——友谊、爱),尊重需求(自尊、尊重他人)以及自我实现(个人成长和发展)(Maslow 1954)。

利**水平**。[15]

为解决此类问题,学者和像世界银行这样的国际组织发明了“福利权重”来指引公共政策(Feldstein 1974,Squire 和 VanderTak 1975)。比如,如果将 1 美元用于增加营养所带来的福利增量与花费 2 美元在娱乐上所带来的福利增量一样,那么对花在食品上的钱所赋予的权重应当是花在电影上的钱的两倍。福利权重和累进税制一样,将收入再分配定为优先公共事项。

跟其他人一样,经济学家们把收入再分配的优先事项问题上无法达成一致意见。因此,没有一种计算福利权重的方法得到经济学家普遍赞同。我将说明怎样把给定的福利权重运用于自由,而不去解释有争议的福利权重计算方法。为对福利进行估量,我将根据人们的支付能力调整其愿意支付的数量。

我们把福利权重应用于图 10 – 3 中,并假设世界由一个富人和一个穷人组成。图 10 – 3 中的需求曲线 D_1 表示了穷人为自由会支付的价格,而需求曲线 D_2 表示了富人为自由会支付的价格。我们现在所讨论的哲学认为自由对于富人和穷人来说有着相同的社会价值。若将此哲学观念用于图 10 – 3 中,先要用福利权重 w 调整不同的价格,将价格转化为社会价值。具体来说,以富人的价格为基准,将 w 定义为富人价格与穷人价格之间的差值。

我们用图 10 – 4 来具体说明:福利权重 w 等于需求曲线 D_2 和 D_1 之间的垂直距离,或者可公式表示为:$w = D_2(1) - D_1(1)$。富人愿意为 $l_w{}^*$ 支付的价格为 p_2,而穷人愿意支付的价格为 p_1。同样在点 $l_w{}^*$ 上,福利权重 w_1 等于 $p_2 - p_1$。按照假设,为富人提供

[15] “福利差异”是指由消费变化所引起的福利变化。福利差异必须通过比较福利最大化所要求的边际值来衡量。一般而言,福利最大化需要的信息不同于比较福利水平需要的信息。

$l_w{}^*$自由的社会价值为p_2，而为穷人提供$l_w{}^*$自由的社会价值等于p_1+w_1，此时$p_2=p_1+w_1$。

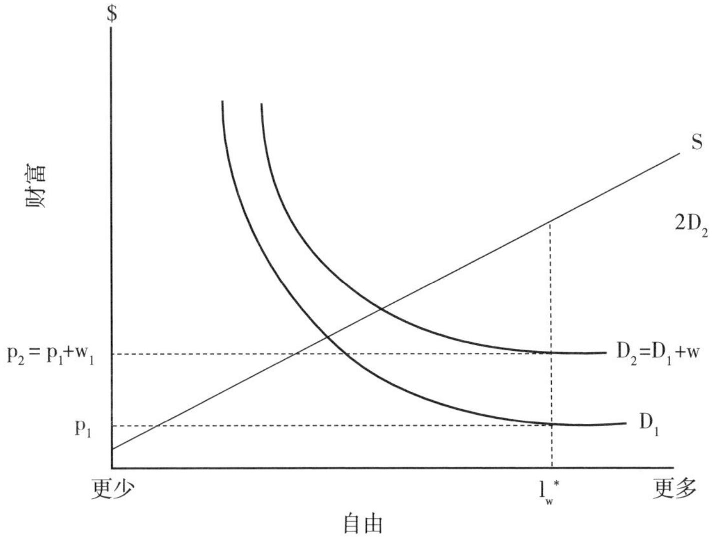

图 10－4　作为福利的自由

253 为计算图 10－4 中的最优点，除了用加权价格而不是用市场价格以外，我将用同图 10－3 相同的方法进行计算。如果把福利权重适用于穷人价格，国家应当不断供给物品，直到其成本等于此物品对于富人价值与穷人价值的总和：$S=D_2+D_1+w$，也就是说，$S=2D_2$。在图 10－4 中，最优点为$l_w{}^*$。比较图 10－3和图10－4，福利权重使成本—收益分析法下的最佳自由供应量从点$l_p{}^*$移动到点$l_w{}^*$。增量的原因在于穷人会为自由支付的价格低估了其社会价值的假设。（如果假设富人为自由所愿支付的价格高估了其社会价值，会发生相反的结果。）如果法院通过此方法来决定法律授予公民的自由度，那么法院可以通过比较公民对自由的加权需求和国家增加自由供给的成本来确定最佳的自由度。

在本节中,笔者讨论了如何通过对福利的贡献来确定每种物品的社会价值。这种确定社会价值的方法将所有物品都简化为一种物品,即福利。在这一点上,福利分析对自由、苹果和安全的街道一视同仁。在下一节中,我将以另一种方法论述不同物品的独特性,包括自由。

问题:与穷人相比,大体上,富人会为自由支付更多。假设法院接受了自由对每个人而言都同样珍贵这一原则。为了贯彻这一原则,法院可以用权重来增加穷人的支付意愿,或者用权重来降低富人的支付意愿。请描述法院对自由价值的决定会导致什么样的差异。

四、优效品

对于传统经济学来说,可以用人们愿意为一件物品所支付的 254
价格来衡量其价值。对福利经济学来说,物品所带来的福利衡量了其价值,其中福利等于按收入水平进行加权后的价格。但是,在经济学之外,价格和福利并不是价值的唯一标准或最终标准。例如,当评论家讨论交响乐的价值时,并不是指人们为参加演出愿意支付多高的价格。同样,当自由主义哲学家讨论自由的价值时,他们所指的也不是自由会为福利做出多少贡献。

关于自由的讨论大多关注于它的**真正**价值。如图 10-1 所示,该讨论更关注于无差异曲线的斜率**应该**是怎样的。慈善家和国家经常资助诸如交响乐和歌剧之类的文化产品。估计人们也会捐助交响乐或投票支持对其进行补贴,因为他们相信交响乐的价值超过其市场价格。

19 世纪英国哲学家约翰·斯图亚特·密尔用一个著名的例

子阐述了这一观点。在密尔看来，快乐具有**质**的差别。[16] 因此，诗歌能提供比“图钉”游戏质量更高的愉悦。图钉游戏是19世纪时与弹球游戏非常相像的一种不需要动脑筋的酒吧游戏。密尔声称，即使一个人从诗歌中获取的愉悦与另一人从图钉游戏中获取的愉悦数量一样，前者在社会计算中的权重也应比后者大。在密尔看来，诗歌是一种其价值超越了人们对其实际偏好的物品。

在经济学中，**“优效品”**（merit goods）这个词是指对社会的价值远超对个人的价值的物品。[17] 优效品拥有不可削弱的社会价值，因此可将资源的最优配置向对自身有利的方面倾斜，并可能为慈善家或国家的补贴提供正当理由。补贴会导致物品的成本与人们愿意为其支付的价款之间的差异。

图10－5将正效应（merit）用于自由。回想一下，图10－3中的总需求曲线 $D_1 + D_2$ 表示了在既定的自由程度下，人们愿意为之支付的价款的总和。图10－5中的曲线D代表了总需求曲线，为简单起见，我将其画为一条直线。物品的社会价值超过了人们愿意为商品支付的部分，该部分用M表示为正效应。一件物品的社会价值是其价格和正效应的总和。在图10－5中，物品的社会价值由D和M相加构成，在图标中表现为将需求曲线D向上移动正效应M的量，从而获得曲线D＋M。

图10－5中的S表示了自由程度变动时的供给成本。最佳自由量因成本是等同于其市场价值还是社会价值而有所不同。
255 标准的成本—收益分析法以支付意愿而非正效应来衡量价值。若将标准的成本—效益分析法运用至图10－5中，需求曲线D与

〔16〕 参见Mill 1951中的“效用”。

〔17〕 优效品的概念首倡于Head 1970和Musgrave 1959。最新的讨论，可参见Brennan和Walsh 1990中收录的文章，包括Cooter 1990。

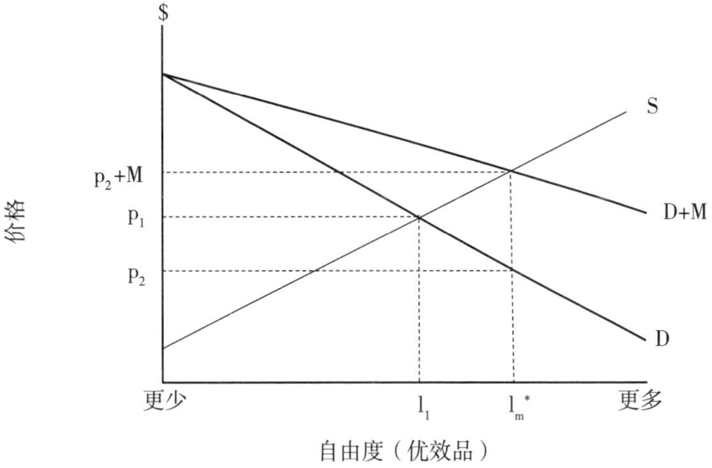

图 10－5　优效品

供给曲线 S 的交点 l_1 为物品的最佳供应量。正效应分析法得出的却是不同的结论。将正效应分析法运用至图10－5中，需求曲线 D＋M与供给曲线的交点 l_m^* 为物品的最佳供给量。

如果私人市场提供了优效品，若要达到最佳量，需要国家补贴或私人捐助。如果私人卖家无法从用户处收取费用，就像在纯公共物品市场上那样，那么最终的结果是私人市场将不再提供这一物品。如果就某种物品，私人卖家可从用户处收取的费用为D，则竞争市场会让成本 S 和需求 D 相等，形成均衡数量 l_1 和均衡价格 p_1。从国家或私人慈善家那里获取的补贴 M，将增加供给，使其达到最佳水平。当补贴为 M 时，市场会让成本 S 与需求和补贴的总和 D＋M 相等，最终形成均衡数量 l_m^*。在均衡数量 l_m^* 下，买家支付 p_2 的价格，政府或慈善家支付补贴 M，卖家得到 p_2 ＋M。在图 10－5 中，补贴是私人需求和供给之间的楔形部分。

如果法院运用此方法来确定由法律授予公民的自由度，那么法院可以通过比较政府增加供给的成本和其社会价值来确定最优自由度,此种情形下的社会价值等于市民的需求量加上物品的正效应。

谁的偏好决定商品的正效应M? 国家艺术学院? 天主教主教? 建立福特基金会的私人捐助者? 这个问题令经济学家们困扰,同样也将困扰那些坚信市场和政府应当对公民的偏好做出回应的人。尽管有这些麻烦的问题,但是事实上在大多数国家,诗歌的创作仍得到大量补贴,特别是通过义务教育。没有任何国
256 家或慈善家资助弹球游戏。[18] 事实上,是公共政策和私人慈善机构在推行优效品的概念。

因人们赋予自由特殊的正效应,自由更类似于文化产品。法官和政府官员都极少将个人权利当作可以通过投票或成本—收益分析确定价值的商品来讨论。相反,法官和政府官员赋予自由的社会价值和个人实际赋予自由的社会价值是截然不同的。我们所讨论的价值并非是个人偏好问题,而是公共责任问题。公共责任更关注个人应该做什么,这个问题会与个人偏好做什么发生冲突。因此,一些法官认为人们应该比法官更为珍视自由。自由的捍卫者们试图使人们意识到自由的真正价值,而非被动地接受选举或成本—收益分析的结果。如果辩论和讨论未能成功,自由的捍卫者们会尝试在立法机关和法院中获胜。

正效应的概念跨越了人们实际拥有的价值与人们认为其他人应当拥有的价值之间的分析差距。具体而言,在图10-5中,D表示选民愿为自由所支付的代价,这一数额主要由像投票这样的政治程序或者成本—收益分析这样的技术评估决定。但是,法官

---

〔18〕 在我执教的大学里,一些公民得知学生社团经营着一个包括保龄球等项目的娱乐中心(该中心由国家资金资助场地成本)后变得非常不安。也许国家和私人慈善家也会资助弹球游戏,但不会那么热衷,甚至是不经意而为之。

们认为宪法还应赋予自由以正效应 M。按这种方式推理,尽管技术评估和选举表明人们偏好的自由度为 l_1,法官可能会认为宪法应规定自由度为 $l_m{}^*$。

一个多元化的社会能包容多种哲学。这些哲学在某些问题上存在分歧,而在另一些问题上保持一致。这些不同的哲学都坚持这样的信念,即宪法应牢固确立基本自由,由此促进民主的繁荣。不同的哲学通常在环境保护、文化补贴以及出于平等目的的再分配等问题上发生分歧。当哲学理论在人们应当拥有何种价值的问题上看法相异时,成本—收益分析法虽然有用,但不能成为说服人们采纳一种公共政策而不采纳其他公共政策的决定性因素。相反,各党派操弄政治权力,或试图通过辩论来改变人们的偏好。一般而言,责任感强烈的人更想去改变人们的偏好。

问题:

1. 对物品附加正效应是否就意味着排除成本—收益分析法,或者仅仅是修正成本—收益分析法的操作方式?

2. 从形式上看,图 10-5 中的正效应 M 类似于图 10-3 中的福利权重 w。试说明对两者的解释有何不同。

3. 有些法官以“合理性”(reasonableness)或“比例性”(proportionality)为荣。请举例讨论正效应、合理性和比例性之间的联系。

五、王牌

图 10-5 中的分析工具把现实偏好和理想偏好结合在一起。 257
但是,有时理想偏好代表所有的价值而现实偏好却一文不值,这个问题引出我的下一个话题。如有些法官所说,好像自由的正效应埋没了它的价格。例如,在世界上大多数国家,个人不能自卖

为奴,无论他多么看重金钱而又多么不在乎自由。这种情况下,即使买卖双方就价格达成一致并希望进行交易,交易也会因此受阻。个人不能转让或消灭的权利被称为“不可剥夺的权利”。[19]就不可剥夺的权利而言,其私人价值不受公共权重的调整。

在关于奴隶制的讨论中,有人认为自由是无价的,即意味着人们不应以自由的少量牺牲来获取财富的大量增加。在前述图10－1中,可以用一条垂直的无差异曲线表示这种情况。在图10－1中,随着自由量减少至 l_0,无差异曲线 U_1 的斜率逐渐变为垂直,这表明再无更多的财富可弥补自由的进一步损失。当无差异曲线的斜率最终成为垂直时,这两种物品就无法进行交易抵偿。

宪法对各种理由进行排序,有些理由可以击败其他理由。许多美国法官解释宪法,给个人权利以太多的权重,以致侵犯个人权利的行为几乎找不到正当理由。对消费品而言,彼此交易非常常见,[20]而如果你相信法官的言论的话,个人权利是很少会进行交易的。例如,有些美国法官很少考虑个人权利对国民财富和人民福利的影响。在西方国家,有些历史悠久的政治哲学支持法院拒绝将个人权利与其他价值(如财富)进行交易。例如,当今时代最著名的政治论著之一,约翰·罗尔斯的《正义论》(1971),主张财产有一定程度的稀缺性的社会不应用自由换取财富。在罗尔斯看来,在面对公共选择时,即使要付出巨大的财富成本,政府官员也应当选择更多的自由。(具体细节见下一章。)

在游戏中,一张被指定为“王牌”的牌能击败所有其他的牌。与此类似,宪法权利高于其他法律权利。在美国,法官的言论表

---

〔19〕 Rose-Ackerman 1985.

〔20〕 有个例外:一个人若拥有相同数量的左脚鞋和右脚鞋,他将不会把鞋子拿去进行交易。因为如果没有更多的左脚鞋相匹配,再多的右脚鞋也是没用的。

明,宪法所规定的个人权利高于由多数公民的代表制定的法律所规定的个人权利。[21] 但是,在实践中,宪法权利在多大程度上高于立法权利,取决于宪法法院抵制立法机关的意愿。例如,美国最高法院经常以侵犯个人宪法权利为由拒绝国会的法案。但在大多数其他的民主国家里,宪法法院很少反对立法机关对宪法权利的解释。

在解释个人权利的时候,官员们经常拒绝让成本—收益分析影 258
响他们的决策。例如,如果美国纳粹党为发言所支付的代价少于其他人为让纳粹党缄默所支付的代价,那么成本—收益分析会赞同让美国纳粹党保持沉默。但是,美国法院不会以成本—收益分析的方式来决定立法机关是否可以封杀美国纳粹党的言论。成本—收益分析很少影响法院对宪法权利的解释。[22] 宪法上的个人权利不仅高于立法,也高于成本—收益分析。

如果政府官员认可自由高于财富的原则,那么就不用再权衡前者与后者。但是,官员们仍然可以在一种自由与另外一种自由进行权衡。例如,言论自由的增加可能为限制宗教信仰自由提供正当理由。在官员们把宪法权利视为"王牌"的范围内,宪法上的论争都是将一种个人权利与另外一种个人权利进行权衡,但不会用牺牲个人权利来增加财富或福利。

问题:

1. 汽车保险公司对年轻男性收取的保险费率要远高于年轻女性。当某家保险公司被起诉性别歧视违宪时,该公司提出了两个观点:其一,按性别差异收取不同的费率可增加国家财富;其

---

〔21〕 在 Epstein 1985a 第 9 ~ 16 页中有一段有趣的讨论。

〔22〕 关于经济因素对美国最高法院的影响的评价,参见 Easterbrook 1994。亦参见 Dau-Schmidt 1990。

二,宪法上的契约自由保护按性别差异收取不同费率的做法。结合以上两种说法的有效性,判断法官应将宪法权利视为何种物品:商品、优效品还是王牌?

2. 法院可以强制执行一个要求劳动者工作一年、两年甚至五年的劳务合同,但终身劳务合同是不可强制执行的,因为不能搞“奴隶制”。请运用财富、福利和王牌的概念,讨论把两者区分开来的界限应该划在什么地方。

结论

在分析权利哲学之前,本章讨论了民主国家中衡量权利价值的方法。成本—收益分析法用人们的支付意愿来衡量私人和公共产品的价值。通过成本—收益分析法评估权利意味着将权利视为财富的来源并且与其他财富来源进行交易。正因为被视为财富的来源,宪法权利可以与商品或公共产品进行类比,进行何种类比取决于它们是公平分配还是不公平分配。

除了视为财富的来源,权利也可被视为福利的来源,后者需要以支付能力对支付意愿进行加权。作为福利的来源,个人权利可以与其他福利来源(如医疗保健和住房)进行交易。

259 然而,法院经常认为市场和选票未能表达个人权利的真正价值。根据此种观点,个人权利具有区别于个体所赋予其价值的社会价值。为涵盖此种观点,我将优效品和王牌效应纳入经济价值的范畴。若视之为优效品,权利的内在价值补充了其价格。而若将之视为王牌,宪法权利在权利内部彼此交易,但不与其他物品进行交易。

第十一章　权利的哲学：自由与再分配

为保护市场，一国宪法可以通过保障财产权和合同权来确保市场自由。或者，为了确保每个人享有最低福利，宪法可以保障像医疗保健和住房这样的福利权。在实践中，执行福利权涉及市场规制和收入再分配，因此自由权和福利权可以彼此交易。交易的两极横跨了彼此对立的左翼和右翼的政治哲学——它们是现代政治争论的首要参与者。

无论目标是自由市场还是最低福利，宪法上的保障都可以使再分配斗争远离那种会令国家耗竭的最为浪费、最具有破坏性的目的和手段。一部有效的宪法会将某些特定的目的和手段从普通政治中移除出去。政治家会改变他们的目的或手段，而不是追求解释和修改宪法的特定政治活动。例如，有效的宪法可以保护私人财产权，防止政治家没收他人的财富，因此就将再分配的斗争转化为没收之外的、不那么剧烈的形式，如国家补贴或规制。

在许多国家，宪法权利在实践中都起到减缓再分配斗争的作用，但是人们对于怎样解释宪法保障和为宪法保障提供正当理由方面存在尖锐的分歧。宪法保障是否任意赋予一种哲学高于其对立观点的地位？在本书中，我把宪法看作一种满足公民偏好的机制。我将在本章中把这个观点用于自由市场与再分配之间的交易与权衡。我将通过这种做法力图解释一些有效的宪法实践在理论上是怎样说得通的。本章将讨论诸如以下一些问题：

例1：除了言论自由和宗教自由这些传统自由之外，一些人还主张享有教育、医疗卫生、住房和其他福利的权利。那么，这些自由与福利最大化之间存在何种联系？

例2：有些法官和哲学家不同意牺牲自由来换取财富。这些信念与普通人的偏好相悖吗？

例3：法院讨论伦理价值，而政治家追求权力。如何将以正义为基础的宪法权利的规范理论与基于权力的实证理论联系起来？

第一节　分配理念

上一章对财富和福利最大化进行了比较。图11－1通过来
262 自公共财政的图表描述了所有有吸引力的分配理念。为简化起见，该图假设社会仅由两类人组成。我将讨论每一类型的代表，我称为某甲和某乙。某甲的挣钱能力相对较低，他的收入反映在

图 11－1 的纵轴上。相反，某乙的挣钱能力相对较高，他的收入反映在图 11－1 的横轴上。“挣钱能力”指从事一项事业所需要的敏锐之智和良好判断等素质。如果国家不进行收入再分配，那么某甲的收入会低于某乙。

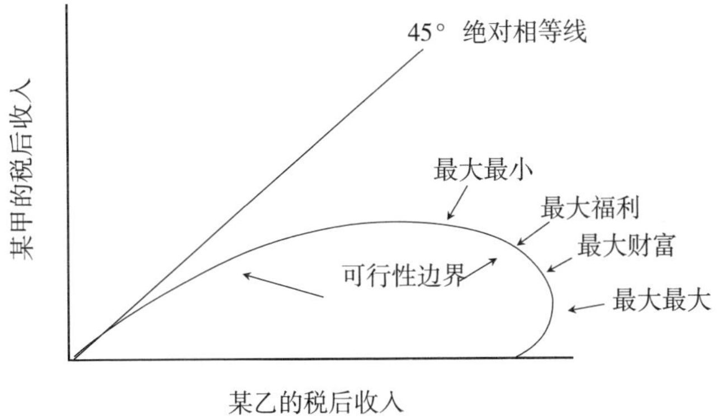

图 11－1 所得税与再分配

国家可运用征税和补贴在两类人之间进行再分配。该图假设任何税收补贴都必须以收入为基础。例如，国家可以对高收入者征税并补贴低收入者，这对某甲有利而对某乙不利。或者国家也可以对低收入者征税并补贴高收入者，这对某乙有利而对某甲不利。

假定国家宣布一项基于收入的税收和补贴计划。某甲和某乙得知该计划后，据此决定各自的工作时间。国家可以按所宣布的计划从某甲和某乙那里收税，并给他们发放补贴。由此产生某甲和某乙的“税后与补贴后”收入水平。在一个合理可行的税收补贴体系中，征纳的税收应与发放的补贴持平。图 11－1 中的“可行性边界”描述了某甲和某乙在“税后与补贴后”所有可能的收入水平。[1]

如果某甲和某乙的休闲偏好类似,那么某乙必然会有至少与某甲相等的税后收入水平。要明白为什么并不难。由于税收补贴是以收入为依据的,挣钱能力高的总是可以选择与挣钱能力低的人挣一样多的钱,因此会缴纳同样多的税收,获得同样多的补贴。所以某乙可以享受到至少是和某甲一样多的税后与补贴后
263 收入。此外,某乙一般会选择工作时间长至挣的钱比某甲多。因此只要某甲和某乙的工作与休闲偏好相类似,那么某乙就会选择挣得比某甲多。

图 11 - 1 中的一个特性描述了这一事实。45°线相当于所有某甲的税后收入等于某乙的税后收入的点。唯一的收入严格相等的可行点是图形的原点。在原点上,税收非常具有惩罚性,以致任何一方都不会去挣钱。其他的可行点都在 45°线以下,这意味着某乙的税后收入高于某甲。

我们从图 11 - 1 中严格相等且有着过高税收的原点开始。税赋降下来的时候,各方都开始更多地工作、更多地挣钱,因此就会向图的右上方向移动。在可行性边界上继续向右上方向移动,就会达到其最高点,标为**最大最小**。最大最小点是境况较差的一方(甲)有最多可能收入的点。简言之,最大最小点是让最低收入方的收入最大化的点。要达到最大最小点,通常需要从相对富裕的一方(乙)那里征收尽可能多的税,补贴相对贫困的一方(甲)。

在《正义论》(1971)中,罗尔斯认为只有在改进境况较差的人的福利的情况下,不平等才有正当理由。[2] 这个观点导致他赞同

---

〔1〕 严格说来,边界内这一区域也同样是可行的,但因为它们不是有帕累托效率的,所以我对它们不予考虑。

〔2〕 在 Rawls 1971 的第二章第十一节引入了“最大最小值”,并且随后在书中多处进行了讨论。

将最大最小原则作为正义国家的再分配理念。

要在图 11-1 中的可行性边界上超过最大最小点,需要降低税收和补贴,这会以损害某甲为代价,给某乙带来利益。图 11-1 描述了通过减税可以实现的几个凸起点。如前面一章所讨论过的一样,物质福利学派假定穷人比富人从额外收入中得到更多的福利。这一规范理念要求将富人的财富再分配给穷人,来获得最大效用。但是,效用最大化所需要的再分配没有让最低收入最大化所需要的再分配那么多。因此,我将图 11-1 中标为"最大福利"的点放在最大最小点之外。[3]

下一步,我将考虑财富最大化,无论是富人还是穷人,每获得一美元收入都会增加同等的社会财富。因此,财富最大化的规范理念平等看待每个人的收入,无论穷富。在图 11-1 中实现最大财富需要降低富人的税收,并且越过"最大福利"点。按照成本—收益分析的要求,"最大财富"点将会使甲和乙的收入总和最大化。[4]

在图 11-1 中,超过最大财富点后,最终会达到"最大最大"点;在这一点上,最富有者(乙)的税后收入达到最大值。最大最大点是 264
通过向穷人(甲)征税并补贴富人(乙)来实现的。最大最小奉行的是平均主义,最大最大奉行的是精英主义。

在 20 世纪,公众舆论常常支持"劫富济贫"式的再分配,而强烈反对"劫贫济富"式的再分配。但是在实践中,财富往往伴随着权力。如果最大最小是言胜于行的话,那么最大最大就是行胜于言。(有多少国家领导人在外国银行里拥有资金规模巨大的秘密

---

〔3〕 确定该图中最大福利点的精确位置需要具体说明收入是怎样变为福利的。在图中描述福利需要与个人效用曲线类似的社会福利曲线。

〔4〕 财富最大化的点位于 -45°斜线与可行性边界的切点上。

账户?)

但是在过去的几个世纪中,公众舆论的预设颇为不同。例如,在19世纪以前,英国人通常认为作为一种政治理念,贵族政体优于民主政体。按照贵族政体的理念,那些在文化中体现了优越价值的人能比其他人更好地利用金钱,因此他们应该比那些品味较差者拥有更多的财富。和优效品一样,贵族政体假定有些人的偏好优于其他人。这种不平等是基于文化价值观的。民主政体的进步削弱了贵族政体的政治权力和文化价值观。[5]

沿着图11-1中的可行性边界,在最大最小点和最大最大点之间,一方收入的增加必然导致另一方收入的减少。因此在可行性边界上,最大最小点和最大最大点之间的点都是具有帕累托效率的。帕累托效率与从激进的平等主义到激进的精英主义这样的再分配理念相一致,也与逃避理想、只看现实的怀疑主义的再分配理念相一致。在这些帕累托效率点中做出选择需要一种能确定采用何种收入分配的规范标准。

问题:

1. 请解释图11-1中可行性边界与帕累托边界之间的区别。
2. 一国宪法如何推行最大最大?如何推行最大最小?

第二节　现实与理想

亚里士多德认为不同的社会应当采取不同的分配原则。[6]

---

〔5〕 关于对贵族制文化的毁灭性批判,参见Veblen 1967。关于文化方面的不平等的例子,参见Cooter和Gordley 1994。

〔6〕 在Gordley 1981中讨论了亚里士多德的分配理论并将其运用于法律领域。

他认为民主政体应当采取平均分配的原则，因此民主政体倾向于平均主义。与此形成对照的是，他认为贵族政体应当采取贤能者多得的原则，所以贵族政体倾向于精英主义。在实践中，国家从政治权力弱势的群体那里获取财富，将其给予政治权力强势的群体。权力结构决定着国家怎样在富人和穷人之间进行再分配。 265

无论再分配的结果怎样，宪法都具有稳定经济竞争、保护收入分配结果的功能。或者宪法能确认体现了经济正义理念的福利权。无论是哪种情况，有效的宪法都有助于保障财富和收入的分配。为具体说明这两者之间的区别，卡斯·孙斯坦认为 20 世纪 30 年代的罗斯福新政改变了美国的经济宪法。起初，普通法给美国宪法确定了保护收入分配的基准。新政以后，法院对美国宪法进行重新解释，认为美国宪法保护的是另外一种基准，允许以追求道义理念为目标的再分配(Sunstein 1987)。

我将对宪法中效率和分配理念之间的联系进行解释。为了比较不同法律的效率，经济模型通常让我们所要考察的法律发生变化，而其他法律保持不变。在这种分析中，对于哪些规则发生变化、哪些规则保持不变没有固定的限制。

经济学家常常把哲学问题留给别人。经济学家中最为通行的分析方式是基于现状来评估政策的变化。这些模型首先描述实际法律体系中的均衡状态，然后预测最温和的改革所引起的变化。例如，经济分析可能始于既有的对言论自由的法律保障，然后考察重新定义诽谤所产生的后果。这种方法所固有的保守性在于，它只关注既有法律的微小变化。

尽管经济分析通常始于现状，但这并不绝对。模型可以始于按照某种政治或道德理论分配权力的一个理想化的法律体系。举例来说，经济分析可以比较不同的言论自由理念之下诽谤的后果,而这些法律体系都不是真实的法律体系。这种方法所固有的理想性在于,它关注既有法律的重大变化。

无论是实用主义的经济分析还是理想主义的经济分析,通常都会追问法律的变化究竟是提高还是降低了法律的效率。“效率”可以指帕累托标准——法律的变化是否在不损害其他任何人利益的情况下使某些人受益。此外,“效率”也可以指成本—收益标准——法律变革中的赢家所得的**财富**是否多于输家所失。“效率”还可以指福利标准——法律变革中的赢家所得的**福利**是否多于输家所失。

第三节　财富是国家的目的吗?

根据微观经济学的理论,个人追求效用最大化。效用理论的最初创始人,如边沁,把效用看作一个清晰确定的目标。但是,现
266 代经济学理论已经用选择逻辑替代了实体心理学。[7] 按照现代观点,效用描述了一个理性人在不同目标之间进行权衡的方式。现代经济学中的效用是一种用来描述不同目标之间的权衡的分析性构造,而不是一个优于其他所有目标的唯一目标。在微观经济学中,消费者在支出不能超过财富这一约束条件下,购买商品的组合,使自己的效用最大化。财富是一种约束而不是目的,正如人们所说:“我想要的不是钱,我想要的是钱能买到的东西。”

但是,和个人在各种目标之间进行权衡不同的是,微观经济

〔7〕“效用价值理论更应该被称为是一种逻辑而非价值心理学。”(Schumpeter 1986,第1058页)

学通常假定厂商追求的是利润最大化。对于厂商而言，利润是唯一的、首要的目标。按照这个假设，厂商不把利润与其他目标进行权衡。

国家是应该像厂商那样追求财富最大化，还是像个人那样在不同目标之间进行权衡？有些著名的法经济学学者认为将国民财富最大化作为国家的目标是恰当的（Posner 1981）。当国家追求国民财富最大化时，竞争性政治会以较低税率为公民提供公共物品。丰裕的公共物品和较低的税收增加了个人追求他们私人目的的手段。国家给个人提供手段而不是目的，国家在个人应当追求什么样的私人目的上保持中立。总体而言，国家追求财富最大化不是因为财富本身的固有价值，而是因为财富在不偏袒某些私人目的的情况下给公民提供了追求他们私人目的的手段。财富是国家的**目的**，是个人的**手段**。

为具体说明，我们设想有这样一个国家。该国公民的工作足以满足他们的物质需要。一旦物质需要满足后，他们便停下来，享受一些不那么奢侈的活动，比如弹钢琴、养兰花、读书、在公园散步、看电视、享受家庭生活等。这些人可能会反对某些公民追捧的、像公共图书馆或城市管弦乐队这样需要国家补贴的活动。

或者，我们设想另外一个国家，该国公民把对市场物品的消费最大化。在这个国家里，公民长时间地工作，以便能挣钱买得起大房子、豪车、去国外旅行、滑雪、享受美食。这些人也希望国家实现财富最大化，如此一来，他们可以使消费最大化。和前面一样，这些人可能反对像滑雪和住房这样需要国家补贴的活动。

纯粹追求财富最大化只有市场价值，本身并没有价值。与此形成对照的是，经济理论假定消费者的品位是独立于市场价格的。自主的人创造或发现自身的价值。对于一个自主的人而言，市场只提供约束,不提供偏好。较低的价格意味着较少的约束。国家财富最大化的价值并不在于自身,而在于减少了公民的约束。

267 自主对个人是一种美德,对国家则是一种危险。自主的人民支配国家,而自主的国家支配其人民。“自主观点”提供了为什么国家需要像追求财富最大化的企业那样行事而不是像追求效用最大化的个人那样行事的最有说服力的理由。

国家的财富最大化意味着要对宪法权利进行成本—收益分析。例如,成本—收益分析按照人们愿意为之支付的实际价格来为自由估值。国家通过运用成本—收益分析尊重个人的估值,而不按照国家自己的估值来引导决策。

第四节　福利是国家的目的吗?

现在,我抛开财富这一话题,而把福利视为国家一个可能的目标。前面一章讨论了经济学中有着悠久传统的所谓“物质福利学派”,该学派用福利来指导公共政策。按照该学派的传统,一个人的福利取决于像食品、衣服、住房、医疗等需要的满足。这些需要形成一个层级结构。如广义来说,大部分人有着相同的需求层次,所以比较不同人之间同一需求的满足水平将意味着允许比较不同人之间的福利。

“二战”以后,许多政府通过扩展给公民提供的社会利益来建立福利国家。1948 年通过的联合国《世界人权宣言》中把这些利益提高到权利的水平:

“人人有权享受为维持他本人和家属的健康和福利所需的生

活水准，包括食物、衣着、住房、医疗和必要的社会服务；在遭到失业、疾病、残废、守寡、衰老或在其他不能控制的情况下丧失谋生能力时，有权享受保障。”〔8〕

执行福利权利需要一笔巨大的政府开支来资助这些必需品，以及把富人的部分财富转移给穷人。相反，执行自由权利主要需要限制政府。基于这一原因，一篇著名的论文把福利权利描述为“积极的”，将自由权利描述为“消极的”（Berlin 1969）。富国可同时执行两种权利，然而穷国只能执行自由权利而无法执行福利权利。举例来说，丹麦同时执行了积极自由和消极自由；而印度只执行了消极自由，未执行积极自由。

物质福利学派认为，在低收入水平上，可以对“需要”给出明确定义；而在高收入水平上，“需要”难以定义。在最低收入水平上，人们需要赖以生存的物质产品，如食物、衣服、住所和药物，生存需要相对来说没有什么争议。在稍高一些的收入水平上，人们需要物质产品来获得舒适，如房子和车子。但是，随着财富的增 268
长，所有的物质需要都得到了满足，所以物质需要就逐渐不再成为不同人之间比较福利的基础。随着收入的增长，比较不同人之间的福利变得越发困难。

具体而言，饥饿的人对食物的渴望远远大于无聊的人对娱乐的追求。然而，一个无聊的人想去剧院的需要是否超过另一个无聊的人想去保龄球馆的需要，这还有待证实。就歌剧或保龄球而言，“需求”这个字眼不及“想要”来得妥帖。因此，物质福利为赤贫者之间的福利对比提供了明确的标准。但随着财富增长，由穷变富之后，物质福利就失去了其与财富的相关性。

---

〔8〕 在 Waldron 1993 第一章第 14 页中有对这一条的引用和讨论。

相对富裕的人之间的再分配并不是依据物质需求,而是取决于平等。功利主义者认为随着人们越来越富,收入的边际效用呈递减趋势。这意味着从高收入者身上拿出一美元给低收入者会增加社会总效用。尽管已经有些颇有创意的建议方案,但是尚没有获得普遍认可的计算收入的边际效用减低速率的方法。[9] 如果某一种计算方法被普遍接受,这将意味着一件不大可能发生的事情——人们对于分配的政治理念的纷争就此终止。

如上所述,财富最大化的公共目标指引国家帮助自主的公民实现个人目标。在这一方面,财富最大化与福利最大化的公共目标之间有差别吗?追求福利最大化公共目标的国家是否把公民的自主性降低到低于追求财富最大化时所能达到的水平?

一般而言,对收入进行再分配的国家就公民怎样消费保持中立态度。用图 11 - 1 来具体说明:只要达到可行性边界,无论在任何一点,国家都可以允许公民自主决定怎么花钱。更具体来说,国家可以用税收进行再分配,国家也可以不通过税收支持某些特定的消费品。例如,罗尔斯认为,正义国家应当追求最大最小,并在公民怎样运用他们的财富的问题上保持中立态度。[10]

然而,追求平等主义理念的国家实际上对私人合同进行家长式的限制,对市场进行监管。具体来说,像庇古这样的物质福利学派最早的倡导者在 20 世纪 20 年代就认为,国家应该在工人的健康和教育上投资,而不仅是给工人钱。同样,物质福利学派的方法很容易导致对必需品的补助,如美国政府给赤贫者提供的食品券和医疗补助计划。再分配和监管作为政治目标常常不相分

---

〔9〕 经典文章包括 Harsanyi 1953, Harsanyi 1955, Vickrey 1945 和 Vickrey 1960。

〔10〕 国家应对其公民所持有的关于善的不同观念保持中立立场这一观点在《正义论》一书的后续著作中得到了集中阐发。参见 Rawls 1993。

离。在实践中,将福利最大化作为公共目标的国家通常把公民的自主性降到追求财富最大化时所能达到的公民自主性水平之下。

问题: 269

1. 举一些在你生活的国家里权利**不**被宪法所承认的例子。

2. 讨论一下如果一国宪法规定了福利权但却不建立福利国家执行这些权利,这种做法有哪些优点和缺点。

3. 除了自由权和福利权,政治讨论正在转向"第三代权利",它包括少数族裔的语言权、民族自决权、保持文化完整权和保护环境价值权等。讨论一下这些权利是类似于商品,还是类似于优效品,或者是类似于王牌。

第五节　自由有社会价值吗?

在前一章,我曾经讨论过将权利视为商品、福利和优效品。财富最大化把权利视为商品,而福利最大化将权利视为福利的来源。就国家认可正效应(merit)这点而言,国家抛弃了把价值加总的消极职责,而承担起塑造价值的积极职责。国家通过补贴优效品和向有害品征税来塑造个人的价值。因此把自由视为优效品可以将自由提升到超过公民实际偏好水平之上的程度。

许多自由的捍卫者显然相信相对于其他价值而言,自由应属于王牌,不能与其他价值进行权衡或交换。例如,其影响在19世纪的英国和美国达到高峰的自由意志论者和经典的自由主义者们相信,国家应该保护自由,除此之外什么都不做。特别是国家不应该追求国民财富或国民福利的最大化。这种哲学要求的是最小化的国家。另外一种哲学把自由视为国家的首要目标,其他都是次要目标。在罗尔斯的阐释中,国家的首要目标是平等自由的最大化。换言之,国家应当向人民提供每个人都能得到的最大自由。自由的目标“在词意上优先于”国家的其他目标,这意味着自由永远都不会与福利或财富进行交换。

我已经讨论了作为国家可能的目标的财富和福利。下一节中我会试图引入现实主义理论,对财富、福利和自由之间的关系做出更合理的解释。

第六节　与需求层次有关的财富、福利与自由

公民需要自由和财富来实现个人目标。左派批评家经常认为像美国《权利法案》中所规定的消极自由对于权力圈之外的人来说没有什么价值。总体而言,对 x 的选择不仅需要有对 x 的权利,还要有便于对 x 行使权利的途径。政治左派断称,如果没有便于对 x 行使权利的途径,对 x 的权利就没有价值。例如,有些马克思主义者认为言论自由对于资产阶级是有价值的,因为资产
270 阶级拥有出版社;言论自由对于工人阶级没有价值,因为工人阶级缺乏传播自己观点的渠道。同样,女权主义法学理论家断称言论自由对于控制着媒体的男性而言具有很大价值,但对于女性没有什么价值(MacKinnon 1987)。

我将用图形来描述财富与自由价值之间的关系。图 11 - 2 用纵轴描述财富。从富裕开始,财富持续下降,经过小康,最终达到极度贫穷。财富最后会降至基本物质需求都无法满足的程度。为了把分析简化,如图 11 - 2 中纵轴所示,我在财富维度上画出一条边界,区分富裕与贫穷。边界之上的部分,是基本的物质需

求得到满足的小康。

与此类似,我假定人们在基本自由和边际自由之间做出区分。如果可以选择的话,人们先保障基本自由,然后再去保障边际自由。图 11－2 的横轴代表自由的程度。为了把分析简化,我在横轴上、在基本自由和边际自由之间画出一条边界。

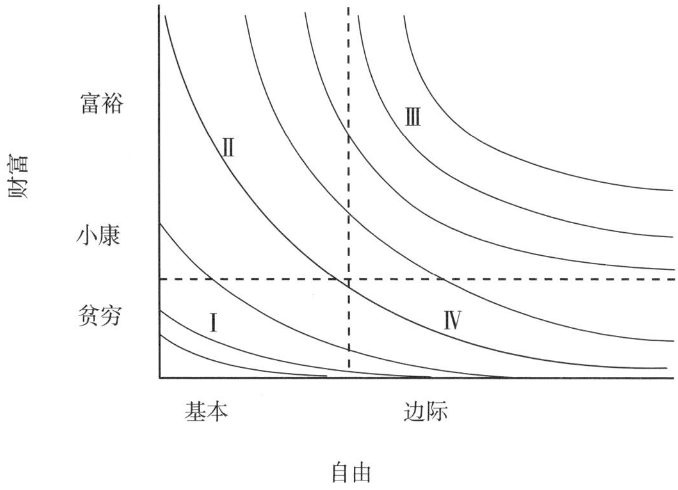

图 11－2　需求层次

这两条边界把图 11－2 分成四个区域,分别标为Ⅰ、Ⅱ、Ⅲ和Ⅳ。处于极端贫困状态的人占据着Ⅰ区或Ⅳ区。在Ⅰ区或Ⅳ区,效用曲线几乎是水平的。这个事实表明人们强烈地偏好更多财富而不是更多自由。例如,Ⅰ区的人更想逃离极度贫穷而不是政治专横。

处于政治专横之下的人占据了Ⅰ区或Ⅱ区。在Ⅱ区,人们已经摆脱了贫穷,效用曲线几乎是垂直的。这个事实表明人们强烈地偏好更多自由而不是更多财富。如图 11－2 所示,小康使一个人对基本自由的偏好超过对增加财富的偏好。

在Ⅲ区，人们拥有小康水平的财富和比基本自由更多的自由。Ⅲ区的效用曲线与微观经济学中普通消费品的效用曲线类
271 似。如图11－2所示，小康水平的财富和比基本自由更多的自由使人们向对待普通消费品一样在财富和自由之间进行权衡交换。下面再看图11－3。

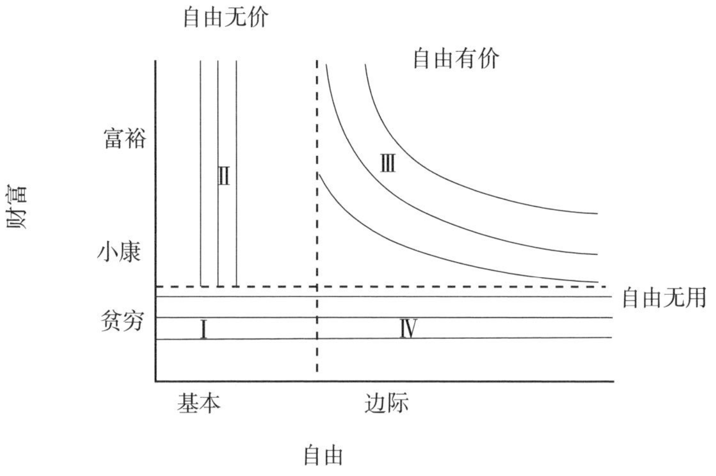

图11－3　程式化的需求层次

图11－3通过把图11－2中**几乎**水平的无差异曲线变得**完全**水平、把**几乎**垂直的无差异曲线变得**完全**垂直将图11－2予以程式化。我们考察一次可能穿越图11－3中各区的旅程。从Ⅰ区开始，极度贫穷赋予财富相对于自由的绝对优先地位。把Ⅰ区中极度贫穷的人的偏好程式化，就会得到对自由的社会主义评价。现在假设财富增加到小康水平，但是暴政剥夺了人们的基本自由。在Ⅱ区，人们偏好自由小幅增加的程度超过财富大幅增加的程度，所以自由是无价的。对拥有小康水平财富和深受政治专横之苦的人的偏好进行程式化，会同自由意志论者和像罗尔斯这样

的契约论者一样得出自由胜过财富的结论。最后，假定人们拥有比基本自由更多的自由，并且拥有小康水平的财富。在Ⅲ区，边际自由和财富相互交换，所以同经济学家们所强调的那样，自由有价。

图11－2大体上描述了许多人在自由和财富方面的真实偏好，而图11－3则描述了一些哲学家和法官讨论自由和财富时的方式。许多社会主义者在讨论时认为决策者应该推定社会处于Ⅰ区，而许多自由意志论者或罗尔斯主义者认为社会处在Ⅱ区，而经济学家认为社会处于Ⅲ区。就自由对于极度贫穷的人几乎没有什么价值、对生活在暴政之下的较为富裕的人有至高的价值、对生活在富裕民主政体中的人只具有普通价值而言，每个群体的说法都有一定的正确性。

前面的讨论都是围绕自由的主观价值进行的。另外一个问题是关于自由和财富之间的因果关系。是自由令财富增长？还 272
是财富令自由增长？来自发展中国家的经验证据表明财产权和执行合同会促进发展(North 1995，Olson 1992)。新闻自由显然能促成带来有益结果的政治需要，如避免饥荒这样的有益结果(Dreze和Sen 1989，Sen 1994)。但是就人权和民主对经济发展的整体贡献而言，跨国证据只是给出了含糊的结果(Trebilcock 1995)。

问题：

1. 在经济学中，“必需品”是人人必备的物品，而“奢侈品”是其需求的增加程度超过对应的财富增长比率的物品。讨论下列各项在多大程度上像必需品，多大程度上像奢侈品：(i)宗教自由；(ii)旅行自由；(iii)隐私。

2. 拥有不同财富的人对物品给出的估值也不同。那么，为什么国家应当给收入不同的人相同的权利呢?

第七节 抑制分配斗争

如前所述,多数决定规则的分配博弈没有核心,所以分配斗争会加剧民主政体的问题。在宪法中规定权利可以拉开分配斗争和民主政治的距离,特别是在宪法法院显示出对政治活动的独立性时更是如此。宪法保障特定分配方式,将其从一般政治活动中移除出去,以此来抑制有关再分配的斗争。

例如,要想实现从富人到穷人的再分配必须征收重税。历史上许多宪法把投票权限制在有产者范围内,由此确保那些偏好对高收入者课征低税的、相对富裕的人享有政治支配地位。在美国,直到宪法修改以前,法院都以宪法为理由禁止施行所得税。但是近些年来,一些新国家的新宪法保障福利权,这显然是要确保国家进行有利于穷人的再分配。

在很难做出改变的时候,有效的宪法权利可以把冲突变为合作。具体来说,宪法上的财产权让交易活动远离政治,并且将其变为自愿交换。"交易结构"这个词指人们在分配资源过程中彼此互动的方式。宪法通过在资源分配中建立自愿交易结构来抑制冲突。

例如,我们来考察通过宪法权利保护土地所有权和通过立法保护土地所有权之间的区别。有时国家需要为像建设高速公路或公园这样的公共目的而征收私人的土地。如果由**成文法**来保障按照市场价格补偿被征收的土地所有者,而如果修改成文法只

需要立法者多数通过，那么政府会提议修改法律，征收私人土地 273
但不给补偿。由于立法者多数处在一种不稳定状态，公民会耗费大量资源同立法机关进行斗争。相反，如果由**宪法**保障以市场价格补偿被征收的土地所有者，并且如果修改宪法需要绝对多数票，那么政府希望不给补偿就征收私有土地的计划在政治上可能是不可行的。针对征收的宪法规定使因公共土地征收引起争执导致的资源浪费最小化。

许多宪法对征收私有财产和对私有财产进行规制进行了区分。尽管美国宪法严格限制政府征收私人财产的权力，在20世纪，法院仍然允许大量会对财产价值造成影响的土地使用规制行为。比如，环保主义者无须浪费大量精力去促进征收生态敏感的土地，开发商也不必反对征收，但开发商和环保主义者各自花费了大量金钱为影响关于土地使用的规制活动进行目的相反的游说。下一章会详细讨论这些现象。

第八节　作为假想契约的宪法

在经过一番辩论和交易之后，各州代表达成协议，美国有了宪法。同样，在经过辩论和交易之后，欧洲国家签署条约，欧盟有了基本法。在这些例子中，制宪的过程与缔约的过程类似。为了使国家权力获得正当性，政治哲学中有一个非常重要的传统：把**每部**宪法都设想成一项假想的契约。即便没有实际的交易过程，但宪法的条款是**如果**理性的人能够在一起进行交易时将会达成的条款。就此点而言，宪法与契约是类似的。

通过把宪法的拘束力追溯到理性人之间真实的或假想的协

议,契约论将民主的三个基本特点合理化了。第一,它抓住了国家权力来自被统治者的同意这个观念。因此,“意思的一致”不仅造就了契约,还造就了国家。第二,契约论者认为国家要为人民服务,而不是人民要为国家服务。正如人们可以自由缔结契约来改善自己的境遇而不是使自己的境遇恶化一样,国家也应当使每一个人都受益。第三,契约论承认人们生而自由,为个人的宪法权利提供了合理性。在组成国家的时候,理性的人们希望保留他们的自由,因此宪法源自承认个人权利的契约。

交易的经济理论可以使契约论变得更有逻辑。契约论方法开始于对人们在没有市民政府的情况下、在靠武力建立起所有权的时
274 候会怎样做的描述。自然状态相当于交易博弈中的威胁。如果不能达成一致,当事方就会进行威胁。接下来,契约论者描述了建立政府以确认和执行所有权的好处。市民社会相当于博弈的合作解。如果各方能达成一致,合作解就会占优势。建立国家产生的社会剩余相当于博弈中的合作剩余。最后宪法中关于剩余分配的规定相当于博弈中合作的合理条款。

为了用数字具体说明,假设世界仅由两个人组成,A 和 B。[11] 在自然状态下,每人都种一些玉米,并且从另一方那里偷玉米,同时也要防止自己被偷。每一方的种植、偷窃和防御的水平都不一样。表 11－1 总结了他们在自然状态中的收益。根据表 11－1,A 种植了 50 单位的玉米,从 B 处窃得 40 单位玉米,因 B 的偷窃损失 10 单位的玉米,所以 A 能消费 80 单位的玉米。类似地,B 种植 150 单位,窃得 10 单位,因被窃损失 40 单位,所以 B 消费 120 单位玉米。两人总计生产 200 单位玉米,并通过偷窃再分配 50 单

〔11〕 这个例子最初出现在 Cooter 1983,并在 Cooter 和 Ulen 1988 中被采用。

位的玉米。

表 11－1　自然状态

分类	生产	偷窃所得	被窃所失	消费
A	50	40	－10	80
B	150	10	－40	120
总计	200	50	－50	200

A 和 B 没有把自然状态坚持下去，而是承认彼此的财产权，并创立某种执行机制来终止偷窃行为。假定合作使他们能够将更多的资源投入生产中，把更少的资源投入再分配中，因此总产出从 200 单位增加到 300 单位。在市民社会中会有一个对 100 单位的剩余进行再分配的机制，如税收或补贴。宪法规定了剩余分配的一般原则。

为促进双方合作，每一方都必须从合作中获利。要获利的话，每一方必须至少获得其威胁值，它等于在未与他人合作的情况下每一方自己可以获得的收益。不同的契约论对威胁值特性的描述都不一样。我将描述在宪法交易中两种说明威胁值特性的不同方法。

第一种方法是由哲学家托马斯·霍布斯提出的。他认为在产生法律之前的自然状态下，不存在保障道德实施的力量。因此在自然状态下，每个人都会尽其所能以获得优势。按照这个传统，在宪法交易中，人们将会做出可信的威胁，包括伤害他人的威胁。[12] 275
表 11－1 中“消费”列描述了可信威胁的值，表 11－2 中“威胁值”

---

[12]　这大体上就是 Thomas Hobbes 和 James Buchanan 的观点。参见 Buchanan 1975 和 Hobbes 1651。但是要注意，霍布斯相信除非受到国家强制力的胁迫，否则人们无法进行合作。在霍布斯的理论中，除了自卫权以外，人们几乎把所有权利都转给了主权者（Finkelstein 1998）。

列复制了这一列的内容。合理的交易会让每个参与者获得威胁值,并获得均等的合作剩余(如表 11 –2 中“剩余份额”列所示)。所以,如表 11 –2“消费”列所示,按照霍布斯的精神所写就的社会契约给 A 130 单位的玉米,给 B 170 单位的玉米。

霍布斯的理论假定在市民社会外不存在道德。但是根据由约翰·洛克提出的第二种方法,道德义务是自然存在的。根据这种观点,人们会认可道德义务,并且在宪法交易中自我约束,不威胁彼此进行伤害。但事实上,人们仍然会不完全地强制执行自己的权利,并且对权利的模糊之处做有利于自己的解释。通过创建国家,各方都能够充分提供对权利的强制执行和权威解释,由此创造社会剩余。

表 11 –2　霍布斯的市民社会

分类	威胁值	剩余份额	消费
A	80	50	130
B	120	50	170
总计	200	100	300

表 11 –3 按照洛克的理论描述了社会契约。在洛克的理论中,社会契约中不平等的结果源于生产能力的不同,而非伤害他人的能力的不同。[13] 洛克限制各方威胁拒绝合作,不让各方威胁伤害对方。在这个限制之下,如表 11 –1 中“威胁值”列和表 11 –3 中所复制的“威胁值”列所示,每一方的威胁值等于他们自己所生产的数量。合理的交易会让每一方获得他们的威胁值,并如表

[13] 这大体上是约翰·洛克和罗伯特·诺齐克的理论。参见 Locke 1961(1960)和 Nozick 1974。另外还有第三种理论,将威胁从宪法交易中排除出去,这就是 Rawls 1971 的观点。罗尔斯认为在对宪法性契约进行交易时,道德平等能防止任何人利用天赋与能力上的不平等。

11 －3“剩余份额”列所示,让每一方都会得合作剩余的均等份额。因此如表 11 －3 所示,按照洛克的精神所写就的社会契约给 A 100 单位的玉米,给 B 200 单位的玉米。

表 11 －3　洛克的市民社会

分类	威胁值	剩余份额	消费
A	50	50	100
B	150	50	200
总计	200	100	300

需要注意的是,在按照霍布斯精神所签订的社会契约中,偷窃能力较强者(A)从社会契约中相对获益较多,这使偷窃能力的差异导致不均的分配结果。相反,在按照洛克精神所签订的社会契约中,生产能力较高者(B)从社会契约中相对获益较多,这使不同的生产率导致不均的分配结果。 276

还有一种理论,没有在图中体现出来。这种理论在市民社会中禁止**任何**影响分配的威胁,包括拒绝合作的威胁。按照罗尔斯的观点,社会契约应当是正义的,而正义否认“根据威胁值来进行分配”的原则。罗尔斯仅承认最大最小的不平等,按照这个原则,只有在能力更强的人创造了更多税收从而造福于能力最低的人的情况下,才可以给能力更强的人分配更多。

按霍布斯精神构建的宪法根据社会团体在成立国家时的自然权力来分配个人权利。按洛克精神构建的宪法根据团体在成立国家时共同的道德观来分配个人权利。最后,按罗尔斯精神构建的宪法确立了能力最低公民的福利权利。每一种方法都可能指向图 11 －1 中福利边界上不同的点。

结论

本章运用经济分析来阐明关于财富、分配与自由的宪法哲学。私人厂商通过最大化其价值使归股东支配的钱最大化。同样,国家通过将财富最大化使能够由公民支配的钱最大化。当国家追求对公民可以使用的手段的限制最小化的时候,财富最大化就是国家的目的。

国家可以按照帕累托边界上的点所代表的伦理理念进行财富再分配。虽然关于伦理理念的争论总是涉及政治争论,但享有政治权力的人经常通过再分配把财富弄到自己手中。宪法可以通过规定权利来限制再分配的目的和手段,从而抑制不必要的争端。

国家也可以制定以自由最大化为目标的宪法,而不去追求财富及其再分配。对于富人而言,基本自由显然高于其他价值,而边
277 际自由可以与其他价值进行交换。大体上,富国的公民偏好让基本自由得到保障,并且把边际自由与其他价值进行交换,而不是将自由最大化。享有宪法权利的人会对权利进行估值,好的宪法会对人们对他们权利的估值做出回应。在后面的三章中,我将讨论如何将人们所享有的财产权、言论自由和民权最大化。

第十二章　财产权

财产权是一个人在完全排斥任何他人权利的情况下，对世间外部事物所主张与行使的独有的和专断的支配权。 279

——布莱克斯通《英国法释义》[1]

在一个叫作巴罗策的非洲部落，“财产法所规定的与其说是人对物的权利，还不如说是人与人之间就物彼此所负有的义务”。

——马克斯·格卢克曼《巴罗策法学观念》[2]

财产法提供了配置资源和分配财富的法律框架。[3] 如前面这些引言所示，人们在这些问题上的观点大相径庭。布莱克斯通把财产权看

〔1〕 Blackstone 1765(1992)，第二卷，第一章，第2页。

〔2〕 Gluckman 1965，第171页。

〔3〕 本章的导论部分根据 Cooter 和 Ulen 1999 第四章的导论写成。

作给所有者提供运用资源的自由,他把物质自由看作其他自由的基础,“是其他所有权利的保障”。与此相反,格卢克曼认为在中非的巴罗策部落,财产权所表达的是义务,而非自由。具体而言,巴罗策人认为富人有义务捐钱给亲戚,以便使其亲戚过上好日子。

我无意解决关于社会组织的如此深刻的争论,我将从一个足够分析资本主义政体的私有财产权概念开始,展开我的论述。财产权可以被视为一组权利,这一组权利描述人们对其所拥有的资源可以做什么和不可以做什么。财产权通常包括拥有、占有、使
280 用、消费、控制、排他性占有、驱逐妨扰、开发、转让、分派、出售、抵押、捐赠或遗赠财产的权利,财产权通常还包括使用、修改、改变、用尽、耗竭、浪费、管理不善或者是毁损的权利。所有者是自由的,这意味着法律不能禁止或要求所有者行使其权利。另外,法律禁止私人或者国家干预所有者行使其权利。因此财产权创立了一个封闭的领域。在这里,所有者可以按照他们的意愿行使其权利,而无须依法向他人做出解释。

除了给所有者对其所有物的自由以外,所有权也带来义务。在普通法上,所有者不得损害他人的财产和人身。因此需要有责任和规制,要求减少污染、消弭噪声、密闭异味、消除危险。

各种财产权概念的倡导者们都试图将这些财产权概念引入到法律和国家机构中。本章将分析资本主义民主政体宪法中所有者自由和责任的关系。我将讨论诸如以下一些问题:

例1:国家为建造某条道路从财产所有者那里征收土地并给予补偿。如果为了激励财产所有者和国家按照有效率的方式行事,按照市值给予补偿是过高、正好还是过低?

例 2：海滩一座小屋的所有者申请将其扩建为一所大房子。但除非所有者捐出穿过其土地的“通行权”，否则地方规划当局拒绝颁发许可。当所有者起诉地方规划当局时，法院判决支持所有者，禁止此类“捐赠”。这种禁止会产生什么样的经济后果？

例 3：现代国家经常要求土地所有者在进行开发的时候必须申请许可。假定在某一特定辖区内用“可转让开发权”（transferable development rights，TDRs）制度取代“申请与上诉”程序。可转让开发权将会怎样增加效率、减少腐败？

例 1 与国家征收私人财产有关。在大多数民主政体中，政府有进行征税和监管的广泛权力，但是宪法限制征收财产。我们来具体说明一下征收：法院可以禁止政府出于增加收入的目的征收政治反对派的财产，法院可以禁止国家强迫私人所有者允许公众进入他们的土地。宪政理论必须在大多数民主宪法加以限制的征收和大多数民主宪法不加以限制的税收和监管之间做出区分。本章将运用经济学理论进行这一区分，并分析其激励效应。

建筑工程和新的商业活动经常需要许可，包括各种不同的国家监管。如例 2 所示，为获得许可，所有者必须和国家进行交易，这其中就有风险存在。我将运用经济理论提出一些宪法准则，保护那些必须和国家进行交易的个人。最后，我将会探讨在多大范围内可以用市场类手段替代财产法上笨拙的监管措施（见例 3）。

第一节 财产法简史:从最大自由到洛克纳案

我先来讲一下美国财产法的简史。在其他一些国家,这个发展过程也是类似的。普通法通常允许所有者在不干扰到他人人
281 身和财产的情况下任意使用自己的土地。妨害(nuisance)和侵权法专门将"干扰"(interference)定义为对他人物质的损害或对健康的侵害。对于诸如"平静享有"自己土地的所谓"舒适愉悦"的损失,仅给予适度的保护。[4] 我用"**最大**自由"这个词指允许所有者在不干扰他人的情况下对自己的财产任意使用的法律制度。相对而言,普通法对于财产的所有者几乎没有什么限制,所以普通法大体上相当于最大自由的法律制度。在20世纪的规制国家(regulatory state)出现之前,关于财产的普通法大体上比规制更为重要,所以19世纪的美国对于财产所有者来说大体上是一种最大自由的体制。

但是,在20世纪,在对所有者进行限制方面,美国政府颁布的规章大大超过了普通法。随着人口的增长和城市化进程的推进,人们对于自己土地的使用越来越和其他人的土地牵扯在一起。当土地使用发生这种牵扯的时候,要区分谁是加害者、谁是受害者,是一个关于自由与责任的艰难判断。生态科学的发展使人们认识到以前普通法所忽略的自然界各种形式的相互依赖,而对城市的研究使人们对都市中的不动产也产生了类似的认知。[5]

---

[4] Passmore关于普通法中的规范来源和犹太—基督教怎样处理生态问题的讨论非常好。参见Passmore 1974。有观点认为工业化削弱了普通法中对"妨害"所提供的保护,参见Horwitz 1977。

[5] 关于这方面经典而且仍旧不过时的讨论,参见Jacobs 1993。

所以20世纪关于土地使用的规制大体上也是从保护乡村和城市的生态环境方面找到理由。但是在实际中,许多规制是在限制竞争,为政治家的朋友创造垄断利润。[6]

美国宪法既保护人权,也保护财产权。在第二次世界大战以后,最高法院在保护人权方面积极行动,特别是在诸如种族歧视、言论自由、宗教信仰自由等方面。最高法院也在保护占有权方面积极行动,特别是"正当程序"(当程序不合法的时候可以免受政府行为侵害的权利)。但是,在同一时期,法院允许政府以规划法、产业规制和税收再分配的方式对财产权进行广泛的规制。近些年来,美国最高法院非常积极地保护人权,但在保护财产权方面不积极。[7]

本世纪初*,情况发生了逆转,财产权得到了积极保护;而现在看来,相对而言,人权有些被忽视了。1905年的洛克那诉纽约(Lochner v. New York)(198 US 45,1905)案标志着早期人们对于财产的观点。在该案中,最高法院废除了纽约禁止雇主要求或 282
允许面包工人一周工作超过六十小时的一项法律。在1923年的一项类似判决中,最高法院废除了一项关于妇女和儿童的最低工资的法律。[8]

洛克那案出现在立法机关试图宣布根据普通法可以强制执行的合同为违法的时候。法院宣告这项立法违宪,从而在宪法中有效巩固了普通法上的合同权和财产权。因此,洛克那案可以被视为将普通法权利作为宪法保护财产权的底线。根据这个原则,

---

〔6〕 关于在规划方面的应用,参见本书第六章中已经讨论过的 Ellickson 1977 和 Fischel 1985。

〔7〕 参见 Sunstein 1987。

* 指20世纪。——译者注

〔8〕 阿德金斯诉儿童医院案(Adkins v. Children's Hospital),261 US 525 (1923)。

对私有财产的征收发生在法律偏离普通法底线的时候。按照这种观点,就普通法权利所决定的既有财富分配而言,宪法应该采取中立的规制立场。[9]

1937 年,美国最高法院支持妇女最低工资法律,从而开启了一个以否定洛克那案为特征的新时代。[10] 罗斯福新政中推行了许多强烈侵犯财产权的新法规,这个时候洛克那原则就被完全否定了。在 20 世纪早期的美国,增加征税范围和税率的宪法障碍被消除了。[11] 根据某种理论,这些税收和对财产的侵犯确立了再分配的合宪性。美国政府现在征收累进税,并且为未婚母亲、退休者、残障者、患病的老人、集体种植烟草的农民、煤矸石提取企业、平板电脑显示器制造商和其他许多人提供补贴。

尽管新政削弱了普通法对收入再分配的限制,但是并没有确立起明确的收入分配理念。许多关于正义的政治哲学都与理想的收入分配有关。[12] 关于美国宪法的新理解不是确立一个关于财产权和收入分配的理想方案,而是允许不同的理想方案为获得政治权力展开竞争。

当政府进行收入再分配的时候,受益者就会像股东依赖其每季度的股息一样依赖这些源自再分配的收入。股东拥有他们的股票,所以享有免于被征收的宪法保护。国家在征收私人财产的时候必须遵循限制性的程序。与此相反,国家项目的受益人并不拥有他们所接受到的益处。当福利办公室终止某人的惠益时,必

〔9〕 在 Ackerman 1984 中有关于这一财产权概念及罗斯福新政中对这一概念的否认的讨论。

〔10〕 西岸宾馆诉帕里什案(West Coast Hotel v. Parrish),300 US 379 (1937)。

〔11〕 值得注意的是,美国宪法第十六修正案消除了法院在宪法中原本能够找到的关于税收收入的障碍。

〔12〕 有许多关于公正分配的理论。例如,可参见 Rawls 1971。

须满足一些合法性条件,比如诸如遵循其自身规则所要求的合法条件。

有些改革者希望改变这种情况,赋予确有需要的国家项目受益人(不包括公司受益人)与股东类似的法律地位。[13] 按照这种 283
方法,比起在私有财产和国家之间划出界线,等级制度和强制模式与人们的关系更为密切。因此,法院应该把国家的某些惠益视为是受益人的财产。如果这种方法变成法律,则停止某人得自国家的惠益就会像剥夺其财产一样困难。这种"新财产观"从对洛克那案的否定中得出了合乎逻辑的结论。

围绕洛克那案的争议在与财产权、人权和民主有关的不同政治观点中一直存在。保守主义者强调私有财产通过使人们在经济上独立于国家而保障自由,而社会主义因为使所有工人都变成了国家的雇员而削弱了对政治权威的抵抗。按照这种观点,集权化的经济会导致集权化的政治。保守主义者认为在共产主义取得政治控制的地方,会废止人权和市场。保守主义的观点强调清晰的财产权会保护自由,促进效率。在普通法或者受到宪法支持的民法典中可以找到清晰的财产权。

与此相反,亚里士多德以来的政治理论家们认为自由市场会导致私人财富的累积,而私人财富的拥有者又可以购买政治权力。按照这种观点,财产的非平均分配会削弱民主政体,促进财阀政体。[14] 左翼—自由主义的观点强调国家有必要保护工人和

---

〔13〕 Reich 1964.

〔14〕 经济不平等、社会主义及民主之间的历史关系是非常难以厘清的。尽管印度有着巨大的财产不平等、相对而言规模很小的中产阶级以及晚近以来出现的社会主义,但是印度的民主坚持了下来。在波兰,团结工会领导了恢复民主政体的运动。智利于20世纪70年代选举产生了一个社会主义政府,该政府于1973年被军方推翻。皮诺切特将军推行有着繁荣的资本主义经济的独裁体制,军人最后又把权力交给了民选官员。这些事实说明,模型要想正确反映民主与经济之间的关系,必须引入多个变量。

纠正由于自由市场所导致的不平等。这种观点推崇社会福利立法和法院对人权的保护。

问题:

1. 描述一下你理想中的收入分配。如果你能起草一部宪法,你会怎样把你的收入分配理想写进去?

2. 传统的微观经济学预言最低工资法会对收入进行再分配,并导致失业。根据传统理论,谁支付再分配的成本?谁遭受失业的损失?

3. 如果法院把来自政府的惠益视作一种财产,你会在游说上花钱增加或降低这种惠益吗?

第二节　关于财产的经济理论概述

284 在分析宪法之前,我先略述一下关于财产的经济理论。一个国家的财富取决于利用资源的效率。资源的市场交换常常按照效率的要求使资源从对其估值较低的人转移到对其估值较高的人手中。我们用第三章的例子来说明。布莱尔购买亚当的1957年雪佛兰会创造交易剩余,因为布莱尔对车的估值高于亚当对车的估值。在销售中,“自愿”意味着所有者按自己的意愿同意价格。双方都同意进行销售这一事实通常可以双方获益。私人所有者也会把以不同方式使用财产的成本和收益内部化,从而促使他们有效率地使用资源。所以私有财产制度会常常使国民财富最大化。

相反,征收不需要财产所有者的同意。与自愿交易创造双方获益不同的是,征收只是让单方获益。财产所有者对财产的估值可能高于征收者对财产的估值。征收不是自愿的，征收可以把资源从对其估值较高的人转移到对其估值较低的人手中，并由此导致无效率。

通过刑罚和禁制令保护财产权会使交易转变为自愿交换。反之，当所有者的权利不受保护的时候，其他人就可以通过非自愿交易获得财产。具体而言，在征收过程中，无须所有者对价格表示同意；在战争中，被征服者不必同意被征服；在紧急状态下，普通法赋予在森林中迷路的人闯入小屋、寻找庇护所与食物的权利。

禁止干预、排除他人的法律权利的规定保护着所有者使用财产的权利。除了使用财产的权利以外，所有者在财产的价值方面也有利益。任何破坏或拿走财产的人必须按照市场价格赔偿所有者的这一要求保护着所有者在财产价值方面的利益，但不保护所有者的使用权。具体而言，征收以及紧急状态原则允许某人在没有所有者同意但以市场价格进行补偿的情况下获得他人的财产。在征收以及紧急状态下，所有者在财产价值方面的利益受到保护，但是所有者排他性使用财产的权利没有得到保护。[15]

当所有者按照市场价格对财产进行估值的时候，保护利益和权利之间的区别不大。反之，当所有者对财产的估值高于市场价格的时候，保护利益与权利之间就有很大的区别。比如，假定某地块的市值为 100 万美元。所有者保留该地块而不出售的事实意味着他对该地块的估值超过市值。现在假定国家征收该地块，并按照 100 万美元给予补偿。如果主观估值和市值之间的差距不大，比方说是 110 万美元对 100 万美元，那么对所有者利益的保 285

〔15〕 在 Calabresi 和 Melamed 1972 及 Klevorick 1985 中解释和阐述了财产权与求偿权之间的区别。亦参见 Posner 1985 和 Shavell 1985。

护就非常接近于对其权利的保护。反之,如果主观估值和市值之间的差距非常大,比方说是 500 万美元对 100 万美元,那么对于保护所有者的权利而言,仅保护所有者的利益就远远不够了。所有权的迅速流转表明主观估值和市值之间差距很小,所有权的长期持有表明主观估值超过了市值。

现在我们把这个例子倒过来,假定国家对财产的估值超过私人所有者。我们具体假设某一地块的所有人对土地的估值为市值 100 万美元,而国家对该地块的估值为 2100 万美元。当公众迫切需要修建一条通过该地块的道路时,这种情况是可能发生的。如果国家必须通过自愿交易买下该地块,那么所有者通常会拿走因国家高估值所产生的交易剩余的一部分。具体而言,在这个交易中,交易剩余为 2000 万美元,如果要平分剩余的话,需要把交易价格定在 1100 万美元。[16] 或者,如果国家可以征收该地块并按市值给予补偿,则国家会得到 2000 万美元的全部剩余值。所以保护所有者的所有权可以使所有者在与国家的交易中得到交易剩余的一部分,而仅保护所有者的利益会让国家拿走全部交易剩余。

所有者权利和利益之间的区别经常被描述为"所有权"与"求偿权"(liability right)之间的区别。[17] 总体而言,赋予所有者所有权而不是求偿权会让所有者获得更多益处。[18]

我们已经解释过,自愿交易会使资源按照效率的要求从低价值的使用移动到高价值的使用,而非自愿的交易可以使资源向反

---

〔16〕 国家愿意为该地块支付的价格与私人所有者愿意出售该地块的价格之间的差为 2000 万美元。平分剩余要求让私人所有者在他放弃财产的 100 万美元的损失之外,再净得 1000 万美元。

〔17〕 Calabresi 和 Melamed 1972。

〔18〕 在 Cooter 和 Ulen 1999 第四章中解释并证明了这个命题。

方向移动。因此,要使一国财富最大化,需要以自愿交易为原则,非自愿交易为例外。将交易引导到自愿交换的轨道上需要保护所有者的权利,而不仅是保护所有者的利益。例如,大多数交易应当通过市场进行,而非通过征收。

国家为了提供公共物品和进行收入再分配,需要大量收入。在大多数民主政体中,立法机关可以通过多数票来进行征税。与征收不同,税收是课加在各个部门的公众身上的财产负担。经济学家已经证明,(税基)广泛的税收比狭窄的税收对经济的扭曲效应更小。[19] 比如,食品税造成的扭曲比蔬菜税小,而蔬菜税造成的扭曲又小于只对胡萝卜征税。这个原则源自这样一个事实:规避广泛征税比规避狭窄征税更为困难。要想规避食品税,需要吃 286
得更少;而要想规避胡萝卜税,只需要吃黄瓜之类的其他蔬菜就行了。此外,比起狭窄的税收,广泛的税收在税法上建立的基准线更易于监管,并且易于反驳政治上的狡辩和利益集团的指责。所以财政经济学家们都喜欢像收入税、销售税、利润税或不动产税这样的有广泛税基的税收。

在获得同等收入的情况下,当税基变得狭窄时,比之广泛的税基,对经济的扭曲更大,并且能引发更多的政治活动。如果收紧税基至其逻辑极限,结果将是从某个人那里征收某件物品。从这个角度来看,征收不过是税收的一种最为扭曲的形式。因此,经济学家反对窄税基的情形与反对通过征收私人财产筹集收入的情形是一样的。

现在我从征收转向规制。当对财产的利用纠缠在一起的时

〔19〕 总体而言,税收对某项产品造成的扭曲随需求弹性的增加而增加,种类繁多的产品比种类狭窄的产品的需求弹性小。这个命题最初是由 Ramsey 1928 证明的。关于这个命题的详细阐述,参见 Musgrave 和 Musgrave 1976 或 Cooter 1978。

候,法律必须在不同所有者中就自由和责任作出判断。这些判断经常源自是谁**造成**了损害的判断。[20] 关于因果关系的判断通常是根据社会规范分配责任。在小群体中,规制日常生活中实际事务的社会规范有助于产生效率(Ellickson 1991)。例如,当对土地的某种使用会侵犯到邻近的土地所有者时,经常就会出现有效率的社会规范来控制外部损害。所以关于损害原因的常识性判断经常体现了有关效率的重要事实。(和 Epstein 一样而与 Coase 不同的是,我相信在财产案件中,在分配法律责任的时候,因果关系必定扮演一个非常重要的角色。[21])

经济学的外部成本理论给法律上禁止妨扰他人提供了正当理由。尽管市场交易是自愿的,但是外部成本是在没有受害方同意的情况下强加给受害方的。外部性在市场交易体系之外——外部性即由此得名。

我们已经解释过,当外部性影响到少数相邻土地所有者的时候,经常会有社会规范出现,控制此类行为。在没有社会规范的情况下,少数相邻土地所有者经常进行交易,就控制外部性达成自愿协议。比如,相邻的土地所有者可能就控制石灰窑排出的烟达成协议。清晰的权利(比如污染者排烟的权利或被污染者免受烟熏的权利)有助于交易和妥协。交易可以在不需要法院的情况下达成私人协议。当外部性只影响少数相邻土地所有者的时候,社会规范和交易都可以在基本不需要法律的情况下解决问题。因此法院可以时刻准备禁止**私害物品**(private bads),但法院有理由相信他们几乎不需要这么做。

---

〔20〕 我在 Cooter 1987a 中对这一点进行了论证。亦可参见经典著作 Hart 和 Honore 1985。

〔21〕 Epstein 1973 和 Coase 1960。Coase 认为在妨害(nuisance)法中,受害者所遭受的损害和加害者所造成的损害一样多,所以原因对于责任来说没有指导意义。

但是,当外部性影响到大量所有者的时候,可能不会出现有效的社会规范,交易成本也可能对交易形成障碍。比如,在世界上的都市地区,社会规范和私人交易都没能控制汽车造成的空气污染。除了污染本身是坏事而不是好事以外,空气污染通常很像 287 是一种公共物品(在某一自然的空气质量区内没有竞争性和排他性)。**公害品**(public bads)影响到太多当事方,以致无法通过私人交易解决问题。比起私害物品,在公害品上,法律对于效率具有更为重要的意义。[22]

但是,法律规则能影响需要参加交易的人的数量。保持较少的参与交易的人数能降低私人交易的成本,提高交易成功的机会。这个事实解释了为什么从效率的角度出发,要求造成损害的加害者赔偿受害者,而不是要求受害者贿赂加害者以停止侵害。如果受害者必须为了让加害者**停止**侵害而支付报偿,那么就会有大量潜在的加害者要求受害者支付报偿。比如,如果我必须向**潜在的**污染者付钱让他们不要污染,那么许多人都会声称自己将是潜在的污染者。反之,如果造成侵害的加害者必须向受害者付钱的话,则交易只需要包含**实际的**加害者和受害者即可。比如,如果污染者必须为他们所造成的实际损害付钱,那么潜在的污染者就会留意,不要危害到太多的人。总体而言,要求加害者赔偿受害者而不是让受害者收买加害者会降低交易成本,增加私人之间合作的概率。当国家愿意行使其"警察权力"保护公民免于彼此伤害的时候,国家就赋予了公民抑制外部性的权力。

除了私法以外,公共规制也制约着财产的使用。公共规制与

---

〔22〕 关于科斯定理的简要讨论,参见本书第三章。关于科斯定理的详细讨论,包括损害赔偿和禁制令作为救济措施之间的差别,参见 Cooter 和 Ulen 1999 第四章中关于科斯定理的讨论和该书第五章中关于布默诉大西洋水泥公司案(Boomer v. Atlantic Cement)的讨论。

私法有几点不同之处。第一,公共规制通常是在损害结果发生前由国家官员监督守法情况,而关于责任的法律制度适用于损害发生以后。在时间顺序上,事前的监管不同于事后的责任。第二,私人所有者很少有权通过共同协议来变更公共监管。用国家强制执行替代求偿权使对外部性的控制变得集中化。相反,在动态变化的经济中对外部性进行分散控制要求不断创设新的财产形式,比如可转让的污染权、电磁频谱某一波段的广播权或者排除他人使用某一计算机程序的权利。

在第三章中,我讨论了在多数决定规则博弈中再分配没有均衡("民主的空核")这一事实。把这个事实运用到财产上,意味着民主政体中的公民会浪费资源,抗拒对财产的分配。例如,为分配而进行的争夺导致了像俄罗斯这样正脱离共产主义的国家的动荡。社会规范和宪法可以以多种方式促进收入分配的稳定(Cooter 1997b)。第一,法律与社会规范的结合会创造出关于所有者权利的共识。关于所有权的共识会为效率和生产力所要求
288 的交易与合作提供基础。第二,法律与社会规范的结合会导致正式与非正式的处罚相互补充。当社会规范和正式法律相互补充时,公民与官员就会以让强制执行变得有效率的方式进行合作。第三,宪法对财产权的保障将一些分配问题从一般政治中移除出去,从而抑制了再分配问题上的斗争。

问题:概述一下关于财产的经济理论是怎样给所有者以自由和责任的。

第三节　征收

在概述了财产的经济理论后,我现在把这一理论运用于与财

产有关的一些宪法问题上。[23] 在许多国家,宪法限定了国家权力征收私人财产的范围。例如,美国宪法第五修正案的征收条款写道:“不给予公平补偿,私有财产不得充作公用。”因此除非征收私有财产是为了公用,而且所有者得到补偿,否则第五修正案禁止国家征收私人财产。“公用”指为了修路这样的公共目的,而不是把财产给政客的朋友这样的私人目的。“公平补偿”意味着必须向财产被政府征收的所有者支付公平的市场价值。[24]

我将解释在民主宪法中普遍存在的“公用”和“公平补偿”要求的经济合理性。专制或腐败的国家经常通过征收无权无势的公民的财产来增加政府收入或者让官员中饱私囊。如果私人财产的所有者能够获得等于其财产市值的补偿,国家就不会从征收财产中获利。要想通过征收私有财产来获利,国家必须对财产被征收的所有者给予较低补偿。所以“公平补偿”的要求可以阻止国家通过征收私人财产来筹集收入。

从这个角度看,补偿的要求把政府财政收入的渠道从征收转向税收。我在前文解释过,宽税基的税收不会像窄税基的税收那样扭曲整个经济,也不会像窄税基的税收那样引发那么多的政治活动。我还解释过,将窄税基的税收推向逻辑极端,就是征收某人的某项物品。所以按照公允市值进行补偿的宪法规定会把国家财政引导到减少经济扭曲、抑制再分配斗争的方向上。

但是,要求给予公平补偿的宪法要求无法排除另外一种政治权力滥用。非自愿的交易可以把资源从对其估值较高的人转移
到对其估值较低的人那里。比如,假定某地块的所有者对这片不 289

〔23〕 亦参见 Epstein 1985b,Fischel 和 Shapiro 1989,Meceli 和 Segerson 1994。

〔24〕 Fischel 和 Shapiro 1989 认为在未来处于不确定状态的情况下,这一宪法规则对任何人都有利,包括宪法的创制者。

动产的估值为 500 万美元,某政客的朋友对该地块的估值为 120 万美元,而市值等于 100 万美元。政客指示官员征收该地块,向所有者补偿 100 万美元,再以 100 万美元的价格将该地块转卖给政客的朋友,政客的朋友为政客重新当选的竞选活动捐款 10 万美元。通过这些交易,政客得到 10 万美元,政客的朋友得到 10 万美元,国家什么也没有损失。因此赢家总共得到 20 万美元。该地块原来的所有人是唯一的输家,损失 400 万美元。400 万美元的损失远远超过赢家们 20 万美元的收益。

在这个例子中,政客的朋友们为了一己之用想拿到地块。因此,征收违反了禁止国家运用其征收权力以非自愿的方式将私有财产从某个私人转给另一人的"公用"要求。要遵循"公用"要求,国家必须是为了修建公园、学校、高速公路或其他由一般公众所使用的设施才征收财产。

前面的例子表明"公用"要求会减少对财产价值有减损作用的征收的范围。但是,"公用"要求不能完全解决无效率征收的问题。比如,假定开汽车的人愿意支付 120 万美元修建通过某地块的高速公路。国家可以征收该地块并按照市值 100 万美元予以补偿。所以开汽车的人所得收益高于国家为获得该地块所必须支付的补偿。但是,所有者对该地块的估值为 500 万美元。为建设高速公路征收该地块导致 380 万美元的价值减损。

这个例子说明了为什么国家不应该**仅仅**为了生产公共物品而在支付补偿的情况下**征收**财产。在大多数情况下,国家应该**购买**财产来生产公共物品。自愿交易能够确保国家至少支付私有财产对其所有者所值的价。根据这个原则,国家在生产公共物品过程中所使用的水泥、铅笔、卡车、电灯泡和劳务等资源大部分都是购买的。

要为以**征收**私人财产方式来生产公共物品提供正当理由需要一些特殊的情况。为了开发军事基地、机场、高速公路和荒野保护区这样的公共项目需要把不同的地块组合起来。当开发商拥有了几乎全部的地块以后,最后一块地就变得非常值钱。获得毗连地块的需要给土地所有者创造了坚持更高价格的机会。即使所有者不坚持要高价,想成为最后一个卖家的希望也鼓励每个所有者延迟卖出,因此增加了项目的交易成本。(第五章也讨论了拒不合作的问题。)

比如,假定国家想修建一条路,穿过三块土地,分别归三个不同的人所有。国家决定开汽车的人应当在道路的建筑成本之外再支付 20 万美元。因此,在土地对私人所有者的价值低于 20 万美元的时候,实行这个项目才符合效率的要求。假定国家有机会用 3 万美元买下其中一块土地。国家可以对另外两块地最多支 290
付 17 万美元而仍然保持不赚不赔。知道这一信息后,每个所有者对自己的地块都开价 10 万美元。如果同意这些要求,国家对公众估值为 20 万美元的这三块地要支付 23 万美元,所以国家不应该同意这些要求。如果卖家不降低他们的开价,项目肯定成不了。在现实生活中,丹佛新棒球馆的开发商买下了所有土地,除了一小块“钉子户”。报纸把这家“钉子户”称为“抢到第一垒的家伙”。

国家征收土地的权力能解决“钉子户”拒不合作的问题。除了拒不合作以外,几乎没有其他什么理由支持国家征收财产而不是购买财产。总体而言,征收应当遵循这样的原则:**只有在交易成本过高无法进行购买的情况下,政府才能为提供公共物品而征收私人财产**。

问题:

1. 假定某人拥有唯一一块适合国家建造卫星监测站的土地。解释在什么情况下应支持政府征收该土地并按公允市值给予补偿,什么情况下反对政府这样做?

2. 密歇根州政府在底特律周边一个叫作波兰城(Pole town)的地方征收了一个居住小区中的许多土地,连成一大片土地,卖给通用汽车公司建造汽车厂。法院支持征收私人财产,认为这是为了“公共目的”。按照经济学中关于私人物品和公共物品的区分,这个项目中包含有公共目的吗?

3. 比较一下两种修正公平补偿约束的方法的效率:

a. 将公平补偿界定为公允市值再加上20%;

b. 允许每个私人财产所有者自己对财产的价值做出评估,财产所有人同意按照财产的自评价值缴纳财产税。如果政府要征收他们的财产的话,政府同意按照他们财产的自评价值作为公平补偿。

一、征收的风险

有些财产,比如土地、房屋或者商铺等在所有者的总财富中占到很大比例。许多人十分厌恶失去很大一部分财产这样的风险。为降低这一风险,许多所有者购买保险,以防火灾、洪水或其他可以预见的灾害造成财产损毁的风险。国家的征收也会导致财产损毁,或从所有者那里夺走其价值。“公平补偿”条款实际上要求国家为所有者提供征收保险。如果法律不要求国家补偿所有者的话,私人的保险公司可能会像出售火灾保险一样出售政府征收保险。

291 为什么不把放松规制的趋势加以扩展,废除第五修正案,让人们用保险通过私人的方式来防范财产被征收的风险？这个问题向我们提出了挑战，使我们要比较私人保险和公共保险的效率，展示公共保险在防范征收风险方面的优越性。[25]

竞争导致私营保险公司的管理水平高于国家保险。有些国家保险，比如为美国银行提供的存款保险，由于管理不善和欺诈，已经耗费了纳税人大量的金钱。[26] 因此，从管理效率的角度看，应当反对政府保险而支持私人保险。

但是，有另外两个原因支持政府保险，反对私人保险。[27] 人们购买保险以消除风险。保险人在所有投保人中分散风险。广泛分散风险，能减少每个人要承担的风险。国家可以把其所承担的风险在所有纳税人当中进行分散。这比所有任何保险公司的投保人基础都广。总体而言，在更广泛地分散风险的基础上，公共保险比私人保险有优势。

但是，公共保险的这个优点不及第二个优点更具有决定性。政府掌控着征收的频率和程度。宪法要求政府对财产被征收的所有者给予补偿，这是一个很强的诱因，促使政府不去进行不必要的征收。由于不进行不必要的征收，最终将由税收来承担的补偿总额就要比原先低得多。如果国家不需要进行补偿的话，则国家会通过征收来筹集资金，或者将其在政客的朋友之间进行再分配，或者购买过多的公共物品。[28]

关于公共保险的这个论点也解释了把像第五修正案这样的

---

〔25〕 Blume 和 Rubinfeld 1984。

〔26〕 联邦储蓄贷款保险公司为隶属于储蓄与贷款协会的银行提供保险。该公司的失败耗费了美国纳税人 1000 亿～5000 亿美元。参见 Romer 和 Weingast 1991。

〔27〕 参见 Fischel 和 Shapiro 1989；亦参见 Kaplow 1986。

〔28〕 关于把征收作为保险问题的讨论，参见 Blume 和 Rubinfeld 1984 以及 Kaplow 1981a。

补偿要求写入宪法而非仅仅写入成文法的好处。如果把保护措施写入成文法,投票进行征收的立法机关也能投票缩减向所有者支付的补偿。

我已经解释过,对政府的激励效应是让国家为征收负责,而不是让私人保险者进行赔偿的决定性原因。许多经济学领域之外的著作家们在这一点上一直没有搞明白,错误地认为公共补偿会增进对私人投资者的激励。这些著作家们错误地相信公共保险阻止了
292 私人投资者“去道德化”(demoralization)。[29] 在下一节里,我将会解释相反的观点才是正确的——保险降低了私人从事有效率的行为的动机。

问题:

1. 支持对航空业和银行业等放松管制的保守主义者经常希望强化对私人所有者的保护,反对征收。如果私人保险公司能够保护私人所有者免于征收的风险,这些人还会坚持这样的观点吗?

2. 苏珊·罗斯·阿克曼(Susan Rose-Ackerman)曾提出如下指导原则供法院在把保险理论运用于征收时使用:“当资产占所有者总财富的大部分、以至于风险厌恶的假设可以成立的时候,要(对由政府进行的征收)予以补偿。对于个人使用风险厌恶的假设,对于公众持股的公司要使用风险中性的假设。此外,即使是对风险中性的个人,当损失占其总财富的大部分且这些人在政治上不起什么作用的时候,也要进行补偿。”[30] 她的指导原则使政府的补偿义务部分地取决于财产被征收者的财富水平。请描述

---

〔29〕 Michelman 1967 是一篇在其他方面都非常好的论文,但其关于对征收的“去道德化效应”的误解可谓尺瑜寸瑕,令人惋惜。亦参见 Rose-Ackerman 1988。

〔30〕 Rose-Ackerman 1998,第 1707 页。

一下这个建议的优点和缺点。

3. 另外一位知名学者理查德·爱泼斯坦(Richard Epstcin)认为,美国法院应当根据美国宪法把多种土地监管的形式视为征收。[31] 如果采纳他的建议会使土地的总租赁价值上升还是下降?你对此有何预测?

二、征收与规制

前面我解释过,当对财产的使用交错在一起时,法律必须就所有者之间的自由与责任做出判断。在涉及数片相连地块的情况下,社会规范和法律阴影下的交易通常能够解决问题。但是,在涉及大量人口的情况下,在纠正由于效用函数或生产函数的相互依赖所产生的外部性方面,私法不是很有效。在这种情况下,国家可以颁布规章,为更大多数公众的利益限制特定所有者的活动。这些限制提出了关于补偿的难题。

规制经常会导致土地价值下降,其所有者会起诉要求补偿。比如,某位实业家获取一块土地,想用来建设工厂。但这件事可能会受到当地政府"缩紧规划限制"(down-zones)的措施的影响,该措施禁止对该地块进行工业利用。实业家可以提起诉讼,声称国家没有征收财产的所有权,但是征收了财产的价值。征收需要补偿,而规制不需要补偿。当法院在这类案件中支持原告时,它们会说这是"征收"。当法院在这类案件中支持被告时,它们会说这是"规制"。

在实践中,获得建筑许可的过程充满政治意味,甚至充满腐败。我关注的是经济效率问题,而不是政治现实。把规制和征收 293

[31] R. Richard Epstein 认为征收—监管之间目前的区分边界允许政府在很多情况下避免给补偿,参见 Epstein 1985b。亦参见 Schambia 1982。

从观念上分开需要一种经济理论，能把国家需要进行补偿的行为和不需要进行补偿的行为区分开来。为了解释出于经济效率的目的怎样进行区分，我将分析补偿的激励效应。

如果国家无须补偿公共行为中的私人受害者，则政府就有从私人那里进行过量攫取的动机。具体而言，如果国家无须补偿监管活动中的利益受损者，国家就有过度监管的动机。图 12－1 描述了这些事实。图 12－1 中的需求曲线表示官员向其财产受到国家限制的所有者支付补偿的意愿的两种不同方案。对私人所有者的完全补偿等于私人所有者所负担的国家限制成本的 100%。在图 12－1 中，如果补偿等于 100%，则国家对于私人所有者的限制等于 x^*。x^* 是成本曲线和需求曲线的交点。

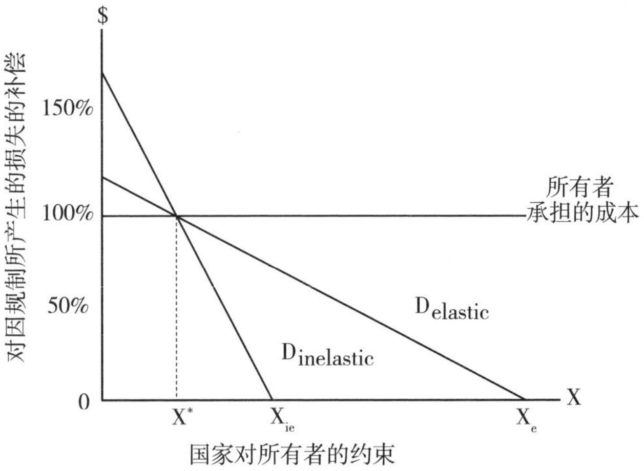

图 12－1　国家官员对国家限制的需求

或者，如果补偿低于 100%，国家所施加的限制会高于 x^*。高多少取决于国家官员就其所掌管的限制愿意向私人所有者支付的补偿的数额。如果法院认为国家的限制仅仅是规制，则补偿等于 0%。无弹性的需求曲线 $D_{inelastic}$ 和 0 补偿产生出 x_{ie} 的国家限制。反之，0 补偿和相对有弹性的需求曲线 $D_{elastic}$ 产生出 x_e 的国家限制。**总体而言，国家官员对于国家限制的需求价格弹性越高，且当需要给私人所有者的补偿下降时，国家限制增加得就越快**。

现在我从实施规制的官员转向必须服从规制的私人公民。如果国家必须对公共行为的私人受害者予以补偿，则私人所有者有过度投资的动机。具体而言，如果国家必须对征收的受损者给 294
予完全补偿，则财产所有者有在其价值会被征收破坏的财产上进行投资的动机。在国家必须为监管所致损害进行补偿的情况下，财产所有者会在改良财产方面进行投资，就好像不存在监管会破坏投资价值的风险一样。

例如，假定某位企业家拥有一块土地，适宜开发成零售商店或用于生产。按照目前规划，这片土地用于两者皆可。但是国家可能很快会缩紧规划限制，禁止该地块用于生产。缩紧规划限制会破坏用于生产设备的投资的价值。如果国家必须要为缩紧规划限制造成的财产损失提供补偿，则该企业家有无视风险、在生产上进行投资的动机。[32]

图 12－2 描述了这些事实。如果国家的限制属于规制，则补偿等于 0。图 12－2 中用 S 表示的两条供给曲线代表私人所有者两种可能的投资计划。在补偿为 0 的情况下，私人所有者冒着风险投资 x^*。或者，如果国家的限制属于征收，补偿等于 100%，私人所有者的投资会多于 x^*。究竟多出多少取决于可能遭受限制风险的私人投资的供给曲线的斜率。在图 12－2 中，100% 的补偿和无弹性的供给曲线 $S_{inelastic}$ 会产生投资 x_{ie}。而 100% 的补偿和

〔32〕 参见 Cooter 和 Ulen 1999 第五章。

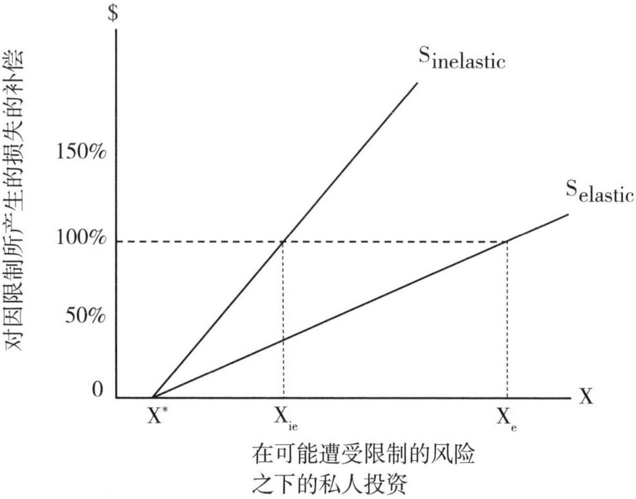

图 12 – 2　私人投资的供给

相对有弹性的供给曲线 $S_{elastic}$ 会产生投资 x_e。**总体而言,在国家限制的风险之下私人投资的供给曲线越是有弹性,超过 0 补偿的增加就会引发越多的投资**。

三、规制式征收的次优理论:弹性原则

在前面一节中,我解释了国家对规制的需求弹性和私人所有
295 者对投资的供给弹性决定了对财产征收的不同补偿水平会导致什么样的结果。现在我把这些事实与有效率的补偿水平联系起来。成本和收益的内部化会让理性的行为者产生有效率地行事的动机。但是,如我将要解释的那样,内部化涉及一个悖论。

首先考察国家的内部化。在图 12 – 1 中,当国家必须对私人所有者的损失给予 100% 补偿的时候,就把限制的成本内部化了。就国家作为一个理性的行为者而言,图 12 – 1 中的 x^* 表示有效率的国家限制水平。根据这一假设,任何低于 100% 的补偿水平都

会导致过多的国家限制。另外，当国家官员对限制的需求更具有弹性的时候，限制更容易漫无节制。

现在我从分析国家官员的动机转向分析私人所有者的动机。与国家官员一样，成本和收益的内部化使理性的所有者产生了有效率地行事的动机。在图 12－2 中，私人所有者将国家对其损失给予 0 补偿时国家限制破坏其投资的风险内部化了。因此在图 12－2 中，x^* 表示在国家限制的风险之下有效率的私人投资水平。根据这一假设，任何超过 0 的补偿水平都会引起过多的私人冒险投资。另外，当投资的供给更具有弹性的时候，过度投资会变得更严重。

根据前面的论证，当国家必须 100% 补偿损失的时候，国家把限制的私人成本内部化了；当私人的损失得到 0 补偿的时候，私人把限制破坏投资价值的风险内部化了。鉴于这些事实，侵权责任法(liability law)可以为国家官员或私人所有者提供有效率的激励，但是不能两者得兼。法院经常在判定国家限制是规制(0 补偿)或者征收(100% 补偿)之间做出选择，而没有完美的解决方案。

有一种经济理论可以在这两者之间做出区分，我把这种理论称为**征收的次优理论**。这种理论假定对一方的激励是有效率的，而对另一方的激励是扭曲的。出于效率的目的，选择扭曲哪一方的激励因素取决于其反应的弹性。如图 12－1 和图 12－2 中解释过的，高弹性会提高扭曲激励因素的成本。反之，低弹性会降低扭曲激励因素的成本。为了实现次优的效率，法律应当规定下述方式分配责任：使相对有弹性的一方将成本内部化而使相对无弹性的一方将成本外部化。总体而言，**当国家对于限制的补偿水平的反应具有弹性而私人投资对此的反应缺乏弹性的时候，法院应**

当判定国家的限制属于征收。

比如,假定要求政府对国家限制的受害者予以补偿会导致政府所施加的限制大幅变少,再假定对私人公民来说,因国家限制而导致的财产价值损失的补偿对于他们的投资决策影响甚微。这时,法院应当判定限制属于征收。更具体地说,假定环境部门养护湿地的意愿受到环境部门必须向私有所有者给付的补偿数
296 量的高度影响,再假设开发者的投资决策受到给予环境限制的补偿的影响很小。这时,法院应当判定对湿地的环境限制属于征收。

反之,当国家对于限制的补偿水平的反应缺乏弹性而私人所有者对此的反应具有弹性的时候,法院应当判定国家的限制属于规制。比如,假定要求政府对国家限制的受害者给予补偿对其实际施行的限制影响甚微,再假定对私人公民来说,因国家限制而导致的财产价值损失的补偿会大幅增加他们的冒险投资。这时,法院应该判定限制属于规制。更具体地说,假定环境部门不计成本,一心致力于湿地的养护,再假定开发者的投资受对环境限制的补偿的影响很大。这时,法院应判定对于湿地的环境限制属于规制。

为阐释规制式征收*的次优理论,我需要预测政府和私人所有者的相对弹性。总体而言,对于有近似代用品的物品,人们对其价格变动的反应是富有弹性的。第七章运用这个原则解释了当相关活动存在近似代用品的时候,国家机关对价格的反应是有弹性的。对于身在各部门顶层的政治家而言,近似代用品就是那些能维持部长权力的东西,而部长的权力取决于选民和捐助者的

---

* regulatory taking,即政府对私人土地用途的规制达到了这样的程度:尽管规制没有从形式上剥夺所有权,但实质上使所有者无法利用土地的经济价值。——译者注

支持度。对公务员而言，近似代用品是能维持组织收入和雇员数量的东西，而组织的收入和雇员数量取决于替代性项目的可获得性。

要注意的是，对于规制没有补偿和给予补偿之间的矛盾是事故的无责任和严格责任之间的矛盾的另外一种形式。无责任原则鼓励加害者过多冒险。反之，给予完全补偿的严格责任原则鼓励受害者过多冒险。〔33〕

问题：

1. 假定某家零售商店想不计成本地安装一个耀眼的灯箱。运用规制式征收的次优理论解释为什么这个事实是法院认定国家限制禁止安装耀眼灯箱属于征收的理由。（提示：当激励因素对私人投资者作用不大时，法律应专注于给国家官员以正确的激励。）

2. 假定某家零售商店为安装耀眼的灯箱所付的钱不会超过为安装一个不带灯的标志所付的钱。运用规制式的次优理论解释为什么这个事实是法院认定国家限制安装灯箱属于规制的理由。（提示：当激励因素对私人投资者有很大影响时，法律应专注 297
于给私人投资者以正确的激励。）

3. “在我看来，立宪主义的理论试图找到一种方法，使来自立法贪婪和司法无能的滥权总和最小化。”〔34〕为了把征收的次优理论扩展到法官经常犯错误的情形中，运用图 12－1 和图 12－2 中的弹性来比较不同的司法误判。

4. 根据规制式征收的次优理论，如果国家官员倾向于撤销某

---

〔33〕 Cooter 1985 在侵权、合同和财产中解释了这个问题。关于征收的最优原则的公式，参见 Miceli 和 Segerson 1994。

〔34〕 Epstein 1985a，第 9～16 页。

项限制而不是补偿其受害者(有弹性),这个事实就是为什么法院应该判定限制属于征收(100%补偿)的理由。解释一下为什么这个事实会让法院与国家的规划官员发生冲突。

第四节　与国家交易

从生态学的角度看,毗邻地块的相互依赖程度如此之深,以至于任何一位所有者的行为都会影响其他所有者。当生态学遇上"转型经济"(Sax 1993)的时候,几乎所有的限制都可以被认为是为了控制外部性,并因此而获得正当理由。在这种情况下,财产所有者经常为获得许可而与国家进行交易。有时在所有者**减轻**对公众的损害的情况下,国家会授予许可。有时在所有者通过向国家捐赠有价值的东西以**抵消**对公众的损害的情况下,国家会授予许可。在与国家进行交易的过程中,减轻和抵消在经济后果上是不一样的。我将解释对于这一差异的不正确理解怎样在一桩1987年由美国最高法院审理的里程碑式的案件中导致了低劣的判决。这个案子就是诺兰诉加利福尼亚海岸委员会案(Nollan v. California Coastal Commission)。[35]

一、诺兰案

在洛杉矶北部,加州宏伟的海岸线上仍有大部分土地未被开发。加州海岸委员会负责保管这些土地,使其处于未开发状态。当一名财产所有者从委员会那里申请许可,想把他的海边小屋扩

〔35〕 107 SCt 3141 (1987). 于本案的讨论,参见 Michelman 1988。

建成别墅的时候，发生了本案。如图 12－3 所示，该房产位于海岸和公路中间，该别墅会减少和降低从公路一边眺望海岸的视野。

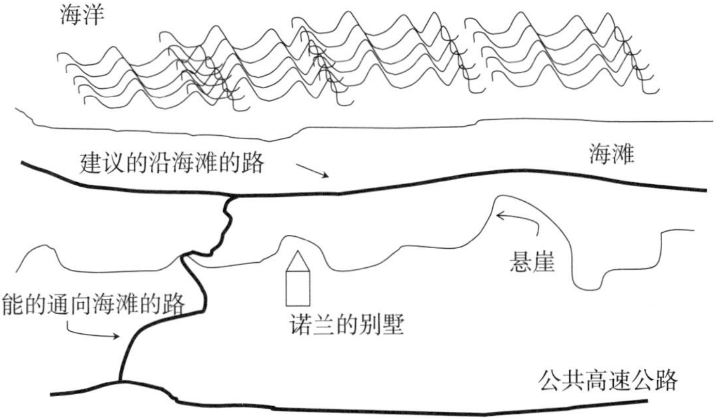

图 12－3　诺兰案鸟瞰图

委员会想保护从公路眺望海岸的视野，但这并不是委员会的唯一目的。除此之外，委员会还想获得一条沿着海滩的公路，这样公众在涨潮的时候可以在那里散步。委员会没有像最高法院 298
建议的那样合法地拒绝颁发建造别墅的许可，而是要求所有者捐建一条沿着海滩的公路，以此换取建造别墅的许可。所有者提起诉讼，这个案子最后一路上诉到最高法院。

国家可以对财产进行规制以保护公众免受损害，但是提供公共产品必须使用来自一般税收的资金，而不是靠没收特定的财产所有者的权益。海岸委员会是在保护公众还是在强令私人为公共地役埋单？在由斯卡利亚大法官所撰写的一份复杂的法律意见书中，最高法院得出的是后一个结论。最高法院认为委员会可以要求财产所有者草拟新的别墅计划以减少其对景观的破坏。重新草拟计划可以减轻损害。另外一种形式的减轻可能有些问题但却是合宪的,就是要求财产所有者捐建一条从公路通向海滩的道路,这样公众就可以绕开遮挡其视野的物件。

但是,委员会没有要求所有者重新设计别墅或捐建从公路到海滩的道路,而是要求所有者捐建一条沿着海滩的道路。沿着海滩的道路不会减轻公路使用者所遭受的损害。法院在由所有者导致的损害(遮挡从路边望海滩的视野)和委员会所要求的救济(捐建一条沿着海滩的路)之间寻求某种"关联"。法院找不到关联。法院由此推理认为在没有这种关联的情况下,规制是一种非法的征收。

从这一结论中可以抽象出一项法律原则。为了将某种限制算做是规制而不是征收,限制措施必须能够减轻为限制提供了正当理由的损害。减轻只是减少了损害,而抵消则是为损害提供补
299 偿。诺兰案可以被解释为支持这一法律原则:政府不能向想以某一特定方式运用其财产的所有者提供这样的选择,即要么抵消因此种使用导致的损害,要么不要使用。

抵消是以同样的实物补偿,而损害赔偿则是以金钱补偿。诺兰案阻止了政府对由财产的私人使用所产生的对公众的损害进行同类实物补偿的要求。

二、减轻还是抵消?

我先抽象解释减轻和抵消的经济区别,然后再用例子解释。完全的减轻会将损害全部消除,因此对于受害者而言,没有损害和"损害—减轻"之间没有区别。在现实中,减轻通常是不完全的。当对于由私人行为造成的公共损害的减轻是不完全的时候,公众倾向于禁止此类行为而不是以减轻为条件允许此类行为。

所以当国家只面临两个选项的时候,国家常常会选择“不允许”而不是“允许加不完全减轻”。这个结果会阻碍开发。

但是,阻碍开发会导致浪费。如果行为的私人价值超过了其造成的公共损害,则所有者可以向公众支付比完全补偿更多的钱。换言之,所有者可以付钱进行抵消,使公众和所有者都获得比行为被禁止时更好的结果。就诺兰案被解释为是禁止抵消而言,法院的判决导致了无效率。

但是,法院阻止抵消的冲动也有合理的动机。宪法赋予政府进行监管的权力远多于其用来和财产所有者作对的权力。如果可以以抵消为条件获得建筑许可,政府可能会选择兑现其潜在的权力。为兑现其潜在的权力,政府会进行监管,或威胁进行监管,而这仅仅是为了获得有价值的抵消。让监管成为政府收入的来源会创造过度监管的动机,并且给官员以牺牲那些在政治上没有后台的财产所有者的机会。例如,由房客选出的市长可能会通过财产所有者一申请建设许可就让其进行抵消的方式来避免加税。

给政府与私人所有者过宽的进行交易的范围还会导致另外一种滥权。讨论超过 100% 的减轻没有意义,所以减轻的上限是全部的损害。反之,抵消的上限是建设许可对于所有者的价值,这个价值常常超过损害的成本。因此允许政府要求抵消会让国家有权抽取私人行为的剩余价值。

我已经解释了禁止抵消会激励国家官员阻止大量开发计划,而允许抵消会激励国家官员抽取私人开发的剩余价值。在解决这个悖论之前,我先用数字来说明(见表 12-1、表 12-2)。

表 12－1　诺兰案中不同行为的价值

类型	行动(建别墅)	不行动(不建别墅)
财产所有者	+1000	0
公众委员会	-300	0

表 12－2　诺兰案中减轻与抵消的成本

类型	私人财产所有者	
	重新设计别墅(减轻)	沿海滩的路(抵消)
财产所有者	-300	-250
公众委员会	+250	+400

300 三、假想案例：程式化的诺兰案

为了用数字来具体说明，我们假定所有者要么行动(建别墅)，要么不行动(不建别墅)。表 12－1 给出了这个决定给所有者和公众带来的后果。表中的数字表明建设别墅的许可对于财产所有者而言值1000，而按照委员会的估计，公众因此受到的损失成本为 300。

此外，委员会可以要求建别墅的所有者减轻(重新设计别墅)或抵消(捐建沿海滩的道路)。按照表 12－2，重新设计别墅会花费所有者 300，而重新设计别墅会给公众带来 250 的利益。捐建沿海滩的路会花费所有者 250，并给公众带来 400 的利益。

把表 12－1 和表 12－2 结合起来，就给出了表 12－3 中总结的不同选项的净值。重新设计和建造别墅对于所有者而言得到的净收益为 700(1000－300＝700)，对于公众的净损失为 50(－300＋250＝－50)。而捐建沿海滩的路并建造别墅对于所有者而言净收益为 750(1000－250＝750)，给公众带来的净收益为 100(－300＋400＝100)。按照定义，最有效率的行为过程会使财产所有者和公众的收益总和最大化。因此，在表 12－3 中最有效率的一格要求

建设别墅且捐出沿海滩的公共地役,这会给所有者和公众带来850的净收益。各方都最偏好"行动加抵消",所以"行动加抵消"是"帕累托更优"选项。[36]

表12-3 诺兰案中的净值

类型	不行动	行动加减轻	行动加抵消
财产所有者	0	700	750
公众委员会	0	-50	100
总计	0	650	850

根据对诺兰案的一种解读,诺兰案禁止国家要求抵消。鉴于 301
这一法律约束,委员会必须要么拒绝颁发建设许可,要么以减轻为条件颁发许可。如果委员会拒绝颁发建设许可,对于公众没有任何损害。反之,如果委员会颁发建设许可并要求减轻,则公众会损失50。所以一心为公共利益着想的委员会将拒绝颁发建设许可。即使私人所有者和公众都偏好以抵消为条件颁发建设许可,公众委员会仍将拒绝颁发建设许可。

法院通过禁止抵消巩固了私人所有者的交易地位。讨论超过100%的减轻没有意义,所以减轻的上限是损失的全部。相反,抵消的上限是建设许可对于所有者的价值,这个价值常常超过损害造成的成本。我们用前面的例子来说明,为了获得许可,委员会能够从所有者那里攫取的最大钱数应当是建设许可对于所有者的价值。如果

〔36〕 如果某一方案使一个或多个受到影响的人偏好这个方案甚于第二个方案,并且没有人偏好第二个方案甚于第一个方案,则第一个方案对于第二个方案就是"帕累托更优"。换言之,一个帕累托更优的方案带来的变化会使某些人获得改善,并且不会使其他人变得更差。(你也许会问:"为什么在行动加抵消对于行动加减缓属于帕累托更优的情况下,财产所有者还会对公共委员会提出的行动加抵消的要求提起诉讼?"答案是财产所有者希望法院能赋予他无须减轻或抵消但可以建造别墅的权利。)

允许以金钱方式进行抵消,尽管建设仅仅给公众造成300的损失,委员会仍然可以从建筑许可中拿到1000。因此,允许官员要求用抵消作为获得许可的条件会使国家有权攫取私人开发项目的价值。

四、对诺兰案的一种更好的理解

我已经解释了允许抵消会让国家官员产生从私人开发项目的价值中抽取价值的动机。按照对诺兰案的一种理解,该案禁止抵消,加强了所有者针对国家的交易地位。但是,禁止抵消让国家官员产生了过多阻止开发计划的动机。幸运的是,博弈论对诺兰案有更好的解释,说明了怎样避免这个悖论。

如上所述,诺兰案在博弈论方面提出的问题是:怎样在不削弱必须与国家进行交易的财产所有者的地位的情况下允许进行
302 抵消。如果要这样做的话,法律要允许国家官员向私人所有者提供减轻或者抵消的选择。但是,法律不应在没有提供减轻选项的情况下要求私人所有者进行抵消。除非私人所有者也还有减轻的机会,否则拟议中的法律应当禁止抵消。从博弈论的角度来看,诺兰案应当解释为支持这样的原则:**除非政府也给予申请者减轻的选项,否则政府不能要求以抵消作为颁发建设许可的条件**。

我们把这项规则运用到前面用数字举的那个案例上。所有者可以选择行动加减轻,这会给所有者产生700的收益。有了这个选项,所有者就不会接受其他产出低于700的选项。因此,所有者处于一种很强的交易地位上。除非对所有者的净偿付超出700,否则所有者无须接受其他选项。比起只要求所有者减轻,给所有者额外的抵消选项不会让所有者的情况恶化。而额外的抵消选项使双方的情况都得以改善。假定所有者有权进行开发和减轻,那么

就有让双方都能获益的交易空间。如果私人所有者和公众都比减轻更为偏好抵消,法律不应该禁止他们达成交易。在这个例子中,“行动加抵消”对于所有者的产出为750。因此,所有者会接受抵消作为减轻的替代选项。所以通过“只有在允许减轻的时候才允许抵消”这一规则,法律达到了帕累托效率。

关于诺兰案的这一分析显示出博弈论的一项一般原理:限制一方的自由可以增加另一方的交易地位。在本案中,除非也有机会进行减轻,否则禁止抵消的规定增强了所有者的交易地位。

美国的“违宪性条件原则”* 出于类似的理由限制自由。比如,美国的州政府可以决定是否给失业的工人提供惠益,但是一旦某州通过了失业计划,该州就不能禁止罢工的工人获得惠益。这一合宪性要求增强了工会的交易地位。同样,美国可以决定是否允许外国银行在美国营业,但是美国不能要求外国银行放弃其法律权利,以此作为在美国营业的条件。这一合宪性要求增强了外国银行针对美国的交易地位。根据一位评论家的观点,“违宪性条件原则”一般断称有着授予或拒绝授予某项特权的绝对自由裁量权的国家不能以迫使放弃宪法权利为条件授予该项特权。[37]

问题:

1. 如果委员会给财产所有者减轻或抵消的选择,表12-3中的结果会怎样?

2. 抵消是否通过赋予政府从所有权的行使中抽取利益的权力 303
削弱了私人所有权观念?

---

* unconstitutional conditional,指一个机构可以不说明理由就将一项政府所赋予的利益收回,但是它不能以受益人同意不行使一项宪法性权利作为获取该利益的条件。——译者注

〔37〕 参见 Epstein 1988,第6页。

3. 假定政府希望通过禁止在海边的某座沙丘上建造房屋来保护环境。政府提供灾害保险,让土地所有者可以在类似沙丘这样易发生洪水的地方建造房屋。如果政府征收沙丘上的私人财产,无论是通过没收还是通过规制禁止建设,补偿中是否应当包含由于政府的灾害保险而导致的土地增值部分?

4. 在卢卡斯诉南卡罗莱纳海岸委员会案(Lucas v. South Carolina Costal Commission),美国最高法院的立场向前迈了一步。该州的一些限制措施减少了普通法上传统财产权对土地的使用。美国最高法院要求该州为此提供补偿。运用立法征收的次优理论来描述一下什么情况下这个判决会增加或降低经济效率。

第五节 可转让开发权(TDRs)

近年来的规制改革经常用"市场手段"代替"命令与控制"(Schultze 1977)。例如,在美国广泛进行的可转让排放许可交易导致了以更低的成本减少污染(Dwyer 1993)。但是,就土地使用规划而言,几乎没有发展出市场手段。我将解释可转让开发权(Transferable Development Rights,TDRs)制度怎样在解决征收所面临的棘手宪法问题的同时又能获得经济效率。

一、可转让开发权的效率

假定国家官员建立起土地开发的一项标准化尺度。在建立了这一尺度之后,国家通过政治或行政过程来决定某一地区应当进行一定限额以下的开发,比方说不超过100单位。我将用图形来说明100单位的可转让开发权是怎样产生有效率的开发模式的。

为简化分析，我们假定该地区仅有两个土地所有者，所以 100 单位的开发权必须在所有者 A 和所有者 B 之间进行分配。图 12－4的横轴表示 A 和 B 使用的开发权。从左向右表示 A 所使用的开发权，从右向左表示 B 所使用的开发权。要注意，在横轴上的每一点，A 和 B 所使用的开发权都恰好是 100 单位。例如，在横轴上 A 使用 25 单位开发权的点所对应的 B 使用的开发权为 75 个单位。

不同的所有者对开发权给予不同的估值。标为 D_A 的需求曲线表示 A 愿意付款购买的开发权数量，标为 D_B 的需求曲线表示 B 愿意付款购买的开发权数量。两条需求曲线的交点上 A 有 75 单 304
位的开发权，B 有 25 单位的开发权。这一点表示开发权在 A 与 B 之间有效率的分配。开发权的分配(75，25)是有效率的，因为 A 和 B 愿意为新增加的一单位开发权支付同样的价钱。

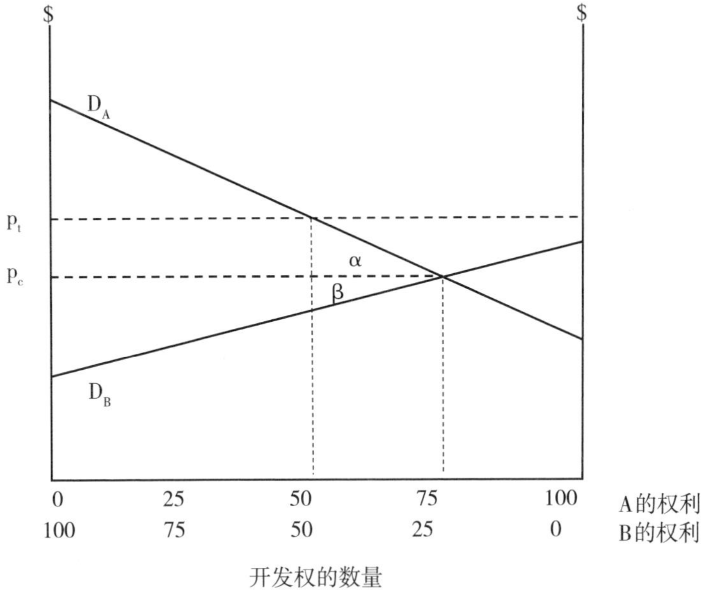

图 12－4　可转让开发权

让我们来考察与此形成对照的、无效率的开发权分配(50,50)。在(50,50)这一点上,D_A高于D_B,这表明A愿意为开发权出比B更高的价钱。为了提高效率,A应当获得更多的开发权,B应当获得更少的开发权。这个把开发权从B那里拿走给A的过程应当一直持续到(75,25),在这一点上A和B对一个单位的新增开发权的赋值都是相等的。

D_A和D_B之间的垂直距离表示A相对于B给予每一单位开发权的赋值。因此,D_A和D_B之间的垂直距离也就表示把一个单位的新增开发权从B那里拿走给A的社会收益。因此图12-4中的三角形$\alpha+\beta$表示从(50,50)移到(75,25)所创造的社会收益。

有些人或许会认为,从公平角度出发要求给每个所有者相同的开发权。但是,这一政策没有考虑到不同的所有者对于开发权的不同估价。如果所有者们获得等量的开发权,并且如果他们不能彼此交易开发权,则由此产生的开发模式导致的浪费可以用图12-4中的三角形$\alpha+\beta$表示。

可转让开发权(TDRs)的市场将有效地分配开发权。例如,假定国家最初给每个所有者50单位的开发权。在最初的分配点(50,50)上,对新增加的开发权,A愿意出比B更多的价钱。因此,当B把一些开发权卖给A时,两位所有者都能从中获益。只要一
305 方对新增开发权的估价超过另一方,售卖就会一直持续。当市场达到(75,25)的有效分配时,售卖停止。如果价格由竞争决定,则A从购买25单位的可转让开发权(TDRs)中获得的剩余为α,B从出售25单位的可转让开发权(TDRs)中获得的剩余为β。

较之通常的行政开发过程而言,可转让开发权(TDRs)有三个优势。第一,TDRs能节约信息。在没有TDRs的情况下,要想有效率地配置开发计划,规划者必须确定所有者对于开发权的估价有

怎样的差异。就图 12－4 而言，规划者必须知道 A 和 B 的需求曲线。在没有市场的情况下，行政管理者必须用花费甚高且不精确的研究来确定开发计划的私人价值。这些必要的信息实际上无法获得，因为 A 和 B 会以策略性的方式来回答关于估价的问题。市场可以自发地解决 A 和 B 对开发权的估价孰高孰低的问题，而无须由行政管理者来确定。因此在(50,50)点上，市场发现对一个开发权的私人价值为 p_t，而在(75,25)点上，这个价值降为 p_c。TDRs 的市场可以通过确保在均衡点上，所有的开发者都会对新增加的开发权给予相同赋值来自动有效率地配置开发计划。

第二，除了在开发者之间分配固定数量的开发权以外，国家必须确定所有开发者的整体开发规模。理性的决策需要平衡开发计划的私人价值和资源环境养护的公共价值。在有市场的情况下，TDRs 的售价揭示了开发计划的边际私人价值。因此 TDRs 市场能帮助行政管理者和公民更精确地平衡开发与养护之间的价值。

第三，当行政管理者关于土地使用的决策与某一块地的价值有很大差距的时候，所有者会花费大量金钱来获得政治影响力。在实践中，世界上许多地方的开发者常常向规划官员行贿。即使没有贿赂，与开发计划有关的规划决策都会引发耗费巨大的游说活动。但是 TDRs 可以减少政治投资与贿赂。开发者将更多地专注于购买 TDRs，而较少在收买官员上花费精力。比之通常的申请(application-and-appeal)制度，每个所有者在 TDRs 制度下进行游说或贿赂官员的可能性更小。

从宪法的角度来看，TDRs 有许多吸引人的特质。我已经解释过，相对于不加补偿地从某人那里征收某项财产，有广泛税基的一般税收所造成的扭曲会更小。TDRs 很像税收，因为它们能把限制开发计划的成本分散到所有的土地所有者身上，而不是集中到某些人的某些土地上。国家可以通过减少 TDRs 的数量来限制开发,这对大多数所有者只造成极少的损害。相反,常见的建设限制对少数人造成很大的损害,并由此产生了关于征收的宪法问题。

(我顺便提一下,开发税可以形成与可转让开发权市场几乎相同的制度。但是,TDRs 比起税收解决方案在政治上更为可行。[38])

二、例证

为了具体说明 TDRs,我们设想一片有沙丘的海滩、一座有农
306 田的山谷或者低矮建筑上面的空间正面临着开发的压力。规划当局想限制开发的总量。规划当局首先按照拥有土地的规模在全部的土地所有者中分配 TDRs。每个 TDR 都会让其持有者有权建设一个单位。然后当局按开发的体积大小来设定每个单位的价值。

我将解释从私人所有者以及从规划当局的角度来看,TDRs 是怎样发挥作用的。假定每个 TDR 允许其持有者建设 9 立方米。如果一片土地的所有者有 10 个 TDRs,则他可以建设 90 立方米。假定所有者想建一座 180 立方米的建筑。所有者可以从别人那里购买 10 个 TDRs,而不必申请修改规则。所以,TDRs 把开发者的精力引向市场,而不是引向政治领域。

---

〔38〕 例如,假定国家希望把开发计划限定在 100 单位内。在图 12－4 中,国家起初按 p_t征税,并允许任何交了税的人进行开发。在这个税率上,A 会开发 50 个单位,B 开发 0 个单位。了解到这些事实后,国家降低了税率。国家持续降低税率,直到达到 100 单位的目标。当税率降到 p_c的时候,A 开发 75 个单位,B 开发 25 个单位,于是就达到了开发 100 个单位的目标。开发税和 TDRs 有同样的信息特征。具体而言,开发税揭示了开发计划的私人价值并确保每个开发者对开发计划都赋予相同价值。TDRs 和开发税的主要区别在于前者将出售 TDRs 的收入给了私人所有者,而后者将收入给了国家。因此,自利的开发者和财产所有者更为偏好目前的申请(application-and-appeal)制度,而不是开发税。不过,如果 TDRs 能够奏效的话,自利的开发者和财产所有者或许很快会偏好 TDRs。基于这个原因,在许多地方,TDRs 比开发税在政治上更为可行。

尽管 TDRs 的数量永远保持固定值,但当局需要根据政策和情势变化修改每一立方米的价值。例如,当局起初创设 1000 TDRs,每一 TDR 值 9 立方米,因此允许进行的总开发计划为 9000 立方米。但是,当局可能很快修改其计划,决定允许 1 万立方米的总开发。为实现这一变化,当局应把每个 TDR 设定为等于 10 立方米。此外,当局也可以重新审查计划,决定给开发计划分配 8000 立方米,并因此把每个 TDR 设定为等于 8 立方米。要注意重新估值会把改变的效应散布在全部 TDRs 的所有者中,因此对他们行为的扭曲要比对特定的财产进行特定的限制小得多。

在美国,TDRs 只在有限的范围内使用。例如,纽约市有时赋予高层建筑的开发商在某块土地上开发一定数量平方英尺的建筑的权力。开发商可以自由决定在该块土地上怎样配置开发计划,比如选择长方形的建筑或者是更复杂的形式。有时开发商可以把开发权卖给毗邻地块的所有者。[39] 如果 TDRs 被进一步开发为一 307
种规划工具,有些规划当局可能会放弃 TDRs 之外的所有限制,而另外一些规划当局会将其作为区划管制和特定场所许可等传统限制之外的补充。总体而言,TDRs 的目标是消除或减少对特定财产的特定限制的依赖。

可交易的排放权的历史可以为可转让开发权提供教训。在克服了最初的政治障碍和执行问题以后,南加州和其他地方的可交易排污权产生出了比污染管制更大的效益。或许 TDRs 的协调发展会重复这段充满希望的历史。当然世界大多数地方都有的、在土地使用规划方面成为特色的无效率和腐败问题需要我们有创新性的矫治措施。

---

〔39〕 宾夕法尼亚中央铁路公司诉纽约市案(Penn. Cent. Transp. Co. v. New York City),438 US 104,98 SCt 2646,57 LEd2d 63 (1973)。

问题:

1. 与 TDRs 相比,为什么传统的土地使用规制需要对私有财产进行更多的宪法保护?

2. 运用交易理论解释为什么 TDRs 会减少那些寡廉鲜耻的规划官员能从开发者那里攫取到的贿赂?

3. 描述一下在哪些情况下 TDRs 可以轻易地取代对土地使用的规制,再描述一下在哪些情况下 TDRs 不那么容易取代对土地使用的规制。

结论

财产权通过给人们自由运用物品的权利促进交易,并且将有效使用财产的收益内部化。但是,民主政体允许在相互竞争的多数人之间就再分配展开破坏性的争夺。宪法可以通过把某些关于财产权的争议从日常政治领域移除出去来减少这样的争夺。一部好的宪法将关于再分配的政治斗争从征收转移到关于一般税收的争论上来。

土地使用牵扯在一起的时候,所有者们需要彼此负责。私法可以将与少数人有关的大部分外部性内部化。当外部性涉及大量人口的时候,必须用到公法。为了分散的公众的利益对财产所有者施加限制提出了关于规制与征收之间的边界的棘手问题。理想的解决方案要求国家只补偿过度限制的受害人或者限制对受害人的补偿,只补偿从国家将会施行限制的风险角度来看有正当理由的投资。在实践中,法院很少做出关于国家限制与私人投资的有效率的判决。

现实世界经常提供的是次优的而不是理想的解决方案。当法院必须在不补偿和完全补偿之间做出抉择的时候,应当由国家和私人所有者的弹性来决定判决。如果在限制价格方面国家有较高 308
弹性,则限制应当被判定为征收,这样国家可以将限制的成本内部化。相反,如果私人投资对于限制价格的弹性较高,则限制应当被判定为规制,这样所有者可以将其投资的风险内部化。

开发者经常就许可问题与国家进行交易。如果国家可以要求开发者抵消开发计划的公共成本,则开发者的交易地位较弱。为了获得许可,国家有能力从开发者那里抽取项目的全部剩余。为解决这个问题,法院可以禁止抵消。禁止抵消会阻碍能让开发者和国家共同获益的交易。为双方最大利益起见,国家应该给开发者减轻的权利,由此强化开发者的交易地位,并允许在双方都同意的情况下进行抵消,由此促进能让双方共同获益的交易。

在各种规制形式中,命令与控制的方法的声誉已经大为下降了,但在大多数土地规划者看来仍是唯一选项。可转让开发权可以补充或替代传统的许可和规划变更。TDRs 减少了理性决策所需信息,并且把所有者的精力引向市场而不是政治领域。TDRs 还把限制的成本分散到全部所有者身上而不是把成本集中到少数几个开发者身上,由此减少了宪法方面的问题。

第十三章　言论自由

309

> 语言是一种财富，所有人都可以同时使用它而不会使其储备有任何减少。这种财产容许为一个完整的共同体所共享，对所有人来说，人们自由地运用这种共有财富无意中会促进对它的保存。
>
> ——奥古斯特·孔德[1]

在分析过财产权之后，我转向人权。财产权属于作为"所有者"的人，而人权属于作为"人"的人。由于人权就其本身而言属于人，所以人人拥有平等人权，并且人权不能被剥夺。因此人权是平等的和不可转让的，而财产权则是不平等的和可转让的。

传统的人权清单包括言论自由和其他形式的自我表达、印刷和广播、信仰、集体聚会("集

〔1〕 引自 Lessig 和 Resnick 1998。

会”）和契约。这个传统清单上的项目都属于“自由”，我在第十章中将其定义为“受保护的许可”。近年来，政治理论家和政治家都在试图超越“自由”，扩大“人权”范围。扩大后的人权清单中包括民权，这里我指的是禁止进行基于种族、民族、性别或宗教的歧视。有人建议将人权范畴进一步扩大到包括福利权利（最低生活工资、医疗保健、住房、食物、带薪假期等）和文化权利（少数民族语言、文化独特性、民族自决等）。

在法律与哲学中，每项人权都发展出自身的历史和特征。这里我不想对所有人权进行研究，而是具体分析其中两项，尤其是本章的“言论自由”和下一章的“民权”。正如孔德在前面那句话中所指出的，许多形式的言论都属于公共物品，由此经济学家得出结论：言论往往是供给不足。这里我要用公共物品理论来解释应在什么情况下保护言论来增加供给。在本章中，言论公共物品理论将解决诸如以下一些问题：

例1：一个专业协会由于“过激的政治言论”和“不够专业的商业广告”，对一名成员进行处罚。经过诉讼之后，法院命令协会停止干预成员的政治言论，但法院允许协会以广告问题为由继续惩罚该成员。经济理论能够为这种差别提供正当理由吗？

例2：英国法律有效地限制了政治竞选开支，但美国法院对宪 310
法的解释却对有效限制开支形成阻碍。有效限制政治竞选的开支对政治竞争有什么影响？

例3：一名公众作家假称其邻居与一名著名政治家之间存在不正当的性关系。于是他的邻居和政治家以诽谤分别对他提起诉讼。法院准许邻居起诉，但驳回政治家的起诉。自由言论和诽谤之间的界限是否因受害者是著名政治家或是普通人而有所不同？

第一个例子涉及政治言论和商业言论之间的区别。经济学理论能够为对政治言论给予比商业言论更为严密的保护提供正当理由，这是由于垄断政治的危险性远远超过垄断某个市场的危险性。

第二个例子是关于限制政治竞选开支的。媒体广告需要金钱作后盾，而社区巡回演讲需要进行组织。对竞选开支的有效限制会促使政治竞争的关键不再是筹款，而是转为对竞选活动的组织。本书前面部分对“中间投票者定理”和“政治交易”进行了对比。媒体广告促使政治向中间投票者定理的方向移动，而政治组织则促使政治走向交易。

第三个例子关系到诽谤和言论自由的界限。合理界限能在总体上减少不实言论和过少言论造成的错误。对于不同阶层的受害者，如普通邻居和著名政治家，合理界限是有所差别的。

第一节　言论自由与有价值的言论

人们通过语言赞美上帝、寻找配偶、协调工作、打击对手、参加竞选和表演戏剧。正如金钱是商业生活的媒介一样，交谈是社会生活的媒介。如果语言如此重要，为什么它是免费的？答案在于“自由”的两层含义之间的区别。我们来考察美国宪法第一修正案中所规定的“禁止国会制定法律剥夺言论自由”。限制性立法会剥夺言论自由。通过禁止政府的言论控制，第一修正案中“言论自由”中的“自由”和“自由市场”中的“自由”含义接近。在政府不干预的情况下，言论与市场都是自由的。

如果把“free”这个词用于物品而不是市场，它还有另一层含义。当价格跌落至接近零时,物品变得更加便宜,直到像阳光或乡村的空气一样“免费”。在“free”的这个意义上,当人们谈论一些毫无价值的事情的时候,言论是廉价的。美国宪法中的“free speech”并不意味着廉价的言论。相反,言论自由鼓励人民进行有价值的言谈。的确,通过证明言论自由能够使谈话价值最大化, 311
就像自由市场使商品价值最大化一样,经济分析为把言论自由提升到宪法权利的高度提供了正当性基础。

这里我简要说一下为什么宪法对自由言论的保障使言论价值最大化。从广义上说,“言论”指任何沟通行动。通过沟通行动,人们传递自己视为很重要的信息,包括新的想法。在本书其他部分我们也讨论过,从经济学观点来看,思想是一种特殊商品。如果有人咬了一口苹果,留给其他人吃的就少了一些。因为一个人的消费减少了其他人的消费,所以像苹果这样的普通商品是“竞争性”的。但是如果一个人将一个想法付诸实践,并不能影响其他人使用这个想法,所以思想是“非竞争性”的。一个占有非竞争性商品的人能无偿与其他人分享。虽然享用者众多,但是没有成本。只有广为传播,思想才能有效率,正如只有让人人尽享军事防务、安全的街道和清洁空气,才能在这方面实现最大效率。〔2〕

在经济学理论中,“外部性”指价值的无偿转移。即使有害的外部性,如烟雾或噪声,供给者也不用为给别人造成的伤害付出代价。我在本书第五章分析了一个大家熟悉的经济命题,认为自由市场提供了过多的具有有害外部性的物品。当生产天然具有过剩趋势时,就要通过限制性调控来改善形势。反之,即使是有益的外部性,例如花园和灯塔,供给者也不会因为对他人创造的

〔2〕 欲了解更多细节,参见 Cooter 和 Ulen 1999 第五章关于信息经济学的讨论。

利益而得到回报。自由市场提供的能创造有益的外部性的物品太少了。

很多言论形式都能创造有益的外部性,尤其是思想的传播。因此,自由市场提供的有益言论严重不足。而言论控制使问题更加严重。言论自由的宪法原则避免了那些导致思想供给不足问题恶化的立法。这种对言论自由的辩护一直伴随着关于资源有效分配标准的经济学论证。

除了资源有效分配的论证,经济学家还通过创新和增长为自由市场提供辩护。发现一项有价值的新技术或产品的创新者会在竞争中获得暂时性优势。这种暂时性优势能创造巨大利润,但随着时间推移,竞争对手开始仿效,巨大利润不复存在。因此,自由市场有助于引起激烈竞争,激励和传播创新。

同样,发现一个新概念或表达一个新观点的发言者使自己卓尔不群,并由此获得名利。随着经过不断改进的观点的传播,原先发言者所获得的名利随着时间推移渐渐消失。因此,言论自由促进激烈竞争,激励创新和传播思想。这些事实使一些观察者将自由言论描述为“观念的市场”。[3]

商品市场以财产权为前提条件,但信息产权很难强制执行。
312 信息传播成本如此之低,做出有价值的发现的人很难保密。信息总会泄露,无论关系到一个计算机芯片、一次公司合并,或是一个政治家的奸情,都是一样。一旦信息泄露,发现者就无法占有其全部价值。人们预见到这个事实后,不愿为发掘信息进行投资。但法律有时会通过授予创造者财产权的方式来解决信息的非独占性(nonappropriability)问题。因此,著作权法和专利法赋予创造

〔3〕 关于这个概念的批判性历史,参见 Ingber 1984。就这个观点本身而言,他追溯到弥尔顿和约翰·斯图亚特·密尔;就人物而言,他追溯到霍姆斯。

者在特定期间对其所创造的信息拥有排他权利。排他性使用权很像暂时性垄断,能创造巨大利润。

我已经解释过为了鼓励创新,人们用知识产权来限制对思想的使用。在知识产权的特定案例中,限制确实会促进思想的供给。总体而言,法律应该允许那些有助于促进思想供给的思想限制。然而,大多数限制会减少思想供给。就像大多数垄断一样,大多数言论限制会损害公众利益,而使极少数人受益。

民主政体之下,政治竞争制度化,从而使政治官员们地位不稳。于是政治官员们不可避免地通过控制政治信息来寻求安全感。从理论上讲,对自由言论的宪法保护能防止公职人员通过限制言论来减少政治竞争,而通过将控制言论的场所从政治领域转为法院,宪法将言论限制移除到普通政治领域之外。总体而言,言论自由的宪法权利提高了政治候选人之间竞争的效能。

我解释过,由于言论自由能促进有益的外部效应和政治竞争,因此经济学理论支持言论自由。执行宪法权利常常要求法院对有竞争关系的各种价值进行平衡。对言论自由保护力度越大,其他权利牺牲也越大。经济学理论揭示了一个决定宪法对各种言论的保护程度的简单原则:**对于任何特定类型的言论来说,宪法保护随着两个变量的增加而提高,即有益的外部效应和言论控制产生的垄断力量**。根据宪法做出的判决经常遵从这一原则。下面我通过对政治言论、商业言论和色情作品三者进行比较来说明这一点。

一、政治言论

要维护民主竞争,而不是倒退到独裁制或寡头制,这需要许多制度支持,包括自由政治辩论和在选民中进行广泛的信息传

播。政治言论的任何删减都会减少政治竞争,从而削弱民主政体。民主需要持续的言论保护,防止激进分子所宣称的关于他们
313 自己所理解的"真理"的特权("我之所以有权利迫害你,是因为我是对的而你是错的。"——波舒哀[4])。在民主政体中,政治言论是政治竞争的核心,因此应该享有最高的宪法保护。[5]

言论自由以令人意想不到的方式促使政府做出更多响应。需要说明的是,让·德勒兹和阿马蒂亚·森证明,在发展中国家,自由媒体经常通过揭露政治家、尤其是独裁者想要隐藏的公共政策灾难来阻止饥荒的蔓延(Dreze 和 Sen 1989)。[6] 尽管许多公民低估了政治言论自由的价值,但自由主义政治理论家却视若珍宝。从这个角度来看,言论自由是一种"优效品"。(关于"优效品",参见第十章)。在下一节中,我将把这个事实与限制政治竞选开支的规制活动联系起来。

(一)规制政治开支

在公众公司*,股东按照投资比例拥有投票权。富人治理在私人公司运作得很好,但是在国家层面很糟糕。很少有公民愿意用民主政体换取财阀政体。难处在于找到能限制金钱对政治产生影响的好办法。从技术层面说,这些限制包括限制任何个人或组织向特定候选人捐款的金额,或限制任何候选人花在某项竞选活动中的总开支金额,或限制任何候选人从个人财富中提取的用

---

〔4〕 引自 Rawls 1993,第 61 页,注释 16。

〔5〕 政治言论被称为"双重公共物品",这是由于它传播思想,并且构成对公共生活的参与。参见 Farber 1961。

〔6〕 但是要注意,在缓解饥荒过程中,物品和信贷的自由市场所发挥的作用至少是和言论自由一样大。

* public corporation,以股权的流通性为标准,可将公司分为私人公司和公众公司。私人公司不允许对外发售股份,其股权流通性较弱。公众公司可以对外发售股份,其股权流通性较强。——译者注

于个人政治活动的金额。

不同国家关于向政治候选人捐款的法律也不相同。例如,英国严格限制任何国会候选人在选举中的竞选开支。开支限额等于一笔固定金额再加上基于选民中选举人数量的适度额外开支。[7] 因此英国选举持续时间短,开支低。相比之下,美国没有一个有效的竞选开支或捐款上限,所以美国选举持续时间长,成本高昂。这个事实引人讥讽,"美国政治的黄金法则是'有黄金者治天下'"。

寻租理论为限制政治捐款提供了正当理由。我们回想一下:一个理性的公司会持续在政治游说上投资,一直到得自政治影响的回报率等于得自生产、研发、营销的回报率的点上。但是,这么多游说活动使金钱都浪费在非生产性活动上。美国的公司、工 314
会、艺术家、慈善机构、医生、老人和退伍军人为了使少数人赢得选举,在政治游说中花了无数的钱。对政治捐款上限进行有效控制会减少非生产性活动浪费的金钱。

凡事都有两面性。许多竞选捐款都花在政治广告上。政治广告向选民传递关于候选人政治纲领的信息。如上所述,政治信息是一种公共物品,因此,限制竞争活动捐款可能会加剧政治信息短缺。如果要在法律上寻求最佳政治捐款上限,这涉及因减少权力再分配竞争投资所获得的效益和因减少政治信息传播导致的损失之间的平衡。

广告主将特定个人的曝光次数视为商业信息。在电视和广

---

〔7〕《1983 年人民代表法案》,第 75 ~ 76 节。具体来说,截至 1989 年,法律规定,连同每次选举登记簿输入所需的额外费用,开支限额为 14,592 英镑。每个郡选民的额外费用是 16.4 便士,每个市选民的额外费用是 12.44 便士。这种限制适用于候选人竞选开支。除了候选人及其选举代理人外,任何人不得为了在选举中帮助或成全候选人而产生这方面开支。感谢 Anthony Ogus 提供以上信息。

播广告中,每次曝光的成本随着收视或收听范围扩大而下降。因此电视和广播广告有很大的规模经济效益。就像商业广告一样,为了实现规模经济,政治广告的目标媒体是各个电视台和广播电台。但是由于电视和电台的广告费非常高,有效限制竞选开支会减少电视和电台广告数量。

在20世纪60年代,美国监管机构积极遏制机票价格竞争,一些航空公司在他们的大型客机上设置钢琴酒吧来招徕乘客。扼杀某种形式的竞争一般会将其转为其他形式的竞争。当政治家们无法通过媒体竞选时,就需要依靠政党组织进行竞选。一个典型的政党组织就是一个金字塔,民选官员在顶部,志愿者在底部。地方政治组织对那些在社区中拉票和进行投票动员的工作人员只付极少的报酬或不付报酬。一般来说,有效的竞选开支限制促使政治竞争从媒体转移到劳力。相反,无效的竞选开支限制导致政治竞争从劳力转移到媒体。

劳力竞选和媒体竞选有着不同的属性。劳力竞选需要一个有组织的党派来引领志愿者的工作。有些志愿者期望他们的工作能产生政治回报。有组织的活动促使来自不同派别、代表不同利益的领导人之间对一些问题达成交易。相比之下,媒体宣传能使选民进一步了解政治家在一些问题上的立场。在媒体竞选中,政治家必须提升人气,而不是建立组织。

本书前面章节阐述了中间投票者定理和政治交易之间的区别。媒体政治几乎没有讨价还价的余地,从而加强了中间投票者定理的力量。相反,政党能通过组织来扩大交易空间。所以在分析限制竞选开支的影响时,必须考虑到交易可能增加和中间投票者的影响可能会减少。

(二)政治行动委员会(PACs)

美国政治行动委员会的近期历史说明了限制竞选开支的实

际困难。美国人总是在想,为了赢得竞选而花费那么多钱算不算浪费和腐败。在导致尼克松总统被迫辞职的丑闻发生后,国会通 315 过了一项法律,规定每人向任何候选人的政治捐款不得超过 1000 美元。[8] 但是在巴克利诉瓦莱奥(Buckley v. Valeo)案[9]中,最高法院对用于帮助选出候选人的开支和竞选捐款进行了区别。法院允许政府限制竞选人可从每个捐款者处接受的私人捐款的金额。[10] 但是,法院坚持政府不得限制其他人为候选人助选的开支,此类限制是对言论自由的违宪干预。最高法院一位法官说,对将个人为某位候选人助选的开支限制在 1000 美元内"就像允许一位演讲者在公共礼堂中表达他的观点,同时禁止他使用扩音系统一样"。[11] 最高法院认定只要不把钱直接给到候选人的竞选基金,任何人可以花费任何数量的金钱为某人助选,由此废除了限制政治捐款法律的效力。

作为对这些法律发展的响应,各大公司通过名为"政治行动委员会"(PACs)的组织来为竞选提供捐款。在历史上 PACs 的地位并不重要,但《1971 年联邦选举竞选活动法案》颁布后,情形发生了意想不到的变化。在 20 世纪 60 年代,工会的全部政治捐款远远超过企业的捐款,但工会担心联邦对政治捐款的限制会阻碍他们对候选人的支持。察觉到这些危险之后,工会通过争取,实现了对法案的修订,也就是后来的 1971 年法案,随后又在其他立法和法院裁决方面做出努力,从而使组织可以提供大量政治

---

[8] 《联邦选举竞选活动法案》于 1971 年通过,并分别于 1974 年和 1976 年修订。

[9] 424 US 1,96 SCt 612,46 LEd 2d 659(1976).

[10] 主要政党候选人会收到一些联邦资金用于竞选,而且国会可以对接受私人捐款进行限制,作为接受联邦资金的条件。

[11] 联邦选举委员会诉全国保守主义政治行动委员会(Fedaeral Election Commission v. National Conservative Poitical Action Committee),470 US 480,493,105 SCt 1459,1467(1985)。

捐款。

但和工会相比,企业更能利用这些机会。根据联邦选举委员会的统计,PACs 捐款从 1977 ~ 1978 年的 3500 万美元增加到 1987 ~ 1988 年的 1.59 亿美元。另外,1987 ~ 1988 年,公司 PACs 数量达到 1616 个,共向政治候选人捐款 5600 万美元,同一时期共有 256 个工会 PACs,捐款额为 3500 万美元。[12]

工会和公司政治捐款之间的平衡产生的戏剧性变化对美国政治产生了重大影响。工会倾向于向自由派的民主党人捐款。相反,公司 PACs 寻求影响当权者,所以公司 PACs 倾向于支持现任政治领导人,无论他们属于哪一党派。但是当现任领导人下台、国会席位出现空缺时,公司 PACs 倾向于支持保守的共和党人。总体来说,公司捐款的激增使美国政治更趋于保守。

与直接限制竞选开支相比,间接限制更容易取得成功。直到
316 19 世纪末,英国和美国的公民还在公开投票,所以任何观察员都能看到每个人的投票过程。在公开投票中,那些花钱"购买"选票的人能够观察到卖方是否信守诺言。通过引入投票站,买家无法再监视卖家,因此公民出售选票的现象减少,甚至消失。

和 19 世纪的公民一样,立法者一般当众投票,所以捐款者能监控接受政治献金的立法者的行为。捐款和选票交易在游说者和立法者之间相当流行。后来出现一个能抑制这个市场的新建议:匿名捐款。根据这个建议,政治捐款必须经由保密信托下的"捐款站"提供。捐款站防止立法者知道捐款者的身份,因此立法者无法通过向特定目标输送政治回报来换取捐款(Ayres 和 Bulow 1998)。但是这个提议对自我表达的限制可能被美国法院

---

〔12〕 Epstein 1979 介绍了相关历史,并提供了早期数据。这里引用的数据是 Epstein 在一次非公开出版的演讲中更新过的数据。

判为违反言论自由的宪法权利。

问题:

1. 有人曾提出以下宪法修正案:“国会可制定法律来规制意在影响联邦政府职位选举的捐款和开支的数量。”该修正案会增加或减少政治言论的价值吗? 该修正案会增加或减少政治竞争吗?

2. 解释为什么媒体宣传会提高中间投票者的影响力,而更依赖志愿者工作的竞选活动会加强政治交易的作用。

3. 公司是法人,而不是自然人。美国宪法的言论自由权利保护的是自然人,不是公司。公司是否应该享有言论自由?〔13〕

二、商业言论

现在我从政治言论转到商业言论。商业言论的主要形式是广告。广告能通过提供信息和改变品位来增加对备选商品的需求。通过广告提供信息有助于促进竞争,规制商业言论能抑制竞争。例如,一项实证研究发现在美国有些州眼镜价格特别低,在这些州,对眼镜商的广告限制也少一些。〔14〕有时企业集团会劝说政客对某些广告和其他一些形式的商业言论施加限制,以此来寻“租”。

美国法院认为,有时压制商业言论是违反宪法的。例如,一 317
些州的律师协会原先禁止律师广告。律师协会的广告禁令相当严厉,甚至禁止律师在名片上印上自己的专业领域,〔15〕因此使有些律师能收介绍费。美国法院认为,律师协会对广告的某些限制

〔13〕 Dan-Cohen 1991.

〔14〕 Benham 1972.

〔15〕 参看《ABA 伦理准则》的旧版本,如 Black 等 1991。

违反了商业言论自由权。[16] 在这些限制都被取消后,律师开始做广告,这加剧了竞争,但也使公民更容易获得法律服务。

这个关于律师的例子说明了美国法院对商业言论的保护。但相比政治言论,商业言论享有的保护要少一些。关于言论自由的经济学理论提出一个理由,解释了为什么对政治言论的保护要多于对商业言论的保护。虽然言论自由对政治竞争和商业竞争都有促进作用,但对二者保护的重要性不同。鉴于国家垄断了武力,所以维持对官职的竞争比维持对某个特定产品市场的竞争更加重要。民主政体失去政治竞争所造成的风险比特定市场垄断对公众的威胁更大。[17] 所以政治竞争的重要地位是保护政治言论比保护商业言论更重要的首要理由。

第二个理由涉及私人物品和公共物品之间的区别。私人物品主要影响生产者和使用者,因此广告带来的大部分收益归于目标消费者和广告主即卖方,而不是第三方。在这方面,广告就像一个外部效应很小的私人物品,而不像能产生很大外部影响的公共物品。相反,法律具有普遍效力。政治市场的外部效应大于商品市场的外部效应,这为对政治言论提供比商业言论更多的法律保护提供了正当性理由。

问题:

1. 自由言论使谈话价值最大化,而自由市场使商品价值最大化。假设我们的目标是价值最大化,解释一下为什么法院对言论的保护比对市场的保护更为严格。

2. 一些法经济学学者提倡对财产权提供类似言论的宪法保

[16] 弗吉尼亚州药事委员会诉弗吉尼亚公民消费者理事会案(Virginia State Board of Pharmacy v. Virginia Citizens Consumers Council),425 US 748 (1976)。

[17] 但是要注意,Ronald Coase 对此点显然不同意。参见 Coase 1974。

护。[18] 为了落实这些观点,美国宪法可能被改变。宪法可能会禁止政府"缩小财产权范围"(abridging property rights),而不仅仅是保护私人财产不被征收。如果宪法发生这种变化,请预测一下后果。

三、色情作品

现在我们来考察一个受到个人重视的关于"言论"的极端案例,具体来说就是色情作品。色情作品消费者重视这种文学带来 318
的愉悦感,他们不惜花很多钱来购买色情作品便是明证。但许多人认为色情作品创造的外部效应有害无益。例如,一些女权主义者和保守基督徒声称,色情作品激起了针对妇女的暴力。如果这些断言属实,那么与商业言论或政治言论相比,支持对色情作品进行宪法保护就不太能立得住。事实上美国法院只对色情作品提供有限的宪法保护。[19] 色情作品不受高水平的、统一的宪法保护,美国各地区都有一定权力用自己的标准对色情作品进行规制。

(一)色情作品税?

人们对色情有不同的定义和反应。许多人坚信,广告使他们非自愿地接触一些令人厌恶的影像,而其他人觉得这些影像不算什么。当人们非自愿地接触色情作品时,施害者无须为其他人受到的伤害付出代价。像空气污染一样,非自愿地接触人们认为很恶心的影像是一种外部性。付费意愿是外部成本的一种衡量标准。由于经济学尊重个人偏好,因此个人感受决定了非自愿地观

---

〔18〕 与此观点最为接近的是 Epstein 1985b。

〔19〕 参见 Post 1990 对《好色客》杂志诉法韦尔案(Hustler Magazine v. Falwell),108 SCt 876 (1988)一案的讨论。

看色情作品的社会成本。大体上讲,那些反对色情作品的人愿意为了避免色情作品而支付的金额可用来衡量色情作品的外部成本。

经济学家经常推荐用市场工具而不是命令—控制类的规制手段来控制外部性。例如,与数量限制相比,经济学家一般更支持通过征税或可转让排污权对某些污染进行控制。[20] 以此类推,国家可以用色情作品税来取代传统的限制手段。大体上说,标准经济学技术可以测量那些反对色情作品的人愿意为了避免看到色情作品而支付的金额。按常规经济学逻辑,色情作品税应该等于其造成的外部损害。任何向公众展示税率表上所界定的各种色情作品的人都要纳税。如果只向一小部分人展示适度的色情作品,就要缴纳小额税,如果向很多人展示特别露骨的色情作品,就要缴纳巨额税。(但各种特别恶劣的色情作品,如儿童色情,仍属于刑事犯罪范畴。)

就像污染税一样,色情作品税与传统规制相比更有优势。面对纳税压力,那些能轻易用非色情广告来代替色情广告的广告主就会拿掉色情作品,而那些大部分利益来自色情影像的广告主不会做出改变。因此减少公开色情作品的成本会落到那些能够以最低成本"削减"的供给者身上。通过调整税率表,税务当局就能将不同类型色情作品的供应减少到任何目标数字。

色情作品税也有宪法优势。与税收相比,禁止更具有强制
319 性,所以在捍卫宪法自由方面,法官对规制比对税收更为小心谨慎。有些法官很警觉,希望保护色情作品表达权。这些法官会发现与禁令相比,税收的危险性更小一些。另外,色情作品税可能

---

〔20〕 第十二章讨论了为保护环境目的的可转让开发权。关于污染税和排污权的讨论参见 Baumol 和 Oates 1979。

会使官员在处理难以控制的问题上更加灵活。这个建议方案不是把所有言论分为“被允许的”和“被禁止的”两种，而是再加一种：“应税言论”。[21]

除了以上列举的优势，色情作品税也有其劣势，尤其是行政成本方面。与刑事禁止相比，色情作品税会适用于更多类型的影像。频繁征税产生的成本会大于偶尔罚款产生的成本。只要税收收入超过行政成本，也许行政成本就不是最重要的反对理由。在伦理学者看来，色情作品税的另一个劣势在于，它没有明确谴责色情作品。尽管如此，伦理学家肯定也会为非自愿接触的色情作品大量减少而感到宽慰。考虑色情作品监管具有显而易见的劣势，看起来色情作品税值得深入探讨。

（二）私下观看色情作品

我一直在研究非自愿接触色情作品的外部成本。那么私下自愿观看又将如何？私下观看色情作品是否侵犯了他人的利益？心理学家不这么认为。有一种传统心理学观点与弗洛伊德有些渊源，该种观点认为色情作品用将观众的性能量转化为假想行为，在不伤害其他人的情况下释放了性冲动。根据这个观点，私人观看色情作品可能会对他人有益，因为这样会减少令人反感的行为出现的可能性，比如工作场所的性骚扰。如果这个观点得到证实的话，则意味着社会赞成私下观看色情作品。

但是就在最近，一些法律学者强烈断言，私下观看色情作品

---

〔21〕 在一篇关于因特网色情作品的创新性文章中，Lessig 写道：“人们认为言论共分三种：(1)每个人有权发表的言论（政治言论、关于公众事务的言论）；(2)任何人无权发表的言论（淫秽言论、儿童色情）；(3)一些人有权，但另一些人无权发表的言论[如在大学中，不得发表金斯伯格诉纽约案（Ginsberg v. New York）判决中所禁止的言论，或者说成年人有权，但孩子无权发表的‘对未成年人有害的言论’]。按照这个观点，言论保护主要针对范畴(1)，而言论控制主要针对范畴(2)和(3)。”（Lessig 和 Resnick 1998，第 1 页）

会导致一些男性侵害妇女。[22] 根据这个观点,色情作品通过把欲望对象物化而激发暴力。如果这个观点得到证实的话,则意味着私下观看色情作品会对他人造成伤害。第三种观点认为私下观看色情作品对于男人对待女人的方式影响很小,几乎没有。

目前没有可靠的科学知识体系能确定私下观看色情作品是
320 否能导致或避免对妇女的伤害。但是一系列新的研究可能在将来提供这方面的证据。[23] 在缺乏证据的情况下,政治辩论必须继续依靠道德直觉、宗教传统和哲学理论,包括具有哲学思想的经济学家对自由和效率的研讨。[24]

绝大多数公民希望禁止儿童色情和限制孩子接触色情作品。但互联网的爆炸性发展为这方面的控制增加了难度。互联网传输的过程是从发件者开始,经由中间媒介,最终到接收者。关于接受者的身份界定(如未成年人或成年人),不同地区的法律规定也不一样。但是发件者一般不知道收件人所在地区,属于什么类型,甚至传播的路径。为了获取这方面的信息,发件者需要对接收者进行控制,如设置密码进行访问限制。通过对发件者征税或予以处罚,决策者会促使发件者寻找成本最低的技术来遵守法律规定。相关技术包括发件者进行自我评级以及只允许事先批准的接收者进行访问。[25] 对色情作品发件者的税收和制裁都能使法律制定者不用再费心监控错综复杂的通信系统。

---

〔22〕 关于除了传闻没有任何证据的强烈断言,参见 MacKinnon 1987。

〔23〕 **作为**实验心理学可能取得的一个结果,Borgida 1994 做了一项实验,证明接触性暗示广告会:(1)改变知觉任务的表现,使人联想起性;(2)在男性对女性的工作面试中导致成见和支配行为。

〔24〕 Sen 的另外一篇文章(1970b)对比了"淫荡下流"和"假装正经",有很大的公共反响。

〔25〕 关于规制因特网言论的一篇有思想的前瞻性文章,参见 Lessig 和 Resnick 1998。

(三)强制执行道德准则?

如果在一些政治价值问题上能有重叠共识,将会使大多数公民自愿遵守法律。[26] 如果多数公民对法律的遵守不是自愿的,那么法治就会崩溃。[27] 国家怎样维持实现法治所必要的重叠共识?

有一个经济学类比能帮助解答这个问题。大多数现代经济学家认为,没有国家干预,经济才能发展得最好。但是在18世纪欧洲占统治地位的重商主义哲学认为,为了增加国民财富,国家应该全方位调控经济。传统上,亚当·斯密发起的对这种观点的攻击是现代经济理论的开始。

这些经济理论的发展与道德的发展非常类似。在18世纪,英国有国教,国家审查新闻媒体,惩罚通奸和同性恋。伟大的普通法历史学家和哲学家布莱克斯通为新闻审查制度和国教辩护,称它们对于维系整个国家的必要道德共识来说不可或缺。[28] 但在20世纪,英格兰和其他一些自由民主政体的法律体系中上述法律仅有极少的遗存。显然政治哲学家和许多公民认为,与过去 321
相比,国家应该少培养什么道德共识。可能国家应提供一个防止人与人之间相互伤害的法律框架,然后让经济和道德自行发展。在世界上许多地方,在经济学和道德领域,重商主义精神的影响已经不如从前。

问题:

1. 用垄断理论来解释为什么与公立学校相比,可以允许私立学校对学生言论进行更多限制。

---

〔26〕 关于重叠共识和政治理论的深刻思考,参看 Rawls 1993。

〔27〕 关于这一点的模型,参看 Cooter 1997c。

〔28〕 因此布莱克斯通写道:“谴责放荡之辞是为了维护新闻自由。”[1765(1992),第153页]大体内容参看他为国教辩护的章节。

2. 美国宪法第一修正案明确保护言论和出版,但其保护范围已经扩展到大多数沟通行为和各种形式的自我表达。公共物品理论如何确定是否应该保护某种行为?

3. 美国法律允许雇主禁止在工作场所有任何在性方面具有冒犯性质的言论,但允许在公共讲坛上发表同样言论。请从经济学方面解释这些事实。

第二节　我的言论,你的网络:组织对成员的言论限制

如前所述,言论自由的公共产品理论提出两个基本的结论。第一,言论能传递创造有益外部效应的、市场无法充分供给的思想,对言论自由的宪法保护确保政府不会加剧这种短缺。第二,限制言论权利会减少竞争。发言场所的重要性越高,由此导致的损害也就越大。

我无法充分阐述整个理论,但我要说几个细节。先从组织如何限制其成员的言论这个例子开始。Prodigy Services 是零售公司 Scars 和电脑公司 IBM 的合资企业,它的主营业务是将个人电脑用户连接到一个提供各种服务和信息交换的网络。[29] 当 Prodigy 最近试图向用户增加收费时,一些用户利用网络发起抗议活动,包括向通过该网络销售的产品的广告主提出投诉。显然 Prodigy 最后通过终止一些用户的使用协议来回应这场抗议。一些被终止的用户宣称,这样做涉嫌侵犯他们的自由言论宪法权利。但 Prodigy 回应称,尽管消费者之间彼此传播消息是私密的并且是受

---

〔29〕 互联网发展太快了,我关于这个公司的评论在本书面世时可能已成为历史。

保护的,但公司有权对消费者通过网络向广告主发出的消息进行限制。[30]

其他许多组织也通过各种方式限制成员的言论自由。例如,立法者必须遵守会议议程;除非被点名,否则学生在课堂上 322
不能说话;天主教神父不可以提倡堕胎;有些公司工人在工作时不能有种族歧视言论;多数政府雇员不得在工作中提出政治理由。如果言论没有限制,组织的效能将会被削弱。例如,如果没有议程,国会辩论就会一团糟;工厂里的种族歧视会引起骚乱。另外,组织对言论的限制会对成员造成压制。例如,程序性规则会压制议会的辩论,公司会强迫员工遵守雇主的政治决定。

组织之间的激烈竞争使成员免受此类压迫。当组织相互竞争时,对所在组织不满的成员可以从中退出,加入另一个组织。一位经济学家称这类保护为"出口"。[31] 竞争打开出口,垄断关闭出口。当某个组织对成员拥有垄断性力量时,这些成员就无法转到相近的替代性组织。例如,如果一名内科医生不是美国医学会(AMA)会员,他就无法在美国的大部分医院执业。所以,如果一名对AMA持不同意见的医生想要脱离AMA,就要付出高昂代价。同样,国家在全国范围垄断政治权力。对政府持不同意见的大部分人无法移民。当退出不切实际时,人们需要用权利来保护自己的自由。宪法中必须规定人权,保护公民免受国家垄断性权力的侵犯。

这个思路也意味着法院应该怎样对组织限制成员言论的权

---

〔30〕 参见"Home-Computer Network Criticized for Limiting Users",*New York Times*,1990年11月24日,C1版。

〔31〕 Hirschman 1970.

力设定法律限制。一般情况下,组织以限制成员言论有助于提高组织效率作为限制的正当理由。如果组织效率更高,就能给成员包括高工资在内的更大回报。施加限制的侵扰度必须与组织提高效率后提供的高回报保持平衡。组织之间为了留住成员的竞争会促使组织在自由和效率(大多数人更偏爱效率)之间获得平衡。但是在一个成员自由流动的环境中,那些达到大家都普遍偏好的平衡的组织才会发展。如果通过法院干预来改变竞争性组织对成员的言论限制,成员的不满就会增加。

但是,当组织对其成员拥有垄断性权力时,个体就会需要法院来保护他不受组织对其自由的限制。组织对其成员的垄断权力越大,向员工施加限制而导致的自由的损失就越大。例如,配置最便宜的电子网络也要通过中央交换器进行传输,这就创造了一个自然垄断要素。就 Prodigy 等私人网络实际上拥有垄断权力的程度而言,其用户可能需要法院保护他们的自由言论权。反之,当 Prodigy 有竞争对手时,它就缺少垄断权力,用户就无须法院保护他们的言论权。

一般来说,**法院应该审查组织对个体自由的限制与其所拥有**
323 **的垄断权力是否相称**。如果法院没有发现任何垄断权力,法律就不应干预组织对个体言论的限制。如果法院发现有垄断权力,就应该弄清是否言论限制达到了干预和效率之间的合理平衡。合理的平衡使组织成员产生较高满意度。

经济理论能为私营组织和公共组织采用不同标准提供正当理由。不满意私营组织雇主对言论进行限制的雇员通常会离开,加入另一个私营组织。在这里,退出成本相对较低。相反,一个不喜欢政府对言论进行限制的人无法轻易移民到其他国家。离开一个国家的高昂成本表明与私营组织相比,国家的垄断权力更大。退出成本的差异阐明了与私营组织相比,公共组织应该提供更多自由言论保护。

“仇视言论”,如对一些种族群体侮辱谩骂,会破坏社会关系,妨碍机构正当目标之实现。例如,工厂内的仇视言论能中断生产,大学内的仇视言论会妨碍教育。退出成本影响到法官对仇视言论限制的态度。换工作比换国家要容易一些。国家行为的特点就是公民很难避开国家行为的后果。按照法院的解释,美国宪法可能允许私营组织对那些会干预其正当目标的仇视言论进行控制,但美国宪法不会允许州立大学等公共组织设置类似限制。[32]

我不想对私营组织和公共组织进行比较,我只是想对联邦体系内各级政府进行比较。换个社区生活总比换个城市容易,换个城市总比换个州容易,而换个州总比换个国家容易。一般来说,脱离一个管辖范围小一些的政府比脱离一个管辖范围大一些的政府要容易。脱离不同级别政府管辖范围的难度不同,因此法院对保护个体自由的警觉程度亦有所不同。我们在第六章探讨过,社区政府层面对个体自由的限制反而能扩大个体的选择范围,而国家层面的限制会粗暴地干预个体自由。“退出原则”意味着“个体权利的联邦主义”,在这里我指在只有局部影响的情况下,法院应该更多地容忍对个体自由的干预。

---

〔32〕 多伊诉密歇根大学案(Doe v. University of Michigan,案号:89-71683,密歇根东区美国联邦地方法院南部法庭,F21 F. Supp. 852)禁止公立大学限制仇视言论。在私立大学,这些言论权利会扩展到什么程度尚不清楚。参见 Santa Clara 高等法院法官彼得·斯通在科里诉斯坦福大学(Corry v. Stanford University,案号:740309,Santa Clara 郡,1995年2月27日)一案中发布的初步禁令。

第三节 自由与责任

有些想法，譬如民主和为儿童接种疫苗，能造福公众；而另外
324 一些想法，譬如像布尔什维克主义和颅相学，会伤害公众。但在一个自由国家，那些传播不良思想的人却不用为由此导致的伤害承担法律责任。举例来说，那些建议政府由随机选出的独裁者执政的经济学家对由于听从这个建议而受到伤害的组织不承担任何责任。人们认为，在一个自由的社会中，人民是有理性的，包括评估思想的能力。拥有这种能力的人应该自己决定思想是好还是坏，而不是用法律来预作判定。

思想可能是有益的，也可能是有害的，但不能用真伪来界定。真理与谬论不属于思想，而属于命题和论断，如“所有天鹅都是白色的”或“牙买加正在下雪”。真实命题总是提供有价值的信息，而虚假命题却散布困惑与怀疑。但是，与有害思想不同，虚假命题会由于其所造成的伤害而产生责任。如上所述，言论自由的经济学理论开始关注思想的外部利益。下面我从自由转到责任，并从思想转到事实命题。

为了阐明责任，先假定人、组织和产品都有非常宝贵的声誉。侵犯别人名誉的言论可能引起被害人寻求损害赔偿或禁令救济，从而引发诉讼。例如，一名报社记者可能声称，一名政治家正和一名臭名昭著的罪犯共餐；或者，埃布尔（Able）管道供应公司声称贝斯特（Best）管道供应公司的热水管没有使用真铜。在以上两种情况下，发表言论者的行为都可能属于侵权行为中的文字诽谤或口头诽谤。

一、诽谤法中的严格责任与过失

要想打赢诽谤官司，必须满足几个要素。第一，原告必须宣称被告做了一个**虚假**断言。在普通法中，情况属实是对诽谤侵权的完全免责抗辩。〔33〕（与普通法不同的是，成文法有时会让一个人为属实的断言所造成的伤害负责。〔34〕）第二，原告必须声称，他因该断言而受到伤害。无害的谎言不能作为法律诉讼的依据。

如果原告证明被告的断言是虚假的和有害的，但在没有证明其他东西情况下即可胜诉，那么这样的诽谤标准可以被称为**严格责任**。但在许多情况下，原告为了打赢诽谤诉讼官司，必须要提出更多的理由。第三个要素（如果需要的话）经常关系到能证成被告断言的证据。法律标准的程度不同，证据不同。温和的法律标准要求发表言论者应该为某个断言拿出“合理的证据”，从而将诽谤法转变为过失责任形式。发言者如果在为自己的断言收集证据时没有尽到一个群体中通行的注意标准，则发言者存在过失。例如，一家信贷公司可能会在收集用于决定某人信用评级的证据时存在过失。 325

在过失之上，更高的标准要求原告证明被告有重大过失。例如，按照美国法律，如果指控像对政治家或演员这样的“公众人

---

〔33〕 但是普通法中，起诉诽谤罪时，情况属实不是完全免责抗辩，比如诽谤国王罪（Post 1990）。

〔34〕 比如，在战争期间持不同政见者不得煽动军队兵变。在种族关系紧张期间，煽动者不得煽动民众参与暴力行为。在美国，霍姆斯法官以著名的“明显而现实的危险”标准回答了国会在什么程度时可以宣布煽动民众为非法、而不与言论自由的宪法权利抵触这个问题。参见施内克诉合众国案（Schenck v. United States），249 US 47，39 SCt 247，63 LEd 470（1919）和惠特尼诉加利福尼亚案（Whitney v. California），274 US 357，47 SCt 641，71 LEd 1095（1927）。

物”进行了诽谤,要求被告显示出“罔顾事实真相”。[35] 故意说谎是更糟糕的一种情形。发表言论者明知不实、但为欺骗目的提出断言就属于谎言。根据这种诽谤的标准,被告在提出断言时应知道自己的断言是虚假的,这样才产生责任。

我在这里无法对无责任、严格责任、过失、重大过失和故意诽谤之间的差别展开讨论,但我要大略描述一下上述情形背后的经济学问题。

在证据不完整的情况下,发表言论者很少能完全确定一个命题的真伪。严格责任规则把所有风险分配给发表言论者。如果发表言论者能将大多数真实断言所带来的收益内部化,那么虚假断言的严格责任规则就为发表真实断言提供了有效激励。然而,如果发表言论者几乎无法将真实断言的益处内部化,那么虚假断言的严格责任规则就使相当多的言论不会发表。当言论产生外部效益时,诽谤的严格责任规则让很多的言论不会发表。

过失规则可以解决这个问题。由于过失规则有明确标准,发表言论者可以通过在做出断言前收集合理数量的证据来使自己免于承担责任。免于承担责任使发表言论者更愿意通过讲话向其他人传递社会效益。

但是在某些情况下,言论带给公众的好处远比发表言论者本人得到的更多。在这种情况下,即使疏忽规则也会压制更多言论。这时诽谤的标准可能是获取证据时的故意谎言或重大过失。

二、政治家与乌合之众

为了阐明相关经济逻辑,这里我要探讨一些诽谤案例。假设

---

〔35〕《纽约时报》公司诉沙利文案(New York Times Co. v. Sullivan),376 US 254(1964)。

一位报社记者声称,一位政治家和一个臭名昭著的罪犯正在一家餐厅里共餐。这篇后来被发现是不实的报道损害了政治家的声誉。诽谤诉讼审理中可能首先会询问,根据当时的证据,记者是否应该做出这个断言。在回答这个问题前先考虑一下成本—收益测试。按照这个测试,如果期望收益超过期望社会成本,那么记者应该提出这个断言。期望收益等于"断言属实"的概率乘以 326
提出一个真断言的社会效益。社会效益包括使一名腐败政治家声名扫地获得的效益。相反,断言的期望成本等于"断言为假"的概率乘以提出一个虚假断言的社会成本。社会成本包括诋毁一名正直的政治家的名誉造成的损失。

随着发表言论者支持性证据(confirming evidence)的增加,那么其断言能通过成本—收益检验的概率也在增加。同样,由于使一名腐败政治家声誉扫地的社会效益增加,那么这样的断言能通过成本—收益检验的概率也在增加。因此,当记者拥有更多支持性证据时,而且当使一名腐败政治家声名扫地的社会效益增加时,法院认定诽谤的可能性就会减少。

前面我已经探讨过,基于现有证据,记者的断言到底算不算过失。现在我们考察记者在收集断言所用的证据时是否存在过失。支持性证据来自看到政治家和罪犯同桌共餐的用餐者。否定性证据来自没有看到政治家和罪犯同桌共餐的用餐者。接受记者采访的用餐者数量可能会表明证据的质量。

接下来,我把期望净收益检验用于收集断言所用的证据。按照成本—收益检验,如果收集证据的成本低于社会的期望净收益,那么记者没有收集更多证据是有过失的。在这个例子中,收集证据的成本等于采访其他用餐者的成本。因此随着采访其他用餐者的成本增加,法院认定过失的可能性减少。期望净收益等于新证据导致记者无法提出断言的概率乘以未提出断言而导致的损害的期望减少值。因此如果多做一个采访会使所做出的断言的结果发生反转的概率提高的话,法院认定过失的可能性也会增加。

诽谤法能使发表言论者的虚假断言成本内部化。但是在许多情况下,发表言论者无法使真实断言的收益内部化。例如,调查性报道产生的公众利益超过了因调查性报道所带来的报纸销售利润的增加。在这个例子中,公众利益来自对民选官员腐败情况的了解。如果调查记者没有从真正断言中获得所有好处,并且如果侵权责任法(liability law)让调查记者承担虚假断言的所有成本,那么调查报道就缺少动力。总体来说,外部效益的不合理导致言论供给不足,法律责任进一步恶化了供给不足。用法院的话来说,责任能让公共讨论"冷却"。

对像政治家这样的公众人物的讨论会产生私人讨论所不具有的外部效应。这个事实能解释一旦受到诽谤伤害时,为什么政
327 治家和其他公众人物比普通人更难获得赔偿。[36] 因此在《纽约时报》公司诉沙利文一案[37]中,美国最高法院承认,认定有责会导致商业报纸在不准确信息产生的成本和更多信息产生的效益之间达成错误的平衡。

三、埃布尔诉贝斯特

这里再举一个关于过失的成本—收益标准的例子。假设埃布尔管道供应公司怀疑其竞争对手贝斯特管道供应公司在安装

〔36〕 在好色客杂志诉法韦尔案(Hustler Magazine v. Falwell),108 SCt 876 (1988)中,美国最高法院认为,"如果不能证明存在恶意捏造的虚假事实陈述的情况,公众人物……不得要求损害赔偿。"对于普通人来说,不用证明恶意也可能获得赔偿。

〔37〕 376 US 254(1964).

热水管时没有使用真正的铜。如果这是一个真命题,那么做出断言就会通过向消费者提供准确信息而创造一种净社会效益。如果这是一个伪命题,那么做出断言就会使消费者陷入困惑,从而导致净社会成本。

言论的发表者无须支付虚假断言的社会成本,这使诽谤法成为必要。例如,如果埃布尔公司错误地断言贝斯特公司的热水管采用的不是真正的铜,那么消费者就会错误地避开贝斯特公司的产品,从而使贝斯特公司的利润下降。有些消费者会转向埃布尔公司,使埃布尔公司利润上升。在责任缺失的情况下,虚假断言所造成的损害落到贝斯特公司及消费者身上,而埃布尔公司则从中获益。但诽谤法会让埃布尔公司赔偿贝斯特公司,因此使贝斯特公司遭受的损失转移到埃布尔公司。一般来说,诽谤法能使发表言论者将虚假断言造成的误导产生的社会成本内部化。

在提出断言之前,埃布尔公司应该通过调查贝斯特公司安装的管道等途径来收集证据。调查应当一直进行,直到额外证据的成本等于收集否认性证据的概率乘以未提出断言而避免的伤害。遵循这个原则,埃布尔公司就能收集合理数量的证据。

在收集合理证据之后,埃布尔公司应当权衡利益、成本和概率。如果期望收益超过期望社会成本,埃布尔公司应该提出断言。期望收益等于“断言属实”的概率乘以提出一个真实断言的社会效益。收益包括揭露一家制造伪劣管道产品的公司给消费者带来的效益。反之,断言产生的期望成本等于“断言为假”的概率乘以提出一个虚假断言的社会成本。社会成本包括诋毁一家认真尽责的管道公司的声誉给消费者带来的因竞争减少而导致的损失。

四、今天有雨

现在,我将阐述一个基于社会净期望收益的精确的诽谤检
328 验。从概念上来说,停止收集证据的时机很难掌握。为了便于说明,我把这个普遍问题简化成一个具体问题:去海滩前是否要花些精力了解天气预报。

假设你要决定是去海滩还是待在家里。晴天时去海滩的收益为 B,下雨时去海滩的成本为 C。为了做出决定,你要了解一些天气的信息。你看着天空,估计晴天的概率 p。按照理性,如果 pB 超过(1 - p)C,就去海滩,否则就待在家中。

$$[pB-(1-p)C\geqslant 0]\Rightarrow \text{去海滩} \qquad (1)$$

$$[pB-(1-p)C<0]\Rightarrow \text{待在家中} \qquad (2)$$

假设不等式(1)成立,所以你暂时决定去海滩。在做出最终决定前,你在考虑是否应该电话咨询气象局,多了解一些信息。气象局能预测晴天或雨天。如果你打电话咨询气象局,知道预报为晴天,你的暂时性决定就会成为最终决定:去海滩。在这种情况下,你给气象局打电话,除了使你感到更自信之外你什么也没得到。

我们用更为正式的方式表述这个事实:令 p_s 表示当你知道气象预报是晴天时天气为晴天的主观概率。你知道气象预报是晴天时天气为晴天的主观概率高于你不知道天气预报时天气为晴天的概率,即 $p_s>p$。如果不等式(1)在给气象局打电话前成立,那么不等式(1)在给气象局打电话、得知晴天预测后仍成立:

$$[pB-(1-p)C\geqslant 0]\Rightarrow[(p_sB-(1-p_s)C\geqslant 0]\Rightarrow \text{去海滩}$$

现在考察另一种可能性:你给气象局打电话,得知预报有雨。由于气象局预测下雨,你就要下调你认为天气为晴天的主观概

率。用正式方式表述这一事实：令 p_r 表示当你知道气象局预测下雨时你的晴天主观概率，这里 $p > p_r$。

气象局预测下雨这一事实导致你的晴天主观概率下降。如果你的晴天主观概率下降到一定程度，你就会改变想法，决定待在家里。我假定 p 值向下移动幅度很大，使不等式(2)成立：

$$[p_rB - (1 - p_r)C < 0] \Rightarrow \text{待在家中}$$

在这种情况下，你打电话所节约下来的就是当很可能要下雨时去海滩的期望净成本。具体来说，通过改变你的决定，待在家中，你节约的期望净成本等于$[p_rB - (1 - p_r)C]$。

现在我用公式来表示怎样决定是否应该给气象局打电话。 329
假定这个天气服务电话是收费电话，成本为 w。令 q 表示你的气象局预报为晴天的主观概率。如果气象局预测晴天，除了你对自己去海滩的临时决定更为自信以外，你所花的电话费产生不了任何收益。因此花费成本 w 给气象局打收费电话，无收益的概率为 q。

令$(1 - q)$表示你的气象局会预测下雨的主观概率。如果气象局预测下雨，待在家中的决定会使你节省在一个可能下雨的天气里去海滩产生的净成本，即$[p_rB - (1 - p_r)C]$。这种节省的发生概率为 $1 - q$。因此给气象局打收费电话的成本为 w，节省的净期望成本等于$(1 - q)[p_rB - (1 - p_r)C]$。

现在我用一个公式准确地表达给气象局打电话的期望成本和效益。当成本为 w 时，收益为 0 的概率为 q，收益等于$[p_rB - (1 - p_r)C]$的概率为$(1 - q)$。所以如果期望效益超过期望成本，你应该给气象局打电话，或者用符号表示为：

$$[-(1 - q)[p_rB - (1 - p_r)C] > w \Rightarrow \text{给气象局打电话} \quad (3)$$

根据公式(3)，如果推翻你对于晴天的信念所产生的期望节约超过打电话的成本的话,你就应该给气象局打电话。

五、合理证据

通过重新解释天气模型中的公式(1)、(2)和(3),我能设计出一个关于诽谤的成本—收益检验法。假定某人必须决定是否提出一个断言。如果发表言论者没有提出断言,社会收益为 0。如果发表言论者提出一个命题并且属实,社会收益等于 B。如果发表言论者提出一个命题并且为虚假,社会成本等于 C。令 p 表示特定命题为真的概率,1 - p 表示特定命题为伪的概率。当且仅当期望收益超过期望成本时,效率才要求发表言论者提出断言:

$$pB-(1-p)C\geqslant 0\Rightarrow \text{提出断言} \tag{1'}$$

$$pB-(1-p)C<0\Rightarrow \text{保持沉默} \tag{2'}$$

不等式(1′)中概率 p 取决于关于断言的真实性能找到哪些证据。一个理性的人在提出断言前应该收集多少证据?一般来说,答案取决于收集信息的成本和由此所能避免的伤害。

假定发表言论者将提出断言,除非他获得新证据表明该命题
330 为伪。换言之,假定当前证据下不等式(1′)成立。发表言论者是否应该收集更多证据,然后才提出断言?如果新证据确认以前的判断,那么 p 上调为 p_s。新证据使发表言论者在提出他计划或提出的断言时更加自信,但确认性证据不会改变发表言论者提出断言的计划。所以确认性证据除了给予发表言论者更多自信外没有任何价值。

令 q 表示收集更多证据不会使发表言论者改变计划的概率。换句话说,令 q 表示在收集更多一些证据后(1′)仍然成立的概率。不改变计划,额外的证据就不会产生期望效益或成本。因此,发表言论者预期通过收集更多证据获得的收益为 q[0]。

相反，新证据也可能否定以前的判断。如果新证据否定以前的判断，那么 p 下调到 p_r。下调 p 可能会打破平衡，导致不等式（2′）成立。如果平衡被打破，那么发表言论者应该保持沉默。足以改变发表言论者计划的否定性证据会产生客观影响。通过改变计划，保持沉默，发表言论者预期节省 $[p_rB-(1-p_r)C]$。

令 1 – q 表示收集更多证据会使发表言论者改变计划的概率。换句话说，令 1 – q 表示在收集更多证据后会导致 p 下降、直至满足不等式（2′）的概率。[38] 通过使发表言论者改变计划、保持沉默，发表言论者预期节省 $[p_rB-(1-p_r)C]$。因此发表言论者由于收集更多证据预期节省 $(1-q)[p_rB-(1-p_r)C]$。

现在我能用一个公式来表示是否收集更多证据的决策规则。用 w 表示收集更多证据的成本。一般而言，如果成本低于保持沉默避免的期望伤害，发表言论者应当收集更多的证据：

$$-(1-q)[p_rB-(1-Pr)C]>w \Rightarrow \text{收集更多证据} \qquad (3')$$

通过保持沉默 获得更多

避免的期望伤害 证据的成本

以上分析明确了诽谤过失理论的形式要素。不等式（2′）表明，如果提出一个虚假断言的期望社会成本超过提出一个真实断言的期望社会收益，发表言论者提出这个断言就属于过失。不等式（3′）表明，如果保持沉默避免的伤害超过收集证据的成本，不收集更多证据来支持这个断言就属于过失。那么现在我就能精确地表述诽谤过失理论了。在现有证据下，如果不等式（2′）成立，发表言论者的断言就属于过失。在有机会收集更多证据的情

---

〔38〕 为了打破平衡，概率 p 必须至少降低到解不等式（2′），即 $p<C/(B+C)$ 的水平。

况下，如果不等式(3′)成立，发表言论者的断言就属于过失。

331 **问题：**

1. 假设某位立法者提议让经济学家为他们提出的坏主意承担责任。请用经济学论据来驳斥这个提议。

2. 为了把公式(1′)和(2′)应用于某个个案，必须对变量进行解释。请说明在贝斯特管道公司诉埃布尔管道公司这个虚拟案例中每个变量应该怎样解释。

3. 诽谤罪会伤害公众。请将公式(1′)中的成本重写为两项，其中一项表示对某个个体的伤害，另一项表示对某个社区的伤害。讨论一下怎样将这个修订后的公式用于刑法。为了预防诽谤罪的发生，在什么情况下赔偿金必须超过受害人应该得的必要补偿？

4. 公式(2′)涉及是否需要收集更多证据来支持一个你计划将要提出的命题。假设基于现有证据，你决定**不**提出断言。你能推导出一个公式来决定是否再收集一项证据吗？(答案见脚注。[39])

结论

大学重视言论自由，但是学生的言论影响到他们的分数和教

---

〔39〕 假定现有证据无法满足(1′)。能多收集一项确认性证据的概率为 q，这会导致 p 升至 p'；收集到否认性证据的概率为 $(1-q)$，这会导致 p 下降。如果证据是否认性的，发表言论者不会发表断言。按照假设，在没有额外证据的情况下，他就应该这么做。如果证据是确认性的，我们就假定发表言论者届时应做出断言：$p'B-(1-p')C\geq 0$。因此期望回报从 0 增加到 $p'B-(1-p')C$ 的概率为 q，额外调查成本为 w。如果期望净收益为正，就应进行调查：$Q[p'B-(1-p')C]\geq w \Rightarrow$ 进行调查。

授的推荐。这个事实说明了言论自由的复杂性和微妙性。许多学者反对用一个简单模型来解释复杂行为。在我看来,简单模型对于理解复杂行为的主要原因来说是必要的。对于享有人权的人来说,一部好的宪法能使人权价值最大化。本章解释了自由怎样使言论的价值最大化。

言论能传递那些产生有益外部性、并且市场无法充分供给的信息和思想。而言论控制造成垄断,恶化了思想和信息的短缺。限制商业言论会损害特定市场,限制政治言论会威胁民主政体。相反,宪法对言论的有效保护能防止国家恶化思想和信息的天然短缺。与思想和信息不同,一些言论会侵犯他人,如非自愿接触色情作品的人。大体来说,色情作品税能使这种外部性内部化。

许多组织试图通过限制成员言论来提高效率。组织之间为争取成员的开放竞争,如公司之间为聘用雇员进行竞争,使个体 332
能在受到言论限制和从组织成员资格中获得更大回报之间达到平衡。竞争使个体能以更低代价从某个组织退出,因此法院也没什么理由再追究对成员言论的限制。

言论自由有助于鼓励有益思想,减少有害思想。因此,发明和发布不良思想的人无须承担什么责任。与不良思想不同,虚假断言能产生责任。责任的威胁使人们不会轻易基于不充分的证据做出虚假断言。通过成本—收益检验,我们就能知道提出断言需要的有效证据的数量。这个效率标准提供了对诽谤法的不同规则——如无责任、过失、重大过失和严格责任等——进行比较的基础。

第十四章　民　权

在共和国里极其重要的是，不仅要保护社
333 会、防止统治者的压迫，而且要防止一部分社会
成员对另一部分社会成员的不公平。

——詹姆斯・麦迪逊[1]

如果你认为你知道平权行动（affirmative action）的解决办法，那你并不知道问题所在。

——迈克尔・海曼（加州大学伯克利分校校长）

就其本身而言，人权属于人，所以每个人都有等量的权利，没有人能剥夺它们。但是，政治哲学家就人权的分类未能达成一致意见。人权的标准清单上包含各种自由，如言论自由、信仰自由和集会自由。除了自由权，许多政治哲学家把免受基于肤色、种族、性别、宗教等因素的

〔1〕 Hamilton，Madison 和 Jay 1961，第 323 页。在 Amar 1991 第 1132～1133 页中引用。

歧视的权利包含进来。美国关于反对歧视的斗争,最初关注的是公民权利,如选举权和在法庭上受到平等对待的权利,现在扩展到在许多私人交易中不受歧视的权利,包括在购买服务时不受歧视的权利和在私人组织中找工作时不受歧视的权利。

“民权”现在指免受各种歧视的权利。没有歧视会使不同的人在为公职、工作、财富、优惠待遇和荣誉展开竞争的时候拥有平等的机会。民权特指与机会有关的各种平等权。

性别、种族、宗教等是每个人身份的组成部分,是人格的核心。基于这些特征的歧视涉及能够激起强烈情绪的轻蔑侮辱。这种强烈的情绪通常又会引起强烈的道德评判。但是,不同人的道德评判是相互矛盾的。正如海曼校长的引语所言,道德评判中根深蒂固的冲突使各方对解决之道无法达成共识。

强烈的情绪会影响判断,使分析变得紧迫而充满争议。本章运用经济理论来分析不同形式的歧视和可供选择的法律救济的后果。尽管细致分析解决不了歧视问题,但它能提高辩论的质量,并为每个人提供改变其观点的理由。以下是本章中分析的问 334
题的一些例子。

例 1:某位拒绝录用非洲裔美国人球员的职业篮球队的老板会在竞争中处于不利地位,损失大笔的金钱。什么时候市场竞争会倾向于通过让歧视者承担损失的方式消除歧视?反之,什么时候市场竞争会通过让受害者承担损失的方式扩大歧视?

例 2:假设一个种族群体不允许雇主雇用另一个种族的人从事技术工作。禁止歧视的法律对每个群体的技术工人和非技术工人的工资将产生怎样的影响?

例 3:在一个有相等数量欧洲裔美国人居民和非洲裔美国人居民的公共住房项目中,人们发现申请空屋的黑人数量超出申请空屋的白人数量。管理层决定空屋在黑人和白人之间仍等量分配。这个决定究竟是歧视黑人的违宪行为,还是保持种族居住融合的合法方法?

例4:某汽车保险公司的统计信息表明,拉美裔和年轻男性的事故风险高于其他人,所以公司对他们的费率水平更高。阻止保险公司用种族特征或性别来厘定费率的最佳法律手段是什么?

第一节 美国民权:法律简史

美国历史的很大一部分与反对对非洲裔美国人的偏见和歧视的斗争有关。[2] 我将把经济分析应用于一些在历史上赫赫有名的宪法规则。但是,我首先要简要概述一下美国民权法律最近的发展历史。

17世纪初,当被俘获的非洲人首次进入英国殖民地时,奴隶制在除西欧之外的许多国家已很常见。英国法律不承认“永久的、世袭的奴隶”的法律地位。在英国殖民地,最接近的法律地位是“契约奴”,而“契约奴”不是世袭性或永久性的。[3] 作为对奴隶贸易的回应,英国殖民地和其他欧洲国家创设了奴隶制法律制度。人道主义者为奴隶制的残酷所震惊,但奴隶主想保住自己的财富。英国殖民地的奴隶贸易导致了一场声势浩大的废奴运动,也创造了一个与永久奴隶制有关的特权阶级。

---

〔2〕 我要感谢 Robert Post 对于本节提供的帮助。

〔3〕 “奴役”(servitude)在英国很普遍,而“契约奴”作为一种确保偿还路费的制度被限制在英属殖民地使用。美国殖民地的奴隶法很显然大量参考了英属加勒比殖民地,而英属加勒比殖民地的奴隶法则是从葡萄牙在巴西殖民地以及荷兰在圭亚那殖民地学来的(Wiecek 1977)。

在美国,废奴主义者在北方占上风。在18世纪和19世纪初, 335
北方逐渐取消了奴隶制。而在南方,奴隶主占上风,逐渐废止了“自由黑人”的地位(Wiecek 1977)。在西部的新领地,两种法律制度彼此对峙,各自争锋。南方各州的分裂企图导致了血腥的内战。1865年,战争以南方的失败告终,并颁布实施了美国宪法第十三修正案,规定奴隶制和任何形式的“强制劳役”均为违法。

北方的胜利使南方各州处于占领军和废奴主义者的控制之下。废奴主义者试图强制推行让非洲裔美国人全面参与政治生活的法律框架。因此,美国宪法第十四修正案使分离主义者不得担任许多联邦政府公职,而第十五修正案禁止各州以“种族、肤色或以前被奴役的状态”为由否认公民的投票权。《1866年民权法案》规定剥夺广泛权利中任何一项的行为构成犯罪。

对于南方黑人来说,内战后的几年是政治和社会解放的时代,但经济的困难和法律执行的不稳定冲淡了这种解放。与此相对,对许多南方白人而言,那些年是被心怀仇恨的外人统治的、无政府状态的时期。南方被北方人控制的时间并没有持续很久。南方军队的退伍士兵组建了维持治安的义务警察组织,强推他们所谓的粗暴正义,并经常恐吓非洲裔美国人。一旦占领军撤出,南方白人便恢复了对政府的控制,在法律上和实践中将黑人从政治权力中排除出去。

南方立法机关最终甚至颁布了所谓的“吉姆·克劳法”,推动或要求在公共服务领域,如运输、餐馆和学校进行种族隔离。例如,这些法律规定非洲裔美国人要坐在公共汽车和有轨电车的后面,从而结束了人们想坐在哪里就坐哪里的行为习惯。经济史学家珍妮弗·罗巴克认为,许多种族隔离形式,如在公共交通工具中隔离座位,没有法律效力的话是持续不下去的。她认为是法律

而不是市场经济使得南方分裂（Roback 1989）。（北方的地方性歧视是另一个故事）

正如奴隶制引发了废除它的政治运动，种族隔离则引发了种族融合的政治运动。民权运动挑战了种族隔离的宪法基础。“司法审查”指美国法院审查立法是否与宪法一致的权力。强制进行种族隔离的法律潜在违反了宪法第十四修正案。该修正案保证人民不论种族都有“平等法律保护”，并禁止各州不经正当法律程
336 序，剥夺“任何人的生命、自由或财产”。[4] 经过一系列案件后，最高法院在1896年的普莱西诉弗格森（Plessy v. Ferguson）一案中裁定州和地方政府可以允许或要求对黑人和白人提供隔离开的公共设施，但设施必须具备相同质量。“隔离但平等”在20世纪上半叶为种族隔离提供了法律基础。

尽管隔离的公共设施在事实上是不平等的，但在20世纪上半叶，民权运动在与歧视性法律的抗争中少有成功。然而，涉及民权的诉讼当事人耐心地追求并积累一系列微小的胜利，在1954年最高法院对第十四修正案所做的新解释中取得了突破。在布朗诉教育局（Brown v. Board of Education）案中，首席大法官厄尔·沃伦写道：

“在公立学校中仅以种族为由对儿童进行隔离，即使物质设施和其他‘有形的’因素可能是平等的，是否剥夺了少数族群的儿童接受教育的平等机会？我们认为是的……在公共教育领域里，没有‘隔离但平等’原则的存身之地。隔离的教育设施本身就是不平等的。因此，我们认为原告和其他身陷同样处境的人们……

---

〔4〕 一个值得注意的法律技术点是，宪法第十四条修正案对歧视的严厉谴责适用于州政府的行为。至于联邦政府的行为，法院在宪法第五修正案中已经找到了类似的谴责之词。

由于我们所谴责的隔离，被剥夺了［第十四修正案所保障的法律的平等保护］。”

布朗案最终标志着拒绝“隔离但平等”的旧原则，支持种族融合的新原则。[5]

公共交通和餐馆的种族融合是另外一种不同的过程。内战结束后，持异议者有时会破坏种族融合的商业活动，促进种族隔离。20 世纪 60 年代，这种做法发生了逆转，持异议者破坏了种族隔离的商业活动，以促进融合。最著名的例子是在阿拉巴马州的塞尔玛发生的对种族隔离的公共交通的联合抵制。这场运动是由一位名为马丁·路德·金的年轻黑人牧师组织的。他倡导的对于种族隔离的商业活动采取积极的、非暴力的分裂瓦解的哲学理念对于整个南部的交通、餐饮和其他服务的种族融合十分有效。民权在街头的胜利不是没有血与泪或英雄和反派的。我不会重述那些关于“当巨人在地上行走”时期的戏剧性故事，而是回到法律的发展上。

联邦法官在 20 世纪 60 年代和 70 年代在追求民权方面非常活跃。法院发出命令，被称为“制度改革禁制令”（structural injunction），要求学校和其他机构改变维持种族隔离的基本做法和政策。随后，由于尼克松总统和里根总统任命的保守派法官的影响，在民权上的司法能动主义受到抑制。

直到最高法院对布朗案作出判决十年后，国会才制定了《民权法案》。1963 年肯尼迪总统的遇刺，他的继任者林登·约翰逊 337
总统的有力推动和马丁·路德·金组织的大规模的华盛顿游行，最终说服国会克服南方参议员的反对，颁布《民权法案》。《1964

[5] 在布朗案之后，第四巡回法院将布朗案解释为“不隔离”，而第五巡回法院则解释为“种族融合”。过了几年之后，第五巡回法院的解释最终胜出。

年民权法案》以及后续修正案反对在政治、法院、商业和工作中的歧视。国会随后通过立法,撤销对仍保持种族隔离的学区的联邦财政援助。[6]

我将简要讨论一些由法院创立的推动种族融合的原则。正如布朗案指出的那样,美国法院经常审查影响民权的法规,看它们是否符合宪法第十四修正案的"平等保护"和"正当程序"条款。美国法院一直在努力赋予第十四修正案更精确和确定的意义。法院认定如果法律歧视某些群体("不平等保护")或不按正确程序限制权利("非法程序"),则这些法律违反了第十四修正案。解释这些庞杂的原则的范围将需要许多篇幅。[7] 但是,我会通过对一些关键术语的讨论来说明其论证的风格。

某些人种和种族群体比其他人种和种族群体更多地被剥夺了受法律保护的权利。如果某项法律根据人种或种族在历史上遭受的歧视进行区分("可疑分类",suspect class),那么法院将"严格审查"该项法律的合宪性。为了能够通过严格审查,州政府必须确保法律中的人种区分是为了达到"务必完成的目标"。明确涉及人种和种族的法规能够通过严格审查的并不多。严格审查从州法律中删除了许多与人种和种族有关的分类项目。

许多法律没有在明确提及人种和种族的情况下,对种族或族

---

〔6〕 Rosenberg 1993 对认为法院积极地遵循布朗案所确立的先例对于推动种族融合起到了很大作用这一传统观点提出了异议。根据 Rosenberg 的观点,南方的学校在布朗案后十年里仍然保持着种族隔离,而国会在 20 世纪 60 年代限制学校资金以促进种族融合的立法促进了南方学校的种族融合。

〔7〕 美国最高法院大法官威廉·布伦南写道:"《独立宣言》、《宪法》以及《权利法案》庄严承诺,美国要成为使全体人民的尊严和权利在所有权威面前一律平等的国家。坦率地讲,我们必须承认在一定程度上,在美国,这种平均主义更多的是假意的做作而非已实现的事实。但我们是有抱负的人、有进步信念的人。我们修订的宪法将是我们实现愿望的北极星。"如果最高法院把宪法视为国家实现公平愿望的北极星,那么宪法需要通过解释进行大幅修改。

裔群体产生了差别性影响。这样的法律在人种方面表面上是中立的。对表面中立的法律不进行严格审查,而是要审查立法者的歧视意图。[8] 有歧视意图的法律违反了美国宪法。表面中立的 338
法律可能对历史上遭受歧视的少数群体有“差别性影响”。差别性影响使法院对立法者歧视意图的可能性保持警醒。例如,法院发现有差别影响的学校范围划分经常是由有歧视意图的学区所为。

即使没有歧视意图,有差别影响的法律可能会违反美国民权法规。[9] 例如,美国《民权法案》第七章禁止基于种族、性别或年龄的就业歧视。有些政府官员没有歧视意图,但可能剥夺某一人种群体在就业上的平等机会,这种做法违反了联邦法律。

为了说明这些复杂的原则,我们来考察所谓的警务系统中就业歧视案件。华盛顿特区要求对申请进入警察部门的申请人进行基本语言能力(阅读、词汇等)测试。申请测试的规则没有提到人种或种族,所以这种做法是“表面中性”的,从而可以免予最高法院的“严格审查”。但是,非洲裔美国人未能通过测试的比其他群体多,所以这个测试有了一种“差别影响”。为了确定该测试是否违宪,最高法院不得不追问测试是否基于歧视意图而设计。最高法院在为申请该项工作适用这样的测试中没有发现歧视意图。

---

〔8〕 如前面章节所论证,很多人怀着不同的目的共同制定一部法律,这会使读者寻找在制定法律过程中是否有一个统一的“意图”时感到不安——是歧视性的还是非歧视性的? 也许相关的法院案例可以不借助其中所蕴含的意图概念进行理解。一位学者曾认为这种案件的关键在于少数族裔利益的重要性。按照这一观点,如果某种做法不利于少数种族的重要利益,即使在没有歧视性意图的表现下,法院也将取缔这种做法。参见 Ortiz 1989。

〔9〕 见阿灵顿高地村诉都市房屋开发公司案(Arlington Heights v. Metropolitan Housing Dev. Corp.),429 US 252,97 SCt 555,50 LEd2d 450 (1977)和马萨诸塞州人事局诉菲尼案(Personnel Adm'r of Massachusetts v. Feeney),442 US 256,99 SCt 2282,60 LEd2d 870 (1979)。

处理了宪法问题,剩下的问题就是其是否违反《民权法案》第七章,该法确保在就业中不考虑人种因素,保障平等就业的权利。为遵守这一法律,最高法院要求华盛顿特区须对该测试的**效度**进行论证说明,亦即这项测试考察的是与工作表现有关的特质。因此,华盛顿特区必须证明更好的文字素养能够塑造更出色的警察。[10]

员工们在许多指控歧视的诉讼中使用《民权法案》第七章。对民权法案所涉诉讼的统计分析揭示并解决了一个悖论。大多数人认为,在美国,对妇女和少数族裔的就业歧视在 1970 年至 1989 年有所下降。然而,在这些年里,就业歧视的诉讼却增加了 20 倍。怎样把这些事实调和一致的呢?

许多最初的诉讼案件是反对那些对不同阶层人的雇用歧视行为。这些诉讼的成功和因其他原因所导致的歧视减少,使更多的少数族裔和妇女获得更好的工作,并转到更有种族融合氛围的工作环境。这些变化大大增加了导致新的不公——歧视性解雇——的可能性。随着时间的推移,基于《民权法案》第七章的投诉从对阶层群体的歧视性招聘变为对个人的歧视性解雇。

推而广之,如果更多的人因享受反对歧视的法律保护而就
339 业,而经济开始衰退,那么就有更多的受保护员工被解雇。解雇更多的受保护阶层的员工会导致更多的诉讼。公司遭受歧视性解雇诉讼的频率取决于其受保护员工的数量和经济形势。[11]

很多人都觉得历史上歧视的受害者应该得到比平等竞争的

---

〔10〕 华盛顿特区诉戴维斯案(Washington v. Davis),426 U. S. 229,96 SCt 2040,48 LEd 2d 597(1976)。

〔11〕 见 John J. Donohue III,“Further Thoughts on Unemployment Discrimination Legislation: A Reply to Judge Posner”, *University of Pennsylvania Law Review* 136(1987): 523。

机会更多的东西。许多美国人采取平权行动以扭转过去的歧视所造成的后果,而不是接受被动的平等。举例来说,许多法学院从少数族裔群体中搜寻优秀学生,督促其申请,并允许他们以较低的学分绩点和比其他申请者低的考试分数入学。要通过根据宪法第十四修正案所进行的审查,公立学校的平权运动对人种和种族的区分必须是为了达到一个务必完成的目标,如扭转过去某个特定的歧视性做法的历史后果。

在巴基案(Bakke)中,美国最高法院力图探寻“平权行动”与“反向歧视”之间的界限,对“目标”(target)与“配额”(quota)加以区分。[12] 因此,医学院可以把非洲裔美国学生的比例定在20%,如果这是为了实现“多元化”而选定的“目标”;但如果它是用来纠正“社会不公”(social wrong)的“配额”,这个目的就是非法的。尽管根据巴基案,美国法律允许人种方面的“目标”,但加州的全民公决结果在州的层面上禁止了这种做法。此外,联邦法院的判决正在对能够合法地给予歧视的历史受害者的优待进行更多的法律限制。近来,下级法院已经禁止某些形式的平权运动。许多评论家相信,最高法院已做好准备,等待在合适的案件中,限制目前在美国广泛开展的平权运动。

问题:

1. 美国各州组织和管理选举。一些州和地方以前不允许非洲裔美国人投票。这些法律和做法大多数在20世纪60年代被根除,现在南部黑人大量投票。试用中间投票者定理来预测给予南方非洲裔美国人选举权的后果。如果用立法交易模型做同样的预测,预测结果会有怎样的不同?

---

〔12〕 加州大学校董事会诉巴基案(University of California Regents v. Bakke),438 U. S. 265 (1977)。

2. 一项名为209号提案的公民表决提案(ballot initiative)导致加州终止了许多平权行动计划。运用中间投票者定理来解释为什么直接民主制对待少数族裔的态度不及代议制民主那样友好。

3. “法官应先于社会一步,但非两步。”你是否同意将这种说法适用于民权?

第二节　平等机会

美国和其他一些国家的法律限制雇主在雇人填补工作空缺
340 时使用的标准,以及大学提供奖学金的标准或零售商销售商品的标准。对人种、性别、宗教、种族、年龄或残疾的歧视,可能违反道德和法律。公平竞争一般要求挑选出优劣者的标准是衡量他们在有关活动方面的表现,如速度、精确度、理解力、忍耐力、创造力或生产能力的表现。[13] 人种、性别、种族或年龄等特质不做衡量。反歧视法禁止按个人特质而非表现来区分优劣胜负。没有歧视会给具有不同个人特质的人竞争公职、工作、财富、优惠待遇和荣誉的一个平等的机会。

在人们有平等竞争机会的情况下,技能和运气就决定着结果。因为人们的技能不同,所以平等的竞争机会不会给每个人相同的成功概率。因为人们的运气不同,平等竞争的机会不能保证最应该成功的人最终能够成功。一些理念,如第十一章讨论的、约翰·罗尔斯开创的正义论提倡一种理想的分配,降低技能和运

〔13〕 参见例如 Rawls 1974 第十四章特别是第 86 页上关于“纯粹程序正义”的讨论。

气的影响。这些理念暗含着超越机会平等的再分配政策。

在经济交易中竞争机会平等可能会与契约自由发生冲突。完全契约自由意味着可因任何原因(包括个人特质)来决定与任何其他人进行交易或不进行交易的权利。相反,反歧视法禁止交易主体让一些个人特质来影响他们的交易。总体而言,平等权与自由权相冲突,因为前者通过规制交易来实现平等,而后者创造了一个意思自治的领域。[14] 例如,一部禁止经济歧视的法律会禁止一个黑人穆斯林开的面包房只雇用黑人穆斯林的员工。在这个例子中,求职者受到非歧视性对待的权利与面包师对有特定特征员工的偏好之间发生冲突。同样,一部禁止经济歧视的法律会禁止一个白人至上主义的餐厅老板只服务白人顾客。在这个例子中,客户享受非歧视性服务的权利与餐厅老板的契约自由发生冲突。

第三节　完全竞争下的歧视

在大多数国家,经济活动会遵循涉及歧视某些群体的历史模式。制定法律消除歧视性的做法需以各方的互相理解为前提。341
有些法律在减少歧视方面获得成功,而另一些法律仅仅是增加了继续实行相同歧视行为的交易成本。为了让大家对问题有一个必要的了解,我首先分析竞争对歧视的影响。

组织之间的竞争通常会削弱原本由组织造成的歧视。[15] 在劳动力市场上,歧视性雇主通过拒绝雇用或晋升具有自己不喜欢

---

[14] 从 Berlin 1969 开始,有大量关于“消极自由”与“积极自由”的哲学文献。

[15] 参见 Becker 1973。

特征的员工限制了自己。这种限制使得他们要想获得同等质量的劳动力,必须付出更高的成本。在完全竞争中,成本较低的生产者将淘汰成本较高的生产者。因此,完全竞争可以消除雇主的歧视。

例如,美国有一支职业橄榄球队,在20世纪50年代只招募最好的白人球员,拒绝招收非洲裔美国人。这只具有歧视性的球队与不分种族招募最好的球员的其他球队竞争对抗。随着时间的推移,歧视性的球队由于输掉了大多数的比赛,名声和利润一落千丈,所以最终放弃了歧视性的招聘。

在考察了竞争对歧视性雇主的影响之后,现在来考察竞争对歧视性的雇员有怎样的影响。设想有这样一个世界,生活在其中的人要么是蓝色的,要么是绿色的。有些蓝色人拒绝与绿色人工作,但是其他人都是非歧视性的。不同颜色的工人完全可以替代对方的工作,不同之处在于企业雇佣歧视性的蓝色人必须支付把他们与绿色人隔离开来的额外成本。因此,一个歧视性工人对于雇主的价值相当于非歧视性工人的价值减去因隔离而增加的成本。劳动力市场的竞争使每个工人的工资与他们对雇主的价值相匹配。因此,歧视性工人的完全竞争工资等于同样的非歧视性工人的工资减去隔离的附加成本。完全竞争的劳动力市场会让想搞歧视的工人为此付出进行隔离的成本。

图14-1描述了这些事实。横轴表示劳动量,纵轴表示工资水平。工人被区分为歧视性的工人(用下标“d”表示)和非歧视性的工人(用下标“n”表示)。曲线 S_d 和 S_n 表示每组工人提供的劳动量,它们是工资水平的函数。需求曲线 D_d 和 D_n 表示两种劳动力对雇主的价值。

在图14-1中,先假设隔离的成本为零,所以这两种劳动力对雇主的价值相同,他们获得相同的工资,$w_d = w_n$。现在假设工作场所的隔离成本变得昂贵起来。如图 14 - 1 所示,由于隔离的成本增加,对歧视性劳动力的需求曲线从 D_d 降到 D_d',并且歧视性劳动力的工资从 w_d 降到 w_d'。使用歧视性劳动力的减少导致非歧视性劳动力需求的增加,如图中需求从 D_n 上升到 D_n' 所示。因此,两组劳动力的工资差距拉开,歧视性劳动力获得较低工资 342
w_d',非歧视性劳动力获得更高的工资 w_n'。

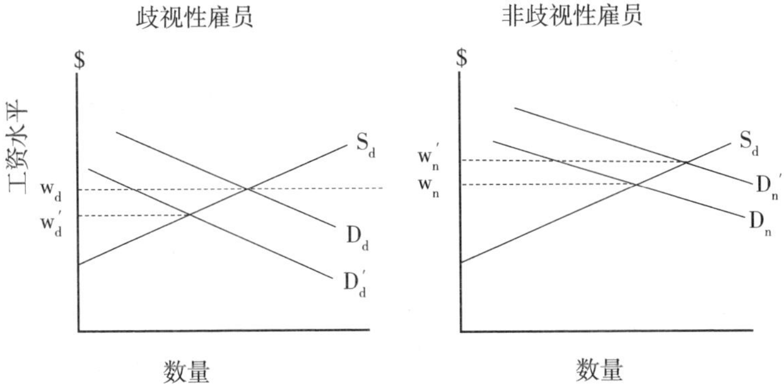

图 14 - 1　歧视性雇员

我已经解释了为什么完全竞争会使歧视性工人承担隔离的费用。一般而言,完全竞争的劳动力市场向任何要求特殊工作条件的人课加了由此所增加的成本。如果隔离增加了生产的成本,要求隔离的工人将承担因此发生的费用。

现在,我从劳动力市场转向商品和服务市场。歧视者有时会拒绝向某些群体的人购买或销售商品或服务。如在就业歧视中那样,我们可以提出类似的关于"拒绝交易"的论证。和前面一样,首先考察歧视性的卖家和非歧视性的买家。如果卖家拒绝一些买家,歧视性的卖方会承担额外的费用。在完全竞争中,所有商品均按成本销售,所以就同一商品来说,歧视性卖家会比非歧视卖家定价更高。按照假设,买家是非歧视性的,所以他们会从定价最低的卖方购买商品。因此,完全竞争可以消除歧视性的卖家,如同它消除歧视性的雇主一样。

例如,一个餐馆老板坚持对餐饮设施进行隔离会使成本更高,而非歧视性的顾客会拒绝支付如此高的成本。如果所有的食客都是非歧视性的,那么收费更高的隔离餐厅将会失败。

现在考虑的歧视性的买方。产品市场与劳动力市场再次严格对应。具体来说,喜欢歧视性卖家的消费者将比从非歧视性卖家购买产品的消费者支付更多的额外费用。额外的费用等于隔离买家的额外成本。例如,歧视性食客将支付隔离餐饮设施的额外费用。[16]

343 到目前为止,完全竞争的模式是精确的,歧视者承担代价。有些人对隔离有强烈的偏好,他们愿意支付歧视的成本。法律应该允许人们想"购买"多少隔离就"购买"多少吗?抑或是法律应该禁止隔离?幸运的是,关于隔离与法律的辩论很少涉及这个问题,因为隔离中最棘手的情形不是歧视者付费的问题。恰恰相反,隔离中最棘手的情形是让隔离的受害者来承担代价。换言之,歧视中最为棘手的情形发生在完全竞争之外的其他形式的社会互动过程中。如下一节中所解释的那样,这些互动是在市场之外或者在不完全竞争的市场上发生的。

问题:

1. 在迪亚兹诉泛美世界航空公司案(Diaz v. Pan American

---

〔16〕 一个相关的问题是满足一个人的歧视性偏好是否可以算作一项社会福利。一些坚持边沁传统的经济学家,把所有偏好的满足都平等地算作具有价值的,而不论该偏好是否违反道德,但是其他人对此持有不同意见。关于讨论和引证,参见 Lewin 和 Trumbull 1990。

World Airways, Inc.)中[17],男性称航空公司在聘用中搞歧视,如排他性地只雇用漂亮、年轻女性作为空中小姐。法院认为,顾客的歧视性偏好不能给航空公司在职员聘用中搞歧视提供正当理由。经济理论把满足歧视性的偏好作为一项社会福利。在像迪亚兹案这样的案件中,你赞同这种标准的经济学方法吗?

2. 假设一些工人对于种族融合需求超过了使企业生产力最大化的程度。在完全竞争的劳动力市场中,谁来承担额外融合的费用?

3. 假设一些男性拒绝被女性领导,但大多数女性都愿意被男性领导。国家试图实施一项法律,禁止在雇用和晋升上进行性别歧视。就实施这一法律而言,劳动力市场上会出现什么样的障碍?

第四节 歧视性权力

如前所述,完全竞争模型预测,歧视者将为其歧视行为付出代价。检验这个预测需要估计歧视对盈利的影响,这是非常困难的。但是,最好的实证研究并不能证实歧视者为歧视行为付出代价的预测。相反,实证研究表明,在美国,歧视的目标人群历来比其他具有同等技能的人获得的工资低,而《民权法案》帮助非洲裔美国人提高了收入。[18] 完全竞争模型显然无法光靠这些证据来 344
解释美国的歧视性实践。虽然完全竞争模型描述了在经济中发

---

〔17〕 311 Supp 559(1970).

〔18〕 在 Epstein 1992 第十二章“The Effects of Title VII”中考察了相关的经验证据。若想了解这方面非常仔细的计量经济学工作,参见 Heckman 1991。

挥作用的巨大力量,但是在将其简单地运用到歧视问题上时,总有让人感觉不对的地方。

在本章的后续部分,我会讨论几种市场失灵,这可能会解释歧视者如何把隔离的负担转嫁到隔离的受害者身上。首先,我构造了一种基于权力而不是基于市场的模型。正如生产者会串通操纵价格、获得垄断利润一样,社会团体有时也会勾结起来,获得对市场的垄断性支配。要享受垄断带来的好处,一个社会团体必须通过把他人挤出市场来减少竞争。通过这种方式,更强大的社会团体可以把隔离的成本转移到受害者身上,从而使歧视的受害者境况变得更糟而歧视者的境况得以改善。

为了具体说明这一点,回忆一下前面的虚拟例子:蓝色人歧视绿色人,并且完全竞争会导致歧视性的蓝色工人承担隔离的成本。现在假设歧视性的蓝色人组织起来,并获得了足以扰乱工作场所的力量。蓝色人可以利用这个权力来威胁没有歧视绿色人的雇主。面对蓝色人的力量,雇主可能会发现,他们可以通过避免干扰实现利润最大化,即使这以分隔工人和将绿色人限定在更低等级的工作为代价。这个例子说明了隔离降低生产力和由受害者承担成本的情况。

图 14-2 描绘了歧视性权力在技术劳动力市场和非技术劳动力市场上所产生的后果。对技术劳动力的需求由 D_s 曲线表示,技术劳动力由绿色人、蓝色人以及绿色人和蓝色人的总和来供给,分别由曲线 S_g、S_b 和 $S_g + S_b$ 表示。在没有歧视的情况下,全部技术工人的工资是 w_s。对非技术劳动力的需求由曲线 D_u 表示,非技术劳动力的供应(蓝和绿)由曲线 S_u 表示。在没有歧视的情况下,非技术工人的工资是 w_u。

现在我们考察在图 14-2 中,歧视如何改变工资。如果在技术劳动力市场上，蓝色人把绿色人排除出去，技术劳动力供应量从 S_g+S_b 减少到 S_b，技术劳动力的工资上升到 w_s'。该歧视行为迫使绿色人去从事非技术劳动力工作。额外的绿色人进入非技术劳动力市场，使供应量由 S_u 膨胀到 S_u'，这会导致工资从 w_u 降到 w_u'。因此，歧视会使作为技术工种的蓝色工人的工资增加，降低非技术工种的蓝色工人和所有绿色工人的工资。

图 14－2 所描述的歧视，提高了蓝色技术工人的工资，降低了蓝色非技术工人的工资，从而分裂了蓝色人群并使之相互对抗。然而，蓝色非技术工人如果在非技术劳动力市场获得了权力，仍然可以通过歧视行为来获得利益。例如，蓝色非技术工人可将非技术劳动任务区分为两种类型，“蓝色工作”和“绿色工作”。如果有比蓝色 345
人更多的绿色人寻求非技术工作，并且如果对“蓝色工作”的需求比对“绿色工作”的需求更大，那么分隔工作任务将使得蓝色非技术工人的工资上升到绿色非技术工人之上。

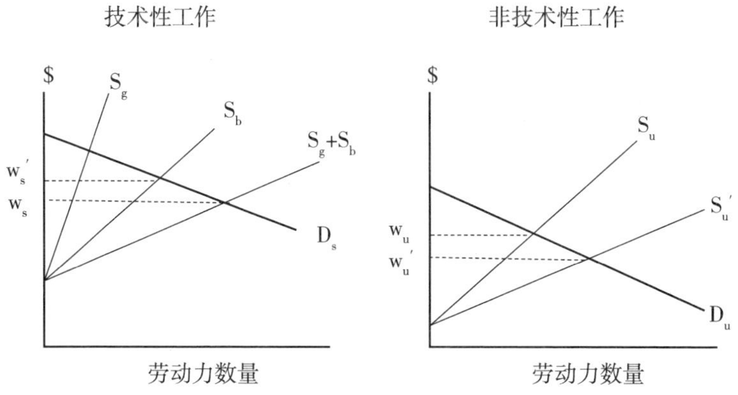

图 14－2　歧视性权力

这个市场分析可以应用于 1964 年美国《民权法案》第七章。法律禁止基于人种、性别或年龄而实施的就业歧视。在实践中，除了年轻的白人男性外,大多数劳动者都在其保护范围之内。关于歧视的投诉必须提交给委员会(平等就业机会委员会)进行审查。委员会可以宣布裁决结果但是不得发布禁令。未解决的投诉可以诉诸法院,法院可以责令被告停止歧视行为。法院也可以责令加害者向受害者支付先前的工资。

例如,某家公司两年前错误地拒绝了某人的工作申请。法院可以责令该公司重新雇用此人,而且还需给付赔偿,赔偿额等于过去两年中这名员工的当前收入与可能获得的更好工作的更高收入的差额。用图 14-2 的语言来表达,一个被迫接受非技术工作的绿色技术工人可以起诉索取 w_s 和 w_u 之间的差额。法律将赔偿金额限制在补发工资范围以内,这会阻止律师以风险代理的收费方式受理小案件。1992 年对第七条进行了修改,通过扩大赔偿范围使就业歧视更近于侵权法,这使就业歧视案件对律师更具有吸引力。

第五节 作为反垄断的反歧视

总体来说,群体的成员从减少同外部的竞争中受益。无论这个集团是企业垄断联盟还是基于人种、种族、宗教、年龄或性别形成的团体都是如此。歧视性的社会群体像企业垄断联盟,而歧视性的规范就像价格垄断协议。因此我将借用垄断理论和反托拉斯法来分析歧视性市场权力。

垄断联盟是不稳定的,因为每个成员都可以通过叛离垄断联
346 盟而提高利润。例如,石油输出国组织(OPEC)国家在 20 世纪 70
年代早期试图把价格固定下来,但是一些国家如阿尔及利亚,为

了卖出更多的石油而将石油秘密打折出售。随着垄断联盟组织的扩大，觉察和预防成员这种“作弊”行为变得更加困难。没有法律作为后盾以及协议的正式强制力，像 OPEC 这样的大型垄断联盟通常会垮掉。[19]

同样，社会群体可以限制劳动力市场的竞争，运用手中权力来增加他们的工资，但是个人可以从违反这一限制中获利。为进行具体说明，我们回顾一下图 14－2，蓝色工人把绿色工人从技术工种中排除出去。雇主可以通过取消隔离并且在工作场所推行融合，将工资由 w_s'减到 w_s。为了阻止雇主取消隔离，蓝色工人必须承受因威胁雇主和劳资冲突所带来的不便、花费或者危险。然而，停止参加这些活动的蓝色技术工人，可以继续享受歧视性工资 w_s'。用经济学术语来说，蓝色人中的个体都想不参与雇主的强行对抗但在歧视性规范方面却想要“免费乘车”。所以雇主以及作为个体的蓝色人出于自利，都不会去维持歧视性的规范。

一般来说，维持歧视性的规范需要很多人的共谋，而共谋又需要有制裁来管理惩戒共谋参与人，方能奏效。非正式的制裁如流言蜚语、排挤、联合抵制等可以自发执行，尤其是当一种文化强调群体团结的情况下更是如此。[20] 过去，许多美国人使用非正式的制裁措施惩罚那些未能维持种族分离或让妇女“安于其位”的个人。然而在美国，没有正式法律的支持而单靠非正式的制裁是不足以维持种族隔离的。[21] 比如，在美国，南部各州正式取缔了学校的种族融合，很多地方的房地产经纪人委员会规定禁止其成员将白人社区的房子卖给黑人家庭。

---

〔19〕 垄断联盟的不稳定性是垄断经济学理论中的常见话题。例如参见 Telser 1978。

〔20〕 参见 Akerlof 1985。

〔21〕 Roback 1989.

反歧视法理论上会增加竞争,但是有时候也会减少竞争。为说明这点,假设在图 14 - 2 中曾经是种族歧视受害者的绿色人,现在获得了立法权并制定强行要求优先雇佣绿色人的法律。例如,法律可能要求让绿色人去填补技术工人的职位空缺直至 60% 的工人是绿色人(大概 60% 的人口是绿色人)。因此除非绿色人的定额已经填满,否则蓝色人将无法与绿色人在此工作职位上竞争,这将导致对技术工人而言,绿色人的工资提升至蓝色的工资之上。

图 14 - 3 描述了这些论证,支持了平权运动是反向歧视的看法。图 14 - 3 复制了在图 14 - 2 已被描述过的绿色技术工人的供
347 给曲线 S_g。如图 14 - 2 中已经解释过的那样,在没有歧视或者反向歧视的情况下,自由市场上的工资等于 w_s。如图 14 - 3 所示,工资 w_s 会导致绿色技术劳动力供给为 q_c。然而,这个配额需要雇用的绿色技术工人的数量为 q_a。要满足这一配额,绿色技术工人的工资必须上涨至 w_a。而且,为了满足这一配额,必须向绿色技术工人支付比蓝色技术工人更高的工资。这种配额使绿色技术工人享受的"剩余"从 B 增加到 A + B。[22]

"寻租"一词指人们努力确保法律能够将垄断权力以及利益输送给自己。将法律用宪法方式表达出来,这样就可以通过将法律与普通政治相剥离而减少寻租。例如,宪法保护财产权能够抑制政府官员为了自己的利益而征收私人财产。同样,宪法保障反对歧视,能够减少社会群体的寻租。宪法保障反歧视和宪法保护财产权一样,都能抑制在社会群体间通过政治手段进行收入再分

---

〔22〕 按照定义,剩余等于工资与劳动力对于劳动者的价值之间的差额。在没有配额的情况下,绿色技术工人得到的工资是 B + C,而他们认为自己的劳动力价值为 C,因此他们的剩余等于 B。在有配额的情况下,绿色技术工人得到的工资是 A + B + C + D + E,而他们认为付出的劳动力价值为 C + D + E,所以他们的剩余等于 A + B。

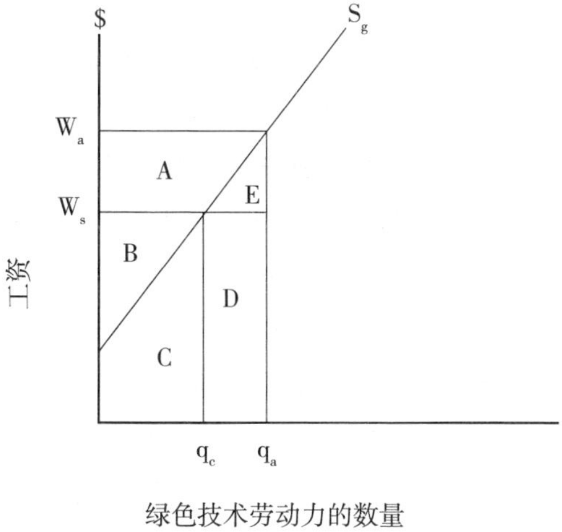

图 14－3　配额与工资

配的无谓努力。

另外，法院所创制的模糊的、不确定的宪法权利可以通过诉讼来释放很大一部分寻租活动。包括人种和种族群体在内的社会群体，在很多方面都是实用主义的利益集团。和其他利益集团一样，他们通过对竞争施加限制、降低竞争效率来寻求合谋并把财富再分配到自己名下。

但是，利己主义和道德往往促使个人摆脱这些限制。因此这些歧视性社会群体也会像其他垄断联盟一样，面临同样的不稳定问题。为
了维持歧视性规范，逃避限制者必须受到一系列非正式制裁和正式法 348
律的惩罚。法律通过削弱这些制裁来瓦解这些歧视性规范。像企业垄断联盟一样，要反对人种或种族垄断联盟，最好的公共政策是通过加重其先天的不稳定性来削弱它。

问题：

1. 试比较歧视性社会规范和价格垄断协议。

2. 在某些情况下,一个国家通过向其他国家产品征收关税的方式获益,特别是其他国家无法通过己方征收关税进行报复的情况下更能如此。同样,某一种族群体可以在从其他种族群体雇人的时候对其征收"关税",并由此获益。那么,一个种族群体向另一个种族群体"征收关税"意味着什么?[23]

3. 大多数关于美国歧视的讨论都假定多数群体压制少数群体,但是情况并非总是如此。多数群体常常指责是少数群体在搞歧视。例如在美国,男性少于人口的45%;又如在印度尼西亚,经济上占主导的是人口占少数的华人;东印度商人只占非洲人口的一小部分。运用集体选择理论,预测遭受歧视的受害者是多数群体还是少数群体时,结果有何不同?

4. 种族主义使工人分裂并且阻碍工会发展。在什么情况下,雇主可以通过在工人中鼓吹种族主义来压低工资?

第六节 歧视信号与信息不对称

我首先考察了完全竞争情况下的歧视问题,然后考察了垄断权力。现在我考察一种不同类型的不完全竞争市场,具体说就是买方和卖方都只具有不完全信息。[24] 为了能够理解不完全信息的问题,我用一个大家熟悉的关于汽车事故保险的例子作为开始。保险公司将司机划分成数个大类,并根据司机平均发生事故的概率厘定保费。例如,年轻司机平均造成的事故较中年司机更多,而年轻男性平均造成的事故较年轻女性更多。保险公司可以

---

〔23〕 参见 Krueger 1963。

〔24〕 参见 Arrow 1973。

以低廉的成本获取投保人的性别和年龄信息,并据此足够精确地预测司机的风险程度,从而有助于厘定保险费率。因此,保险公司向年轻人和男性收取更高的保费。

现在我从保险转向就业。就像保险公司对单个投保人知之甚少一样,雇主对应聘者亦知之甚少。雇主在应聘者之间做出选 349
择时,依赖有关信号预测其表现。例如,一个拥有大学学位的求职者可以很容易地向用人单位提供一份成绩单的复印件。大学学位可以有效传达雇主所看重的应聘者智力水平的信息。教育能有效传达智力方面的信息,因为智力较高的人要比智力较低的人接受教育更容易且花费更低。[25]

"好信号"是经济学家赋予通常能够准确地做出预测、且观察成本很低的一种特质的名称。在不完全信息背景下的交易中,当事人寻求好信号从而减少不确定性。关于好信号的例子包括桃子的味道、篮球队员的身高、以兆赫衡量的计算机芯片的速度、法学院学生的班级排名、债券的评级、汽车的品牌等。与此类似,司机的性别和年龄则传递着其未来向保险公司索赔方面的信息。

在歧视性信号中,像性别或种族这类先天属性所传递的是一种无法观察的变量。例如,性别是一种易于观察到的特征,而力量则是一个相对而言难以观察的变量。通常而言,男性比女性在身体上更加强壮,因而对于在力量上有要求的工作,有些雇主拒绝所有女性申请者。如果采用这种政策,雇主往往会犯诸如拒绝一个强壮有力的女人、接受一个软弱无力的男人的错误,就像汽车保险公司有时会向安全系数高的男性收取过高的保费,而向危险系数高的女性收取过低保费。**一般而言,如果过度泛化的错误**

---

〔25〕 Spence 1974.

所付出的成本要比收集更多的个性化信息的成本更低的话,使用信号将使利润最大化,而竞争将强化这种歧视性实践。这属于理性歧视的情况。相反,**如果过度泛化的错误所付出的成本要比收集更多的个性化信息的成本更高的话,使用这种信号是无效率的,而竞争将会排除这种做法**。这属于**非理性偏见**的情况。

假设政府禁止雇主使用歧视性信号。例如,某项成文法可能会赋予强壮有力的女性对在需要力量的工作上排他性地雇用男性的雇主提起诉讼的权利。如果被禁止的信号是无效率的,法律所禁止的即是竞争所消除的。如果被禁止的信号是有效率的,则法律增加了生产成本,而这些成本必须有人来承担。竞争会驱使商品的市场价格低至其生产成本。因此企业生产效率的降低通常导致消费者为企业产品支付更高的价格。

为了说明这一点,我们假设性别能有效地传递应聘者身体力量的信息。如果法律禁止使用这种信号,并且这种禁止得到有效贯彻,理性的雇主将采用被禁止信号的最佳替代措施。最好的替代措施可能是对身体力量的直接测量;或者最好的替代可能是另一种信号,如申请人的身高、体重或年龄。无论如何,竞争都会将挑选应聘者所增加的成本转化为更高的产品价格。[26]

在缺乏规制的情况下,歧视性信号的受害者可能采取私人的
350 补救措施。我们用前面的例子来说明。如果性别可以传递出身体力量的信息,而且雇主对雇用女性没有非理性的偏见,强壮有力的女性可能会发现接受测试并将结果提供给雇主是符合她们利益的。在没有政府干预的情况下,在劳动力市场上将出现选择性使用直接测试的情形。

---

〔26〕 在这些观点背后有一个产生于公共财政领域的复杂的关联理论。相关概览,参见 Musgrave 和 Musgrave 1976。

在这个例子中，对私人补救措施的一种反对意见认为，按照这里的假设，女性求职者必须承担测试成本，而男性求职者则不用。这就要求通过规制来平息这样的反对意见。雇主可能被要求对任何申请测试的应聘者直接进行力量测试，或者政府可能免费提供直接力量测试。

这些补救措施对于要求雇主根据对应聘者的力量测试来做出雇用决策的做法具有明显的优势。这样的要求迫使雇主必须测试**每一位**应聘求职者。相比之下，私人补救措施带来的结果是仅对应聘者中的一小部分进行力量测试。

总体而言，**纠正歧视性信号的经济策略是向市场增加信息流，使得依靠歧视性信号变得不必要**。这种方法通常意味着一种比禁止使用歧视性信号的做法成本更低的解决办法。成本的节约来自将信息收集限制在歧视的潜在受害者范围内，而不是来自强制搜集关于每个人的更多信息。

许多社会批评者认为，决策者经常依靠错误的信号，这些信号反映的是对社会的刻板印象，而非准确的平均值。竞争可以给依靠错误信号的企业以惨痛教训。决策者的成功取决于他们的看法准确，比起社会批评者或立法者而言更能看穿谬见。然而，竞争压力在许多组织中是被特别抑制的，特别是在公共部门或非营利部门中。抑制竞争使决策者可以一直依靠坏的信号。

康涅狄格州纽黑文市的刑事法庭就是一个生动的例子。州政府指控嫌疑人的犯罪行为，法官设定保释金。法律要求法官设立能够确保被告将出庭受审的合理的、最低限度的保释金。如果被告提交保释金，那么被告可获得候审期间的行动自由。如果被告按要求出庭受审，州政府将返还保释金；但是如果被告未能出庭受审，州政府就会扣押保释金。

在实践中,大多数被指控犯罪的人向被称为保释代理人的专业贷款人借钱来缴纳保释金。作为收取一定费用的对价,保释代理人须承担被告未能出庭受审的风险。一项研究在对纽黑文市1118名黑人和白人被告进行比较后发现,在相同的犯罪指控下对黑人被告设定的保释金平均要比白人被告高出35%。这一事实表明,在这项统计样本中,法官认为黑人被告比白人被告有更高的逃脱倾向。如果这个看法是准确的,它将为对黑人收取比白人更高的保释金提供正当理由。

然而,司法行为的这一正当理由与我们所观察到的保释代理
351 人的行为不符。保释代理人向黑人被告收取的费率比白人被告要低19%。在竞争性的市场中,如果由司法机关设定保释金,保释金的费率应该大致等于被告逃脱的可能性。低费率表明保释代理人认为在面对法院设定的同等金额的保释金时,黑人被告相对于白人被告逃脱的可能性更小。

显然,保释代理人和法官给种族这一信号贴上了相反的标签。这项研究的作者相信,保释代理人之间的市场竞争使他们对逃脱可能性的估计更加准确,而法官之间缺乏竞争则允许他们将偏见不加修正地坚持下去。保释金的市场显然可以消除保释金设定上的一半歧视性影响。[27]

问题:

1. 讨论在美国,以下特征是否是判断汽车事故的低廉且精准的预测指标:

以前的交通事故

年龄

---

〔27〕 Ayres和Waldfogel 1994。

性别

西班牙裔的姓氏

人种

2. 在前面的问题中,如果法律禁止使用这样的信号去厘定费率会带来什么样的影响?

3. 在过去的15年,白人学生与黑人学生或西班牙裔学生之间在阅读和写作能力之间的差距在慢慢缩小。[28] 这种差距的缩小对于劳动力市场信号会产生什么样的影响?

4. 一个拥有英语硕士学位和10年工作经验的秘书可能比仅有高中学历、4年学徒经历、10年工作经验的水管工每小时收入更低。秘书不成比例地过多为女性,水管工不成比例地过多为男性。"可比价值"的支持者希望政府要求雇主向秘书支付至少与水管工同等水平的工资。基于以下三种供选择的关于劳动力市场的不同假设,预测这样的法律将带来怎样的不同影响:(1)完全竞争;(2)男性拥有歧视性权力;(3)性别信号。

第七节　外部性与临界点:悲剧性的隔离

当每个人的行为取决于其他人的行为时,行为的相互依赖会产生不稳定性。例如,如果每头水牛都效仿前面的水牛,整群水 352

〔28〕 "Tests Show Reading and Writing Lag Continues",《纽约时报》1990年1月10日,B7版。在1971～1988年,受测试的黑人学生的阅读能力的一些方面有了一定提高,然而那些受测试的白人学生却没有变化,因此他们之间的差距缩小了一些。而关于阅读能力的另外一些方面以及写作能力,没有发现黑人学生与白人学生在这些方面的差距有所缩小。

牛可能将翻落悬崖。同样,人们认为“白人迁离”* 动摇了美国学校和社区的种族融合。美国的白人迁离和发生在其他国家的种族极化(ethnical polarization)很相似。最近,卢旺达和南斯拉夫的种族隔离导致了对平民的屠杀。在本节中,我将分析在混合群体中由相互依赖的偏好所导致的不稳定性。

我用一个简单的白人迁离模型作为开始。[29] 假设一个全部为白人的社区由 100 个家庭组成。对这些家庭可以根据他们对社区种族融合的态度进行排序。在排名的最末端,排序第 100 位的白人家庭将在有一个黑人家庭搬入该社区的情况下搬出该社区。同理,排第 99 位的家庭将在有两个黑人家庭搬入的情况下搬出。按排名往下继续,排第一位的白人家庭将在有 99 个黑人家庭搬入的情况下搬出。

我同样假设黑人对于与白人同住一个社区的态度呈连续分布。一些黑人家庭愿意住进一个全是白人的社区,许多黑人家庭愿意居住在种族融合的社区,而有一些黑人家庭不愿意居住在有白人的社区。

现在假设大量黑人移民进入这个社区所在的城市。房地产市场的供给和需求是这样的:每当某个白人社区的一所房子闲置时,想购买这套房子的黑人家庭比白人家庭多。不难看出,如果一个黑人家庭搬入白人社区,就会启动一个进程,并且这个进程在所有白人家庭搬出之前都不会停止。具体来说,如果一个黑人家庭搬进白人社区,则第 100 位白人家庭将搬出。而第 100 位白人家庭的房子必须卖掉。空房子的买家更可能是黑人而不是白

---

* 美国城市中产阶级白人为了逃避废除种族隔离的影响离开黑人聚集的市中心、向市郊社区的迁徙。——译者注

〔29〕 这个模型基于 Schelling 1978b。

人,所以便可能有两个黑人家庭居住在这一小区。结果,第 99 位的白人家庭将搬出去。现在,有可能有三个黑人家庭搬进社区,排第 98 位的白人家庭将会搬出去。这个进程将继续下去,直到整个社区都是黑人。

这种情况的悲剧之处在于,社区中的很多白人与黑人对种族融合的居住方式持积极态度。尽管情感上认同融合,但房屋在自由市场上不受限制地销售使得融合无法实现。取而代之的是融合的社区被无情地瓦解,变为隔离。最后的受益人是希望居住在隔离社区的那部分白人和黑人。

值得注意的是,这个模型的动力学中并没有对种族融合态度的产生原因做具体的假设。例如,这个模型当中的白人和黑人的 353
态度可能反映的是肤色偏见、文化自豪感、阶级意识、对暴力的恐惧或是对房价的看法。无论在那种情况下,这个模型的基本动力学机制都是相同的。

我们最熟悉的经济模型都是用比较均衡来分析("比较静态分析"),而这个模型描述的却是一个动态路径。事实上,这个模型可能描述了在"二战"之后美国城市的实际动态变化:许多社区从全部由白人居住转变为全部由黑人居住。它同样可能描述了今天在许多公立学校发挥作用的力量。由于这个模型虽未被熟知,但是却非常重要,我将会用图表进一步说明。

图 14 - 4 描述了一个全部为白人的社区的居民对于种族融合的态度。图 14 - 4 的横轴表示准备搬出社区的白人的比例,纵轴表示黑人居民的比例。因此,图表描述了准备搬出社区的白人比例与搬入社区居住的黑人比例之间的函数关系。

为了说明怎样解释图 14 - 4,假设图表包含一个位于左上角的单独的点,该点所对应的值为(0,100%)。该点表示即使社区

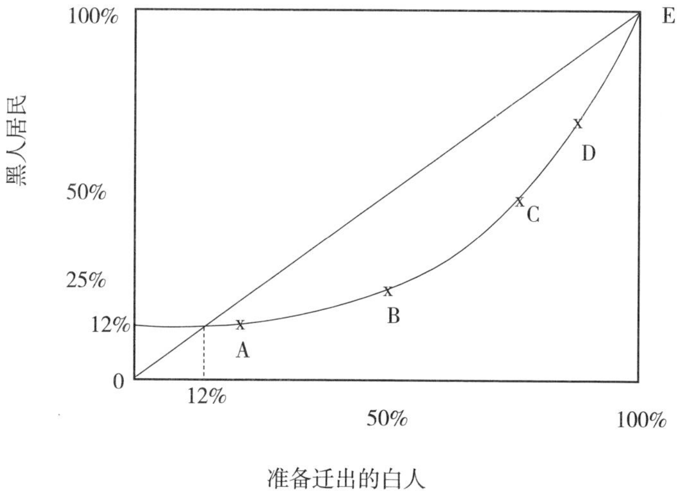

图 14 -4　白人迁离

所有的居民都是黑人,在这个社区中也没有白人家庭打算搬出去。相反,假设图表包含一个位于右下角的单独的点,该点的对应值为(100% ,1%)。这表示在社区仅有 1% 的居民变为黑人的情况下,社区所有的白人将搬出。图 14 -4 中的曲线表示对于种族融合的情感存在连续分布这样一个更加现实的情况。

我将分析由图 14 -4 的曲线所表示的偏好分布所产生的白人迁离的动态过程。如图 14 -4 的曲线所示,如果黑人居民所占的社区人数比例不超过 12% ,100% 的白人居民愿意继续留下居
354 住。因此,最多可以有 12% 的白人家庭迁出,由黑人家庭取代,而不会引发白人迁离。但是,一旦黑人居民的比例达到了 12% ,白人迁离就会开始,注意观察图中 A 点就可以发现这一现象。由于 A 点位于 45 度线之下,A 点表示如果邻里中有 12% 的黑人居民,会有超过 12% 的白人居民准备迁出。这是一种不稳定的状态,在这种状态中社区的融合开始解体,留意图中的其他数个点可以说

明这一现象。在B点上,如果社区居民中黑人的比例达到25%,便有将近60%的白人居民打算搬出。在C点上,如果社区居民中黑人的比例达到50%,大约75%的白人居民打算搬出。这样的迁离将继续下去,直至社区中不再留有白人居民。

为使这个模型完整,应该绘制另一个图表来显示黑人对于种族融合的偏好分布。在这个图表中,纵轴表示社区中白人的比例,而横轴表示希望搬入社区的黑人的比例。最能容忍白人邻居的黑人首先搬入该社区,而最无法容忍白人邻居的黑人则最后搬入。为了简单起见,我省略了这个图表。

在图14-4所描述的社区,黑人占12%或更少的比例都是一个不稳定的均衡,而黑人占100%是唯一稳定的均衡。这种稳定条件可以在图14-4中以对角线的形式准确地说明。这个模型假设,每当房屋出现闲置,黑人家庭比白人家庭购买此房屋的可能性更大。只要社区处在位于对角线下方的代表白人对于种族融合态度的曲线上的一点,针对社区已有黑人居民的比例,会有更多的白人计划搬出社区。这是一种不均衡。当代表白人对于种族融合态度的曲线与对角线相交,相交的每一点上形成一次均衡。要达到一个稳定的均衡,曲线必须从下向上相交对角线于E点。如图14-4中E点所示,当相交点接近于对角线的末端,那么稳定的隔离状态将出现。要达到稳定的融合状态,这条曲线必须重新绘制,使曲线可以从下向上在接近对角线中间的位置与对角线相交。

对于这个理论的应用来自小星城(Starrett City),[30]它是由联邦政府部分出资建设的位于布鲁克林的个人住宅项目。1977年,

〔30〕"New York Housing Complex Ordered to End Race Quotas", *New York Times*, 1987年5月6日,Y1版。

小星城有将近 2 万名租户,其中白人占了 5881 间公寓中的近 65%,而其余的 35% 则由黑人及西班牙裔居住。管理者设定了关于种族的配额,白人占 65%,非白人占 35%,他们以有必要维持一个稳定的、种族融合的社区为理由为此辩护。然而,申请空置单元公寓的白人要比黑人或西班牙裔人更少。

355 全国有色人种协进会(NAACP)在 1979 年提起诉讼,对这一配额提出异议。1984 年,该案以如下方式和解:按照种族进行分配的方式可以继续,但必须向非白人申请者多提供 174 个额外的公寓单位。很显然,小星城的所有者以及全国有色人种协进会都认为如果不分种族肤色对公寓进行分配将导致种族隔离(如图 14-4所示)。然而它们的和解协议受到了司法部民权部门的质疑,该部门认为任何像这样的种族配额制度,即使它的目的是种族融合,仍然违反了《联邦公平住宅法案》。司法部的这个观点被联邦法院采纳,联邦法院命令终止这种种族配额制度。后续的报道称小星城以某种有利于黑人的方式规避法院的命令。[31]

自发性的社区隔离就像一出悲剧,在这场悲剧中,社会法律无情地导致一个大多数人都不想接受的结局。想生活在同质化社区中的人们的偏好得到了满足,但是想居住在一个多元化社区的人们的偏好无法得到满足。这样的结果使两个种族中的很多想住在种族融合的社区、上种族融合的学校的人灰心丧气。

种族限制契约("配额上限")可以避免悲剧性的种族隔离,稳定种族融合。举例来说,如果图 14-4 描绘的假想社区的 50% 被强制性契约限制为只能由白人所有,那么这个社区将稳定地保持

---

〔31〕 小星城用下面的方法规避法院的命令:不从候选申请名单中挑选符合贫困标准的申请者(无论是黑人还是白人)住进空屋,而是任由这些公寓闲置,直到有在法律界定的贫困标准之上的申请者。而在贫困线以上的中产阶级申请者中,不成比例地多为黑人。参见 *New York Times* 1990 年 7 月 14 日。

有 50% 的白人家庭以及 50% 的黑人家庭。此外,这 50% 的白人家庭与 50% 的黑人家庭将更趋向于是那些对种族融合持有积极态度的家庭。联邦法院曾宣布这种种族限制契约为无效,而这些契约在历史上曾被用来使一些社区始终维持居民全部为白人。[32]

经济学家能否设计出一种方法,可以不依靠配额上限的方式而结束这种悲剧性隔离呢?从经济学理论的观点来讲,个体对于社会群体种族混合偏好的连续性分布导致了悲剧性的种族隔离。对于社会群体种族混合的偏好是经济外部性。经济学家一般会建议通过税收、补贴或可转让的权利而非配额的方式来矫正外部性。大体来说,这些矫正方法可被用于种族混合。因此,可能会向使社区种族混合情况恶化的房屋销售征税,或对改善社区种族混合情况的房屋销售给予补贴。另外,也可能开发一种运用可转让权利的解决方法。[33] 类似的设计可用于学校,如某学校在入学 356
招生中改善了种族平衡,那么学校教育券将会升值。

问题:

1. 需求曲线与供给曲线的交点代表静态均衡。图 14 – 4 表示了一个动态过程。为了确保你理解了这个新技巧,在图 14 – 4 上重新画一条曲线,使其有一个新的形状。沿着曲线画上箭头以表示不稳定的区域以及由此产生的方向变化。(例如,你需要把箭头放在 A、B、C 和 D 点,沿曲线朝上指向 E 点。)

2. 你在假期去了一个同时居住着穆斯林教徒和基督教徒的

---

[32] 在谢利诉克雷默[Shelly v. Kraemer,334 U. S. 1,14023 (1948)]案中,最高法院认定契据中禁止将房屋卖给黑人的约定违宪。

[33] 可转让权利的运作方式可能是:政府将种族性限制的居住权派发给参与社区的业主。权利的分配将依据政府对于社区种族混合的理念进行。要把社区中的房屋卖给准买家,业主必须有符合准买家种族的居住权。例如,如果房屋的最佳准买家为黑人,但是业主仅享有"白人入住权",如果业主不另行从别人处购买"黑人入住权"的话,上述房屋交易就无法完成。

外国城市。你观察到所有的社区都严格地按照宗教隔离开来。你同时观察到两种宗教中有相当数量的人愿意居住在有两种宗教的人同时居住的社区。用白人迁离模型来解释你所观察到的这些现象。

3. 白人迁离模型假设随着事件的发展,"口味"维持不变。在图 14-4 中,随着隔离的推进,你认为人们对于融合的态度会有怎样的变化?

4. 经济学家通常会以缺乏效率为理由反对配额。例如,减少污染的配额往往是缺乏效率的,因为它并没有反映不同企业减少污染的成本不同。假设政府把关于性别或种族的配额强加给一个企业(例如,50%的水管工必须为女性)。解释一下这种情况导致的效率缺乏在哪些方面与减少污染配额的效率缺乏相类似。解释一下在追求同样目标的原则下,如何运用税收或可转让权利而不是运用配额克服这种低效率。

结论

完全竞争会消除歧视或让歧视者承担成本。消除竞争的障碍会打击歧视。宪法对于平等机会的保护通过释放市场的力量来消除歧视。但是,统计研究通常认为歧视现象在美国依然持续存在,而且是由歧视的受害者来承担损失。要理解歧视现象的持续存在需要一种关于市场失灵的理论。垄断权力、信息不对称和外部性是市场失灵的三种基本类型,而市场失灵解释了歧视现象的持续存在。

357 像任何企业垄断联盟一样,社会团体可以通过阻止其他人进入劳动力市场从而使自身受益。此外,一个社会垄断联盟像企业垄断联盟一样面临不稳定的问题。要维持一个社会垄断联盟需要这个团体去克服其成员"搭便车"的行为。有些团体通过以私人方式强制执行社会规范来克服"搭便车"的行为。还有一些团体除了通过国家立法强制实施歧视以外,无法克服"搭便车"的行为。为了瓦解社会垄断联盟,国家可以运用与针对企业垄断联盟的反垄断法一样的技巧。例如,法院可以撤销歧视性法律,拒绝执行歧视性的私人契约。

即使没有市场垄断力量,信息的不对称仍然可以造成歧视现象在市场上持续存在。非理性的偏见在于使用从个人特质得出错误推断的统计平均值来对个体做出决定。市场竞争会严厉地惩罚非理性偏见。理性地运用歧视性信号则在于使用从个人特质推断得出的**正确**(但可能会引起异议的)统计平均值来对个体做出决定。市场竞争会奖励理性的歧视。为了防止理性歧视,政府需要改进决策者所获得的信息,这样决策者就不需要依靠引起异议的、从个人特质得出的统计推论了。

除了社会垄断联盟以及歧视性信号,人们对彼此的态度同样可以产生自由市场无法内部化的外部性。在悲剧性种族隔离的情况下,对于与其他种族混合的态度的连续分布可以动摇所有的种族融合环境。尽管美国法院很少允许使用配额上限,但原则上外部性可以通过设定配额上限的方式予以纠正。税收补贴或可转让权利是更有前景的补救方式,如当一个学校用教育券改善学校的种族平衡时,其教育券将升值。

第十五章　总结与结论

重商主义哲学在欧洲一直流行到 18 世纪
359 晚期。重商主义哲学把垄断赞誉为能令国家富裕的策略。按照通常的说法，现代经济学起源于亚当·斯密在他的《国富论》（1776）中对垄断的批评。该书把竞争赞誉为能令国家富裕的策略。斯密在社会科学领域最著名的比喻当中，指出竞争指引着只关心自己利益的屠夫和面包师将社会财富最大化，就好像他们受一支“看不见的手”指引。整整一个世纪以后，到 19 世纪晚期，边际革命才用数学公式表述了这一隐喻（Blaug 1978, Schumpeter 1986）。到 20 世纪五六十年代的一般均衡理论，数学方面的改进达到了顶峰。该理论提供了对竞争市场的严格论证，提供了一个分析市场失败的框架（Arrow 和 Hahn 1971）。后来博弈论的发展更为精确地论述了竞争怎样在大多数情况下发挥作用，但有时候会失效（Fudenberg 和 Tirole

1991)。

1776 年,也就是亚当・斯密出版《国富论》的同一年,美国发布了《独立宣言》。许多美国人希望建立世界上第一个大众民主政体。在经过不利的开局之后,现行美国宪法被通过了。一些制定者们把这部宪法说成是令自利的人民达致良好政府的机器。[1] 从《国富论》和美国宪法来看,大约是在同一时间,竞争的理念开始在经济学和政治学中逐渐占上风。两百年之后,竞争原则支配了世界的经济与政治制度,也支配了经济和政治理论。

竞争市场导致私人企业以低廉的价格提供充裕的私人物品。同样,从理论上讲,竞争性的选举使公共机构以低廉的税率提供充裕的公共物品。比之经济垄断联盟,市场竞争能够更好地满足消费者对商品的偏好,而政治竞争能够比政治垄断联盟更好地满足公民对于法律和公共物品的偏好。具体而言,选举(民主政体)会比能够使自身永久存在的官僚体系(行政国家)、居于支配地位的社会阶级(贵族制)、统治家族(君主制)、大权在握的个人(独裁制)、僧侣种姓制(神权制)更好地满足公民的需要。

亚当・斯密是从直觉感悟到市场竞争的效能的,但一般均衡理论证明了这一点。从理论上说,对政治的经济分析会像一般均 360
衡理论支持资本主义一样支持民主政体——证明竞争能够最好地满足公民的偏好。但是政治竞争的效率能被证明吗?这些证明从一开始就遇到了困难。是数学理论而不是实证证据发现了不可能定理,阐明了民主的极限。关于公共物品的决策需要集体

---

[1] 参见例如 Madison 1981b 第 160 页。亦可参见 John Adams 在 1775 年 11 月 15 日致 Richard Henry Lee 的信,重印于 Adams 1851,转引自 Krasnow 1991。

选择，肯尼斯·阿罗证明没有民主政体能够确保稳定且具有帕累托效率的集体选择（Arrow 1963）。在经济学中，可以预见竞争会产生良好的后果；但是在政治学中，竞争无法产生同样的结果。与经济活动中不一样的，无法削减的权力和永无止境的再分配会使政治中的合作变得不稳定。当合作失败的时候，自利会产生破坏作用而不是增加活力。

即便如此，政治竞争比之其他任何非竞争的政治组织体系都能更好地把政治家的野心和公共福祉结合在一起。本书预测了不同的民主形式能够满足公民偏好的程度。笔者运用了个人理性的实证方法和偏好满足的规范标准来为民主政体辩护，并对民主政体的各种形式进行批判。

1825 年，俄国发生起义，要用沙皇尼古拉斯的哥哥康斯坦丁取代沙皇尼古拉斯，并颁布一部宪法。起义到高潮的时候，起义的士兵和圣彼得堡的贵族高唱“康斯坦丁和宪法！康斯坦丁和宪法！”*。许多普通人显然认为“宪法”是康斯坦丁的妻子。〔2〕无论怎样，十二月党人起义之所以失败，部分地是因为太多的俄国人不知道什么是宪法。一位研读当下宪法学术作品的社会科学家或许会思忖：作者到底懂不懂什么是宪法。宪法领域的学术作品过多地关注作为历史协议和价值载体的宪法，但对作为一种影响行为的诱因结构的宪法关注不足。预测宪法对于人们行为的影响需要社会科学，特别是能够预测宪法对于自由、效率、分配等

---

* Constantine and constitution，这两个词在英语及俄语中押头韵和母韵，且“宪法”在俄语中为阴性词，在两者读音相近的情况下，听起来像是冠丁夫姓的妻子的称呼。——译者注

〔2〕伯克利的俄国历史教授 Nicholas Riasanovsky 在私下的交流中告诉我，支持这一事件历史记录准确性的文献并不充分，不过这段文字确实准确地表达了当时俄国普通民众的心态。笔者感谢 Nicholas Riasanovsky、Greg Gorssman 和 Blair Dean 就此点进行的讨论。

政策变量的影响的政策科学。在这个结语章里，笔者将总结自己的主要推论，概括对于民主政体的主要支持和批评意见。在总结之后，笔者将讨论民主的策略理论（strategic theory of democracy）的成功之处及其局限。

第一节　总结

作为一门政策科学，经济学对政策的价值做出预测。关于替代性政策所产生的价值后果的论断可以用预测或解决方案的方式做出。预测“x 导致 y”可以变为“要想达到 x，做 y”。我将按照在本书中出现的顺序来总结我的预测和解决方案。

一、中间民主与交易民主——政府的最佳数量

根据本书的第二部分，宪法和其他基本法可以分解或整合政府的职能。就分解而言，宪法创设了许多职能狭窄的政府部门， 361
每个部门都有明确而有限的目的，如在美国非常普遍的特殊政府。我们还可以通过针对某一特定问题投票的公民投票提案或全民公决来对宪法加以分解。另外，宪法也能整合政府的职能。就整合而言，宪法创设出职能广泛的政府，制定所有的法律，提供所有的公共产品。

单一目的政府和单一议题的全民公决增加了就不同问题进行协商谈判的交易成本。如果推广到其逻辑极限的话，分解会消除政治交易，并会消除投票交易和策略行为。就一维选择进行非策略性投票经常会在中间投票者最为偏好的点上产生稳定均衡。我把这种政治制度总结在表 15－1 第一行中，称为**中间民主**

(median democracy)。

表 15-1 政治的分解、整合与特性

分类	宪法形式	政治的特性
分解	特殊政府、公民表决提案	中间民主
整合	综合性立法权	交易民主

此外,宪法可以通过创设几个职能广泛的政府、让每个政府都有多重目的来进行整合。在这种制度下,中央立法机关和行政首长权力最大,在法国和日本即是如此。由中央立法机关主导的综合性政府降低了在各个问题之间进行交易的交易成本。如果推广到其逻辑极限的话,整合使政府成为一桩包罗万象的交易。达成交易需要投票交易和策略性行为。我把这种政治制度总结在表15-1第二行,称为**交易民主**(bargained democracy)。

如表15-2所示,中间民主和交易民主各有不同的优点和缺点。中间投票定理是稳定的,所以全民公决和单一目的的政府倾向于稳定。此外,每一个投票者都对中位值的形成有所影响,所以全民公决对选民的要求能做出回应。除了这两个优点之外,中间民主的缺点在于阻碍在各个问题之间进行交易。对于公民的偏好而言,如果没有交易,政治活动是缺乏效率的。此外,全民公决和单一目的的政府增加了选举的次数,这会耗尽公民精神。据说奥斯卡·王尔德曾言:"社会主义的麻烦在于它占用了太多的夜晚。"[3]同样,全民公决和单一目的的政府耗用了许多才智之士的精力和时间。

---

〔3〕 人们经常把这句话归于他名下,但我所信任的图书馆员 Debby Kearney 没有在他的著作中找到这句话。

表 15-2 中间民主与交易民主

分类	优点	缺点
中间民主	反应迅速,稳定	没有交易,可能使选民疲惫
交易民主	可能有效率	可能反应迟钝,可能不稳定

相反,交易民主整合诸项功能,减少政府的数量,对公民参与 362
选举的需求较小,这将会保存公民精神。此外,多目标的立法机关能促进交易。就公民的偏好而言,通过在各问题之间进行交易,政治活动可以变得有效率。但是在实践中,政治交易可能无法达到最佳结果。间接民主需要公民监督代表,但是每个公民想在其他公民监督的努力基础上"免费搭车"。公民的不完全监督使他们的代表可以追求与大多数选民利益相悖的目标。

除了代理问题,间接民主可能在合作剩余的分配上引发争端。有关再分配的争端不仅浪费资源,还会让政府瘫痪。在市场上,完全竞争使每个人都按市场价格进行交易,由此解决了分配问题。但是,没有人能够发明出完全竞争机制来控制由国家天然垄断的权力。只要民主宪法达不到完全的政治竞争,分配问题就会一直存在。自利的理性不会告诉人们怎样分配合作剩余。由此导致的政治联盟的不稳定会产生民主的空核问题。

我已经解释过交易民主有胜过中间民主的潜质,交易民主也有表现不及中间民主的风险。由于这个原因,政府的最佳数量因时因地而异。表 15-2 说明了在某一特定国家里怎样根据其实际绩效对民主政体进行调整。当选举选出能成功进行交易的忠实代表的时候,立法机关生产出公民想要的法律和公共产品。在这种情况下,宪法应当把由国家立法机关掌握的权力集中起来。相反,当立法者不为公民的利益服务时,立法机关会生产出人们不想要的法律和公共产品。或者,当立法者无法彼此合作时,立法机关只生产出少量的法律和公共产品。若一国家深受反应迟钝的官员之苦,或立法机关瘫痪,则应当倾向于中间民主。要倾向于中间民主,国家就应当支持单一目的政府、公民表决提案和全民公决。而倾向于中间民主的时候,一定不要让过多的选举使公民筋疲力尽。

363 表15-2特别适用于反应迟钝的行政管理者。当行政管理者不受选民约束时,他们会大肆扩充官僚体系,或者通过腐败自肥。机械适用规则会减少腐败并强化对行政机关的政治控制,而代价则是缺乏灵活性。国家可以通过增加选举的数量使行政层级变窄和变短,并由此削减行政机关,扩充其他政府部门。假定选举是诚实的,增加选举数量可以在仍然保留灵活性的情况下减少腐败。

二、条约、联合、联邦——政府间的最佳关系

最佳政府数量的问题集中在选举数量上。在第二篇中还分析了一个相关问题,这个问题涉及不同政府之间的关系。条约、联合和联邦代表着不断增长的集权化程度。最优的集权程度部分取决于国家必须提供的物品的属性。对于地方性的公共物品而言,如果法律制度允许公民自由流动,就会使公民能按照自己对地方公共物品的偏好决定何去何从。在公民可以自由流动的情况下,为了吸引居民,各州必须满足公民的偏好。即使没有自由流动,社区可以与不同政府就地方公共物品的供给自由缔约也会使政府彼此竞争。从理论上讲,自由迁移和自由缔约会在政府间引发竞争,提高地方公共物品供给的效率。

除了供给地方公共物品之外,各州还供给私法。公民有权在合同中规定管辖地,这会促使政府在提供私法方面展开竞争。在提供私法方面的竞争可以提高政府的效率。反之,强制性的法律融合会排除各管辖地之间的竞争。

我已经解释了各州间的竞争怎样改进地方性公共产品与私法的供给。但是,有些政府问题需要各州之间的协调与合作而不是竞争。单纯的协调问题仅仅需要一个信息交流的框架。各州间的条约可以建立起负责信息交换的机构。除了协调以外,有些公共问题需要合作。主权国家按照一致同意规则进行合作。根据一致同意规则,最为独立的地区和地方可以开出最高的要价。如表15－3中所总结的那样,一致同意规则会增强对集体行动需求最小的当事方的交易地位。此外,联邦制国家按照某种多数决定规则进行合作。多数决定规则会增强掌管国家的执政联盟的交易力量。

表 15－3 主权独立与联邦制

名称	宪政形式	获权群体	效率问题
一致同意原则	主权国家	对集体行动需求最小者	因拒不合作而瘫痪
多数决定原则	联邦体系	执政联盟	因分配而起纷争

我解释过,就分配而言,一致同意规则和多数决定规则有何不同。在一个零交易成本的理想世界里,合作的形式会影响分配,但不会影响效率。但是在现实中,合作的形式可能会影响到效率。 364
如果地区或地方政府间合作的规模收益不断增加,一致同意规则会产生拒不合作的问题。小规模群体通常能解决拒不合作的问题,而大规模群体通常难以解决这个问题。要解决拒不合作的问题,大规模群体必须转向多数决定规则,而这又会产生另外一个问题。按照多数决定规则,执政联盟之内的政党可以把政府的成本转移到执政联盟外的政党身上。所以多数决定规则为政治家在有关分配的斗争中浪费资源提供了机会。表15－3最后一列总结了这些关于效率的结论。

表 15 –4 把表 15 –2 和表 15 –3 的内容结合起来,说明了从各州实际绩效的角度怎样调整政府间关系。要改进合同方面的私法,应降低在合同中规定管辖地的障碍。要改进地方公共产品的供给,应降低公民的迁移成本,消除社区与政府缔约的障碍。要改进各州之间的协调,应建立一个交换信息的条约组织。要改进少数州之间的合作,应建立一个奉行一致决定规则的联合。要改进
365 多数州之间的合作,应建立一个奉行多数决定规则的联邦。当拒不合作问题阻碍必要的集体行动时,应减少一致同意规则的范围而增加多数决定规则的范围。反之,当各州通过控制中央政府为财富再分配展开争夺时,应增加一致同意规则的范围而减少多数决定规则的范围。

表 15 –4　各州之间的关系

公共需求	对各州的激励机制	法律形式
关于合同的司法	为获得管辖权而竞争	在合同中规定管辖地的权利
地方公共产品	为居民和获得公共产品合同而竞争	个人的迁徙权和地方的缔约自由
各州间的协调	信息交换	条约
少数州之间的合作	一致同意规则	联合
多数州之间的合作	多数决定规则	联邦

三、多少分支? ——政府内的最佳分权

本书第二篇中关于政府最佳数量和最佳关系的分析是从外部考察每一个国家。而第三篇则转向政府的结构,考察其内部分支机构之间的分权。为总结这些结果,首先我们来比较政治权力的集权与分权。比例代表制鼓励有多个政党,由此导致立法权的分

散；而胜者全得的单一选区制把政党联合起来，使权力集中。两院制也使权力分散，而一院制使立法权集中。首相的间接选举把立法权和行政权统一起来，而总统的直接选举使立法权和行政权分散开来。

分权要求政府靠交易来运作，我已经将其称为“交易民主”。相反，集权使行政部门可以通过命令来运作，我称其为“命令民主”（command democracy）。在交易民主的最纯粹形态下，立法机关处于主导地位；而在命令民主之下，行政首脑处于主导地位。表 15－5 总结了这些差别。

表 15－5　交易与命令

名称	宪政形式	政治特性
分权	比例代表制，两院制，总统制	交易民主
集权	胜者全得的单一选区制，一院制，总理制	命令民主

表 15－6 总结了交易民主和命令民主的优点与缺点。我已经解释过，交易可以有效地汇总偏好；或者换一种说法，交易失败会导致政治不稳定。相反，命令民主中的行政首脑可以制订连贯的行动计划，并且果断实行计划。但是，计划体制下，政治制度中的行政首脑缺乏将公共物品与公民偏好相匹配的信息。即便是在最好的情况下，信息匮乏都会导致行政部门的反应严重迟钝；而在最 366
坏的情况下，强势的行政首脑会消除政治竞争，从而终结民主政体。

表 15－6　交易民主和命令民主的优点与缺点

类型	优点	缺点
交易民主	可能有效率	可能不稳定
命令民主	果断	反应迟钝，可能会专断

表 15 –5 和表 15 –6 说明了怎样根据国家的实际绩效来调整内部权力配置。当交易失败导致不稳定时,要通过像胜者全得的单一选区选举这样的措施或通过强化立法机关中居主导地位的议院来集权。或者,当行政首脑威胁到法治之时,要进行分权,以便从命令民主转向交易民主。可以通过采用比例代表制、在两院之间平等划分权力、或从首相制转向总统制来实行向交易民主的转变。(从行政首脑的间接选举转向直接选举对于行政首脑的权力产生的影响是不确定的。[4])

现在我从政治转向行政。沿着国家的等级制度往下走,政治和行政交汇在政治任命结束、公务员职位开始的时候。在等级制的顶端,政治控制使行政部门需要对选民做出回应。但是在顶端之下,独立的公务体系保持着行政部门的勤勉廉洁。

第四章和第七章阐述了关于行政管理的理论,其中包含了一些在行政部门中提高响应能力、减少腐败的措施。要提高响应能力,应通过增加选举次数来减少官僚体系的广度与深度;应给行政管理者颁布统一的规则,由此降低官方机构进行监督的交易成本;应改变法院、立法委员会和其他官方机构审查行政管理者绩效的方式。从共同监督转向由数个官方机构单方监督可以促使公务员向民选官员和法官做出回应。

要减少行政部门中的腐败,应减少政治任命,增加公务员职位;应通过让官员遵守规则来减少他们的自由裁量权;应颁行统一的程序使行政部门对于公民而言变得更加透明;应通过增加选举次数来减少行政部门的广度与深度。

---

〔4〕 总统在立法机关之外,比起首相,总统在控制立法机关方面处于劣势。但是,直接选举的总统有着首相没有的民意授权。问题在于民意授权强化行政首脑对立法机关的控制比起行政首脑不在立法机关内部从而削弱了其对立法机关的控制,两者孰多孰少。

现在我从行政部门转向法院。独立的法院能确保法治，而法 367
治能让政治家做出可信的承诺。要确保法院独立，要么像大多数大陆法系国家一样创设司法公务员制度，要么像在美国联邦法院一样允许法官的永久政治任命。无论通过哪种方法，都要防止政治家影响单个法官的薪水或提升。

在法院独立的情况下，其权力的范围取决于几个变量。要增加(减少)法院在解释法律方面的自由裁量权，应赋予(拿走)具有一般管辖权的法院的违宪审查权力，并将权力分散在必须合作方能颁布新成文法的更多(更少)政府分支中。要增加(减少)法院对于公务员的权力，应允许(禁止)法院给行政管理者制定程序。行政管理者的回应方式可能是减少因法院规制而负担变重的工作，减少的幅度通常取决于行政管理者有多大能力用另外一种公共物品来替代因烦琐程序而负担变重的工作。当这种替代在政治上和技术上都较为容易时，给行政管理者制定更为繁复的程序会导致公共物品供给的大幅度下降。表 15－7 总结了行政部门和法院的这些解决方案。

表 15－7 行政部门和法院的问题与解决方案

公共问题	法律解决方案
行政部门反应迟钝	增加选举，统一程序，单方监督
行政部门腐败	减少酬赏性职位(patronage jobs)，增加规则，统一程序，增加选举
法治不足	司法公务员制度或法官的永久政治任命
法院弱势	让有一般管辖权的法院进行违宪审查，分割立法权，对行政程序进行司法审查

四、保护个人——最优权利

笔者在第二篇和第三篇中分析了官员权力的配置，第四篇转向个人的宪法权利。享有权利的人通常给权利估值,一部好的宪法会对这些估值做出回应。对于富裕的人而言,尽管边际自由可以同包括财富在内的其他价值进行交换,但基本的自由通常胜过其他价值。这些事实表明,富裕国家的宪法应当确保基本自由,并
368 使边际自由的价值最大化。表15-8总结了怎样使享有这些宪法权利的人的权利价值最大化,主要集中于财产权、言论自由和民权。

表15-8 与宪法权利有关的问题与解决方案

名称	公共问题	法律解决方案
财产权	关于再分配的争议	限制征收和允许一般税
	损害公众的私人行为	弹性原则,TDRs
	与国家交易	减轻的义务,通过共同协议进行抵消
言论自由	观念和信息供给不足	言论自由与知识产权保护
	组织限制言论	自由流动原则下的言论限制
	错误的信息导致损害	诽谤的平衡测试
民权	社会垄断联盟进行歧视	禁止歧视性法律,不强制执行歧视性合同
	理性的偏见信号	增加市场信息
	不稳定的团结,种族迁离	最高限额,税收补贴,可转让的权利

财产法赋予人们针对事物的自由,由此促进交换,并将有效运用资源的收益内部化。但是,许多政治家想要剥夺政敌的财产,压制他们朋友的竞争者。宪法可以通过把某些争端从一般政治领域移除出去来弱化这些纷争。一部好的宪法把关于再分配的政治过程从征收转化为广泛的税收。例如,宪法能保障起到维系市场自由作用的财产权与合同权,而让政治过程来决定税收的水平。

财产所有者对财产的使用交错在一起时会产生外部性。当外部性只涉及少数毗邻土地的所有者时，他们通常可以通过交易和社会规范自行解决问题。但是，当外部性涉及大量所有者时，交易成本之高会阻碍交易及社会规范的演进。在这些情况下，国家经常会采取措施控制外部性。法院必须判定这些措施是在对财产进行规制还是对财产进行征收。规制不需要国家补偿所有者，而征收要求国家补偿所有者。根据规制式征收的弹性原则，理想的答案取决于国家和所有者对于补偿所做出的回应的相对强度。国家 369
的回应具有弹性且所有者的回应缺乏弹性的话，应给予高水平的补偿；国家的回应缺乏弹性且所有者的回应富有弹性的话，应给予较低水平的补偿。

在大多数行政管理者看来，尽管命令与控制的方法已经在大多数规制形式中声誉扫地，但它仍然是土地使用规划的唯一方法。如果我们能更有创意的话，可转让开发权可以补充或取代传统的包括土地规划在内的对土地使用的限制。TDRs 减少了理性规划所需的信息，把所有者的精力引向市场活动而不是政治活动。

开发者经常需要和国家就许可问题进行交易。如果国家可以要求开发者抵消开发计划造成的公共损害，则开发者的交易地位就很弱。国家可以利用开发者的这个弱点，抽取开发计划的全部剩余作为建筑许可的条件。要加强所有者的交易地位，应在所有者减轻因开发计划造成的公共损害的前提下给予所有者开发权。但是，如果有了开发权，所有者和国家可以进行交易，达成用抵消取代减轻的协议。

我们再从财产转向言论。要注意言论传递了市场供给不足的有用的观念和信息。管制言论会增加垄断，这会加剧观念和信息的短缺。具体而言，限制政治言论会威胁民主政体，限制商业言论会伤害产品市场。相反,对言论有效的宪法保护可以阻止国家加剧在市场和政治领域先天存在的观念和信息的短缺。与那些提供了有益的观念和信息的言论不同,有些言论对人们造成伤害,如让人们非自愿地接触到色情作品。大体上讲,色情作品税可以将这一外部性内部化。

许多组织试图通过限制其成员的言论来提高效能。每个组织都要在限制言论与成为一个更有效率的组织所带来的更大回报之间进行权衡。组织之间为拉拢成员而展开竞争使个人可以在挑选组织时按照自己的偏好进行权衡。当竞争降低了退出组织的成本的时候,组织成员可以更加容易地摆脱自己不喜欢的限制,所以法院没有理由去详细审查组织对成员的言论限制,而有理由尊重组织成员做出的权衡。相反,垄断权力提高了退出组织的成本,在此情况下法院有更多的理由去详细审查对组织成员的言论限制。自由流动原则断称法院应当按照脱离组织的成本详细审查组织对成员的言论限制程度。

观念的自由市场会激发有益的观念,减少有害的观念。所以,不应对构想和宣传有害观念追究法律责任。就此点而言,虚假的论断与有害的观念是不同的。想要做出某种断言的人必须在此论断为真的期望收益与此论断为假的期望损失之间做出权衡。基于平衡测试的诽谤标准可以鼓励人们在做出论断之前获得充足的证据。

现在我从言论自由转向民权。完全竞争通常会消除歧视或者
370 让歧视付出代价。但是,统计研究通常显示,在美国是受害者在为持续的经济歧视埋单。如果这些统计数据道出了事实真相,那么民权法应该纠正导致有害歧视的市场失败。

垄断力量、信息不对称和外部性是可能导致有害歧视的市场

失败的三种基本类型。和任何商业垄断联盟一样,社会群体通过阻止其他人的竞争获益,就像某一种族群体把最好的工作留给自己的成员那样。但是,如同商业垄断联盟一样,社会垄断联盟是不稳定的。"不忠"的垄断联盟成员偷偷地破坏其规则,损害其利益,而使自己和外部人受益。为了生存,社会垄断联盟必须运用社会规范或公法来压制成员的不忠行为。要使社会垄断联盟变得不稳定,需要与反垄断法用来对付商业垄断联盟同样的技术。具体而言,法院应当推翻那些歧视性的法律,拒绝执行歧视性的合同。

另一类问题是基于信息的歧视。许多商业决策基于统计推论。竞争会惩罚非理性的偏见。这些非理性的偏见由基于个人特质与普通经济行为之间虚假的相关关系所做的决策组成。竞争会奖励理性的偏见。这些理性的偏见由基于个人特质与普通经济行为之间真实的相关关系所做的决策组成。为与理性偏见作斗争,国家应增加信息供给,使决策者不再依赖从统计平均数中得出的、会引起反对意见的推论。

除了社会垄断联盟和歧视性标志,人们之间彼此的态度也会产生破坏市场的外部性。例如,对于与其他种族混居的态度的连续分布可以使种族融合的环境变得不稳定,导致种族迁离。大体上,外部性可以通过最高限额、税收补贴和像教育券这样的可转让权利加以矫正。

第二节　民主的动机与机构

为了提出前面这些预测和解决方案,我试图把政治理解为自利的人们之间的一种策略性互动。这种方法有很长的历史,至少可以回溯到马基雅维利和霍布斯。与此不同的是,我们也可以假定官员直接追求正义、公平或公共利益这样的价值目标,由此推演政治理论。这种规范方法至少可以回溯到柏拉图的《理想国》并持续到现在,罗尔斯、哈贝马斯和汤普森的著作就是例证。[5]

尽管规范的方法专注于官员**应当**怎样行为,但其是否有用却
371 取决于官员实际怎样行为。如果规范对官员有影响,那么分析规范对于预测和影响官员的行为就有用。相反,如果规范对官员没有影响,那么分析规范对于预测和影响官员的行为就没有用。为解释在理解民主政体方面,为什么策略理论比规范理论更为有用,我将比较动机和民主的组织机构。

一、利益

民主是一种为获得官职而进行广泛竞争的制度。成功的政治家以赢得选举为目的。美国的有些立国者们期望民主竞争能够选出"自然贵族"来领导美国。[6] 但是,最成功的政治家更像是权力的掮客而不是贵族。实业家想要补贴,艺术家想要拨款,学生想要奖学金,父母亲想要税收减免,年长者想要年金,如此等等。要获得政治影响,这些人必须组织起来。组织起来的利益群体只关注自己的利益,而不是公共利益。

要创建能获胜的选民联盟,政治家必须进行交易,给组织起来的利益群体以他们最想要的法律和公共产品。从这个角度来看,立法机关的真正工作与交易有关,而政治家们之间关于公共利益

〔5〕 例如,参见 Rawls 1993,Habermas 1996 以及 Thompson 和 Guttman 1996。

〔6〕 杰斐逊在给亚当斯的信中写道:"我同意你的看法,人群中有自然形成的贵族。他们的基础是道德和才能。……难道我们甚至不能说这种纯粹遴选那些自然贵族充任政府官职的政府形式是最好的吗?"1813 年 10 月 28 日的信,见 Jefferson 1984,第 1305 ~ 1306 页。

的争论大部分不过是托辞。或许民主过程偶尔能摆脱自利的约束，但是这种情况即使有，也很少。〔7〕大多数国家官员都是想做得好，只有少数是想做得对。

二、理性

我已经论证了选举竞争会选出那些最娴熟地追求权力的政治家。除了竞争性政府外，民主政体还包括法治。法治要求把法官与政治压力隔绝开来。法院评估双方的论证理由，而不是满足利益群体。理想中的法院是靠理性驱动的，尤其是关于公正、道德与公共利益的理性。就理性驱动法院这一点而言，规范理论在预测和影响法院的行为方面是有用的。

如表 15－9 第一行和第二行总结的那样，立法机关就利益进行交易，法院就理性进行辩论。因此把立法权从立法者转到法官手中会使政府倾向理性而远离利益。

表 15－9　动机与政治

动机	过程	机构
利益	交易	立法机关
理性	争论	法院
激情	演讲	竞选
意志	命令	行政首脑

一部好的宪法会有所偏向，但不会彻底倾覆。为了评估倾覆的风险，我们来考察一下柏拉图关于正义问题的深思所得——《理 372

〔7〕 Ackerman 曾指出，在一国的政治史上曾经有一些特定时候人们克服了通常的自利政治，从更好的动机出发创设宪法规定（Ackerman 1984；Ackerman 1989）。以美国历史为例，他举了最初的制宪会议、内战之后的重建以及罗斯福的新政。

想国》。这本书几乎是西方政治哲学的开端。为了让政府能对理性做出回应,柏拉图的政体中把最大的权力给了最好的哲学家。柏拉图理想国中的哲学王不需要竞争性选举。但是在现实中,没有竞争的权力会使雄心壮志很快堕落。如果一个国家按照柏拉图的解决方案组织起来,哲学王很快就不是哲学家了,而开始变得像一个国王。

除了制约权力以外,选举还为官员们提供关于公民政治偏好的信息。在柏拉图的理想国里,缺乏选举使官员们无法获得公民想要什么样的法律和公共产品的信息。柏拉图的哲学王一直管到公民生活的细节,甚至用一个弥天大谎为有权管制婚姻提供合理性,而不是对公民的要求作出回应。〔8〕 在柏拉图看来,哲学王感知到理性的形式并因此会理解正义的要求。这种代表了在智力上的政治自负的立法观念非常危险地高估了理性的力量而低估了经验知识的力量。

柏拉图的《理想国》表现出哲学为宪法提供建议时最好的一面和最坏的一面。〔9〕 作为主要的立法者,法官与柏拉图的哲学王有着一样的缺点。让法官远离竞选的压力也就除去了法官满足公民偏好所必需的动机和信息。

三、激情

在考察过政治家和法官之后,我现在转向公民。大型选举中

---

〔8〕 生育是通过一个所谓的“金属神话”来加以管制的。按照这个神话,不同的人是用有着不同价值的金属制成的。伯特兰·罗素在他的《西方哲学史》中说:“强迫人类接受这种神话却是与哲学不相容的,并且它包含着一种足以损害人类理智的教育。”参见罗素 1945,第 14 章,“柏拉图的乌托邦”,第 113 页。

〔9〕 伯特兰·罗素在《西方哲学史》中写到他对柏拉图“很少敬意,就好像他是一个现代的英国人或美国人在宣传着集权主义那样”。参见罗素 1945,第 13 章,“柏拉图见解的来源”,第 105 页。

的一张投票很少会影响选举结果。大型选举和秘密投票使那些按 373
自己的良知投票而不是按自己的利益投票的选民所做的重大牺牲失去意义。在成本很低的情况下,公民们更乐于表达自己的政治价值,就像人们乐于告诉他人应该怎样生活一样。作为选民,公民的动机是结合了自利与公共利益理念的混合体。有时某人的公共利益理念不过是为他的自利找到合理借口。但是,有时自利和一个人的公共利益理念是背道而驰的。就公民不按他们的利益投票而言,规范理论在解释投票时大体上可以发挥作用。

和大多数法官一样,公民不需要进行选举竞争。但是和大多数法官不同的是,很少有公民会倾听长篇大论并在投票前做审慎的考虑。此外,比起法官而言,普通公民没有受过法律和治理方面的训练。比起法官来,不成熟的情感对于公民的影响大概更大一些;就总体而言,清晰的理性对法官的影响大过对公民的影响。在理解了这些事实之后,如表 15 –9 第三行所总结的那样,政治家们运用慷慨激昂的演说加上一些符号挑动选民的情感,在竞选中影响选民。

四、意志

由于激情是不稳定的,成年人需要意志的力量来克服短暂的冲动。意志的力量使一个人可以持续追求恒久的目标。和人一样,国家也需要持续追求恒久的目标。这种能力主要是来自行政首脑的政治领导。行政首脑通过向公务员和他所在政党的党员发号施令能力来领导国家。如表 15 –9 最后一行所示,国家的意志主要是由行政首脑供给的。

宪法通过把立法权从立法者转到行政首脑手中,可以使政府倾向意志而远离利益。在战争或危急关头,公民们会为了国家克制自己的目标。在紧急状态下,原本回避独裁的民主政体有时会授予行政首脑紧急处置权。

第三节　民主的优越性

表15－9比较了民主政治中利益、理性、激情和意志的作用。[10] 就交易对政治有影响这一点而言,利益肯定是重要的,所以立法机关需要权力。就争论对政治有影响这一点而言,理性当然是重要的,所以法院需要权力。就演讲对政治有影响这一点而言,激情固然是重要的,所以竞选要影响政治。就命令对政治有影响这一点而言,意志必定是重要的,所以行政首脑需要权力。

我相信,民主政体的优越性在于这样一种制度框架:通过
374 法律对利益作出回应并且把立法权赋予立法机关。人们在秩序、自由和繁荣方面的利益为政治合作提供了最可靠的动机。民主通过给公民提供他们所偏好的法律与公共产品来回应这些利益要求。

相反,理性、激情或意志对于立法的影响过多的话将会使公民失望。由于理性是抽象的,所以法官对于公民来说太过遥远,以至于不能成为首要的立法者。由于激情是不稳定的,所以法律必须通过引导政治竞选来制约政治煽动家。由于意志是工具性的,所以公民必须给行政首脑制定目标,而不是让行政首脑把目标强加给公民。

---

[10] Hirshcman 1977 比较了政治活动和政治理论中的利益与激情。Elster 1995 也使用了类似的区分来比较美国宪法和法国宪法的起草。

结论

我运用策略理论为民主政体开出了药方。现在我将讨论策略理论的局限以及如何超越这些局限,以此作为结论。

一、更好的数据与更多的应用

策略理论解释了理性的人们之间相互作用的逻辑。用逻辑代替直觉经常会揭示此前没有人清晰表达出来的因果联系。但是,逻辑只能确保一致性,无法确保预测的精确性。预测的精确性源自经验的有效性。宪法的经济分析的有效性又如何呢?

有两种嘲讽之词表明答案是“不十分有效”。“在法学中,一则轶闻就算是实证证据,两则轶闻就算是数据了。”“用经济模型证明法律制度的效率就好像对着树射一箭然后在箭头周围画上靶心。”尽管这些嘲讽之词所讽刺的许多都是事实,但是它们低估了本书中模型的实证有效性。本书运用典型法律事实建立模型,用模型做出预测,将这些预测与事实相比较,然后再修正模型。因此事实通过反馈进入了模型中。

作为一种科学方法,经验反馈缺乏假设检验。假设检验涉及用模型做出预测,然后通过统计学方法确认或推翻预测。目前,宪法的经济分析缺乏检验假设所需的数据。假设检验的愿望不仅是一种“物理嫉妒”*,而且是一种政治科学的渴望。假设检验赋予预测结果的信心是其他方法所不能给予的。但是,对于大多数法学

* physics envy,指经济学希望像物理学那样精确的愿望。——译者注

家来说,寻找检验法律假设的数据需要太多艰苦单调而又无趣的工作。此外,相对而言,很少有宪法学家受过必要的统计学训练。宪法领域的假设检验有待于政府统计的改进和掌握实证分析方法的新一代宪法学者。在目前这个发展阶段上,宪法的经济分析必须利用典型事实和非正式观察为其理论提供基础。(约翰·斯图亚特·密尔相信经济学必然具有这个属性。[11])

375 除了数据不足以外,宪法的经济分析的研究**水平**也不够。宪法领域的影响性争议需要有和法庭案件所提出的问题一样的一般性(generality)水准。但在现实中,宪法经济分析的大部分研究比法律诉讼中的论证更为抽象。在能让法官和其他官员做出决策的水平上,学术研究是很薄弱的。我希望这本书能激发旨在影响宪法的具体应用研究。

笔者提倡实证研究和应用,提出了改进法律经济学的传统方法。下面我想转向经济学家会有争议或者不喜欢的方法。具体而言,我将讨论为比利益更为复杂的动机建立模型。

二、内在观点

为什么要遵守法律? 奥利弗·温德尔·霍姆斯呼吁学者要从"坏人"的角度来考察法律。坏人遵守法律是因为不守法的成本太高了。[12] 制裁的威胁阻止坏人不遵守法律。传统的经济学遵从了霍姆斯的建议,像看待价格一样从外部来看待法律。

---

〔11〕 密尔相信要在数个可能的经济学理论中间进行选择,数据永远不够用,所以最终的选择是靠直觉和常识(Mill 1844)。在这一点上,他的观点与米尔顿·弗里德曼大相径庭。弗里德曼认为假设的现实意义与建立经济模型之间没有什么关联。

〔12〕 Holmes 1987:"如果你想了解法律而不是其他什么东西,那么你就一定要从一个坏人的角度来看法律,他只关心这种法律知识使他能预测到的实际后果;而不是像好人那样,他发现行为的理由,无论是在法律之内还是法律之外,而对制裁只有更加模糊的认识。"

尽管人们经常感觉到法律就是强制，[13]但被问及为什么遵守法律时，大多数美国人给出的是道德方面的理由。这些理由经常能预测人们对法律的态度（Tyler 1990）。如果这个心理研究是准确的，则大多数美国人是出于尊敬而遵守法律。理解他们的行为需要从“好人”的角度考察法律。好人将法律内化，出于尊敬而守法。

或许“好人”理论能解释为什么大多数人在大多数时候守法，而“坏人”理论能解释在守法和违法边缘上摇摆不定的人的行为。换言之，“好人”理论能解释普通人的行为，“坏人”理论能解释边缘人的行为。

如果人们是完全把法律内化的天使，就不需要国家强制了。尽管人们很难是天使，但即便是不完全的内化也会减少国家强制的需要。鉴于内化与强制之间的反向关系，长久以来推崇有限政府的经济学传统也应该推崇内化。在政府之外，在分权式经济中，市场把陌生人联系在一起。尊重法律可以在分权式经济中提高市场的效率。[14]

法律的内在观点和外在观点之间的差异与经济学中价格与偏好的差异有关。经济学家把外在义务看作价格，把内在义务看作偏好。 376
在经济学中，一个人的“偏好”是他愿意为之付出的东西，包括守法。价格可以用金钱、精力、时间或其他任何稀缺资源来命名。偏好的强度可以用一个人愿意付出的数量来衡量。

但是，从心理学的角度来看，守法**不像是**对于芦笋或者滑水的偏好。内化的义务与传统经济学的偏好有显著的区别。两者之间

〔13〕 MacCormick 1998 强调政治中“意志的他律性”。

〔14〕 在他去世前，Mancur Olson 对法律和道德强化市场的方式发生了浓厚兴趣。一个受到他的观念启发的题为“市场强化政府”的会议于 1999 年 3 月由“机构改革与非正式部门中心”在华盛顿召开。会议论文将会结集出版。

的区别是如此之大,以至于非经济学人士不敢把这么多的东西都称作“偏好”。

但是,关键点并不在感觉和语义上。相反,关键点在于把经济学的偏好理论运用于守法时所遇到的困难。大多数人看重财富与权力,但追求财富与权力障碍重重;与此相对,几乎没有人喜欢贫穷和脆弱,但贫穷和脆弱很容易实现。竞争可以确保成功的政治家对于权力和财富有着强烈的、永不满足的渴望。因此,认为每个政治家都希望获得更多权力和财富的假设是政治科学一个很不错的起点。

但是,守法在各个国家有所不同。亚里士多德认为好的政府造就好的公民。[15] 政治制度大体上可以部分地解释这个差异。例如,民主政体需要公民参与政府,这会增加他们对法律的尊重。政治理论应当解释为什么有些政治制度能产生对法律的尊重而其他政治制度产生出犬儒主义。

就政治制度影响公民对法律的尊重而言,政治理论应该对尊重法律做出解释。此种解释需要一种能够说明这种对法律的尊重如何获得、又如何失去的理论。对于倡导有限政府和分权式经济而言,发展这样的理论尤为迫切。不幸的是,传统的经济学把人的偏好视为是给定的。经济学中尚没有广为接受的内生偏好的理论。因此,本书也没有能解释宪法怎样产生出对法律的尊重。例如,我提出了一种公民将自利和关于公共利益的观念结合在一起的混合投票理论。但是,我没能解释为什么有些公民会把某一特

〔15〕 亚里士多德写道:“……立法者通过塑造公民的习惯而使他们变好,这是所有立法者心中的目标。如果一个立法者做不到这一点,他也就实现不了他的目标。好政体同坏政体的区别也就在于能否做到这点。”我于 1994 年在芝加哥和塞尔维亚人与克罗地亚人踢足球的时候见到了一个非常典型的例子。同样的人,在美国彬彬有礼,而在波斯尼亚就变得粗暴无礼。

定的关于公共利益的观念内化。

一种好的政治理论应解释而不是假定对于法律的尊重。本书以博弈论为基础，缺乏对于尊重法律的解释。但是与传统的经济学家不同的是，我不认为把对法律的尊重在模型中作为“偏好”来处理就能给我对此不加以解释的借口。我将概要地提出我最终希 377
望怎样克服这个理论上的缺陷的几点看法，以此作为全书的结论。

三、迈向内化的理论

宪法学者、立法者和法官就人们**应该**具有的价值展开激烈争论。公共争论不认为偏好是既定的。公共争论经常试图改变价值而不是推行价值。在这些争论中，学者给一些政治原则提供了正当理由，而对另外一些政治原则没有提供正当理由。这是政治哲学和道德哲学的中心任务。例如，布鲁斯·阿克曼认为在对话自由的约束条件下，由中立原因所支持的论断会产生出一套独特的分配原则。[16]

哲学通过为价值提供理由从而为内化提供理性基础。与哲学不同的是，像行为主义和弗洛依德主义这样的心理学理论解释了内化的非理性过程。思维和选择通常对社会调适（social conditioning）、习惯养成和移情等不产生影响。“精神分析学”探寻清晰价值背后的无意识的、非自愿的基础。有些现代的语言学家在研究隐喻的过程中采取了类似方法（Lakoff 和 Johnson 1980）。

经济学比心理学更为理性，比哲学更具有预测作用。经济学应该通过发展理性和预测性的理论对理解人们尊重法律做出贡献。对于怎样保持经济学的核心假设并将其扩展，从而把关于法

〔16〕 Ackerman 1980. 就民主政体中政治争论原则的深入思考，参见 Rawls 1993。

律的内在观点囊括进来,我有一些想法。在博弈中,参与者有时选择某一特定的策略,由此故意减少他们将会在未来获得的收益。故意恶化自己得自某一策略的收益意味着将会选择其他策略。比如,一支向前推进的军队烧毁自己背后的桥,烧毁桥会增加撤退的绝对成本,因此相对增加了前进的收益。

同样,内化社会规范把对个人的处罚同被禁止的行为联系在一起。对个人的处罚增加了做错事的绝对成本,因此增加了做正确的事情的相对收益。在大多数合作性活动中,人们偏好有道义感的同伴。因此,当承诺会带来利益的时候,一个有能力做出道义承诺的理性的自利者将会把规范内化。(我把这种承诺称为**帕累托自我改进**。[17])

378 许多人把尊重法律和忠于国家看作成为一个好公民的要求。被人认为是一个好公民会给人带来好处,尤其是参与按照民主的社会规范组织起来的合作活动的好处。或许是民主的宪法和民主的文化给那些内化了民主观念的人带来好处。民主通过这种方式,造就了好的公民。(用我的话来说,内化对法律的尊重是**帕累托自我改进**。[18])

内化意味着新的自我的可能性。大部分人格的发展与选择成为什么样的人有关。沿着这个思路发展出的完整理论将解释民主怎样塑造让行为人感兴趣的新自我。[19]

还有一点与此有关,涉及自我表达。我解释过把道德承诺标

---

〔17〕 Cooter 1998a 和 Cooter 1998c。

〔18〕 同上。

〔19〕 强调人格的某一方面的发展而不是另一方面的发展需要自控。相反,标准的经济决策模型没有包括自控的问题,所以意志的能力没有被模型化。法律经济分析很少运用自控和自我监督的经济学。关于这个主题我写过两篇论文。参见 Cooter 1991c 和 Cooter 1998c。

识出来可以在必要的合作中增加信任，并由此带来好处。但是，道德承诺可能是假的也可能是真的。对于大多数人来说，平静地撒个谎要比做出虚假的情绪反应来得容易。所以在验证真的道德承诺的时候情绪表达发挥着重要的作用(Frank 1988)。在政治中，操弄象征性符号能引发人们的激情，这些符号通常与对种族群体、社会阶层或地方的忠诚有关。[20] 但是，关于法律怎样引发社会承诺的经济理论仍在起步阶段。[21]

我在前面曾经说过，民主政体相对于其他政府形式的优越性部分地在于民主政体对公民的利益做出回应的法律制度。此外，民主政体的优越性部分地在于其自我强化。具体而言，民主政体需要公民支持政府，而公民参与政府能够改进公民精神。[22] 当好的公民造就好的政府、好的政府造就好的公民时，民主政体就是在自我强化。

有些像洛克那样的社会理论家以平衡为目标，而有些像霍布斯那样的社会理论家以纯粹为目标。本书中所阐述的民主的策略理论所依赖的是个人理性的实证方法和偏好满足的规范标准。我试图仅仅依靠这些理念，将其运用于宪政民主。我认为策略理论包含民主政治的大部分内容，而哲学理论只包含民主政治的一小部分。我只运用了策略理论，忽略了其他一些宪法理论。但我希望将来能帮助经济学吸收关于法律的内化观点，弥补这一疏漏。 379

---

〔20〕 对社会群体忠诚的政治投资测试过程被称作“种族特性分隔”(Kuran 1998)。

〔21〕 参见 Cooter 1998a。

〔22〕 Rawls 认为一个更为正义的国家在与一个不太正义的国家竞争时具有优势。Rawls 强调如果人们亲身体验到国家是正义，会增强对国家的忠诚。参见 Rawls 1971，特别是第八章，“正义感”。

总索引

（条目后数字系英文原版页码，检索时请查本书边码）

人名索引

（条目后数字系英文原版页码，检索时请查本书边码）

参考文献

Ackerman, Bruce A. 1997. "The Rise of World Constitutionalism." *Virginia Law Review* 83: 771 – 97.

______. 1989. "Constitutional Politics/Constitutional Law." *Yale Law Journal* 99: 453 – 547.

______. 1984. "The Storrs Lectures: Discovering the Constitution." *Yale Law Journal* 93: 1013 – 72.

______. 1980. *Social Justice in the Liberal State*.

______. 1972. "The Uncertain Search for Environmental Policy: Scientific Fact finding and Rational Decision making along the Delaware River." *University of Pennsylvania Law Review* 120: 419.

Adams, John. 1851. "Letter from John Adams to Richard Henry Lee (Nov. 15, 1775)." In *The Works of John Adams*, edited by C. F. Adams, Vol. 4, pp. 185 – 86. Boston: Little Brown.

Adams, J., and C. F. Adams. 1850. *The works of John Adams, second president of the United States: with a life of the author, notes and illustrations*. Boston: Little Brown.

Adams, W. J., and Janet L. Yellen. 1976. "Commodity Bundling and the Burden of Monopoly." *Quarterly Journal of Economics* 90: 475 - 98.

Akerlof, George A. 1985. "Discriminatory, Status-based Wages among Tradition-oriented, Stochastically Trading Coconut Producers." *Journal of Political Economy* 93: 265 - 76.

Alesina, Alberto, and Enrico Spolaore. 1997. "On the Number and Size of Nations." *Quarterly Journal of Economics* 112: 1027 - 56.

Alexander, H. E. 1979. *Political Finance*. Beverly Hills, CA: Sage Publications.

Allison, Graham T. 1971. *Essence of Decision: Explaining the Cuban Missile Crisis*. Boston: Little Brown.

Amar, Akhil Reed. 1991. "The Bill of Rights as a Constitution." Yale Law Journal 100: 1131 - 1210.

Andersen, G., D. Martin, W. Shughart II, and R. Tollison. 1990. "Behind the Veil: The Political Economy of Constitutional Change." In *Predicting Politics-Essays in Empirical Public Choice*, edited by W. Grain and R. Tollison, 89 - 100. Ann Arbor: University of Michigan Press.

Andersen, G., W. Shughart II, and R. Tollison. 1989. "On the Incentives of Judges to Enforce Legislative Wealth Transfers."

Journal of Law and Economics 32: 215 – 28.

Aristotle. 1962. "Actual Constitutions and Their Variety." In *The Politics of Aristotle*, edited by Ernest Barker. New York: Oxford University Press.

Arrow, Kenneth J. 1973. "The Theory of Discrimination." In *Discrimination in Labor Markets*, edited by Orley Ashenfelter and Albert Rees. Princeton: Princeton University Press.

______. 1963. *Social Choice and Individual Values*. 1951. Reprint, New York: Wiley.

Arrow, Kenneth J., and F. Hahn. 1971. *General Competitive Analysis*. San Francisco and Edinburgh: Holden-Day, Inc., and Oliver and Boyd.

Ayres, Ian, and Jeremy Bulow. 1998. "The Donation Booth: Mandating Donor Anonymity to Disrupt the Market for Political Influence." *Stanford Law Review* 50: 837 – 91.

Ayres, Ian, and Joel Waldfogel. 1994. "A Market Test for Race Discrimination in Bail Setting." *Stanford Law Review* 46: 987 – 1047.

Baird, Douglas, Robert Gertner, and Randall Picker. 1994. *Game Theory and the Law*. Cambridge, MA: Harvard University Press.

Baker, John. 1979. "The Law Merchant and the Common Law before 1700." *Cambridge Law Journal* 38:295.

Baker, Lynn A. 1995. "Constitutional Change and Direct Democracy." *University of Colorado Law Review* 66: 143 – 58.

Bardhan, Pranab. 1996. "Disparity in Wages But Not in Returns to

Capital between Rich and Poor Countries." *Journal of Development Economics* 49: 257 – 70.

Barker, Robert S. 1988 "Constitutionalism in the Americas: A Bicentennial Perspective." *University of Pittsburgh Law Review* 49: 891.

Baumol, William, Wallace Oates, and Sue Blackman. 1979. *Economics, Environmental Policy, and the Quality of Life*. Englewood Cliffs, NJ: Prentice-Hall.

Bebchuk, Lucian Arye. 1992. "Federalism and the Corporation: The Desirable Limits on State Competition in Corporate Law." *Harvard Law Review* 105: 1437.

Becker, Gary. 1973. *The Economics of Discrimination*. Rev. ed. Chicago: University of Chicago Press.

Benham, Lee. "The Effects of Advertising on the Price of Eyeglasses." *Journal of Law and Economics* 15 (1972): 337 – 52.

Bentham, Jeremy. 1973. *The Utilitarians: An Introduction to the Principles of Morals and Legislation*. Garden City, NY: Doubleday.

Bergh, Roger vanden. 1997. "The Subsidiary Principle and the EC Competition Rules: The Costs and Benefits of Decentralization," 142 – 83. In *Constitutional Law and Economics in the European Union*, edited by D. Schmidtchen and R. Cooter. Cheltenham and Lyme, Eng., Edward Elgar Publishing.

Bergson, A. 1938. "A Reformulation of Certain Aspects of Welfare Economics." 310 – 34.

Berim, Isaiah. 1969. "Two Concepts of Liberty." In *Four Essays on Liberty*, 118 – 72. New York: Oxford University Press.

Bernstein, Lisa. 1992. "Opting Out of the Legal System: Extralegal Contractual Relations in the Diamond Industry." *Journal of Legal Studies* 21: 115 – 57.

Black, Duncan. 1958. *The Theory of Committees and Elections*. Cambridge: Cambridge University Press.

Black, Henry Campbell, Joseph R. Nolan, Jacqueline M. Nolan-Haley, and West Publishing Company. 1991. *Black's Law Dictionary: Definitions of the Terms and Phrases of American and English Jurisprudence, Ancient and Modern*, Abr. 6th ed. St. Paul: West Publishing.

Blackstone, William. 1979. *Commentaries on the Laws of England*. Facsimile of the 1765 – 1769 ed. Chicago: University of Chicago Press.

______. 1765 (1992). *Commentaries on the Laws of England*. Buffalo: William S. Hein and Co.

Blaug, Mark. 1978. *Economic Theory in Retrospect*, 3rd ed. New York: Cambridge University Press.

Blume, Lawrence, and Daniel Rubinfeld. 1984. "Compensaton for Takings: An Economic Analysis." *California Law Review* 72: 569 – 628.

Bohnet, Iris. 1998. "Fairness, Inequality and the 'Identifiable Victim Effect': A Behavioral Institutional Analysis." Paper presented at the Seminar on Law, Economics, and Organizations, University of California at Berkeley.

Bolton, Patrick, and Gérard Roland. 1997. "The Breakup of Nations: A Political Economy Analysis." *Quarterly Journal of Economics* 112: 1057 - 90.

Borgida, Eugene. 1994. "Gender Stereotyping and Sexual Harassment: Social Psychology in and on Trial" Paper presented at the Law and Society Seminar Series. University of California at Berkeley.

Bork, Robert H. 1990. *The Tempting of America: The Political Seduction of the law*. New York: Free Press.

Boudreaux, Donald J., and A. C. Prichard. 1993. "Rewriting the Constitution: An Economic Analysis of the Constitutional Amendment Process." *Fordbam Law Review* 62:111 - 62.

Brennan, Geoffrey. 1998. "Collective Irrationality and Belief." Working paper, Rearch School of Social Science, Australian National University.

Brenan, Geoffrey, and Loren Lomasky. 1993. *The Pure Theory of Electoral Preference*. Cambridge: Cambridge University Press.

Brennan, Geoffrey, and Cliff Walsh, eds. 1990. *Rationality, Individualism, and Public Policy*. Canberra: Centre for Research in Federal Financial Relations.

Brenner, Saul. 1982. "Ideological Voting on the U. S. Supreme Court: A Comparison of the Original Vote on the Merits with the Final Vote." *Jurimetrics Journal* 22: 287 - 93.

Breton, Albert. 1996. *Competitive Governments: An Economic Theory of Politics and Public Finance*. Cambridge: Cambridge University Press.

Breyer, Stephen. 1982. *Regulation and Its Reform*. Cambridge.

MA：Harvard University Press.

Brinig, Margaret F., and F. H. Buckley. 1997. "Welfare Magnets：The Race for the Top." *Supreme Court Economic Law Review* 5：141 – 77.

Brueckner. J. 1983 "Property Value Maximization and Public Sector Efficiency." *Journal of Urban Economics* 14：1 – 15.

Bruno, Michael and Boris Pleskovic. 1997. *Annual World Bank Conference on Development Economics*, 1996. Washington. DC：The World Bank.

Buchanan, Allen E. 1991. *Secession：The Morality of Political Divorce from Fort Sumter to Lithuania and Quebec*. Boulder：Westview Press.

Buchanan, James. 1991. *Constitutional Economics*, Oxford：Blackwell.

______. 1990. "The Domain of Constitutional Economics." *Constitutional Political Economy* 1：1 – 18.

______. 1975. *The Limits of Liberty：Between Anarchy and Leviathan*. Chicago：University of Chicago Press.

Buchanan, James M., and Gordon Tullock. 1962. *The Calculus of Consent：Logical Foundations of Constitutional Democracy*. Ann Arbor：University of Michigan Press.

Buckley, E H. "The Market for Migrants." 1997. In *Economic Dimensions in International Law*, edited by J. Bhandari and A. Sykes. 405. Cambridge：Cambridge University Press.

Buscaglia, Edgardo. William Ratliff, and Robert Cooter. eds. 1997. *The Law and Economics of Development*. Greenwich, CT：

JAI Press.

Buxbaum, Richard M. 1991. *European Business Law: Legal and Economic Analyses on Integration and Harmonization*. New York: W. de Gruyter.

Cain, Bruce E., and David Butler. 1991. "Redistricting Myths Are at Odds with Evidence." *Public Affairs Report, Institute of Governmental Studies*, University of California at Berkeley 32. No. 5.

Calabresi, Guido. 1970. *The Costs of Accidents: A Legal and Economic Analysis*. New Haven: Yale University Press.

Calabresi, Guido, and Douglas Melamed. 1972. "Property Rules, Liability Rules and Inalienability: One View of the Cathedral." *Harvard Law Review* 85:1089 – 1128.

Campbell, Angus, Philip E. Converse, Warren E. Miller, and Donald E. Stokes. 1960. *The American Voter*. New York: Wiley.

Cappelletti, Mauro, John Henry Merryman, and Joseph M. Perillo. 1967. *The Italian Legal System*. Palo Alto: Stanford University Press.

Casson, Mark. 1991. *The Economics of Business Culture: Game Theory, Transaction Costs, and Economic Performance*. Oxford: Clarendon Press.

Cavalli-Sforza, Luigi Luca. 1995. "Human Migration." Paper presented at the Migration Work Group, Gruter Institute, Stanford University.

Cavaili-Sforza, Luigi Luca, and Francesco Cavalli-Sforza. 1995. *The Great Human Diasporas*. Translated by Sarah Thorne. New York: Addison-Wesley.

Chang, Howard F. 1996. "Liberalized Immigration as Free Trade: Economic Welfare and the Optimal Immigration Policy." *University of Pennsylvania Law Review* 145:1147 - 1244.

Chapman, Bruce, 1998. "Law, Incommensurability, and Conceptually Sequenced Argument." *University of Pennsylvania Law Review* 146: 1487.

Choi, Stephen. "Market Lessons for Gatekeepers." 1998, Paper presented at the American Law and Economics Association, University of California at Berkeley.

Choper, Jesse H. 1980. *Judicial Review and the National Political Process: A Functional Reconsideration of the Role of the Supreme Court*. Chicago: University of Chicago Press.

Christensen, Raymond V. 1994. "Electoral Reform in Japan." *Asian Survey* 34: 589 - 605.

Coase, Ronald. 1974. "The Market for Goods and the Market for Ideas." *American Economic Review* 64: 384.

______. 1960. "The Problem of Social Cost." *Journal of Law and Economics* 3: 1 - 44.

______. 1937. "The Nature of the Firm." *Economica* 4:386.

Coleman, Jules. 1980. "Efficiency, Utility, and Wealth Maximization." *Hofstra Law Review*, 8: 509.

Condorcet, Marquis de. 1976. "Essay on the Application of Mathematics to the Theory of Decision Making." In *Condorcet: Selected Writings*, edited by K. Baker. Indianapolis: Bobbs-Merrill.

Cotter, Robert. 1998a. "Expressive Law and Economics." *Journal of Legal Studies* 27:585 - 607.

______. 1998b. "Liability Rights as Contingent Claims." In *The New Palgrave: A Dictionary of Economics*, edited by John Eatwell, Murray Milgate, and Peter Newmann. New York: Stockton Press.

______. 1998c. "Self-control and Self-improvement for the 'Bad Man' of Holmes (The 1997 Oliver Wendell Holmes Conference)." *Boston University Law Review* 78: 903 – 30.

______. 1997a . "Normative Failure Theory of Law." *Cornell Law Review* 82: 947 – 79.

______. 1997b. "The Rule of State Law versus the Rule-of-Law State: Economic Analysis of the Legal Foundations of Development." In *Annual World Bank Conference on Development Economics*, 1996, edited by Michael Bruno and Boris Pleskovic. 191 – 218. Washington, DC: The World Bank.

______. 1997c. "The Rule of Stale Law versus the Rule-of-Law State: Economic Analysis of the Legal Foundations of Development." In *The Law and Economics of Development*, edited by Edgardo Buscaglia, William Ratliff, and Robert Cotter, 101 – 48. Greenwich, CT: JAI Press Inc.

______. 1992. "The Minimax Consititution as Democracy." *International Review of Law and Economics* 12:922.

______. 1991a. "The Coase Theorem." In *New Palgrave: The World of Economics* edited by John Eatwell, Murray Milgate, and Peter Newman, 457 – 60. New York: Stockton Press.

______. 1991b. "Inventing Market Property: The Land Courts of Papua New Guinea." *Law and Society Review* 25: 759 – 801.

______. 1991c. "Lapses. Conflict, and Akrasia in Torts and Crimes: Towards an Economic Theory of the Will." *International Review of Law and Economics* 11:149 - 64.

______. 1990. "Merit Goods: Some Thoughts on the Unthinkable." In *Rationality, Individualism, and Public Policy*, edited by Geoffrey Brennan and Cliff Walsh, 186 - 92. Canberra: Centre for Research in Federal Financial Relations.

______. 1989. "Towards a Market in Unmatured Tort Claims." *University of Virginia Law Review* 75:383 - 411.

______. 1987a. "Torts as the Union of Liberty and Efficiency: An Essay on Causation (in ' Symposium on Causation in Tort Law)." *Chicago Kent Law Review* 63: 523.

______. 1987b. "Why Litigants Disagree: A Comment on George Priest's Measuring Legal Change." *Journal of Law, Economics, and Organization* 3: 85, 227 - 34.

______. 1985. "Unity in Torts, Contracts and Property." *California Law Review* 73: 1.

______. 1983. "Justice and Mathematics: Two Simple Ideas." In *New Directions in Economic Justice*, edited by Roger Skurski, 198 - 231. Notre Dame: University of Notre Dame Press.

______. 1982. "The Cost of Coase." *Journal of Legal Studies* 11:1.

______. 1978. "Optimal Tax Schedules and Rates." *American Economic Review* 68:756 - 68.

Cooter, Robert, and Josef Drexl. 1994. "The Logic of Power in the Emerging European Constitution: Game Theory and the Division of Powers." *International Review of Law and Economics* 14: 307 - 26.

Cooter, Robert, and Tom Ginsburg. 1998. "Division of Powers in the European Constitution." In *The New Palgrave: A Dictionary of Economics*, edited by John Eatwell, Murray Milgate, and Peter Newman. New York: Stockton Press.

______. 1996. "Comparative Judicial Discretion: An Empirical Test of Economic Models." *International Review of Law and Economics* 16: 295 – 314.

Cooter, Robert, and James Gordley. 1994. "The Cultural Justification of Unearned Income: An Economic Model of Merit Goods Based on Aristotelian Ideas of Akrasia and Distributive Justice." In *Profits and Morality*, edited by Robin Cowan and Marlo J. Rizzo, 150 – 75. Chicago: University of Chicago Press.

Cooter, Robert, and Lewis Kornhauser. 1980. "Can Litigation Improve the Law without the Help of Judges." *Journal of Legal Studies* 9: 139.

Cooter, Robert, and Peter Rappoport. 1984. "Were the Ordinalists Wrong about Welfare Economics?" *Journal of Economic Literature* 22: 507.

Cooter, Robert D., and Thomas Ulen. 1999. *Law and Economics*. 3rd ed. New York: Addison Wesley.

______. 1996. *Law and Economics*. 2nd ed. New York: Addison Wesley.

______. 1988. *Law and Economics*. Glenview: Scott, Foresman.

Cox, Gary W. 1994. "Strategic Voting Equilibrium under the Single Nontransferable Vote." *American Political Science Review* 88: 608 – 21.

Crain, W. M., and R. Tollison. 1979. "Constitutional Change in an Interest-Group Perspective." *Journal of Legal Studies* 8: 165 – 75.

Dahl, Robert. 1982. *Dilemmas of Pluralist Democracy: Autonomy vs. Control*. New Haven: Yale University Press.

Dan-Cohen, Meir, 1991. "Freedoms of Collective Speech: A Theory of Protected Communications by Organizations, Communities, and the State." *California Law Review* 79: 1229 – 70.

Dau-Schrnidt, Kenneth G. 1990, "An Economic Analysis of Criminal Law as a Preference-Shaping Policy." *Duke Law Journal* 1: 1 – 38.

Demsetz, Harold. 1968. "Why Regulate Utilities." *Journal of Law and Economics* 11:55 – 66.

Dharmapala, Dhammika. 1998. "Campaign Contributions, Expenditures, and Rational Voting Behavior." Paper presented at the Public Sector Seminar, Economics Department, University of California at Berkeley.

______. 1996. "Comparing Tax Expenditures and Direct Subsidies: The Rote of Legislative Institutions." Paper presented at the Public Sector Seminar, Department of Economies, University of California at Berkeley.

Diermeier, Daniel, and Roger Myerson. "Bargaining, Veto Power, and Legislative Committees." Working Paper, Northwestern University.

Donohue, John J. III. 1987. "Further Thoughts on Unemployment Discrimination Legislation: A Reply to Judge Posner." *University of Pennsylvania Law Review* 136: 523.

Downs, Anthony. 1957. *An Economic Theory of Democracy*. New York: Harper.

Daze, Jean, and Amartya Sen. 1989. *Hunger and Public Action*. Oxford: Clarendon Press.

Dworkin, Ronald. 1986. *Law's Empire*. Cambridge. MA: Belknap Press.

______. 1977. *Taking Rights Seriously*. London: Duckworth.

Dwyer, John. 1993. "The Use of Market Incentives in Controlling Air Pollution: California's Marketable Permit Program." *Ecology Law Quarterly* 20: 103.

Dyzenhaus, David. 1998. "Why Carl Schmitt?" In *Law and Politics: Carl Schmitt's Critique of Liberalism*, edited by David Dyzenhaus, 1 - 22. Durham: Duke University Press.

Easterbrook, Frank H. 1994. "The Supreme Court, 1983 Term-Forward: The Court and the Economic System." *Harvard Law Review* 98.

______. 1982. "Ways of Criticizing the Court." *Havard Law Review* 95: 802.

Eisenberg, Melvin Aron. 1982. "The Bargain Principle and Its Limits." *Harvard Law Review* 95: 741.

Elhauge, Ether. 1997. "Are Term Limits Undemocratic?" *University of Chicago Law Review* 64: 83 - 201.

______. 1991. "Does Interest Group Theory Justify More Intrusive Judicial Review?" *Yale Law Journal* 101: 31.

______. 1995. "Term Limits: Voters Aren't Schizophrenic." *Wall Street Journal*, 14 March.

Ellickson, Robert C. 1998. "New Micro-Institutions for Old Neighborhoods." Paper presented at the American Law and Economics Association, University of California at Berkeley.

______. 1996. "Controlling Chronic Misconduct in City Spaces: Of Panhandlers, Skid Rows, and Public-Space Zoning." *Yale Law Journal* 105:1165.

______. 1991. *Order without Law: How Neighbors Settle Disputes.* Cambridge, MA: Harvard University Press.

______. 1977. "Suburban Growth Controls: An Economic and Legal Analysis." *Yale Law Journal* 86: 385.

Elster, Jon. 1995. "Strategic Uses of Argument." In *Barriers to Conflict Resolution*, edited by Kenneth Arrow, Robert H. Mnookln, Lee Ross, Amos Tversky, and Robert Wilson, 236 – 57. New York: W. W. Norton.

Emons, Winand. 1998 or 1999. "Imperfect Tests and Natural Insurance Monopolies." *Dept. of Economics Discussion Paper*, University of Bern. 97 – 104.

______. 1996. "Credence Goods Monopolists." Paper presented at the Law and Economics Seminar, University of California at Berkeley.

______. 1994. "The Provision of Environmental Protection Measures under Incomplete Information: An Introduction to the Theory of Mechanism Design." *International Review of Law and Economics* 14: 479 – 91.

Epstein, David, and Sharyn O'Halloran. 1995. "A Theory of Strategic Oversight: Congress, Lobbyists, and the Bureaucracy." *Jour-*

nal of Law, Economics, and Organization 11:227 – 55.

Epstein, Edwin M, 1979. "The Emergence of Political Action Committees." In *Political Finance*, edited by Herbert E. Alexander, *Sage Electoral Studies Yearbook*, 159 – 97. Beverly Hills, CA: Sage Publications.

Epstein, Richard. 1992. *Forbidden Grounds: The Case against Employment Discrimination Laws*. Cambridge. MA: Harvard University Press.

______. 1988. "The Supreme Court: 1987 Term. Foreword: Unconstitutional Conditions, State Power, and the Limits of Consent." Harvard Law Review 102: 4 – 104.

______. 1985a. "Judicial Review: Reckoning on Two Kinds of Error." In *Scalia v. Epstein: Two Views on Judicial Activism*. Washington, DC: Cato Institute.

______. 1985b. *Takings: Private Property and the Power of Eminent Domain*. Cambridge, MA: Harvard University Press.

______. 1973. "A Theory of Strict Liability." *Journal of Legal Studies* 2: 151.

Epstein, Richard A., William N. Eskridge, and Philip P. Frickey. 1988. "Unconstitutional Conditions, State Power, and the Limits of Consent." *Harvard Law Review* 102: 4 – 104.

Eskridge, William N. 1991, "Overriding Supreme Court Statutory Interpretation Decisions." *Yale Law Journal* 101: 331 – 455.

Eskridge, Willianl N. and Philip P. Frickey. 1988. *Cases and Materials on Legislation: Statutes and the Creation of Public Policy*. St, Paul: West Pub. Co.

______. 1991. "Reneging on History? Playing the Court/Congress/President Civil Rights Game." *California Law Review* 79: 613 – 83.

Farber, Daniel A. 1991. "Free Speech without Romance: Public Choice and the First Amendment." *Harvard Law Review* 105: 554.

Farber, Daniel A., and Philip P. Frickey. 1991. *Law and Public Choice: A Critical Introduction*. Chicago: University of Chicago Press.

Feldstein, Martin. 1974. "Distributional Preferences in Public Expenditure Analysis." In *Redistribution through Public Choice*, edited by Harold M. Hochman and George E. Peterson, 136 – 64. New York: Columbia University Press.

Ferejohn, John, and Charles Shipan. 1990. "Congressional Influence on Bureaucracy." *Journal of Law, Economics, and Organization* 6: 1 – 20.

Fikentscher, Wolfgang. 1993. "From a Centrally Planned Government System to a Rule-of-Law Democracy: Legal, Economic, and Anthropological Considerations." Paper presented at the Brookings Institution, Washington, DC.

Finkelstein, Claire. 1998. "A Puzzle about Hobbes on Self-Defense." Working paper.

Fiorina, Morris P. 1977. *Congress: Keystone of the Washington Establishment*. New Haven: Yale University Press.

Fischel, William A. 1985. *The Economics of Zoning Laws: A Property Rights Approach to American Land Use Controls*. Baltimore:

Johns Hopkins University Press.

Fischel, William A., and Perry Shapiro. 1989. "A Constitutional Choice Model of Compensation for Takings," *International Review of Law and Economics* 9: 115 – 28.

Fletcher, William A. 1990. "Atomic Bomb Testing and the Warner Amendment: A Violation of the Separation of Powers." *Washington Law Review*. 65: 285.

Frank, Robert H. 1988. *Passions within Reason: The Strategic Role of the Emotions*. New York: Norton.

Frey, Bruno S. 1997a. "A Constitution for Knaves Crowds Out Civic Virtues." *Economic Journal* 107: 1043 – 53.

______. 1997b. *Not Just For the Money*. Cheltanham: Edward Elgar.

______. 1996. "A Directly Democratic and Federal Europe." *Constitutional Political Economy* 7: 267 – 79.

Frey, Bruno S., and Iris Bohnet. 1994. "The Swiss Experience with Referenda and Federalism." *IDIOMA: Revue de linguistique et de traductologie* 6: 147 – 60.

Frey, Bruno S., and Reiner Eichenberger. 1997. "FOCJ: A Single European Market for Government," 195 – 215. In *Constitutional Law and Economics of the European Union*, edited by D. Schmitchen and R. Cooter. Cheltenham, U. K.: Edward Elgar.

Friedman, Milton. 1953. *An Essay in Positive Economics*. Chicago: University of Chicago Press.

Fudenberg, Drew, and Jean Tirole. 1978. *Game Theory*. Cambridge, MA: MIT Press. 1991.

Fuller, Lon. 1978. "The Forms and Limits of Adjudication." *Harvard Law Review* 93: 1.

Gardner, Martin. 1980. "Mathematical Games: From Counting Votes to Making Votes Count-the Mathematics of Elections." *Scientific American*, October 16 - 26.

Garrett, Geoffrey, R. Daniel Kelemen, and Heiner Schulz. 1998. "The European Court of Justice, National Governments, and Legal Integration in the European Union." *International Organization* 52: 149 - 76.

Gerhardt, Michael J., and Thomas D. Rowe. 1993. *Constitutional Theory: Arguments and Perspectives*. Charlottesville. VA: Michie Company.

Gibbard, Allan. 1973. "Manipulation of Voting Schemes: A General Result." *Econometrica* 41: 587 - 601.

Ginsburg, T. 1999. *Growing Constitutions: Judicial Review in New Decocracies*. Ph. D. dissertation, University of California at Berkeley, Jurisprudence and Social Policy Program.

Gluckman, Max. 1965. *The Ideas in Barotse Jurisprudence*. New Haven: Yale University Press.

Goldman, Alvin. 1999. "Democracy." In *Knowledge in a Social World*. New York: Oxford University Press.

Goldwin, R., and W. Schambia. 1982. *How Capitalistic Is the Constitution?* Washington, DC: American Enterprise Institute for Public Policy Research.

Goodman, John C. 1978. "An Economic Theory of the Evolution of the Common Law." *Journal of Legal Studies* 7: 393 - 406.

Gordley, Jim. 1981. "Equality in Exchange," *California Law Review*. 69:1587.

Habermas, Jürgen. 1996. *Between Facts and Norms: Contributions to a Discourse Theory of Law and Democracy*. Studies in Contemporary German Social Thought. Cambridge, MA: MIT Press.

Hadfield, Gillian K. 1992. "Bias in the Evolution of Legal Rules." *Georgetown Law Journal* 80: 583 - 617.

Hamilton, Alexander et al. 1981. *The Federalist Papers: A Collection of Essays Written in Support of the Constitution of the United States: From the Original Text of Alexander Hamilton, James Madison, John Jay*. Baltimore: Johns Hopkins University Press.

______. 1961. *The Federalist Papers No.* 51. Edited by Clinton Rossiter. New York: New American Library.

Hammond, Thomas H., and Gary J. Miller. 1987. "The Core of the Constitution." *American Political Science Review* 81, No. 4: 1155 - 74.

Hansmann, Henry. 1998. "Ownership of the Firm." *Journal of Law, Economics, and Organization* 4: 267 - 304.

______. 1990. "When Does Worker Ownership Work? ESOPs, Law Firms, Codetermination, and Economic Democracy." *Yale Law Journal* 99: 1749 - 1816.

Hansmann, Henry. and Ugo Mattei. 1994. "The Comparative Law and Economics of Trusts." Paper presented at the CLEF, Geneva, Switzerland.

Harsanyi, J. C. 1955. "Cardinal Welfare, Individualistic Ethics, and Interpersonal Comparisons of Utility." *Journal of Political E-*

conomy 63: 309 – 21.

______. 1953. "Cardinal Utility in Welfare Economics and in the Theory of Risk Taking." *Journal of Political Economy* 61: 434 – 35.

Hart, H. L. A., and Tony Honore. *Causation in the Law*. 2nd ed. Oxford: Clarendon Press, 1985.

Hasen, Richard L. 1996. "Voting without Law?" *University of Pennsylvania Law Review*. 144: 2135 – 79.

Head, J. G. 1966. "On Merit Goods." *Finanzarchi* 25: 1 – 29.

Heckman, James. 1991. "Did Title VII Work?" Paper presented at the American Law and Economics Association, University of Illinois, Champaign.

Hirshleifer, Jack. 1982. "Evolutionary Models in Law and Economics." In *Research in Law and Economics*, vol. 4, edited by Richard O. Zerbe. 1 – 60. Greenwich, CT: JAI Press.

Hirschman, Albert O, 1977. *The Passions and the Interests*. Princeton: Princeton University Press.

______. 1970. *Exit, Voice, and Loyalty: Responses to Decline in Firms, Organizations and States*. Cambridge, MA: Harvard University Press.

Hobbes, Thomas. 1965. *Hobbes's Leviathan*, ed. William Pogson-Smith. Oxford: Clarendon Press.

Hoffman, Elizabeth, and Matthew Spitzer. 1985a. "Entitlements, Rights, and Fairness: An Experimental Examination of Subjects' Concepts of Distributive Justice." *Journal of Legal Studies* 14: 259.

______. 1985b. "Experimental Law and Economics: An Introduction." *Columbia Law Review* 85: 991 – 1035.

Hoffman, Elizabeth, et al. 1994. "Preferences, Property Rights, and Anonymity in Bargaining Games." *Games & Economic Behavior* 7: 346.

Hohfeld, Wesley Newcomb. 1964. *Fundamental Legal Conceptions as Applied in Judicial Reasoning*. 1919. Reprint, New Haven: Yale University Press.

Holden, James M. 1955. *Early History of Negotiable Instruments in English Law*. London: University of London.

Hollifield, James F. 1994. "The Migration Crisis in Western Europe: Causes and Consequences." Paper presented at the Migration and Immigration: Trends and Critical Policy Issues Conference. Brookings Institution, Washington DC.

Holmes, Oliver Wendell. 1897. "The Path of the Law." *Harvard Law Review* 10: 459.

Horwitz, Morion. 1977. *The Transformation of American Law* 1780 – 1860. Cambridge, MA: Harvard University Press.

Howe, Kenneth. 1998. "Big Money Swamps the Ballot." *San Francisco Chronicle*, 19 May, A1, A8 – A9.

Hume, Dand. 1987. *Essays-Moral*, *Political and Literary*, ed. Eugene F. Miller. Indianapolis: Liberty Fund.

Hylton, Keith N. 1993. "Efficiency and Labor Law." *Northwestern University Law Review* 87, No. 2: 471 – 522.

Ingber, Stanley. 1984. "The Marketplace of Ideas: A Legitimizing Myth." *Duke Law Journal* 1984: 1.

Inman, Robert P. , and Daniel L. Rubinfeld. 1997. "The Political Economy of Federalism." In *Perspectives on Public Choice*, edited by Dennis C. Mueller, 73 – 106. New York: Cambridge University Press.

______. 1979. "The Judicial Pursuit of Local Fiscal Equity." *Harvard Law Review* 92: 1662 – 1750.

Jacobs, Jane. 1993. *The Death and Life of Great American Cities*. New York: Modern Library.

Jefferson, Thomas. 1984. *Writings*. New York: Library of America.

Kafka, Franz. 1956. *The Trial*. New York: Modem Library.

Kant, Immanuel. 1970. "On a Supposed Right to Tell Lies from Benevolent Motives." In *Kant's Critique of Practical Reason and Other Works on the Theory of Ethics*. Reprinted in *Moral Rules and Particular Circumstances*, edited by Banech A, Brady. Englewood Cliffs, NJ: Prentice Hall.

Kaplow, Louis. 1986. "An Economic Analysis of Legal Transitions." *Harvard Law Review* 99: 509 – 617.

Kelman, Mark. 1988. "On Democracy-Bashing: A Skeptical Look at the Theoretical and 'Empricial' Practice of the Public Choice Movement." *Virginia Law Review* 74: 199.

Kirchgassner, G. , and B. Frey. 1990. "Volksabstimmung und direkte Demokratie: Ein Beitrag zur Verfassungsdiskusssion." In *Wahlen und Wahler-Analysen aus Anlass der Bundestagwahl*, edited, by H. D. Klingmann and M. Kaase, 42 – 69. Opladen: Westdeutscher verlag.

Klevorick, Alvin K. 1985. "Legal Theory and the Economic Analysis of Torts and Crimes." *Columbia Law Review*. 85: 905 – 20.

Koetz, Hein. 1997. "Unfair Terms in Consumer Contracts: Recent Developments in Europe from a Comparative and Economic Perspective," 203 – 15. In *Festskrist til Ole Lando*, edited by L. L, Anderson, J. Fejo, and Ruth Nielsen. Copenhagen.

______. 1996. "A Common Law for Europe." Paper presented at the Annual Lecture on Comparative Law, Law School, University of California at Berkeley.

Kolko, Gabriel 1967. *The Triumph of Conservatism: A Re-Interpretation of American History*, 1900 – 1916. Chicago: Quandrangle.

Komhauser, Lewis. 1986. "Unpacking the Court." *Yale Law Journal* 96: 82.

Krasnow, Diane-Michele. 1991, "The Imbalance of Power and the Presidential Veto: A Case for the Item Veto." *Harvard Journal of Law and Public Policy* 14: 582 – 613.

Krueger, Anne. 1963. "Economics of Discrimination." *Journal of Political Economy* 71:481 – 86.

Kuran, Timur. 1998. "Ethnic Norms and Their Transformation through Reputational Cascades." *Journal of Legal Studies* 27.

Lakoff, George, and Mark Johnson. 1980. *Metaphors We Live By*. Chicago: University of Chicago Press.

Landes, William. 1993. "The Influence of Economics on Law: A Quantitative Study." *Journal of Law and Economics* 36: 385 – 424.

Landes, William, and Richard A. Posner. 1979. "Adjudication as a

Private Good." *Journal of Legal Studies* 8: 235-84.

______. 1975. "The Independent Judiciary in an Interest-Group Perspective." *Journal of Law and Economics* 18: 875.

La Porta, Rafael, Florencio Lopez-de-Silanes, and Andrei Shleifer. 1997. "Legal Determinants of External Finance." *Journal of Finance* 52:1131-50.

Latham, R., and W. Matthews, eds. 1970. *The Diary of Samuel Pepys*. London: Bell and Sons.

Laver, Michael, and Norman Schofield. 1990a. "Who Gets In?" In *Multiparty Governments: The Politics of Coalition in Europe*, 89-143. New York: Oxford University Press.

______. 1990b. *Multiparty Governments: The Politics of Coalition in Europe*. New York: Oxford University Press.

Lessig, Lawrence, and Paul Resnick. 1998. "The Architectures of Mandated Access Controls." Paper presented at the General Aspects of Legal Analysis (GALA) Seminar, Law School, University of California at Berkeley.

Levin, Jonathan, and Barry Nalehuff. 1995. "An Introduction to Vote-Counting Schemes." *Journal of Economic Perspectives* 9: 3-26.

Levine, Michael, and Charles Plott. 1977. "Agenda Influence and Its Implications." *Virginia Law Review* 63: 561.

Levmore, Saul. 1996. "Precommitment Politics." *Virginia Law Review* 82: 567-627.

______. 1992. "Bicameralism: When Are Two Decisions Better Than One?" *International Review of Law and Economics* 12: 145-52.

Lewin, Jeff L., and William N. Trumbull. 1990. "The Social Value of Crimes." *International Review of Law and Economics* 10: 270.

Lewis, David K. 1969. *Convention: A Philosophical Sturdy*. Cambridge. MA: Harvard University Press.

Lewis, Harold S., and Theodore Y. Blumoff. 1992. "Reshaping Section 1983's Asymmetry." *University of Pennsylvania Law Review* 140: 755 - 850.

Libecap, Gary D. 1989. *Contracting for Property Rights*. New York: Cambridge University Press.

Lijphart, Arend. 1994. *Electoral Systems and Party Systems: Study of Twenty-Seven Democracies*, 1945 - 90. Oxford: Oxford University Press.

Locke, John. 1961 (1690). *The Second Treatise of Civil Government*. Edited by Thomas I. Cook. New York: Hafner.

Luce. R. Duncan, and Howard Raiffa. 1967. *Games and Decisions: Introduction and Critical Survey*. New York: John Wiley and Sons.

MacCormick, D, Neil. 1997. "Institutional Normative Order: A Conception of Law." *Cornell Law Review* 82: 1051 - 70.

Macey, J. 1988. "Transaction Costs and the Normative Elements of the Public Choice Model: An Application to Constitutional Theory." *Virginia Law Review* 74: 471 - 518.

______. 1986. "Promoting Public-Regarding Legislation through Statutory Interpretation: An Interest Group Model." *Columbia Law Review* 86: 223.

MacKinnon, Catherine. 1987. *Feminism Unmodified: Discourses on*

Life and Law. Cambridge, MA: Harvard University Press.

Madison, James. 1981a. "Federalist 10" In *The Federalist Papers*. Baltimore: Johns Hopkins University Press.

______. 1981b. "The Federalist No. 51" In *The Federalist Papers*. Baltimore: Johns Hopkins University Press.

Marshall, Alfred. 1925. *Principles of Economics*. London: Macmillan and Co.

Martin, Philip L. 1994. "The Impacts of Immigration on Receiving Countries." Paper presented at the Migration and Immigration: Trends and Critical Policy Issues Conference, Brookings Institution, Washington DC.

Mashaw, Jerry L. *Greed, Chaos, and Governance: Using Public Choice to Improve Public Law*. New Haven: Yale University Press. 1997.

______. 1985. "Prodelegaton: Why Administrators Should Make Political Decisions." *Journal of Law, Economics, and Organizations* 1: 81.

Maslow. A. 1954. *Motivation and Personality*. New York: Harper and Row.

Mason, Sir Anthony. 1986 - 87. "The Role of a Constitutional Court in a Federation: A Comparison of the Australian and the United States Experience." *Federal Law Review* 16: 1 - 28.

Mattei, Ugo. 1996. *Comparative Law and Economics*. Ann Arbor: University of Michigan Press.

Mayhew, David R. 1974. *Congress: The Electoral Connection*. New Haven: Yale University Press.

McCubbins, Matthew D., Roger G. Noll, and Barry R. Weingast. 1989. "Structure and Process, Politics and Policy: Administrative Arrangements and the Political Control of Agencies." *Virginia Law Review* 75: 431 – 82.

McKelvey, R. D. 1979. "General Conditions for Global Intransitivities in Formal Voting Models." *Econometrica* 47, No. 5: 1085 – 1112.

Memon, P. Ali. 1993. *Keeping Zealand Green: Recent Environmental Reforms*. Otago, New Zealand: University of Otago Press.

Merryrnan, John Henry. 1985. *The Civil Law Tradition: An Introduction to the Legal Systems of Western Europe and Latin America*. 2nd ed. Stanford: Stanford University Press.

Miceli, Thomas J., and Kathleen Segerson. 1994. "Regulatory Takings: When Should Compensation Be Paid?" *Journal of Legal Studies* 23: 749 – 76.

______. 1967. "Property, Utility, and Fairness: Comments on Ethical Foundations of 'Just Compensation' Law." *Harvard Law Review* 80: 1214.

Michelman, Frank. 1988. "Takings" *Columbia Law Review* 88: 1600 – 1629.

Mill, John Stuart. 1951. *Utilitarianism, Liberty and Representative Government*. New York: Dutton.

______. 1844. "On the Definition of Political Economy; and on the Method of Investigation Proper to It." In *Essays on Some Unsettled Questions of Political Economy*. London: J. W. Parker.

Miller, Gary J., and Thomas H. Hammond. 1990. "Committees

and the Core of the Constitution." *Public Choice* 66: 201 – 27.

Miller, Gary J., Thomas H. Hammond, and Charles Kile. 1996, "Bicameralism and the Core: An Experimental Test." *Legislative Studies Quarterly* 21, No. 1: 83 – 103.

Miller, Nicholas. 1983. "Pluralism and Social Choice." *American Political Science Review* 77: 734 – 47.

Mirrlees, J. 1971. "An Exploration in the Theory of Optimum Income Taxation." *Review of Economic Studies* 38: 175 – 208.

Moe, Terry, and Michael Caldwell. 1994. "The Institutional Foundations of Democratic Government: A Comparison of Presidential and Parliamentary Systems." *Journal of Institutional and Theoretical Economics* 150: 171 – 85.

Mueller, Dennis. 1997. *Perspectives on Public Choice*. New York: Cambridge University Press.

______. 1996. *Constitutional Democracy*. New York: Oxford University Press.

______. 1989. *Public Choice II*. 1979, Reprint, New York: Cambridge University Press.

Musgrave, Peggy, and Richard Musgrave. 1976. *Public Finance in Theory and Practice*. 2nd ed. New York: McGraw-Hill.

Musgrave, Richard A. 1959. *The Theory of Public Finance: A Study in Public Economy*. New York: McGraw-Hill.

Musgrave, Richard A., and Alan T. Peacock. 1967. *Classics in the Theory of Public Finance*. New York: MacMillan.

Nash, J. 1950. "The Bargaining Problem." *Econometrica* 18:155 – 62.

Neustadt, Richard E. 1986. *Presidential Power: The Politics of Leadership from FDR to Carter*. New York: Macmillan.

Niskanen, William A. 1992. "The Case for a New Fiscal Constitution." *Journal of Economic Perspectives* 6: 13 – 24.

______. 1971. *Bureaucracy and Representative Government. Chicago*: Aldine-Atherton.

Nitzan, Samuel, and Jacob Paroush. 1982. "Optimal Decision Rules in Uncertain Dichotomous Situations." *International Economic Review* 23: 289 – 97.

North, Douglass. 1995. "Some Fundamental Puzzles in Economic History/Development." Paper presented at the Seminar on Development, Economics Department, University of California at Berkeley, October.

______. 1981. *Structure and Change in Economic History*. New York: W. W. Norton.

Nozick, Robert. 1974. *Anarchy, State, and Utopia*. New York: Basic Books.

Oates. Wallace E. 1990. "Federalism and Government Finance." Paper presented at the Modern Public Finance Conference, University of California, Berkeley.

______. 1972. *Fiscal Federalism*. New York: Harcourt, Brace. Jovanovich.

Oberholzer-Gee, Felix, Iris Bohnet, and Bruno S. Prey. 1997. "Fairness and Competence in Democratic Decisions." *Public Choice* 91: 89 – 105.

Olson, Mancur. 1993. "Dictatorship, Democracy, and Development." *American Political Science Review* 87: 567 – 76.

______. 1992. "Democracy, the Rule of Law, and Economic Development." Paper presented at the American Law and Economics Association Annual Meeting.

______. 1969. "The Principle of 'Fiscal Equivalence': The Division of Responsibilities among Different Levels of Government." *American Economic Review* 59: 479 – 87.

______. 1965. *The Logic of Collective Action: Public Goods and the Theory of Groups*. Cambridge. MA: Harvard University Press.

Ortiz, Daniel R. 1989. "The Myth of Intent in Equal Protection." *Stanford Law Review* 41: 1105.

Ott, Claus, and Hans-Bernd Schafer. 1991. "Emergence and Construction of Efficient Rules in the Legal System of German Civil Law." Paper presented at the European Law and Economics Association Annual Meeting, Copenhagen, Denmark.

Palfrey, Thomas. 1989. "A Mathematical Proof of Duverger's Law." In *Models of Strategic Choice in Politics*, edited by Peter C. Ordeshook, 69 – 91. Ann Arbor: University of Michigan Press.

______. 1984. "Spatial Equilibrium with Entry." *Review of Economic Studies* 51: 139 – 56.

Palfrey, Thomas R., and Howard Rosenthal. 1985. "Voter Participation and Strategic Uncertainty." *American Political Science Review* 79: 62.

Parkinson C. Northcote. 1957. *Parkinson's Law, and Other Studies in Administration*. Boston: Houghton Mifflin.

Passmore, John. 1974. *Man's Responsibility for Nature*. London: Gerald Dudscooke.

Persson, Torsten, Gérard Roland, and Guido Tabellini. 1997. "Separation of Powers and Political Accountability." *Quarterly Journal of Economics* 112: 1163 - 1202.

Persson, Torsten, and Guido Tabellini, 1996. "Federal Fiscal Constitutions: Risk Sharing and Redistribution." *Journal of Political Economy* 104: 979 - 1009.

Persson, Torsten, and Guido Tabellini. 1994. "Does Centralization Increase the Size of Government?" *European Economic Review* 38: 765 - 73.

Peterson, Paul E., and Mark C. Rom. I990. *Welfare Magnets: A New Case for a National Standard*. Washinton, DC: Brookings Institution.

Pigou, A. C. 1950. *The Economics of Welfare*. 4th ed. London: MacMillan and Co.

Pildes, Richard H., and Cass R. Sunstein. 1995. "Reinventing the Regulatory State." *University of Chicago Law Review* 62: 1 - 130.

Polsby, Daniel D., and Robert D. Popper. 1995. "Ugly: An Inquiry into the Problem of Racial Gerrymandering under the Voting Rights Act. (Symposium: The Future of Voting Rights after *Shaw v. Reno*)." *Michigan Law Review* 92: 652 - 82.

Pommerehne, W. 1990. "The Empirical Relevance of Comparative Institutional Analysis." *European Economic Review* 34: 458 - 68.

Posner, Eric A. Forthcoming. *Law, Cooperation, and Rational*

Choice. Cambridge, MA: Harvard University Press.

______. 1996. "Law, Economics and Inefficient Norms." *University of Pennsylvania Law Review* 144: 1697.

Posner, Richard. 1992. *Economic Analysis of Law*. 4th ed. Boston: Little Brown.

______. 1985. "An Economic Theory of the Criminal Law." *Columbia Law Review*. 85:1193.

______. 1981. *Economics of Justice*. Cambridge, MA: Harvard University Press.

Post, Robert C. 1990. "The Constitutional Concept of Public Discourse: Outrageous Opinion, Democratic Deliberation, and *Hustler Magazine v. Falwell.*" *Harvard Law Review*. 103: 601 - 86.

Powell, G. Bingham. 1982. *Contemporary Democracies: Participation, Stability, and Violence*. Cambridge, MA: Harvard University Press.

Priest, George L. 1987. "Measuring Legal Change." *Journal of Law, Economics, and Organization* 3: 193 - 225.

______. 1977. "The Common Law Practice and the Selection of Efficient Rules." *Journal of Legal Studies* 6: 65 - 82.

Provost, Rene. 1992. "Emergency Judicial Relief for Human Rights Violations in Canada and Argentina." *University of Miami Inter-American Law Review* 23: 693.

Radin, Max. 1938. "A Restatement of Hohfeld." *Harvard Law Review* 51:1141.

Rae, Douglas L. W. 1995. "Using District Magnitude to Regulate Political Party Competition." *Journal of Economic Perspectives* 9:

65 –76.

______. 1971. *The Political Consequences of Electoral Laws*. Rev. ed. New Haven: Yale University Press.

Raiffa, Howard. 1968. *Decision Analysis: Introductory Lectures on Choices under Uncertainty*. Reading, MA: Addison-Wesley.

Ramsey, F. P. 1928. "A Mathematical Theory of Savings." *Economic Journal* 38: 543 –59.

Ramseyer, J. Mark. 1994. "The Puzzling Independence of Courts: A Comparative Approach." *Journal of Legal Studies* 23:721 –47.

Ramseyer, J. Mark, and Eric Rasmusen. 1996, "Judicial Independence in Civil Law Regimes: Econometrics from Japan." Paper presented at the American Law and Economies Association Annual Meeting, Chicago.

Rasmusen, Eric. 1994. *Games and Information: An Introduction to Game Theory*. 2nd ed. Cambridge, MA: Blackwell.

Rawls, John. 1993. *Political Liberalism*. New York: Columbia University Press.

______. 1971. *A Theory of Justice*. Cambridge, MA: Harvard University Press.

Regan, Donald. 1972. "The Problem of Social Cost Revisited." *Journal of Law and Economics* 15: 427 –37.

Reich, Charles A. 1964. "The New Property." *Yale Law Journal* 73: 733.

Revesz, Richard L, 1996. "Federalism and Interstate Environmental Externalities." *University of Pennsylvania Law Review* 144: 2341 –2416.

Riker, William H. 1982a. "The Meaning of Social Choice." In *Liberalism against Populism: A Confrontation between the Theory of Democracy and the Theory of Social Choice*. San Francisco: W. H. Freeman.

______. 1982b. "The Two party System and Duverger's Law." *American Political Science Review* 76: 753 – 66.

______. 1962. *The Theory of Political Coalitions*. New Haven: Yale University Press.

Roback, Jennifer. 1989. "Racism as Rent-Seeking." *Economic Inquiry* 27: 661 – 81.

Robbins, Lionel. 1932. *An Essay on the Nature and Significance of Economic Science*. London: MacMillan.

Rogers, Jim. Forthcoming. *The Early History of the Law of Bills and Notes: A Study of the Origins of Anglo-American Commercial Law*. New York: Cambridge University Press.

Romano, Roberta. 1987. "The Political Economy of Takeover Statutes." *Virginia Law Review* 73: 111.

Romer, Paul M. 1996. "Preferences, Promises, and the Politics of Entitlement." In *Individual and Social Responsibility: Child Care, Education, Medical Care, and Long-Term Care in America*, edited by Victor R. Fuchs, 195 – 220. Chicago: University of Chicago Press.

Romer, Thomas, and Barry R. Weingast. 1991. "Political Foundations of the Thrift Debacle." In *Politics and Economics in the Eighties*, edited by A. Alesina and G. Carliner. Chicago: University of Chicago Press.

Rose-Ackerman, Susan. 1994. "American Administrative Law under Seige: Is Germany a Model?" *Harvard Law Review* 107: 1279 - 1302.

______. 1992. "Judicial Review and the Power of the Purse." *International Review of Law and Economics* 12: 191 - 208.

______. 1988. "Against Ad Hocery: A Comment on Michelman." *Columbia Law Review* 88: 1697 - 1713.

______. 1985. "Inalienabilily and the Theory of Property Rights." *Columbia Law Review* 85: 931 - 61.

Rosenberg, Gerald. 1993. *The Hollow Hope: Can Courts Bring about Social Change?* Chicago: University of Chicago Press.

Rubin, Paul H. 1994. "Growing a Legal System in the Post-Communist Economies." *Cornell International Law Journal* 27: 1.

______. 1977. "Why is the Common Law Efficient?" *Journal of Legal Studies* 6:51 - 64.

Rubin, Paul H., and Martin J. Bailey. 1993. "A Positive Theory of Legal Change." Paper presented at the European Law and Economics Association Annual Meeting, Lund, Sweden.

Rubinstein, Ariel. 1982. "Perfect Equilibrium in a Bargaining Game." *Econometrica* 50:97 - 109.

Russell, Bertrand. 1945. *History of Western Philosophy*. New York: Simon and Schuster.

Satterthwaite, Mark. 1975. "Strategy-Proofness and Arrow's Conditions: Existence and Correspondence Theroems for Voting Procedures and Social Welfare Functions." *Journal of Economic Theory* 10: 187 - 217.

Sax, Joseph L. 1993. "Property Rights and the Economy of Nature: Understanding *Lucas v. South Carolina Coastal Commission.*" *Stanford Law Review* 45: 1433.

Schelling, Thomas C. 1980. *Strategy of Conflict*. Rev. ed. Cambridge. MA: Harvard University Press.

Schelling, Thomas C. 1978a. *Micromotives and Macrobehavior*. New York: W. W. Norton.

______. 19781b. "Sorting and Mixing: Race and Sex." In *Micromotives and Macrobehavior*, 135 – 67. New York: W. W. Norton.

Schmidtchen, Dieter, and Robert Cooter, eds. 1997. *Constitutional Law and Economics in the European Union*. Cheltenham and Lyme: Edward Elgar Publishing.

Schultze, Charles L. 1977. *The Public Use of Private Interest*. Washington, DC: Brookings Institution.

Sehumpeter, Joseph A. 1986. *History of Economic Analysis*. New York: Oxford University Press.

Schwartz, Alan, and Louis L. Wilde. 1979. "Intervening in Markets on the Basis of Imperfect Information: A Legal and Economic Analysis." *University of Pennsylvania Law Review* 127: 630 – 82.

Scotchmer, Suzanne. 1994. "Public Goods and the Invisible Hand." In *Modern Public Finance*, edited by J. Quigley and E. Smolensky, 93 – 119. Cambridge, MA: Harvard University Press.

Sen, Amartya. 1994. "Freedoms and Needs: An Argument for the Primacy of Political Rights." *The New Republic*, 10 and 17 January. p. 31.

______. 1970a. *Collective Choice and Social Welfare*. San Francisco: Holden-Day.

______. 1970b. "The Impossibility of a Paretian Liberal." *Journal of Political Economy* 78: 152 – 57.

Shapley, Lloyd S., and Bernard Grofman. 1984. "Optimizing Group Judgmental Accuracy in the Presence of Interdependencies." *Public Choice* 43: 329 – 43.

Shavell, Steven. 1985. "Criminal Law and the Optimal Use of Nonmonetary Sanctions as a Deterrent." *Columbia Law Review* 85: 1 193.

______. 1979. "Risk Sharing and Incentives in the Principal and Agent Relationship." *Bell Journal of Economics and Management Science* 10: 55 – 73.

Shepsle, Kenneth A., and Mark S. Bonehek. 1997. *Analyzing Politics: Rationality, Behavior, and Institutions*. New York: W. W. Norton.

Sidgwick, Henry. 1962. *The Methods of Ethics*. Chicago: University of Chicago Press.

Siegan, B. H. 1980. *Economics Liberties and the Constitution*. Chicago: University of Chicago Press.

Simmons, A. John. 1997. "Justification and Legitimacy." Paper presented at the Law Faculty Seminar, University of California at Berkeley.

Smith, Adam. 1937. *An Inquiry into the Nature and Causes of the Wealth of Nations*. Modern Library Edition. New York: Random House.

Spence, Michael. 1974. *Market Signalling: Informational Transfer in Hiring and Related Screening Processes*. Cambridge, MA: Harvard University Press.

______. 1988. "Antitrust Federalism and Rational Choice Political Economy: A Critique of Capture Theory." *Southern California Law Review* 61: 1293.

Spitzer, Matthew. 1990. "Extensions of Ferejohn and Shipan's Model of Administrative Agency Behavior." *Journal of Law, Economics, and Organization* 6: 29 - 43.

Spriggs, James F. 1997. "Strategic Choices on the U. S. Supreme Court: The Decision to Join the Majority Opinion." Paper presented at the Bag Lunch Series, Law and Society Center, University of California at Berkeley.

Squire, Lyn, amd Herman O. Van der Tak. 1975. *Economic Analysis of Projects*. Baltimore: John Hopkins University Press.

Sterns, M. 1999. "Should Justices Ever Switch Votes?: *Miller v Albright in Social Choice Perspective*." Supreme Court Economic Review 7: 87 - 156.

Steen, Lynn Arthur. 1982. "The Arithmetic of Apportionment." *Science News* 121: 317 - 18.

Stigler, George. 1975. *The Citizen and the State*. Chicago: University of Chicago Press.

______. 1971. "The Theory of Economic Regulation." *Bell Journal of Economics and Management Science* 2: 3.

Stiglitz, Joseph E. 1982. "The Theory of Local Public Goods Twenty-Five Years after Tiebout: A Perspective." NBER working paper

No. 954.

Stratmann, Thomas. 1994. "Who Is Represented and Who Is Paid Off? Evidence from Congressional Voting and Political Action Committees' Contribution on the Influence of Reelection Constituencies." Paper presented at the Economic and Legal Organization Workshop, University of Chicago.

Summers, Robert S. 1987. "How Law Is Formal And Why It Matters." *Cornell Law Review* 82:1165 – 1229.

Sunstein, Cass R. 1991. "Constitutionalism and Secession." *University of Chicago Law Review* 58:633 – 70.

______. 1987. "Loehner's Legacy." *Columbia Law Review* 87:873.

Superville, Darlene. 1997. "President Acquires Power of the Pen with Line-Item Veto." *San Francisco Chronicle*, 2 January A3.

Sykes, Alan O. 1996. "The (Limited) Role of Regulatory Harmonization in the International System." Paper presented at the Law and Economics Seminar, School of Law, University of California at Berkeley.

______. 1995. *Product Standards for Internationally Integrated Goods Markets*. Washington, DC: Brookings Institution.

Telser, Lester. 1978. *Economic Theory and the Core*. Chicago: University of Chicago Press.

Thompson, Dennis, and Amy Guttman. 1996. *Democracy and Disagreement*. Cambridge, MA: Belknap Press of Harvard University Press.

Thurow, Lester. 1980. *The Zero-Sum Society: Distribution and the*

Possibilities for Economic Change. New York: Basic Books.

Tideman, Nicolaus. 1995. "The Single Transferable Vote." *Journal of Economic Perspectives* 9: 27 - 38.

Tiebout, Charles. 1956. "A Pure Theory of Local Expenditures." *Journal of Political Economy* 64:416 - 24.

Tocqueville, Alexis de. 1945. *Democracy in America*. Edited by Phillips Bradley. Vol. 1. New York: A. A. Knopf.

Toma, Eugenia Froedge. 1983. "Institutional Structures, Regulation, and Producer Gains in the Education Industry." Journal of Law and Economics 26: 103 - 16.

Trebilcock, Michael J. 1997. "What Makes Poor Countries Poor? The Role of Institutional Capital in Economic Development," 15 - 58. In *The Law and Economics of Development*, edited by Edgardo Buscaglia, William Ratliff, and Robert Cooter. Greenwich, CT: JAI Press.

Tyler, Tom R. 1990. *Why People Obey the Law*. New Haven: Yale University Press.

United Nations Commission on International Trade Law. 1985. "Model Law on International Commercial Arbitration."

Varian. Hal R. 1992. *Microeconomic Analysis*. 3rd ed. New York: Norton.

Veblen, Thorstein. 1967. *The Theory of the Leisure Class*. New York: Viking Press.

Verhovek, Sam How. 1998. "Growing Popularity of Ballot Initiatives Leads to Questions." *New York Times* Nov. 2, A22.

Vickrey, W. 1960. "Utility, Strategy, and Social Decision Rules,"

Quarterly Journal of Economics 74.

Vickrey, W. 1945. "Measuring Marginal Utility by Reactions to Risks." *Econometrica* 13.

Voigt, Stefan. 1997a. "Bargaining for Constitutional Change-Towards an Economic Theory of Constitutional Change." *Diskussions beitrag* 02 – 1997, Max Planck Institute for Research into Economic Systems.

______. 1997b. "Positive Constitutional Economics-A Survey." *Public Choice* 90:11 – 53.

Von Neumann, John, and Oskar Morgenstern. 1944. *Theory of Games and Economic Behavior*. Princeton: Princeton University Press.

______. 1995. "The Dignity of Legislation" (1994 Gerber Lecture). *Maryland Law Review* 54: 801 – 34.

Waldron, Jeremy. 1999. *The Dignity of Legislation*. New York: Cambridge University Press.

Waldon, Jeremy. 1993. "Liberal Rights: Two Sides of the Coin." In his *Liberal Rights: Collected Papers* 1981 – 1991. New York: Cambridge University Press.

______. ed. 1987. *Nonsense upon Stilts: Bentham, Burke and Marx on the Rights of Man*. New York: Methuen.

Weber, Max. 1974. "Bureaucracy." In *From Max Weber: Essays in Sociology*. Trans. And ed. H. H. Gerth and C. Wright Mills. sec. 6. p. 214. New York: Oxford University Press.

Weber, Robert J. 1995. "Approval Voting." *Journal of Economic Perspectives* 9: 39 – 50.

Wellman, Carl. 1985. *A Theory of Rights: Persons under Laws, Institutions and Morals*. Totowa, NJ: Rowman and Allanheld.

Wiecek, William M. 1977. *The Sources of Antislavery Constitutionalism in America*, 1760 – 1848. Ithaca: Cornell University Press.

Wildermuth, John. 1998. "Prop. 13 – The People's Revolution." *San Francisco Chronicle*, 20 May. A1, A10 – A11.

Williamson, Oliver E. 1975. *Markets and Hierarchies, Analysis and Antitrust Implications: A Study in the Economics of Internal Organization*. New York: Free Press.

Wilson, William Julius. 1987. *The Truly Disadvantaged: The Inner City, the Underclass, and Public Policy*. Chicago: University of Chicago Press.

Wittgenstein, Ludwig. 1993, *Philosophical Occasions*. Indianapolis: Hackett Press.

Wittman, Donald. 1989. "Why Democracies Produce Efficient Results." *Journal of Political Economy* 97: 1395 – 1416.

Wright, Georg Henrik von. 1963. *Norm and Action*. London: Routledge.

Young, Peter Lewis. 1997. "Bougainville Conflict Enters Its Ninth Year." *Jane's Intelligence Review* 9, No. 6: 282.

Young, Peyton. 1995. "Optimal Voting Rules." *Journal of Economic Perspectives* 9:51 – 64.

Zerbe, R. O. 1981. *Research in Law and Economics*. Greenwich, CT: JAI Press.

译后记

一

这是一份迟来的作业。

受国家留学基金委资助,我于 2010 年秋赴加州大学伯克利分校访学进修。素未谋面的库特教授慨然应允担任我的合作导师。

库特教授主持三门课程,分别是秋季学期的"Constitutional Design and Rational Choice"和春季学期的"Introduction to Law, Economics, and Business"与"Law and Economics Workshop"。这本书是秋季学期课程的教材。彼时我穿行在 Boalt Hall 和 Simon Hall 的教室里,尽我所能,旁听学习各类课程。这本书的价值,是在我学习后期慢慢体悟到的。

回国后我向法律出版社推荐了这本书。法律出版社立项后,2011 年年底,我开始翻译。翻译时断时续,近十年后,这本书终于付梓。我得以完成我对法律出版社和库特教授的承诺。

二

和库特教授一道主持春季学期研讨课程的 Justin McCrary 教授说过一句话:"有的人知识面很广,而有的人在狭窄的领域拥有精深的知识。"我想库特教授应当属于前者。库特本科毕业于以文理兼修而著称的宾夕法尼亚州索斯摩学院(Swarthmore College),然后远赴英国,在牛津大学拿到了"哲学、政治学和经济学"(PPE)学位。这个学位是牛津大学在全世界范围内首创的三科复合型学位,培养博雅贯通之才。1975 年,库特在哈佛获得经济学博士学位,执教于加州大学伯克利分校经济学系,1980 年转入法学院。我在翻译这本书的过程中,能从字里行间感受到库特教授在人文社会科学诸领域扎实的功底和庞大的阅读量。

在法律经济学领域,库特教授是具有重要影响的人物。除了学术作品的数量与创见之外,我认为库特教授的体系化能力是非常罕见的一种学术天赋。他与托马斯·尤伦教授合著的 *Law and Economics*[《法和经济学》(第六版),史晋川等译,上海人民出版社 2012 年版]构建了一个私法的经济分析的架构;本书构建了一个公法的经济分析的架构;而他与汉斯 - 伯恩特·谢弗教授合著的 *Solomon's Knot: How Law Can End the Poverty of Nations*(《所罗门之结:法律能为战胜贫困做什么》,张巍、许可译,北京大学出版社 2014 年版)则构建了一个法律与发展的经济分析的框架。能够完成其中之一,就是足以自豪的成就;而先后竟其三,足令人感慨能者无所不能,亦见库特教授器识之宏与治学之勤。

作为一本教材,库特教授在正文中没有过多地引入数学推导,但是有一个贯穿全书的显著特点能体现出库特教授早年在数学分析方面受过的完整训练:建模。建模是运用数学的语言(包括图形和数字）和方法，通过抽象、简化建立能近似刻画并解决实际问题的“模型”。库特教授在建模方面有一种别出心裁的、简洁的美。对于未受过专业数学训练的非经济类读者而言，这个优点无疑能帮助他们更好地理解本书的核心主旨所在。（当然，严格地讲，模型应该有展开、推导和证明的过程。）

库特教授治显学而享盛名，然从无真理在握、俯视众生的优越感。随着年纪和阅历的增长，我越发感觉到这种品质的可贵。

三

我较多地接触英语专业文献，是从法哲学领域开始的。我曾经期盼有一天，我可以暂时停止形而上的艰涩玄思，研究一些形而下的东西；我可以避开那些结构繁复、用词诡异的原著，读一点简单一些的英文。然而当这一天真正来临的时候，我才发现原初的想法有些不切实际。

在入手翻译这本书的时候，翻译的速度低于我的期望值。除了频繁地进行专业术语的考证以外，我发现问题首先出现在对原文的解读上。英、汉两种语言的思维方式是不同的。我抽时间把连淑能教授的《英汉对比研究》读了一遍，以深化对这个问题的认知。由此我开始有意地系统学习翻译理论，将自己在翻译中总结的粗浅经验明晰化、体系化，使自己在运用相关技巧时更为娴熟和自觉。

库特行文，偶尔仍有压不住的才子气，其重要表现之一就是几乎无处不在的换词求雅。与此相对，在翻译时，要随时进行熟词僻译，并且根据语境大胆地推断词的含义，然后再进行考证。我深刻地体会到交流语境强化了意义的复杂性，并且文章的“超文本含义”（所谓“弦外之音”）可以意会，难以表达。就英语学习而言,翻译是一种速度很慢的方法,但翻译让自己对英语和汉语同时留有发自内心的敬畏。

四

1990 年秋,我进入人民大学学习经济学。当时中国的经济学教育还处在政治经济学与西方经济学两种范式各自为营、平分秋色的阶段。经济学本科的数学必修课标配是三门课:微积分、线性代数、概率论与数理统计。记得有一年开学的时候,吃过晚饭,到别的宿舍里和同学闲聊。快六点半的时候,大家拿起选修课表,看有什么课。当时不知是谁提议,好几个人都同意去听听“层次分析”。我们几个人赶到课堂坐下,后来也就坚持了下来。这门课用半个学期讲线性规划及其决策应用,半个学期讲对策论入门。我从未料到,我会在二十多年以后,用到在这门课上学到的知识。

我从经济学出走,逾二十载。“已见松柏摧为薪,更闻桑田变成海。”二十余年中世变之速、风潮之烈,令人目不暇接。谨以这部译稿,纪念我年轻时求学的光阴;亦献给这个密云不雨、仍将续写非常之变的时代。

在本书翻译中,我指导的硕士生姚诗琪翻译了第十章的初稿、黄聪聪翻译了第十一章的初稿、葛玲玲翻译了第十三章的初稿、陈亮翻译了第十四章的初稿;葛玲玲和姚诗琪合作翻译了总索引的初稿;姚诗琪制作了全书插图的初稿。特此说明,并致谢意!

天
Borderless
下

天下，在乎正义和你

法学新经典·书目

《侵权损害赔偿》（第六版）	杨立新
《我国民法典重大疑难问题之研究》（第二版）	王利明
《法律解释学导论：以民法为视角》（第二版）	王利明
《法的价值论》（第三版）	卓泽渊
《法政治学研究》（第三版）	卓泽渊
《法治国家论》（第四版）	卓泽渊
《刑事诉讼的中国模式》（第三版）	陈瑞华
《刑事证据法的理论问题》（第二版）	陈瑞华
《民法典总则之理论与立法研究》（第二版）	尹　田
《中国物权法总论》（第四版）	孙宪忠
《人格权重大疑难问题研究》	王利明
《实证研究：中国法学的范式转型》	左卫民
《中国法律的传统与近代转型》（第四版）	张晋藩
《行政法基本原则研究》（第二版）	周佑勇
《传统中国法理观》	张中秋
《国际刑法学》（第二版）	贾　宇
《刑法客观主义与方法论》（第二版）	周光权
《诈骗犯罪论》	张明楷
《国际私法本体论》（第二版）	蒋新苗

……

法学新青年·书目

《物权法的展开与反思》（第二版）	常鹏翱
《基本权利的规范建构》（增订版）	张　翔
《传媒监督的法治》	陈柏峰
《国家利益维护：国际法的力量》	何志鹏
《不动产登记法研究》（第二版）	程　啸
《证据法的理论面孔》	吴洪淇
《刑法归责原理的规范化展开》	陈　璇
《刑法与现代社会治理》	何荣功
《舆图换稿：明清之际的中国法哲学》	屠　凯
《中国特色行政复议制度的嬗变与演进》	曹　鎏
《行政诉讼类型构造论》	章志远
《侵权责任利益保护的解释论》	方新军
……	

博观·书目

《社会契约论》	卢　梭
《法律的概念》（第三版）	哈　特
《普通法的精神》（中文修订版）	庞　德
《诉权与诉的可能性：当代民事诉讼基本问题研究》	赫尔维格
《民主与不信任：司法审查的一个理论》	约翰·哈特·伊利
《法律与革命》（第一卷）	伯尔曼
《法律与革命》（第二卷）	伯尔曼
《法律推理与法律理论》	麦考密克

《古代法》 梅 因
《旧制度与大革命》 托克维尔
《为权利而斗争》 耶 林
《法律制度：对法律理论的一种解说》 麦考密克
《政治哲学史》（第三版 上下册） 列奥·施特劳斯，约瑟夫·克罗波西
《论法的精神》 孟德斯鸠
《民事诉讼法重点讲义》（导读版） 高桥宏志
《纯粹法学说》（第二版） 凯尔森
《普通法》 霍姆斯
《论犯罪与刑罚》 贝卡里亚
《宪法设计与理性选择：公法经济分析基础》 罗伯特·D.库特
《法律的权威》（第二版） 约瑟夫·拉兹
……

思想与人文·书目

《西窗法雨》（精装修订版） 刘 星
《法槌十七声：西方名案沉思录》（第二版） 萧 瀚
《文明与法治：寻找一条通往未来的路》 刘哲昕
《精英与平民：中国人的民主生活》 刘哲昕
《法治东西》 於兴中
《博登海默法理学》 博登海默
《法窗夜话》 穗积陈重
《正义之源泉：自然法研究》 吴经熊
《现代法政的起源：1900—1919》 董彦斌
《被误解的民主》 包刚升

《风骨：新旧时代的政法学人》	陈夏红
《斑马线上的中国》（第三版）	邓子滨
《生活在民法中》（第四版）	梁慧星
《乌合之众：大众心理研究》	古斯塔夫·勒庞
《我们律师》（修订精装版）	张思之
《我的辩词与梦想》（精装收藏版）	张思之
《法门穿行》	孙笑侠
《现代法治：沈家本的改革梦》	李贵连
《阿Q之死的标本意义》	张建伟
《续法窗夜话》	穗积陈重
《从传统到现代》	金耀基
《耶鲁精神：感受耶鲁大学及其法学院》（第二版）	冯建姝
《法律帝国的铸就：大英帝国法律史（1800−1850）》	劳伦·本顿　利萨·福特
《英国法的塑造者》	威廉·塞尔·霍尔斯沃思
《美国法律史》	劳伦斯·弗里德曼
《尊严：历史和意义》	迈克尔·罗森
《法官因何错判》	秋山贤三
《修行：生命的证悟》	泰戈尔
《看得见的正义》（第三版）	陈瑞华
《大地家族》	盖瑞·施耐德
《法律后面的故事》	梁治平
《生命与超越：一个命运共同体的理想》	刘哲昕
《霸权的黄昏：大国的衰退和收缩》	麦克唐纳　培伦特
《罪与罚：关于公正的19场激辩》	布鲁斯·N.沃勒
《民法的人文精神》（第二版）	徐国栋
《西口闲笔》	徐国栋

……

理论与方法·书目

《通往法治的道路：社会的多元化与权威体系》 季卫东
《现代公司法》（第三版 上下册） 刘俊海
《法治、财税与国家治理》 熊 伟
《论法学研究方法》 陈瑞华
《民法总则：条文背后的故事与难题》 杨立新
《法学学位论文写作方法》（第三版） 梁慧星
《裁判的方法》（第四版） 梁慧星
《理论法学的迷雾：以轰动案例为素材》（增订版） 桑本谦
《司法体制改革导论》 陈瑞华
《辩无不胜》 盖瑞·斯宾塞
《侵权责任法：条文背后的故事与难题》（第二版） 杨立新
《合同法总论》（第四版） 韩世远
《司法改革的知与行》 蒋惠岭
《律师的客户管理术》 亚历山大·Y.本尼科夫
《中西法律文化比较研究》（第五版） 张中秋
《真实世界的法律思维：出乎意料的61堂法律微课》 黄文伟
《并购之道：赢家的65个商业逻辑与实战 》 张伟华
《明清法律与社会变迁 》 邱澎生 何志辉
《中国民法典新规则要点》（修订版） 杨立新
《刑事审判原理论》（第三版） 陈瑞华
《实质法治：寻求行政判决的合法性》（第二版） 何海波
《企业合规基本理论》（第二版） 陈瑞华
《侵权责任法》（第四版） 杨立新
《如何讲个好故事：律师的必修课》 菲利普·N. 迈耶

……

图书在版编目(CIP)数据

宪法设计与理性选择 : 公法经济分析基础 / (美)
罗伯特·D.库特著 ; 张小平译. -- 北京 : 法律出版社,
2021.6
(博观译丛)
书名原文: The Strategic Constitution
ISBN 978-7-5118-9840-1

Ⅰ. ①宪… Ⅱ. ①罗… ②张… Ⅲ. ①宪法-研究
Ⅳ. ①D911.04

中国版本图书馆CIP数据核字(2016)第189908号

宪法设计与理性选择：公法经济分析基础
XIANFA SHEJI YU LIXING XUANZE : GONGFA JINGJI FENXI JICHU

作　　者: [美]罗伯特·D.库特
译　　者: 张小平
策划编辑: 黄倩倩
责任编辑: 黄倩倩
装帧设计: 贾丹丹
出版发行: 法律出版社
编辑统筹: 学术·对外出版分社
责任校对: 杨锦华　周合芝
责任印制: 陶　松
经　　销: 新华书店
开　　本: A5
印　　张: 20.125
字　　数: 449千
版　　本: 2021年6月第1版
印　　次: 2021年6月第1次印刷
印　　刷: 天津嘉恒印务有限公司
书　　号: ISBN 978-7-5118-9840-1
定　　价: 118.00元

销售电话: 010-83938349　客服电话: 010-83938350　咨询电话: 010-63939796
地　　址: 北京市丰台区莲花池西里7号(100073)
网　　址: www.lawpress.com.cn
投稿邮箱: info@lawpress.com.cn
举报盗版邮箱: jbwq@lawpress.com.cn
凡购买本社图书，如有印装错误，我社负责退换。电话: 010-83938349